中国南方先秦考古学术研讨会论文集

浙江省文物考古研究所　编

文物出版社

图书在版编目（CIP）数据

中国南方先秦考古学术研讨会论文集／浙江省文物
考古研究所编．－－北京：文物出版社，2019. 11

ISBN 978 – 7 – 5010 – 6334 – 5

Ⅰ．①中…　Ⅱ．①浙…　Ⅲ．①考古—中国—先秦时代
—学术会议—文集　Ⅳ．①K871. 414 – 53

中国版本图书馆 CIP 数据核字（2019）第 229160 号

中国南方先秦考古学术研讨会论文集

编　　者：浙江省文物考古研究所

责任编辑：谷艳雪　孙　丹
封面设计：程星涛
责任印制：苏　林

出版发行：文物出版社
社　　址：北京市东直门内北小街 2 号楼
邮　　编：100007
网　　址：http：//www. wenwu. com
邮　　箱：web@ wenwu. com
经　　销：新华书店
印　　刷：北京京都六环印刷厂
开　　本：787mm × 1092mm　1/16
印　　张：21. 75
版　　次：2019 年 11 月第 1 版
印　　次：2019 年 11 月第 1 次印刷
书　　号：ISBN 978 – 7 – 5010 – 6334 – 5
定　　价：268. 00 元

论文集编辑委员会

南方先秦考古的八点感想四个建议

——在南方先秦考古学术研讨会上的讲话

（代序一）

李伯谦

（北京大学考古文博学院）

　　各位代表，我想大家可能都已经很疲劳了，刚才我听了两个组的交流汇报，我觉得总结得非常好。我自己真是没有什么好总结的了。因为我只听了第一组的，就许宏这个组，那个组就没有听到。所以很难说是个什么总结，谈谈感想吧。

　　这一次的中国南方先秦考古盛会，我觉得与40年以前在江西庐山召开的第一次中国南方印纹陶学术讨论会，有许多不同。

　　第一，规模盛大。第一次印纹陶会议，是在"文化大革命"之后，由文物出版社倡议召开的，应该说当时还是很不错，大家参会、讨论都很踊跃。但是比起来，我们这次参会的省份，每个省的不同的地区，不同的单位，大大扩大，涉及的范围，研讨的内容，比那次要多得多，这是一个非常大的不同。当然，毕竟是过了40年，所以说也是应该的。这是第一个感觉。

　　第二，考古新发现多。在这次会上提交的，讲某个地区新发现的材料非常多，是层出不穷的新发现。我一方面感到很振奋，另外一方面就觉得还消化不了，因为新材料太多了。譬如说，在第一组听到的关于广东东源大顶山墓地的发现，我觉得就很重要，墓地在广东的东北部，从墓葬和随葬品、玉器、铜器来看，年代应该和浮滨差不太多，但是整体面貌来讲有比较大的差异，所以说，我觉得是新东西，那一块过去工作做得很少，从随葬品、墓葬的形制来看，可能受到了浙江、福建的影响，可能还有南边来的影响，这是初步的分析。东源大顶山墓地，这就是一个新的发现，新的突破。类似这样的还有很多，这个刚听过不久，所以印象还很深刻。类似这样的新发现层出不穷，每个省都有，每个地区几乎都有。这是我第二个想说的。

　　第三，发掘方法讲究。对发掘方法的讲究，比过去要大大地提高。其中给我最深刻印象的是江苏一个土墩墓的发掘，做得那么细，我觉得这确实从来没有过。我比较注意对土墩墓发掘方法的改进，最早是林留根发掘镇江到溧阳高速公路，配合基建清理了一大批土墩墓。那个方法，我感觉非常好，我记得当时还写过一个读后的评论。这次江苏土墩墓的发掘方法，我觉得比那时更进一步了，这对我们是一个很好的启发。对发掘到的这些遗存，不管是墓葬，还是遗址，方法讲究了，就可能做得很准确，检测过程可能很准确，分析也可能很准确。由于这两个准确，从中提炼出的认识就可能更符合实际，科学性就可能更强。这个给我一个很强烈的印象。当然不光是他，其他很多都注意了，譬如说几个城址的发现、发掘。这是第三点。

第四，有新的见解。新的见解体现在大家不仅对遗存做了发掘，而且都提到通过发掘得出来的认识，我觉得这是很不容易的。过去我们常常像报账一样，从几月到几月在哪进行发掘，发掘墓葬多少个，里头出了哪些东西。至于这些材料反映了什么问题，一般涉及不到，或者非常简单地一带而过。我注意到这次会议上，对很多发现大家都谈了他的认识，这是不容易的。就是说，大家通过发掘、调查，对材料进行了消化，消化以后必然会提出一些见解，至于这个见解对不对，拿出来讨论。我觉得这样非常好，比过去是大大地改进，让我印象很深。

第五，分析逐步地细化。比如说张强禄先生讲的"米"字纹陶，通过"米"字纹陶的分析研究，和广东的汉代的政区划分联系起来。因为"米"字纹反映不同区块的不同特点，可能为后来划分为不同的行政区划提供了一个背景。我觉得这就是从器物的研究上升到了社会的研究。这也是我们很重要的发现。类似这样的研究还有，譬如说江苏淹城，徐峰先生通过对淹城的分析，结合文献的记载，提出可能不是一般的城址，可能是在周代出现的一种礼制活动的遗留。不管这种观点对还是不对，提出这个见解我觉得就非常不容易。我们不能看到有城墙，就仅是城，至于这个城是干什么的，什么性质的城，就没有深入的分析。通过比较，细化这种讨论，提出这样一种看法，就标志着我们的学术研究在前进。这是比较细化的问题。

第六，视野开阔。有多篇文章都把我们对印纹陶、原始瓷等的研究和考古中国大项目联系起来，也是很重要的。考古中国是前几年从新石器时代开始提出来的课题，长江下游、长江中游、河套地区，后来加了一个中原地区。当时考虑起什么题目，在探源工程之后，还想做点工作，不能老在探源工程上加吧，已经十来年过去了。国家文物局说，是不是做考古中国。考古中国究竟是一个什么样的项目？我的理解是，要通过我们的考古工作，考古的发掘、研究，来回答中国起源、形成、发展、走向，应该是这么一个总的目标，和探源有类似之处。后来总结前几年对考古中国这个项目的实施，感觉到范围可能窄了一点，所以提出来要扩大范围，上到旧石器时代晚期，下可能要涉及先秦，南方先秦考古正好是在国家文物局总结前几年考古中国项目提出来的一个想法。现在我们这个会议提交的一些论文，基本上紧扣这个课题，其中做了比较系统探讨的，比如赵东生先生的文章。总而言之，我们不管研究印纹陶，或者其他什么问题，都不是就事论事，而是与总的目标要密切契合，所以我觉得这个也是非常重要的。

第七，科技手段的运用。科技手段的运用，不仅在发掘过程中、调查的时候、分析这些遗物遗存时用，我觉得还可以再进一步提高。现在来讲，都做得很不错。会议上有几篇对青铜器成分的分析、铸造技术的分析，我觉得比过去要大大改进，这是我们的一个方向。中国考古学要发展要前进，在方法论上，在科技手段上，必然要改进。我觉得这是我们今后要特别应该注意的。

第八，科学严谨。我还注意到，不管研究什么问题，都是从自己熟悉的那一块做起，和周围的相关材料，和不同的地区，加以联系，这是不容易的。任何文化都不是孤立存在的，都是相互有联系的。这个联系有的紧密，有些可能就没那么紧密，但不管怎么说，它们是有联系的。在这次会上，我听到很多发言都把研究放在一个比较大的范围之内进行考虑。虽然都是研究印纹陶，但是不同地区的印纹陶特点不一样，不同地区的印纹陶之间还有互相交流，有融合，甚至有更大范围之间的交流、传播、碰撞。这方面大家也比较注意，这是做科学研究非常重要的一个问题。比较，才能出问题，比较，才能出学问，没有比较，就看不到联系，也看不到问题，所以这方面也是很大进步。总而言之，这次学术研讨会，刚才王结华所长总结的时候说科学，我觉得非常正确。确实，这次研讨会是科学性非常强的一个学术讨论会，也是非常严谨的一个学术讨论会，这个评价非常中肯。这是我对整个会议的一些感想。

当然，还有一点要说的就是，从人员构成来看，年轻的考古工作者、研究人员大大增加。参加过第一次印纹陶会议的大概就我们几位，没有几位了。但这几十年的发展，现在这么多人坐在这个地方，标志着我们中国考古学确实在飞速前进，是非常好的现象。

另外，在充分肯定我们的成绩和收获的基础之上，我想提几个建议。

首先，地层学、类型学方法不能丢。我们做考古，考古学最基本的地层学、类型学方法不仅不能丢，而且应该更加重视。强调这一点很重要，因为有很多科技手段，那么用新的科技手段能不能代替呢？可能在某些方面能代替一点，但是总的来看是代替不了的。通过地层学和类型学的研究，才能对研究的对象有深刻的认识，这不是科技手段可以代替的。所以我想有些问题的解决，恐怕还是要靠最基本的考古学研究方法，比如说我听到关于昆山的发掘，昆山的发掘谈到有马桥、后马桥这样一些概念。马桥文化从命名到现在正好是40年，10月在上海举行了马桥文化命名40年的讨论会。而这次会议上，宋建先生还有陈杰先生都对马桥的发掘研究做了回顾和反思。为什么我说这个事，就是说这个问题，马桥的问题到现在我都不是太清楚，马桥文化究竟分几期也不知道，后马桥是什么，我也不知道，都用这个词，我觉得可能存在问题。因此，如果我们发掘个典型遗址，把马桥文化彻底梳理一下，什么叫马桥文化？是以马桥遗址当时发掘的第 4 层为代表叫马桥文化？还是后来有哪个类似遗址叫马桥文化？这些问题都是可以解决的，靠地层学、类型学的深入研究来解决。昆山的发掘很重要，希望通过发掘，明确这些问题，不然马桥文化可能拉得太长了，从夏代一直到商末周初，这么长的时间实际上是不可能的，我觉得是应该有划分的。至于划分几段，可以分为几个文化或者类型等，那是研究的结果，但是运用地层学、类型学手段，把马桥文化彻底做一做，我觉得很有必要。类似的这样的研究，还有其他几个。这是第一个问题。

第二，抓住苗头抓住重点不放手。我想提个建议，现在新的发现层出不穷，非常多，好的遗址，好的苗头出来了，如何紧紧抓住不放？要做到基本清楚，在学术史上占有一个重要的地位，要达到这个程度才放手，特别是一些重要的城，昆山、安吉古城、小古城，类似这样的，其他省也有。这些遗址要紧紧抓住，不能蜻蜓点水，这种教训太多了。我们做断代工程，到探源工程的时候，对中原地区夏文化的研究过程中，非常遗憾的就是王城岗遗址。当时安金槐先生做了一个城圈出来，里边基本没怎么动，觉得能解决问题了。实际上，现在看来，问题很多，一个很重要的问题就是，有了城圈以后我们很高兴，那里头有什么，就没有别的什么东西了？这个教训应该吸取，抓住不放，不管现在做几个新的东西，要有人一直盯着，持之以恒，才能最后拿出真凭实据，使提出的论据更加充分。前不久在河南鹤壁召开黄淮七省考古论坛学术讨论会，那会当然也很好，正好是在鹤壁附近辛村。大家知道，1931 年郭宝钧先生在那挖掘的浚县辛村，除了发现墓葬，又发现了铸铜的遗址、制骨的遗址。墓葬大部分是西周的，但也有一些是商代的。当然会提到，有没有城？因为那是卫国的墓地，是康叔的封地，一定会有城，地位当然非常重要。但是有没有计划？到那安一个点，彻底做下去，做清楚，可能还是个问题。类似这样的，我觉得我们一定要下决心，蹲点，取得突破。这是我想说的抓住苗头，抓住重点不放的问题。

第三，学术要交流。这次会议是一个很好的交流，范围很大，开这么一次会议也不容易。小型的交流，首先从地区开始，经常交换些意见，然后省内不同形式的交流，互相启发，就会爆发新的火花，而不是孤立的，我挖我的，你挖你的，老死不相往来，这肯定是不行。我们这次交流很广，以南方先秦考古为题，除了中南、东南、南方，还有西南地区，贵州、四川、重庆，这是很有必要的。学术问题就是互相启发的，说不定哪一天你听到他讲了个什么东西对你就会有启发，所以我觉得不停不断地交换意见进行交流是很重要的。

　　第四，注重年轻人的培养。现在有这么多的年轻人登上了考古舞台，今后就是他们的天下。一个省的考古所，一个地区的研究所，怎么样有意识来培养这些年轻人，加大任务量使用他，同时也要多创造条件，让他多参加学术活动，这样可能会成长得更快一点。因为实际上在不同的地区都会有这样的情况，十来年可能就会成长出来一批考古的精英人才。这是不以人的意志为转移的，你不理他，他可能就自己成长起来，如果稍微扶持他一下，就可能成长得更快。

　　我参加这个会议是非常受教育的。本来，这么大年龄到这凑什么热闹，其实从我的内心来讲，来了以后学到很多，听到了很多新的材料，思考了很多新的问题，所以我也特别感谢浙江省考古所、浙江省文物局，特别感谢在座的各位，使我受到了这些新的教育。谢谢大家！

总结过去　开拓未来

——在中国南方先秦考古学术研讨会上的讲话

（代序二）

许常丰

（浙江省文物局）

尊敬的李伯谦先生，各位来宾、学者，女士们、先生们：

大家好！非常高兴参加此次中国南方先秦考古学术研讨会。首先，受我们柳河局长委托，在此，我谨代表浙江省文物局，对此次学术研讨的召开，表示热烈的祝贺！对各位嘉宾的与会，表示诚挚的欢迎！

浙江素有"文物之邦"美誉，文物资源丰富，文化底蕴深厚，全省现有世界文化遗产2处，全国重点文物保护单位231处，其中古遗址、古墓葬50余处。多年来，浙江的考古工作主动融入我省改革开放和经济社会发展进程中，配合交通设施、能源设施、水利枢纽和城市建设而进行的抢救性考古工作如火如荼，结合课题研究而实施的主动性考古科研工作有序推进，考古工作成绩显著，硕果累累，特别是先秦考古工作始终是稳步向前的。如20世纪七八十年代，我们以土墩墓为主要研究对象，建立起了浙江夏商至春秋时期的年代框架，90年代后期，我们发掘了印山越国王陵，揭开了越国王陵的神秘面纱。21世纪以来，浙江的先秦考古工作以课题为导向，制订长期、系统的考古工作规划，在国家文物局的支持下，在瓷之源、越国王陵及贵族墓、安吉古城、湖州昆山遗址、安吉小古城遗址等考古工作都取得了重大的收获。确立了东苕溪流域在中国瓷器起源上的重要地位；基本搞清战国时期越国王陵的分布区域；建立起了以安吉古城为中心，涵盖城址、墓葬、周边聚落遗址的大遗址格局；确定了昆山遗址、小古城遗址是商代浙北地区的中心聚落遗址。目前，安吉古城遗址已被列入国家大遗址，安吉古城国家考古遗址公园也已立项。

应该说，目前有关浙江先秦考古发现和研究所取得的成绩，离不开各级领导的关心和支持，更得到了各位专家学者的悉心指导，并凝聚了你们的无私心血。在此，我向所有关心、支持浙江文博事业发展的各级领导、各界朋友、各位专家学者，致以崇高的敬意和诚挚的谢意！

今天，我们相聚杭州，总结南方先秦考古所取得的成绩，探讨南方先秦考古学文化研究中诸多学术问题，必将对南方先秦考古文化研究产生深远的影响。同时，也请各位专家学者多为浙江先秦考古工作献言献策。

最后，预祝研讨会圆满成功！

谢谢！

目 录

马桥文化研究的反思

宋　建

（上海博物馆）

马桥文化在学术领域的重要性不能同良渚文化相比，甚至可以说马桥文化所代表的阶段是环太湖地区两个社会发展高峰之间的中间期。但是随着田野考古的不断深入、发掘资料的持续积累和研究领域的进一步拓展，马桥文化越来越凸显其重要性。2018年是马桥文化命名40年，回顾以往研究，有以下四个方面值得反思。

一　考古学文化的命名

1978年发表了20世纪60年代马桥的发掘报告，全新的材料立即引起学术界的关注。在1978年8月召开的"江南地区印纹陶问题学术讨论会"上，蒋赞初先生首次提出了"马桥文化"的概念，并为马桥文化打上双引号，足以显示先生的细心与慎重[①]。三年后的"江苏省考古学会第二次年会暨吴文化学术讨论会"上，20世纪60年代马桥遗址的发掘者黄宣佩和孙维昌先生撰文《马桥类型文化分析》[②]，对文化名称有三种不同提法：一是马桥类型，如第一节名为"关于马桥类型的特征、年代和分布范围"；二是马桥类型文化，如文章开头的"被称为马桥类型文化"；三是马桥文化，如第三节中提到"马桥文化的延续是亭林类型"。虽然第三种提法在文中出现的次数最少，但是作者显然是将其作为独立的考古学文化对待，而非第二层级的"类型"。文中出现几种不同提法可能反映了认识的不确定性，或为发掘者的学术谨慎。此后，马桥文化被大多数研究者认可，并拿去了定名初期因谨慎而加上的双引号。马桥文化以20世纪60年代发掘的马桥中层（四层）为代表，因而有马桥中层或马桥四层文化的概念，并被个别研究者长时期习惯性沿用。

---

① 蒋赞初：《关于长江下游地区的几何印纹陶问题》，《文物集刊（3）》，文物出版社，1981年。
② 黄宣佩、孙维昌：《马桥类型文化分析》，《江苏省考古学会第二次年会暨吴文化学术讨论会论文集（第一册）》，1981年；又载于《考古与文物》1983年第3期。

高祭台类型是和马桥文化相关的另一个名称，牟永抗先生于中国考古学会 1981 年年会上提交的一篇主要论述浙江新石器文化的论文中首次提及，之后又专题撰文全面论述①。在后文中，牟永抗先生指出，"对这类遗存不能排除进一步划分类型的可能性，高祭台的称谓也只能是暂时的代称，随着发掘和研究的深入，今后可以重新命名。"可见牟永抗先生是将高祭台类型作为考古学文化的暂时称谓。牟永抗先生虽然指出了考古学文化的分布范围不等同于现代行政区域，但是他所论述的高祭台类型基本不出浙江省界。

在时间方面，高祭台类型是"青铜时代的文化遗存"，涵盖浙西南夏商时期的着黑陶和更大区域的周代土墩墓、土墩石室。牟永抗先生也使用马桥类型的概念，认为其分布于上海近郊地区，"可能是和高祭台类型早期同时并存的两个类型"。但是后来不晚于 1999 年，牟永抗先生有了不同的认识，在回忆 20 世纪 50 年代一次配合浙江大学新校舍的抢救性考古发掘时提及，出土遗存"现在看来既有马家浜文化的遗物，也有良渚文化和马桥文化的堆积"②。学界对高祭台类型这一名称的认同者甚少，目前所见只有 2006 年出版的《昆山》发掘报告仍然沿用。

另外还有陆建芳先生提出了马桥—肩头弄文化的名称，这一认识的核心是，20 世纪 60 年代马桥第四层文化遗存由五种文化因素构成，其中一种代表马桥类型文化，占主导地位，它同肩头弄期遗存属同一性质，是同一个考古学文化③。

今天反思马桥文化的命名过程可以认识到，一个考古学文化的命名首先必须有丰富的发掘材料，并且尽早尽完整发表报告。马桥遗址发掘于 1960 和 1966 年，地层堆积清晰，文化遗存保存较好，发掘材料得到及时整理和研究，十年动乱结束后不久即发表报告，当年即提出"马桥文化"的概念。而淳安高祭台遗址于 20 世纪 50 年代进行过两次发掘，直到 2005 年才发表报告④。另外据牟永抗先生的《高祭台类型初析》，高祭台遗址的发掘部位属于次生地层。这些决定了高祭台并不具备考古学文化命名的基本条件。再者，关于考古学文化分布范围和现代行政区域的关系，应该说当时是不够清晰的。牟永抗先生在 2005 年发表 1958 年高祭台第二次发掘总结的后记中回顾了当时的思考，"如果说在高祭台发掘的那个阶段曾经在我们观念中模糊地出现

---

① 牟永抗：《浙江新石器时代文化的初步认识》，《中国考古学会第三次年会论文集（1981）》，文物出版社，1984 年。牟永抗：《高祭台类型初析》，《浙江省文物考古研究所学刊》，科学出版社，1993 年。

② 牟永抗：《关于良渚、马家浜考古的若干回忆——纪念马家浜文化发现四十周年》，《农业考古》1999 年第 3 期。

③ 陆建芳：《初论马桥—肩头弄文化》，《东南文化》1990 年第 1 期。

④ 新安江水库考古工作队：《浙江省淳安县进贤高祭台遗址第一次发掘报告》，《浙江省文物考古研究所学刊》第七辑，杭州出版社，2005 年；《浙江省淳安县进贤高祭台遗址第二次发掘总结》，《浙江省文物考古研究所学刊》第七辑，杭州出版社，2005 年。

过江苏、浙江和安徽诸省的边界不一定是考古学文化区分及其年代分期的标准,考古学文化的某些因素和特征,可以穿越省界进行传播或交流等等一丝的闪念……"因此,高祭台类型的地域为浙江省界所限,排斥了其他地区的同类文化。另外高祭台类型延续太长时间,包含多种不同属性的考古学文化,也是命名不被绝大多数研究者认同的原因。

对于一种新发现的文化遗存命名必须慎重,不应该在认识不明确时仓促提出文化命名,也不必以加引号表示不确定性,可以先以某某遗存称之,待认识比较明确后再命名为文化。随着研究的深入可以再区分类型,作为第二层级。另外还应该避免文化类型、类型文化、某层文化这样具有歧义的用语。

陆建芳先生的命名方式是一种尝试,但是可操作性不强,因此几乎没有认同者。

二　马桥文化的探源

1978 年以来,马桥文化来源即成为一项关键研究内容。大致相同地域分布的良渚文化是马桥文化的先行者,因此探源从良渚文化入手,绝大多数研究者或多或少都将良渚文化因素作为来源之一或所谓"影响"之一。随着钱山漾文化和广富林文化的确认,张忠培先生指出,"以往基于良渚文化—马桥文化这一考古学文化序列认识的基础上提出的任何论述,都将随之于现实的学术研究中失去存在的空间"[①]。今天我们反思马桥文化的探源过程,对于改善乃至修正相关研究的方法论是很有必要的。

20 世纪 80 年代马桥文化的研究者屈指可数,除了黄宣佩、孙维昌先生,只有李伯谦先生和我数人,且观点大致相同,均将良渚文化作为马桥文化的来源之一,同时也有非本地文化因素的来源。我将良渚文化和浙南闽北地区以江山肩头弄第一单元遗存为代表的文化视为两个主要来源,并特别指出,由于马桥文化和良渚文化的分布区域重叠,先后生活于同一地区甚至同一地点,从这个意义上说,马桥居民应是良渚居民的后继者。这一阶段的研究者在探寻文化来源时比较关注同一地区先行者和后来者的文化关联性。

20 世纪 90 年代,马桥文化的外来性被放到突出的位置,提出了"文化断层"和"文化缺环"的概念。张敏先生认为,良渚文化到马桥文化之间出现了文化断层,尽管马桥文化中含有少量的良渚文化因素,然而马桥文化绝不是良渚文化的后继,而是从南方迁来的肩头弄类型文化填补了良渚文化区的空白,进而发展演变为马桥文化。[②] 我

---

① 张忠培:《序》,浙江省文物考古研究所、湖州市博物馆编著《钱山漾——第三、四次发掘报告》,文物出版社,2014 年。

② 张敏:《华夏文明起源的假说》,《东南文化》1990 年第 4 期。

的认识是，从良渚文化到马桥文化有两个重要因素发生作用，社会因素是外来文化的进入，生态因素是自然环境的变异①。"马桥文化替代良渚文化只延续了一部分良渚文化因素，却融入了大量非当地传统的新文化因素，其中最多的是肩头弄文化遗存，其含量比例甚至超过了良渚文化因素，还有二里头文化、商文化、岳石文化和湖熟文化早期因素。这些新的文化因素，有的是外来文化的传入或影响，有的是文化的交互作用。马桥文化在融合了多种来源的文化因素之后，形成了有别于其他文化的自身特色。因此从总体上看，它与良渚文化有相当大的差别，形成文化缺环"②。

实际上，考古发掘资料中马桥文化同当地文化比较直接的关联早有发现。年代上的关联是 1959 年发现、1961 年发掘、1962 年发表的广富林，发现了广富林文化的陶鼎，但当时归之于良渚文化。年代和文化因素的关联则是 1934 年发现、1936 年发表和 1956、1958 年发掘、1960 年发表的钱山漾，发现了方格纹、竹编纹（席纹）等，并在 1978 年"江南地区印纹陶问题学术讨论会"上受到关注。当时也将钱山漾的相关遗存归于良渚文化。2000 年，确认了广富林遗存（2006 年正式提出广富林文化）。2003 年广富林发现了包含鱼鳍形足、细颈鬶的遗存晚于良渚后期较晚阶段墓葬的层位关系。2005 年钱山漾遗址发现钱山漾 1 期—钱山漾 2 期—马桥文化之三叠层，并于 2014 年正式提出以钱山漾 1 期为代表的钱山漾文化。这些发现使环太湖地区马桥文化之前的文化年代关系较之以往更加清晰，从而为探讨同一地域文化的关联性找到新的切入点。此后，马桥文化起源的本土属性再次受到关注。

曹峻先生认为，太湖地区传统的文化因素在马桥文化中占有绝对主要的地位，其所论本地传统因素不仅有年代略早的广富林文化，也有更早的良渚文化，即马桥文化主要源自所谓地域传统。另两个来源是南方几何印纹陶因素和北方因素包括二里头文化、岳石文化等，但都不是马桥文化的主要构成③。

另一方面，马桥文化源自浙南闽北地区的观点受到强烈质疑。焦天龙先生将浙南闽北的文化称之为葫芦山文化，认为马桥文化同葫芦山文化的器物群差异极大，既不是同一个文化，也不存在前后传承关系。马桥文化很可能主要是外来北方文化因素与环太湖地区原有文化的混合变化体，也接受了来自南方的一些影响④。

今天反思马桥文化的探源过程，以上提出不同观点的研究者的方法论基本相同，着重于文化因素的分析，只是研究材料的来源有所不同，对材料的观察视角有所不同，前者主要是福建地区的新材料和环太湖地区 2000 年以后的新发现。研究结论从 20 世纪

---

① 宋建：《良渚文化向马桥文化的演化过程初探》，《上海博物馆集刊》第五期，上海古籍出版社，1990 年。
② 上海市文物管理委员会：《上海市闵行区马桥遗址 1993～1995 年发掘报告》，《考古学报》1997 年第 2 期。
③ 曹峻：《马桥文化再认识》，《考古》2010 年第 11 期。
④ 焦天龙：《论马桥文化的起源》，《南方文物》2010 年第 1 期。

80 年代重视或不排除本地传统，到 20 世纪 90 年代特别注重乃至几乎完全关注外来文化的迁入，再到 2000 年以后再次关注本地传统，呈现了螺旋形（上升）的变化过程。

展望今后这一课题研究的深入，除了完善方法论、运用更多的技术手段，更应该做系统的思考。首先是以良渚文明衰变后的社会动荡、环太湖地区进入发展低谷为背景，观察钱山漾、广富林和马桥文化在一个较短时期内先后兴起的动因。其次是关注自然环境和生业方式对地域性文化因素延续与变革的作用。第三，环太湖地区使用印纹陶始于广富林文化，盛于马桥文化。印纹陶的成型方式虽然落后，但是其原料选择和烧成窑温火候却是新技术，特别是（原始）瓷的发明更可称之为高科技了。如果印纹陶和（原始）瓷制作技术从外引进，那么是否有文化的传播和人群的迁移？较早而且普遍使用印纹陶的百越族群分布辽阔，支系繁多，故有百越之称谓，对其进行文化因素分析将是一个大课题。换言之，环太湖地区的印纹陶技术及其相关文化和人群来自百越的哪个支系是本课题深化、细化的重要抓手。

三　遗存分布与自然环境

20 世纪 60 年代马桥发掘着重解决了年代关系和文化内涵及其属性等问题，填补了环太湖地区夏商时期的空白。通过发掘认识到遗址坐落于一道被称为"竹冈"的贝壳沙堤之上，从而为这道海岸线的形成时间提供了比较准确的依据。但是当时并未深刻认识聚落与沙堤的相互关系，对遗址分布范围的了解也需要进一步完善。

20 世纪 90 年代马桥发掘，环境考古受到极大重视，通过调查、勘探和发掘，依靠不同学科研究者的参与，运用孢粉、植硅石、磁化率、动物计量统计等多种分析方法和技术，基本复原了马桥遗址的周边环境，揭示了遗址的分布规律。为适应当时的地理环境，遗址沿沙堤和紧靠沙堤的东西两侧，呈大致南北长、东西窄的宽带状分布，南北至少 1000 米，东西大约 150 米，总面积超过 150000 平方米，是以往认识的数十倍。

钱山漾遗址 20 世纪 50 年代的发掘第一次从地层上发现了马桥文化及其与新石器时期文化的层位关系。2005～2006 年发掘摸清了文化遗存的分布状况，而且通过多项科技手段，大致复原了遗址所在的自然环境。值得注意的是，遗址南部的 C 块区域（2005～2006 年划分）有比较丰富的广富林文化遗存，相距数百米的遗址 A 块区域 50 年代发掘却未见广富林文化遗存，马桥文化层和钱山漾文化层之间发现了因水沉积而形成的堆积层位。

浙江余杭茅山遗址发现了广富林文化农田被水淹没的遗迹，水淹层直接覆盖于农田中的牛蹄印痕之上，表明水淹的突发性。无独有偶，广富林遗址也发现了广富林文化遗存上牛蹄印痕被淹没的遗迹。这两个遗址都没有发现典型的马桥文化遗存，是马桥文化时期环境变迁的重要依据。

崧泽曾进行过数次大规模发掘，多未发现马桥文化遗存。仅 1987 年冬抢救性发掘时，在崧泽墓地中心西南 200 余米处有很小范围发现。14 号探方中保存了厚仅 20 厘米的马桥文化层，遗物不多。而在相隔仅 20 米的 15 号探方就未见此层堆积。可以看出，崧泽遗址的马桥文化居住址延续时间不长，规模比较小，或者相当分散。松江姚家圈遗址大致类似，曾调查采集到马桥文化的有段石锛和叶脉纹陶片等，也发现了崧泽文化遗物，但是 1989 年正式发掘时，崧泽文化遗存相当丰富，马桥文化遗存却一无所获。

从上述可以看出，马桥文化研究是如何从注重文化属性和年代关系，发展到继续关注相关基础问题的同时开始着力于遗址全貌和环境。对马桥文化环境的关注还源自同良渚文化的相关性。良渚文化因具有复杂的社会组织形式使有些研究者认为已经超越酋邦（古国），进入国家（王国），文明延续 1000 年后却衰变转型。良渚之后其所在区域的主要部分进入社会发展高峰之间的低谷，其原因值得深究。有的研究结果表明，良渚文化的衰变原因同环境变迁有关。良渚文化衰变和社会发展低谷形成是该时段自然环境背景受到学术界关注的出发点之一。

现有研究表明，广富林文化和马桥文化是环境发生系统性变异的特定阶段。茅山和广富林遗址都在广富林文化或其后某个时期发生较大范围水淹事件，并均缺失马桥文化。钱山漾大约在广富林时期发生局部水淹事件，据已有发掘材料，该遗址的广富林遗存范围小于之前的钱山漾文化和之后的马桥文化。一些含有马桥文化遗存的地点内分布区域缩小且分散。2000 年发表的《环太湖地区夏商遗址环境研究》根据当时材料探讨了马桥文化遗址分布特征与环境[1]，但是此后并无新的研究成果，相比较这一时期对良渚环境研究的全面深化不能不说是一个遗憾。今后一段时间应该关注分布于不同地域的文化遗存同环境的相互关系，太湖东和东北、太湖南和太湖西可能是三个具有不同互动关系的区域。

这个课题下还有一些值得汲取的教训。由于参加人员较多，个别研究者发表结果时未与考古人员沟通，在环境研究中弄错了层位和位置而得出错误结论。经验和教训使我们对科技考古理念的认识更加深刻。科技考古不是考古学的分支学科，而是特指将科技方法和技术应用于考古学。科技考古研究最终还是要落实到考古上，是考古研究，而非一般意义上的科技研究。科技考古要落到实处，就必须以考古学科为主导。

---

[1]　宋建：《环太湖地区夏商遗址环境研究》，周昆叔、宋豫秦主编《环境考古研究》第二辑，科学出版社，2000 年。

以考古问题决定研究目标和研究对象。考古人和科技人应该相互了解不同学科的理论、方法和技术，共同制定计划，经常沟通，这样才能做好科技考古。

四　印纹陶、（原始）瓷的起源和产地

20 世纪 90 年代马桥发掘和整理研究阶段，考古和硅酸盐研究者密切合作，共同探讨，认为马桥文化的陶瓷产业正处于技术创新的转变时期，（原始）瓷是在烧制硬陶的基础上发明的新工艺和新产品，环太湖地区是目前所知年代最早的（原始）瓷使用地之一。研究还将马桥文化红褐陶（印纹陶）上经常出现的陶文同新工艺相联系，认为是陶工发明的专门记号，记录生产流程，以提高生产技术①。

马桥文化印纹陶（红褐陶）广泛使用，（原始）瓷数量虽少，但同印纹陶关系紧密。如果在技术层面上为（原始）瓷寻源，就是印纹陶选料方法的不断完善和掌控窑温的技术革新。马桥文化印纹陶和（原始）瓷的来源同马桥文化探源的相关程度很高，在特定意义上甚至可以说是同一个问题。有较多研究者将马桥文化的来源聚焦于肩头弄遗存为代表的文化，实际上主要就是指印纹陶，也正因为此，有的研究者将马桥和肩头弄合并为同一个文化。马桥文化印纹陶同浙南闽北地区的相互关联还可以从族属方面观察。浙南闽北地区属于百越的一部分，百越地区的印纹陶不仅出现早，而且长时期稳定分布与发展。马桥文化之前，其所在的环太湖地区不属于百越，可能同东夷族的关联更为紧密。环太湖地区的印纹陶出现比较晚，马桥文化包含大量印纹陶，从外部寻找原因顺理成章。马桥文化印纹陶和（原始）瓷是产品的输入还是技术的引进，是相关问题的另一方面。40 年来的研究围绕这两个方面开展。

印纹陶最早出现且距环太湖地区最近的是浙江西南部的好川遗存。环太湖地区与好川遗存年代大致相当的是良渚文化后期的偏晚阶段和良渚文明衰变后的钱山漾文化，但几乎未见与好川遗存相同的印纹陶。好川遗存与马桥文化之间经历广富林文化，这是马桥文化印纹陶与好川遗存之间的连接点。现在可以确定的是，环太湖地区的印纹陶始于广富林文化，纹饰种类同马桥文化颇为相似，但数量有限。好川和广富林均未发现像马桥文化那样的组合纹饰。组合纹饰是环太湖地区从广富林文化出现印纹陶以来逐渐发展的结果，还是马桥文化又有新的外来因素，是一个值得思索的问题。从文化关系上，广富林文化和马桥文化之间仍有缺环，人群组成发生变化，可能也存在年代缺环。这又回到了马桥文化来源的问题。

关于产地问题，马桥遗址发现了一些几乎无法使用的印纹陶残次品，暗示了当地

---

① 宋建、周丽娟：《论马桥文化的陶文》，《上海博物馆集刊》第八期，上海书画出版社，2000 年。

就是产地之一的可能性，但是没有发现窑址。而且烧制印纹陶和（原始）瓷对材料和窑温的要求极高，同普通陶器不是一个等级，因此当地可能在烧制普通陶器的基础上做过尝试，但是没有成功。

太湖南部属于马桥文化的核心分布区，2009 年以来在浙江湖州东苕溪地区发现了不少马桥文化窑址，它们以烧制（原始）瓷为主，也烧制印纹硬陶，其中最为重要的是湖州南山和瓢山这两处窑址①。发掘者为窑址断代参照了马桥文化的分期，并且对比了多地出土的（原始）瓷和硬陶，对窑址标本作系列化碳十四测年。这些测年数据与断代结论和业已存在的马桥文化分期结果互为坚实支撑。

（原始）瓷是马桥文化的高端产品，虽然在各遗址发现很少，但是因为代表了尖端的生产能力和新兴的行业，一直得到研究者的关注。（原始）瓷和印纹陶由于其特殊的原材料和对窑炉结构的更高要求，很难在各群落自行烧制，现在终于确认了马桥文化（原始）瓷的生产地点，无疑是马桥文化研究的重大突破。从各地出土品可以看出，这些窑址的产品不仅供应环太湖地区，而且销往宁镇地区。夏商时期（原始）瓷在长江、黄河流域均有发现，学术界为寻找其产地而不懈努力多年。长期以来我们重点关注浙南闽北和赣东北地区，在这些地区发现的印纹硬陶和（原始）瓷数量大质量精，相同的器形曾发现于二里头、郑州、殷墟等夏商都城遗址，同时这里也发现了窑址等陶瓷业遗址。湖州的发现为在更广阔区域寻找（原始）瓷产地和物流方式找到了新的出发点，在马桥文化和（原始）瓷领域，其学术价值都是不言而喻的。

在东苕溪地区调查发掘陶瓷业遗址的同时还发现了密集分布的马桥文化至西周春秋遗址，其中最重要的当属下菰城。但是由于课题设计等方面的原因，下菰城的工作还刚刚开始。必须认识到，陶瓷业考古应该同聚落形态研究紧密结合。（原始）瓷的规模化生产以综合经济能力为后盾，以产品需求为导向，以严密的社会管理为手段。因此今后要以下菰城为抓手，作为研讨（原始）瓷产业社会背景的起点，在东苕溪地区全方位研究马桥文化，并将其作为深化马桥文化中心聚落和相关聚落形态研究的良好开端。

（原始）瓷是百越同中原交往的关键媒介之一。东苕溪中下游湖州、德清一线的（原始）瓷产业在商周时期生产规模持续扩大，形成高效集中的产业中心。这里不仅生产具有广泛实用性的生活器皿，也生产为各等级权贵服务的礼器，特别是很可能已经成为吴越王室御用礼器的指定产地并由王室或其下属机构管理。瓷业的兴盛为吴越文化的崛起奠定了扎实的经济基础。马桥文化地处呈新月形区域的百越北端，是同中原

① 浙江省文物考古研究所、湖州市博物馆、德清县博物馆编著：《东苕溪流域夏商时期原始瓷遗址》，文物出版社，2015 年。

交往的起点，也是百越地区崛起的发端。马桥文化后，长江下游再崛起，迎来新一轮发展高峰。

以上反思，前两项是基础问题，即马桥文化的时间、空间和谱系，后两项既是对马桥文化生存环境和先进技术的研究，也试图回答该地区社会发展中间期的形成原因和再度兴起的经济基础等重要问题。反思以往，展望未来，学人当齐心戮力走向马桥文化研究的新时代。

陶冶吴越

——简论两周时期吴越的生业形态与资源互动

张　敏

（南京博物院）

吴始于周初，终于公元前473年越灭吴，历经西周和春秋①；越亦始于周初，终于公元前333年楚威王杀越王无彊或终于公元前222年秦将王翦降越君，历经西周、春秋和战国②。

西周时期的吴越都是偏居东南一隅的蕞尔小邦，春秋晚期的吴越都不受周代礼制的羁束而先后称王，春战之际的吴越先后崛起，一跃成为军事强国而称霸诸侯，成为华夏政治舞台上最耀眼的新星。

《荀子·王霸》："故用国者，义立而王，信立而霸，……故齐桓、晋文、楚庄、吴阖闾、越勾践，是皆僻陋之国也，威动天下，强殆中国，无它故焉，略信也。是所谓信立而霸也。"

春秋之初，管仲在齐国实行了"官山海"的经济政策，垄断了海盐的生产与销售，盐业遂成为齐国的"官工业"③，齐国因此成为"春秋首富"，桓公也因此成为"春秋首霸"，"食盐官营"成为齐国"信立而霸"的经济基础。

春秋时期的"信立而霸"，除具备强大的军事实力外，还需有坚实的经济基础，吴王阖闾和越王勾践"信立而霸"的经济基础同样是吴越的"官工业"。

"官工业"即官营手工业。《周礼·考工记》："百工之事，皆圣人之作也。烁金以为刃，凝土以为器，作车以行陆，作舟以行水，此皆圣人之所作也"，"烁金"与"凝土"皆属"百工之事"；《左传》昭公二十六年："民不迁，农不移，工贾不变"，《国

---

① 《史记·吴太伯世家》："是时武王克殷，求太伯仲雍之后，得周章。周章已君吴，因而封之。"《左传》哀公二十二年："冬，越灭吴。"

② 《古本竹书纪年》：成王二十四年"于越来宾"。《史记·越王勾践世家》："楚威王兴兵而伐之，大败越，杀王无彊，尽取故吴地至浙江。"《史记·秦始皇本纪》："王翦遂定荆江南地，降越君，置会稽郡。"

③ 参见《管子·海王》《管子·轻重甲》《国语·齐语》《史记·齐太公世家》《史记·管晏列传》《史记·平准书》《史记·货殖列传》《汉书·食货志》等。

语·晋语四》："大夫食邑，士食田，庶人食力，工商食官"，"工贾不变"与"工商食官"是春秋时期"官工业"的真实写照。

"官工业"属国家产业，"官工业"是国家经济的重要构成。通过强权政治将公共资源垄断为国家资源，将手工业者和商人集中起来设官吏统一管理，由政府提供衣食，按照政府的意志、根据政府的需求进行生产和贸易是"官工业"的生产模式；产业规模大、生产地集中、从业人数多、分工细致化是"官工业"的基本特征。

根据考古发现，吴国的"官工业"为矿冶业，吴致力于青铜的开采冶炼，矿冶业成为吴国国家经济的支柱产业，成为吴国最重要的生业形态；越国的"官工业"为陶瓷业，越致力于陶瓷烧造，陶瓷业成为越国国家经济的支柱产业，成为越国最重要的生业形态。

鬲与鼎是区分吴越文化的标志物，土墩墓与石室土墩墓是区分吴越文化的重要文化遗存。根据吴文化遗址和土墩墓的分布范围推断，吴国的疆域包括苏南茅山以西的宁（南京）镇（镇江）地区和皖南黄山以北的芜（芜湖）铜（铜陵）地区，大致相当于秦鄣郡或西汉丹扬郡的地理空间，与矿冶业相关的矿冶遗址、冶铸遗址、聚落遗址、土墩墓、古城址均分布在这一地理空间内；根据越文化遗址和石室土墩墓的分布范围推断，越国的疆域包括苏南茅山以东的太湖流域和黄山、天目山以南的钱塘江流域，大致相当于秦汉会籍郡的地理空间[1]，与陶瓷业相关的窑址、聚落遗址、石室土墩墓、古城址均分布在这一地理空间内[2]。

由于吴越的生业形态于史无征，对吴越生业形态进行的研究也几近阙如，因此本文主要根据考古学文化遗存所表述的文化现象，谈谈对吴越生业形态与资源互动的肤浅认知。

一 吴的矿冶业

"国之大事，在祀与戎"，青铜是"祀"与"戎"的物质基础。

皖南的芜铜地区有丰富的铜矿蕴藏。《诗·鲁颂·泮水》："元龟象齿，大赂南金"；《史记·李斯列传》："江南金锡不为用，西蜀丹青不为采"；《史记·货殖列传》："夫吴自阖庐、春申、王濞三人招致天下之喜游子弟，东有海盐之饶，章山之铜"，《汉书·地理志上》："丹扬郡，……有铜官。"

---

① 《汉书·地理志上》："丹扬郡，故鄣郡。""会稽郡，秦置。"
② 陈元甫：《土墩墓与吴越文化》，《东南文化》1992年第6期。杨楠：《江南地区土墩遗存研究》，民族出版社，1998年，131页。叶文宪：《吴人土墩墓与越人石室土墩墓》，《东方文明之韵——吴文化国际学术研讨会论文集》，岭南美术出版社，2000年。（日）江村知朗：《吴越战争与越文化圈》，《中国柯桥：越国文化高峰论坛文集》，浙江人民出版社，2011年。

西汉时期的芜铜地区属丹扬郡，丹扬郡"有铜官"，因此文献记载的"南金""江南金锡"和"章山之铜"，皆有可能为皖南地区所产的铜。

（一）矿冶遗址与冶铸遗址

皖南的铜矿资源分布在中国东部燕山期火山岩浆大爆发后产生的硅卡岩铁铜矿床分布区内，铜矿带主要集中在"下扬子拗陷带"，铜矿多为含铜品位较高、呈巢状或株状分布的"鸡窝矿体型"①。

皖南地区经初步考古调查已发现古代矿冶遗址 100 余处，铜矿遗址分布在贵池、青阳、铜陵、南陵、泾县、繁昌等市县境内，以铜陵、南陵的铜官山、狮子山、凤凰山、工山、铜山一带最为集中，大大小小的中心矿区的分布分范围达数十平方千米甚至上百平方千米，矿冶遗址的分布范围达 2000 平方千米，并形成规模巨大的铜矿遗址群②。经考古发掘的采矿遗址有南陵破头山、铜陵金牛洞、繁昌铜山等，冶炼遗址有南陵江木冲、铜陵木鱼山、繁昌铜山等③。

采矿是自地壳内或地表开采矿产资源的技术，两周时期皖南铜矿的开采主要采用"烧爆法"，铜矿矿井的巷道除有木井架外，还有通风和排水设施，多层的采矿平巷交叉分布，而处于不同水平面上的矿井都是独立开掘，矿井的开拓采用了竖井、平巷、斜井联合开拓的地下开采系统，井巷支护均采用木质框架式支撑，根据矿井中发现的大小不一、重量悬殊的平衡石分析，当时可能已使用辘轳一类的提升工具从井下垂直向上提升矿石、废石和积水。

铜矿是铜的硫化物或氧化物与其他矿物组成的集合体，皖南铜矿主要为硫化铜。两周时期铜矿的冶炼主要采用"火法冶炼"，冶炼的方法是先在焙烧炉中用焙烧的方法对铜矿石进行脱硫，然后在鼓风炉中用熔炼的方法将脱硫后的矿石与添加的石灰石、石英石等熔剂物一起加热，通过鼓风至高温使固体矿石熔化为液体金属、通过熔炼使

---

① 陶奎元、毛建仁、邢光福等：《中国东部燕山期火山—岩浆大爆发》，《矿床地质》第 18 卷第 4 期，1999 年。杨兵：《长江中下游成矿带的构成与形成机制》，《有色金属矿产与勘查》第 8 卷第 5 期，1999 年 10 月。

② 魏嵩山：《西汉丹阳铜产地新考》，《安徽大学学报》1979 年第 3 期。郭怀中：《"丹阳铜"产地考略》，《安徽史学》1994 年第 2 期。杨立新：《皖南古代铜矿的发现及其历史价值》，《东南文化》1991 年第 2 期。

③ 汪景辉：《安徽古代铜矿考古调查综述》，《文物研究》第 8 辑，黄山书社，1993 年。刘平生：《南陵大工山古代矿冶遗址群江木冲冶炼场调查》，《文物研究》第 3 辑，黄山书社，1988 年。安徽省文物考古研究所、南陵县文物管理所：《安徽南陵县古铜矿采冶遗址调查与试掘》，《考古》2002 年第 2 期。张国茂：《安徽铜陵地区古矿冶遗址调查报告》，《东南文化》1988 年第 6 期。安徽省文物考古研究所、铜陵市文物管理所：《安徽铜陵金牛洞铜矿古采矿遗址清理简报》，《考古》1989 年第 10 期。安徽省文物考古研究所、铜陵文物管理所：《安徽铜陵市古代铜矿遗址调查》，《考古》1993 年第 6 期。唐杰平：《安徽古代铜矿考古的回顾与思考》，《文物研究》第 14 辑，2005 年。

杂质造渣的粗金属分离①。

根据南陵、贵池、铜陵、繁昌等地出土的先秦时期的冰铜锭分析，皖南铜矿是我国最早采用硫化铜矿炼铜的地区；根据发现的焙烧窑遗迹推测，早期的脱硫工艺可能采用"堆烧法"。皖南铜矿已采用鼓风炉炼铜，炉炼的种类有竖炉和地炉；炼铜的燃料最初使用木炭，之后可能使用煤②。

皖南铜矿出土的开采工具有铜凿、铁斧、铁锄、铁锤、铁錾、铁钻、木桶、木楔、石球、平衡石等；与冶炼相关的遗物有炉壁、炼渣、冰铜锭；生活用器主要有夹砂红陶鬲、印纹硬陶罐和青瓷豆、盘、碗以及硬陶钵等西周、春秋时期的文化遗物。

皖南铜矿的采矿技术包括矿井的选择、巷道的布置与架构、排水、通风、照明和矿石的采掘、破碎、装载、运输、提升、筛选等；皖南铜矿的冶炼技术包括焙烧脱硫、添加辅料、鼓风冶炼、冷却成锭等，铜矿的采冶是一个复杂而庞大的系统工程，含铜率25%～70%、含铁率15%～40%的片状柳叶形冰铜锭是吴国矿冶业的主要产品③。

根据出土的文化遗物分析，皖南铜矿的采矿、冶炼始于西周，止于唐宋，西周至春秋时期是皖南铜矿第一次大规模开采、冶炼的时期，因此皖南铜矿第一次大规模的开采、冶炼与吴国的历史相伴，与吴国的建立和灭亡相始终。

铜陵师姑墩遗址是一处重要的冶铜遗址，出土有矿石、铜块、铅锭、陶范、炉渣、炉壁和小件铜器等，师姑墩遗址的考古发掘确立了安徽长江沿岸地区较完整的夏商至春秋时期的年代框架。

师姑墩遗址有三个时期的文化遗存：早期遗存的年代相当于二里头文化时期，中期文化遗存的年代为商时期，晚期遗存的年代为西周早期至春秋中期。夏商时期与青铜器铸造相关的文化遗物有矿石、铅块、支座、粘有铜锈的炉壁、炉渣、陶范、石范等，西周时期与青铜冶铸有关的遗物有铜原料、冶铸设施、冶炼渣和熔炼渣等冶铸废物、浇铸工具、青铜器成品等，涵盖了青铜冶铸的各个环节④。

师姑墩遗址的发现，表明皖南地区冶铸青铜的历史可追溯到夏商之际，并历经西

① 李延祥：《从古文献看长江中下游地区火法炼铜技术》，《中国科技史料》1993年第4期。许书理：《略论中国古代火法炼铜技术》，《中共郑州市委党校学报》2008年第2期。

② 刘平生：《安徽南陵大工山古代铜矿遗址发现和研究》，《东南文化》1988年第12期。杨立新：《安徽沿江地区的古代铜矿》，《文物研究》第8辑，黄山书社，1993年。杨立新：《铜陵古代铜业史略》，《文物研究》第11辑，黄山书社，1998年。

③ 张敬国、李仲达、华觉明：《贵池东周铜锭的分析研究——中国始用硫化铜的一个线索》，《自然科学史研究》1985年第2期。秦颖等：《安徽省南陵县江木冲古铜矿冶炼遗物自然科学研究及意义》，《东南文化》2002年第1期。

④ 安徽省文物考古研究所：《安徽铜陵县师姑墩遗址发掘简报》，《考古》2013年第6期。王开、陈建立、朔知：《安徽铜陵县师姑墩遗址出土青铜冶铸遗物的相关问题》，《考古》2013年第7期。郁永彬、王开、陈建立等：《皖南地区早期冶铜技术研究的新收获》，《考古》2015年第5期。

周至春秋中期。

（二）聚落遗址与土墩墓

皖南地区的聚落遗址主要沿漳河、青弋江、水阳江、姑溪河、慈湖河和长江分布，仅姑溪河流域即发现两周时期的聚落遗址 80 余处①。

皖南除发现大量的矿冶遗址、聚落遗址外，还发现大量的土墩墓，土墩墓主要分布于芜铜地区，其中最著名的为西周至春秋时期的南陵千峰山土墩墓群和繁昌万牛山土墩墓群。

千峰山土墩墓群位于南陵的葛林乡，现存墓葬近千座，分布范围达 13 平方千米；万牛山土墩墓群位于繁昌的平铺、新林两乡，与南陵家发乡的土墩墓群连成一片，现存墓葬数百座，分布范围约 6 平方千米，而在南陵分布较为集中的 23 处地点通过遥感调查发现的土墩墓竟多达 3029 座②。

经过考古发掘的有南陵县千峰山、龙头山和繁昌县平铺土墩墓等③，随葬器物有印纹硬陶器、青瓷器、青铜器以及采矿、炼铜的生产工具和碎铜块等。此外，繁昌汤家山、窑上、新牌村西周墓还出土鼎、方鼎、甗、鬲、盉、盘、匜、尊、罍、瓿、甬钟等青铜器④。

皖南的聚落遗址群与土墩墓群不仅与皖南的矿冶业息息相关，而且与皖南铜矿第一次大规模的开采冶炼的年代相始终。

（三）城址

牯牛山古城址位于安徽南陵石铺乡，南北长约 900 米，东西宽约 750 米，面积近70 万平方米，城址四周有古河道环绕，河道宽 20～30 米，古城址以西 20 千米即大工山古铜矿遗址群分布的中心地带，古城四周还分布着密集的西周至春秋时期的土墩墓。

城内有五个高土台，高台内有大范围的红烧土堆积分布，并有大面积的夯土遗迹；在古城址的西南角和东南角，各有一个面积为 100 余平方米的小土台。高土台出土了

---

① 中国国家博物馆、安徽省文物考古研究所：《安徽省当涂县姑溪河流域区域系统调查简报》，《东南文化》2014 年第 5 期。

② 宫希成、杨则东：《安徽省南陵县千峰山一带土墩墓及石铺塘西古城遗址遥感调查》，《光电子技术与信息》1998 年第 5 期。

③ 安徽省文物考古研究所：《安徽南陵千峰山土墩墓》，《考古》1989 年第 3 期。安徽省文物考古研究所、南陵县文物管理所：《安徽南陵龙头山西周土墩墓群发掘简报》，《文物》2013 年第 10 期。杨鸠霞：《安徽省繁昌县平铺土墩墓》，《考古》1990 年第 2 期。

④ 安徽省文物工作队、繁昌县文化馆：《安徽繁昌出土一批春秋青铜器》，《文物》1982 年第 12 期。宫希成：《皖南商周青铜器发现与研究》，安徽大学、安徽省文物考古研究所《皖南商周青铜器》，文物出版社，2006 年，1 页。谢军：《安徽繁昌新出土的三件铜器》，《江汉考古》2015 年第 6 期。

夹砂陶器、泥质陶器、印纹硬陶器、青瓷器、石器和青铜器等文化遗物，牯牛山古城始筑于西周，沿用至春秋①。

牯牛山古城地处山地与平原的交界地带，环境优越。城址四周有古河道环绕，河道宽20～30米，城内河道与城外河道有三处出水口相连，使城内、城外的河道互相贯通，并分别与长江支流漳河、青弋江相通，而青弋江是东通太湖、西连长江的吴国黄金水道——"中江水道"的入江段②。

牯牛山古城扼漳河、青弋江水上交通、运输之要冲，控制着原材料和成品的储藏、输入和输出；城内的高土台当为管理机构的建筑基址；在古城址以西20千米即大工山铜矿遗址群的中心地带，牯牛山古城与当时大规模的开采铜矿有着密切的关系，当为西周、春秋时期吴国经营铜矿开采、冶炼、库存、运输的调度管理中心。

皖南的矿冶遗址群、聚落遗址群和土墩墓群的发现，从一个侧面反映了吴国矿冶业的兴旺发达；而城的出现不仅表明吴国在矿冶业密集的地区设施管理机构，也反映了吴国的矿冶业属"官工业"。

矿冶遗址、冶铸遗址、聚落遗址、土墩墓和古城遗址构成了吴国完整的"官工业"体系。

二　越的陶瓷业

瓷器是越人的伟大发明，是越人对华夏文明做出的巨大贡献，是古代中国对世界物质文明的伟大贡献；中国是瓷器的故乡，瓷器的发明对中华文明的发展历程产生了深远的影响③。

浙江是中国最早烧制瓷器的地区，同时也是烧制瓷器的中心。浙江发现瓷窑160余处，集中分布在于越族群的中心区域，尤以东苕溪流域的分布最为密集④。

---

① 杨则东、宫希成：《安徽省南陵县古遗迹遥感调查》，《中国地质》1998年第10期。刘树人、杨则东、张廷秀：《安徽南陵县土墩墓及古城遗址遥感调查初步研究》，《华东师范大学学报·环境遥感考古专集》1998年第4期。陆勤毅主编：《安徽考古》，安徽文艺出版社，2011年。

② 《史记·河渠书》："（中江）于吴，则通渠三江五湖。"《索隐》："中江从丹阳芜湖县东北至会稽阳羡县东入海。"《汉书·地理志》："芜湖，中江出西南，东至阳羡入海。"中江水道由东沈、西沈、南溪河、南中河、胥溪、固城湖、水阳江、青弋江沟通而成，见谭其骧主编《中国历史地图集》第一册（2），中国地图出版社，1982年。

③ 孙天健：《原始瓷器的发明及其里程碑意义》，《中国陶瓷》2003年第3期。郑建明、陈元甫、周建忠：《"瓷之源——原始瓷与德清窑学术研讨会"纪要》，《文物》2008年第8期。"瓷之源"课题组：《原始瓷的起源》，浙江省文物考古研究所编《原始瓷起源研究论文集》，文物出版社，2015年。

④ 陈元甫：《浙江出土商周原始瓷概述》，《古越瓷韵——浙江出土商周原始瓷集粹》，文物出版社，2010年。浙江省文物考古研究所、湖州市博物馆、德清县博物馆：《东苕溪流域夏商时期原始瓷窑址》，文物出版社，2015年。

（一）窑址

浙江有丰富的高岭土资源，可烧制瓷器的高岭土矿床有沉积型、风化残余型、热液改造叠加风化残余型和热液改造型等，在赋存空间上由地表至深部具有分带性，即由钙基膨润土→钠钙基膨润土→钠基膨润土→高岭土①。

硬陶是古代陶器的一个特殊的品种，硬陶的原料是含铁量很高的黏土，烧成温度达 1150℃～1200℃，胎质多呈紫色、红褐色、灰褐色、黄褐色，敲击有金属声，因器表多拍印几何形纹饰，故又称印纹硬陶；瓷器用高岭土烧成，烧成温度 1200℃ 左右，质地坚硬，胎色灰白，釉是含钙的石灰釉，以铁为着色剂，在烧制过程中产生的还原气氛使瓷器釉色呈釉质光亮的青绿色，故又名"原始青瓷"②。硬陶器和青瓷器是越国陶瓷业的主要产品。

浙江商周时期的窑址主要集中分布于浦阳江流域的萧山和东苕溪流域的德清和湖州，其中以东苕溪流域的窑址分布最为密集，延续时间最长③。

东苕溪源出东天目山北部的平顶山南麓，南流折东后与中、北苕溪会合后称东苕溪，至湖州与西苕溪汇合后入太湖，东苕溪为浙江北部最重要的通航河流。

东苕溪流域的窑址以德清龙山片区和湖州青山片区的分布最为集中，龙山片区有夏商之际至战国时期窑址 145 处，青山片区有商代窑址群 21 处，除少量烧制印纹硬陶器外，大多烧制青瓷器④。

东苕溪流域的夏代窑址有湖州瓢山、金龙山、北家山等；商代窑址有德清龙山和湖州瓢山、南山、黄梅山等；西周春秋时期的窑址有德清火烧山；战国时期的窑址有德清亭子桥等。

---

① 何英才、王国武：《浙江高岭土（瓷土）矿床成因类型及其应用途径探讨》，《浙江地质》第三卷第二期，1987 年；袁德丰、王美华、章益民：《浙江仇山矿区膨润土、高岭土矿石矿物地质特征》，《资源调查与环境》第 23 卷第 3 期，2002 年。

② 罗宏杰、李家治：《试论原始瓷器的定义》，《考古》1998 年第 7 期。刘毅：《商周印纹硬陶与原始瓷器研究》，《华夏考古》2003 年第 3 期。杨冰、熊青青：《论原始瓷发展到瓷器》，《景德镇陶瓷》2016 年第 6 期。

③ 王士伦：《浙江萧山进化区古代窑址的发现》，《考古通讯》1957 年第 2 期。浙江省文物考古研究所、萧山博物馆：《浙江萧山前山窑址发掘简报》，《文物》2005 年第 5 期。姚仲源：《浙江德清出土的原始青瓷器——兼谈原始青瓷生产和使用的若干问题》，《文物》1982 年第 4 期。朱建明：《浙江德清原始青瓷窑址调查》，《考古》1989 年第 9 期。潘林荣：《湖州黄梅山原始瓷窑调查报告》，《东方博物》第四辑，1999 年。浙江省文物考古研究所、故宫博物院、德清县博物馆：《德清火烧山——原始瓷窑址发掘报告》，文物出版社，2008 年。浙江省文物考古研究所、德清县博物馆：《德清亭子桥——战国原始瓷窑址发掘报告》，文物出版社，2011 年。浙江省文物考古研究所、湖州市博物馆：《浙江湖州南山商代原始瓷窑址发掘简报》，《文物》2012 年第 11 期。浙江省文物考古研究所等：《浙江东苕溪中游商代原始瓷窑址群》，《考古》2011 年第 7 期。

④ 浙江省文物考古研究所、湖州市博物馆、德清县博物馆：《东苕溪流域夏商时期原始瓷窑址》，文物出版社，2015 年。

分布于太湖、钱塘江流域的夏商时期的马桥文化和两周时期的越文化都是于越族群创造的物质文化，东苕溪流域属太湖流域，尽管《史记》《越绝书》《吴越春秋》等历史文献将越国先君上溯到夏少康庶子无余，然无余立国之说十分渺茫，"越王夫镡以上至无余，久远，世不可纪也"①。因此夏商时期东苕溪流域的窑址群属于越族群的窑址群，而西周春秋时期的窑址群属于越族群立国后的窑址群，即越国窑址群。

龙窑为越人首创。东苕溪流域的窑址在夏商时期已出现龙窑雏形，经过西周时期的发展，到春秋战国之际已出现十分成熟的龙窑，窑体的改进不仅提高了陶瓷器的产量，也提高了陶瓷器的质量；从西周春秋时期隔烧的托珠，到春秋战国之际出现直筒形、喇叭形、托盘形窑具，烧制工艺日臻成熟②。

青瓷器和硬陶器烧制始于夏，商代开始青瓷器和硬陶器的数量明显增多，夏商时期的陶瓷产品主要为日用器皿；西周至春秋战国时期，越国除烧制日用器皿外，还烧制各种仿青铜礼乐器，甚至还烧制陶瓷兵器和陶瓷生产工具。

陶瓷礼乐器往往出土于高等级的越国贵族墓葬，德清亭子桥发现的专门烧制青瓷礼乐器的窑址，无锡鸿山、长兴鼻子山、安吉龙山③等越国贵族墓葬出土的青瓷礼乐器当为专门的窑址烧制。因此，德清亭子桥一带的窑址已具备雏形"官窑"的性质④。

（二）聚落遗址与石室土墩墓

东苕溪流域是马桥文化时期至西周春秋时期遗址分布最密集的地区，湖州、德清和余杭西南部、长兴东南部的山坡几乎都发现有马桥文化时期至西周春秋时期的文化遗存，表明这一时期人类活动频繁。

东苕溪中下游是马桥文化时期至西周春秋时期遗址分布最密集的地区之一⑤，经考古调查发现的遗址有30余处，其中邱城、基山、毘山、钱山漾⑥等大型聚落遗址紧邻

---

① 《越绝书·记地传》。
② 郑建明：《夏商原始瓷略论稿》，文物出版社，2015年。
③ 南京博物院等：《鸿山越墓发掘报告》，文物出版社，2007年。浙江省文物考古研究所：《浙江越墓》，科学出版社，2009年。
④ 陈元甫、郑建明、周建忠：《德清亭子桥战国窑址发掘的主要收获》，《东方博物》2010年第1期；王汇文：《越国原始瓷礼乐器的生产制作工艺探微》，《中国陶瓷》2017年第10期。
⑤ 祝炜平、方起东：《浙北湖州地区土墩墓遥感影像研究》，《地域研究与开发》第27卷第1期，2008年。
⑥ 梅福根：《江苏吴兴邱城遗址发掘简介》，《考古》1959年第9期。浙江省文物考古研究所、湖州市博物馆：《毘山》，文物出版社，2006年。浙江省文物管理委员会：《吴兴钱山漾遗址第一、二次发掘报告》，《考古学报》1960年第2期。浙江省文物考古研究所、湖州市博物馆：《浙江湖州钱山漾遗址第三次发掘简报》，《文物》2010年第7期；浙江省文物考古研究所、湖州市博物馆：《钱山漾——第三、四次发掘报告》，文物出版社，2014年。

下菰城东北面分布，下菰城东边开阔的河网地区分布着大量的中小型聚落遗址①。

东苕溪中下游地区处于太湖平原与莫干山脉的过渡地带，这一地带是先秦时期土墩墓、石室土墩墓最重要的分布区，其数量庞大，分布密集，仅在长兴县的弁山、韦山、小娜山等地发现土墩墓、石室土墩墓多达 2840 座，吕蒙山、乌基山、南皇山、吕山等地也分布着土墩墓群，在长兴鼻子山和磨盘山还发现大型的越国贵族墓葬②。

东苕溪流域经过考古发掘的有长兴便山和石狮，湖州杨家埠、独山头和堂子山，德清塔山、独仓山和南王山，安吉三官和笔架山等墓葬群③。东苕溪流域墓葬的年代有西周、春秋和战国，均为两周时期④。

东苕溪流域的墓葬以石室土墩墓为主，长兴便山发掘的 37 座墓葬中，有 34 座墓内建有石室；德清独仓山发掘的 10 座墓葬中，有 6 座为东西向长条形的石室土墩墓，而无石室的墓葬中，1 座有石床，3 座有石框。

墓葬的随葬器物主要为罐、瓿、坛、瓶、尊、钵、盂等硬陶器和鼎、簋、尊、豆、盘、瓶、罐、碗、钵、盅、盂等青瓷器，以及少量的鼎、釜、罐、钵等夹砂陶器和罐、盘、盆等泥质陶器。

（三）城址

下菰城遗址位于湖州市南 10 多千米的道场乡窑头村，地处太湖南岸，西北倚和尚山，东北靠金盖山，面向东南，城南有里江，里江向南数十米即东苕溪。

下菰城有内城和外城，平面呈圆角等边三角形，保存基本完好，城墙高约 9 米，上部宽约 5~6、底部宽约 30 米，外城墙周长 1800 米；内城位于外城南部偏东处，城墙周长 1200 米；内城和外城外均有一道宽约 30 米的护城河。城外的高地上分布着高

---

① 郑建明：《陶瓷考古的理论与实践——〈瓷路人生〉编后记》，任世龙《瓷路人生——浙江瓷窑业考古的实践与认识》，文物出版社，2017 年。

② 浙江省文物考古研究所：《浙江越墓》，科学出版社，2009 年。李刚：《长兴县土墩墓调查报告》，《中国柯桥越国文化高峰论坛文集》，浙江人民出版社，2011 年。

③ 浙江省文物考古研究所：《浙江长兴县便山土墩墓发掘报告》，《浙江省文物考古研究所学刊——建所十周年纪念专刊（1980~1990）》，科学出版社，1993 年。浙江省文物考古研究所：《浙江长兴县石狮土墩墓发掘简报》，《浙江省文物考古研究所学刊——建所十周年纪念专刊（1980~1990）》，科学出版社，1993 年。胡继根：《湖州市杨家埠先秦及汉代墓葬》，《中国考古学年鉴·1987》，文物出版社，1988 年。浙江省文物考古研究所、湖州市博物馆：《湖州妙西独山头土墩墓发掘简报》，《东方博物》2010 年第 3 期。湖州市文物保护管理所：《浙江湖州堂子山土墩墓发掘报告》，《东方博物》2004 年第 2 期。朱建明：《浙江德清三合塔山土墩墓》，《东南文化》2003 年第 3 期。浙江省文物考古研究所、德清县博物馆：《独仓山与南王山》，科学出版社，2007 年。浙江省文物考古研究所：《安吉三官土墩墓发掘简报》，《东方博物》2010 年第 3 期。浙江省文物考古研究所、安吉县博物馆：《浙江安吉笔架山春秋战国墓葬发掘简报》，《东南文化》2009 年第 1 期。

④ 陈元甫：《论浙江地区土墩墓分期》，《纪念浙江省文物考古研究所建所 20 周年论文集》，西泠印社，1999 年。

岭、戈山、东头山、吴十坟墩等商周遗址，与城址有密切的联系。下菰城始建于商代，出土的文化遗物具有马桥文化特征，是一座马桥文化的城址，虽然缺乏历史文献证明于越族群在商时期已建立国家，但下菰城的发现无疑将越人集中管理窑业的历史上溯到商时期。

下菰城虽然始建于商时期，但在下菰城内城土城垣中采集的文化遗物中有几何形印纹硬陶片，几何形印纹硬陶的纹饰有绳纹、长方格纹、方格纹、编织纹、回字纹、曲折纹等，器形有瓶、罐、坛等，几何形印纹硬陶的器形或纹饰都和当地商至西周及春秋地层中的遗物无异，因此下菰城可能沿用至春秋时期①。

陶瓷器的烧制是一项复杂的系统工程，烧制工艺大致包括瓷土的开采、舂打、淘洗、练泥、拉坯、修坯、成型、晾坯、素烧、施釉、装窑、烧窑、出窑等，还有烧制之前的燃料储备和烧制成器后的库存、包装、运输等，从开采瓷土到烧制成器不仅耗费大量的人力，还需要合理的调度和有效的管理，而位于东苕溪畔的下菰城当与大规模的陶瓷业有着密切的关系，当为夏商至春秋时期陶瓷业的管理中心。

东苕溪流域的窑址群、聚落遗址群和墓葬群的发现，从一个侧面反映了越国陶瓷业的兴旺发达；而城的出现不仅表明越人在陶瓷业密集的地区设施管理机构，也反映了东苕溪流域的陶瓷业属"官工业"。

东苕溪流域的窑址群、聚落遗址群、墓葬群和古城址构成了越国完整的"官工业"体系。

三　吴越的"资源互动"

吴的"官工业"为铜矿采冶，越的"官工业"为陶瓷烧制，吴越的"官工业"规模宏大，渊源久远，且贯穿吴越文化始终。

吴国有丰富的铜矿资源，越国有丰富的瓷土资源，吴越都因地制宜、扬长避短地发展本国的传统产业。

吴国的铜矿资源和越国的瓷土资源原本都属公共资源，在吴越的强权政治下都成了国家资源，并形成了完整的产业结构和产业链。

吴越在矿冶业密集的区域和陶瓷业密集的区域都筑城设置管理机构，牯牛山古城和下菰城都位于水道交通的要冲，控制着矿冶业和陶瓷业原料到产品的进出和运输，古城的设立在矿冶业和陶瓷业的规划管理、调度运营等方面发挥着不可替代的作用。

① 郑建明：《夏商原始瓷起源的动力因素》，浙江省文物考古研究所编《原始瓷起源研究论文集》，文物出版社，2015年。陈元甫：《湖州下菰城的初步勘探与探索》，《"城市与文明"学术研讨会论文集》，上海古籍出版社，2016年。劳伯敏：《从下菰城的兴衰看湖州治址的变迁》，《东南文化》1989年第6期。

《周礼·地官·卝人》："卝人掌金玉锡石之地。"《周礼·考工记》："陶人为瓦器，甑甗之属，瓬人为瓦簋。"

矿冶业和陶瓷业为吴越的"官工业"，虽然吴国的矿冶业和越国的陶瓷业未必与《周礼》记载的相同，但吴国的矿冶业和越国的陶瓷业当有"卝人"和"陶人""瓬人"等专业分工。

矿冶业和陶瓷业都是庞大的系统工程，吴国的矿冶业和越国的陶瓷业必然有专业分工，专业分工的细致化必然导致吴越基层社会结构的复杂化①。

吴国的矿冶产品除用于本国铸造青铜礼器、兵器之外，还流向他国，矿冶业成为吴国最重要的经济支柱，"金道锡行"的途径除向周王朝纳贡和献金外，诸侯国之间的馈赠、掠夺、贸易皆可成为铜资源流动的途径②，在纳贡、献金、馈赠、掠夺、贸易等"金道锡行"的途径中，贸易似乎成为越国获得铜资源的唯一途径。

越国的陶瓷产品是青瓷器和印纹硬陶器，除用于本国的日常生活和随葬外，还大量倾销吴国，青瓷器和印纹硬陶器已渗透到吴国的各个阶层，其数量已远远超过青铜器，成为吴国夹砂陶炊器之外最主要的生活用器和随葬用器，陶瓷业也因此成为越国最重要的经济支柱。

印纹硬陶器和青瓷器因具有美观性、实用性、耐用性而受到吴国上下的青睐，但吴国没有陶瓷业，在吴国的疆域内也从未发现烧制陶瓷器的窑址，更遑论窑址群，而吴国硬陶器、青瓷器与越国硬陶器、青瓷器的器类、造型、纹饰又表现出高度的一致性，因此吴国遗址、墓葬中大量出土的陶瓷器显然来自越国。

吴国矿冶业的主要产品是冰铜锭，越国陶瓷业的主要产品是陶瓷器，越国向吴国输出陶瓷器的目的是换取铸造青铜器的主要原料冰铜锭。越国的铜资源极度匮乏，越国的疆域内也从未发现过矿冶遗址，但越国却有发达的青铜铸造业：越国不仅有著名的铸造工匠欧冶子，还有青铜句鑃、越式鼎、"王"字矛、鸠杖的杖首杖镦、伎乐铜屋和寒光熠熠的"越王句践剑"。根据吴国大量出土的越国烧制的印纹硬陶器和青瓷器推测，越国青铜铸造业的原料可能来自吴国。

浙江原始青瓷生产的流布与发展轨迹，与吴越两国的兴衰相一致③。《吕氏春秋·知化》："夫吴之与越也，接土邻境，壤交通属，习俗同，言语通。"《越绝书·纪策考》："吴越为邻，同俗并土。"《越绝书·范伯》："吴越二邦，同气共俗。"吴越为邻，

① 夏毅辉等：《中国古代基层社会与文化研究》，湘潭大学出版社，2012 年。
② 裴士京：《江南铜材与"金道锡行"初探》，《中国史研究》，1992 年第 4 期。易德生：《周代南方的"金道锡行"试析——兼论青铜原料集散中心"繁汤"的形成》，《社会科学》2018 年第 1 期。
③ 沈琼华：《原始青瓷与古越文明》，浙江省博物馆编《瓷之源——德清原始瓷窑考古成果暨原始瓷精品展》，中国文化艺术出版社，2009 年。

接土邻境，陆路相通。《尔雅·释地》："吴越之间有具区。"《山海经·南山经》："浮玉之山，北望具区，……苕水出于其阴，北流注于具区。"苕水注于吴越之间的具区，水路也相通。"接土邻境"是吴越"资源互动"的外因，而"同气共俗"则有可能是吴越"资源互动"的内因。

考古学文化遗存所表述的吴越之间的"资源互动"是两周时期的特殊文化现象，出现这一特殊文化现象的原因是印纹硬陶器和青瓷器的生产已成为越国国家经济的支柱产业，向吴国大量输出印纹硬陶器和青瓷器以换取铜原料当属越国的国家行为。吴越没有货币，也不使用货币，因此吴越的贸易形态可能是"以物易物"，但由于缺乏历史文献的记载，吴越之间的贸易途径和等价原则等已不可考。

吴国有着规模宏大的矿冶业，吴国根据本国的国情大力发展矿冶业，吴国最先掌握了硫化铜的脱硫工艺，开拓了铜矿冶炼的资源空间；越国有着历史悠久的陶瓷业，越国根据本国的国情大力发展陶瓷烧制业，官营的矿冶业和陶瓷业构成了吴越最主要的生业形态，为吴越的"信立而霸"奠定了坚实的经济基础。

"火所以用陶冶，民随国而为之"①，陶冶是火的艺术，陶冶是火的结晶；陶冶构筑了吴越的文明，陶冶铸就了吴越的辉煌。

---

① 《周礼·夏官·司爟》郑玄注，（清）孙诒让：《周礼正义》，中华书局，1987年，2396页。

关于土墩墓"祭祀器物群"的一点思考

陈元甫

（浙江省文物考古研究所）

作为商周时期江南地区特有的土墩墓，不但形制独特，墩内情况也极其复杂，是我国古代最为复杂的一类墓葬。迄今，对于土墩墓的发掘和研究虽已取得了很多重要的成果，但需要进一步深入研究和解决的问题仍然很多。祭祀遗迹和祭祀器物群的发现与确认，是最近二十年来土墩墓考古研究中最为重要的新成果，受到了学术界的极大关注，同时也引起了对这一问题的深入讨论，成为目前土墩墓研讨中最为重要的课题之一。本文主要对土墩墓中的祭祀器物群谈谈自己的一点思考。

一

自 20 世纪 70 年代发现和命名以来，土墩墓分布地区的考古工作者对这类遗存做了大量的考古调查、发掘和研究工作，取得了许多研究成果，对土墩墓的分布状况、埋葬特点、文化内涵、文化性质、时代分期等基本问题，有了比较清晰的认识。进入 21 世纪以来，伴随着大量的基本建设工程，土墩墓的发掘数量大幅增加。由于发掘理念转变、发掘方法得当、发掘工作细致，土墩墓的发掘较之以往有了更多遗迹现象的发现，获取的信息更加全面，成果更加丰富。特别是在发掘过程中充分注意到了土墩墓的营建过程、营建技术和祭祀活动等遗迹现象，由此获得了很多关于土墩墓营建、祭祀等相关遗存的重要材料，同时也涌现出了不少这方面重要的研究成果[①]。据研究，土墩墓中存在着复杂多样的祭祀活动，祭祀遗存极为丰富，有属于葬前的祭祀建筑、祭祀坑、焚烧祭祀等，属于葬时祭祀的焚烧祭祀、祭祀台、用人祭祀、牺牲、器物祭祀

---

① 王根富：《苏南土墩墓的初步研究》，《华夏考古》2001 年第 1 期。耕夫：《略论苏南土墩墓》，《东南文化》2001 年第 3 期。林留根：《江南土墩墓相关建筑遗存的发现与研究》，《东南文化》2011 年第 3 期。付琳：《土墩墓祭祀遗存考辨》，《东南文化》2015 年第 3 期。高伟、曹玲玲：《试析江南土墩墓的祭祀遗存》，《东南文化》2017 年第 1 期。

等，属于葬后祭祀的祭祀器物群、封土祭祀、焚烧祭祀等，其中祭祀器物群是极为常见的现象。这一方面的研究工作，江苏省的考古同行们一直走在前列，祭祀器物群的认定在他们21世纪以来发表的发掘报告中体现得极为普遍。就浙江地区对土墩墓开展的发掘和研究而言，虽然早在1999年的德清独仓山土墩墓发掘中，就已经注意到了土墩墓中可能有祭祀遗存的存在，认为往往在土墩边缘封土下零星发现的一两件完整器或基本完整器，可能是与祭祀活动有关的遗存①，但明确认定墩内有祭祀器物群存在的，还仅见于2011年由杭州市文物考古研究所主持发掘的萧山柴岭山37座土墩墓（包括石室土墩墓）材料②。

其实最早提出土墩墓中有祭祀器物群存在的，应该是1990年南京博物院等单位对丹徒南岗山14座土墩和1991年对金坛连山3座土墩的发掘③，发掘者曾据此撰文进行专门论述，在认为土墩墓内实际并不存在一墩多墓现象、都只是一墩一墓的同时，提出了"祭祀器物群"的概念，认为每座土墩中都只是中心底部有一座墓葬，其他发现的不同器物组，"当不属墓葬，而应是在建造土墩时举行某种祭祀活动或仪式时的遗存"④。这一观点无疑是颠覆性的，对此，笔者曾撰文进行过讨论，重点指出了报告对祭祀器物群辨析认定的诸多不合理之处，认为有些被认定的祭祀器物群过于主观，是一种人为的误判，实际上就是墓葬，一墩多墓应该是土墩墓中实际存在的客观实际，并指出仅将分布于土墩底部中心的一组器物视为墓葬，而将所见墩内其他器物组均视为祭祀器物群的做法显得很不科学，其理由与依据也很不充分，在很多地方缺乏足够的说服力⑤。至今，土墩墓中一墩多墓与一墩一墓现象共存已成为学术界的共识，但祭祀器物群的认定也很大程度地被许多考古工作者接受。

细读近二十年来有关土墩墓的发掘报告或简报，野外辨析墓葬与祭祀器物群的依据，仍然是不外乎有否存在属于墓葬的基本要素，如石床、石框、墓坑、葬具以及人骨等能说明是墓葬的直接依据，其他还有是器物的多少、组合、完残或破碎情况，以及分布状态等方面，其中有无石床、石框、墓坑无疑是大多数人用来判别是墓葬还是祭祀遗存的主要依据。笔者无意全盘否定土墩墓中祭祀器物群存在的可能性，只是觉得由于目前大家对祭祀器物群的判定标准与方法、分寸把握尚不一致，对于这类特殊遗存的存在形式与界定标准等问题，还未达成较为统一的认识，各人在野外处理与认

① 浙江省文物考古研究所、德清县博物馆：《独仓山与南王山——土墩墓发掘报告》，科学出版社，2007年。
② 杭州市文物考古研究所、萧山博物馆：《萧山柴岭山土墩墓》，文物出版社，2013年。
③ 南京博物院：《江苏丹徒南岗山土墩墓》，《考古学报》1993年第2期。南京博物院、常州市博物馆、金坛县文物管理委员会：《江苏金坛连山土墩墓发掘报告》，《考古学集刊（10）》，地质出版社，1996年。
④ 王根富：《苏南土墩墓的初步研究》，《华夏考古》2001年第1期。耕夫：《略论苏南土墩墓》，《东南文化》2001年第3期。
⑤ 陈元甫：《土墩墓一墩多墓问题讨论》，《华夏考古》2007年第1期。

定上仍存在一些差异，其中有一些发掘者是对前人做法的盲从，使得对祭祀器物群的认定存在许多不合理的地方，不少认定的祭祀器物群显得依据不足，缺乏足够的说服力，有可能是一种误判。

石床、石框和土坑都是土墩墓的埋葬形式，这点无人怀疑，不少研究者在野外发掘中将有此类结构与设施的器物组归于墓葬，反之则视为祭祀器物群，因此，无石床、石框和墓坑已成为目前认定祭祀器物群的基本特征和主要理由。事实上，虽在墓底铺设石床和围砌石框在土墩墓中是确实存在的现象，但决非是一种常见的绝对形式。而且从整个商周时期土墩墓发展演变情况看，石床和石框型虽非土墩墓最早时期就出现，但也都是土墩墓较早阶段存在，其中石床型的土墩墓开始出现于西周早期，整个西周时期是其主要的流行期，所见较多，春秋早期以后渐趋消失。而石框型土墩墓的出现要略晚于石床型土墩墓，所见数量较少，流行时间也不长，消失的时间与石床型土墩墓基本相当。至于浅土坑（包括岩坑）墓，就浙江发掘资料而言，在商代早期土墩墓中即有存在，2010～2011 年在浙江德清小紫山发掘的 14 座土墩中，就发现带有岩坑或土坑的商代早期或更早时期土墩墓①。两周时期也有土坑型土墩墓，但数量较少，也非常见的主流形式，土墩墓的主要形式还是无床、无框和无坑的平地掩埋型。这种平地掩埋型不但流行时间长，贯穿于整个商周时期土墩墓的存续期，而且所见数量也多，在土墩墓中最具典型性和代表性。这与江苏宁镇地区土墩墓情况可能有所不同，那里可能由于与中原较近，受中原文化影响较大，土墩墓中土坑型相对较多。由此可见，不但石床和石框型土墩墓都只主要存在于西周时期，并非整个土墩墓流行时期都有的形式，而且它又仅仅是西周土墩墓中的一部分而非全部，其他同时共存的还有墓底无任何设施的平地掩埋型和浅坑型。而在石床和石框型基本消失之后的春秋中、晚期，土墩墓内部的结构形式趋向简单，主要的形式是平地堆土掩埋型，另外还有少量浅土坑型的土墩墓。因此，石床、石框与土坑型都有时代或普遍性方面的局限性，并非整个商周时期所有土墩墓都具备的形式与结构，更不是无床无框就有坑、无坑必有床或框的固定形式，土墩墓中有床、有框或有坑者毕竟只是一部分，更多的则是无坑无床的平地堆土掩埋型。因此，在石床、石框和土坑并非土墩墓必有其一的情况下，以是否有石床、石框或土坑作为判别墓葬与祭祀器物群的主要依据，显然是不合理的，即便不是将其作为绝对依据而只是作为重要因素考虑，由此得出的结果也不一定切合实际，不可避免地会出现对祭祀器物群判定上的偏差，造成至少有一部分可能会是误判，把实际可能应该是墓葬的器物组错误地判成了祭祀器物群。这方面的例子较多，下面

---

① 郑建明：《新世纪以来浙江先秦时期考古的新进展》，《中国考古学会第十四次年会论文集（2011）》，文物出版社，2012 年。

略举一二。

　　如 2016 年发掘的江苏句容姐妹桥村东山土墩墓，除 3 座明清墓葬外，墩内发现 2 组不同层位的商周器物组，简报将其中一组出土在 4 层下开口的熟土堆坑中的 9 件器物定为墓葬（M4），而将没有土坑等设施、只放在 4 层面上的另一组 19 件器物判定为祭祀器物群①。这组祭祀器物群不仅器物的数量远多于被判定为墓葬的器物这点不好理解，而且还有 1 件陶纺轮的存在。在祭祀器物群中出现陶纺轮是很难理解的，但用陶纺轮作为随葬品早在史前墓葬中就有存在，商周土墩墓中也不鲜见，因此，这件陶纺轮理应作为墓葬随葬品来认识与对待，可作为判定这组器物性质的重要依据之一，该组器物无疑属于墓葬而非祭祀器物群。再如 2012 年发掘的苏州阳山俞墩土墩墓，墩内共存 8 组物，其中 7 组被发掘者定为墓葬的，都是因有石床、石框、土坑或岩坑，有 1 组因无这类结构形式的器物组就被判定为了祭祀遗存，该墩形成 7 座墓葬和 1 组祭祀器物群的组合形式②。细察这组被判定为祭祀遗存的器物，不但分布位置也与其他墓葬一起在土墩靠近中心的部位，符合一般认为的墓葬应有位置，而且器物数量也有 6 件，虽少于 M1、M2 与 M7，但同于 M3，多于 M4、M5 和 M6，器物的组合与墓葬也无明显区别。这两例被判断为祭祀遗存的器物组，与同墩内判定为墓葬的器物组相比，除了没有石床、石框和墓坑之外，并无其他明显区别，既没有不符合墓葬特征的特别之处，也不见是祭祀遗存的明显迹象。因此，仅凭没有石床、石框和墓坑的原因将它视为祭祀遗存，显然是没有充足的考古学依据，缺乏足够说服力。类似情况在其他报道的土墩墓发掘材料中也有存在，在此不尽举。

　　除了以上将无石床、石框和土坑的器物组视作祭祀遗存的例子，在发表材料中，也有将有土坑存在的器物组视为祭祀器物群或祭祀器物坑的现象。如江苏句容鹅毛岗发掘的 2 号土墩墓，土墩堆积分 10 层，简报将各层内出土的共 26 组器物判定为 22 座墓葬和 4 组祭祀器物群，其中 4 组器物群中有 3 组器物是直接放置在封土层面上，是无床无框无坑型，但有一组器物（Q1）也"置于浅坑中"，是有土坑的，浅坑规模达长 2.3、宽 1.3、深 0.4 米，出土器物有 10 件，器形有鼎、器盖、盂、碗、坛、罐、瓿等③。一般情况下，如此大的浅坑和伴有这么多的器物，是很难将它排除在墓葬之外而视作祭祀活动之遗存。从简报介绍情况看，将其判作祭祀器物群的理由可能只是"大件器物均为碎片，疑人为打碎"的原因，但实际上只是破碎而并非无法拼复完整的残碎片。大件陶瓷器被封土填土自然压碎的现象，在墓葬随葬品中十分常见，并不能作

---

①　南京博物院、镇江博物馆、句容市博物馆：《江苏句容姐妹桥村东山土墩墓发掘简报》，《东南文化》2017 年第 3 期。

②　苏州市考古研究所：《苏州阳山俞墩土墩墓发掘简报》，《东南文化》2012 年第 4 期。

③　镇江博物馆、句容市博物馆：《江苏句容鹅毛岗土墩墓 D2 发掘简报》，《东南文化》2012 年第 4 期。

为祭祀器物的依据。更何况在其他发现的少量墓葬随葬品中，也有打碎器物或放置残器的现象。因此，且不说该墩内其他器物群的判定正确与否，至少像 Q1 这样的情况，把它定为墓葬肯定比定为祭祀器物群更为合理。

南京江宁陶吴春秋时期大型土墩墓报道材料中也存在类似情况。该墩（D1）共发现 9 组器物，出土在不同的封土层中，除 1 组是石框外，其余 8 组都有土坑。简报编写者只将 1 组有石框的和 2 组土坑较大的定为 3 座大型墓葬（M42、M43、M44），其余土坑相对显小的 6 组器物则都判定为祭祀器物坑（K1～K6）[①]。我们不妨看一下 6 个祭祀器物坑的具体情况，K1：坑长 1.2、宽 0.9、深 0.25～0.3 米，器物 16 件；K2：坑长 2.3、宽 1.3、深 0.45 米，器物 23 件；K3：坑长 1.2、宽 1.2、深 0.4～0.45 米，器物 7 件；K4：坑长 2.1、宽 1.1～1.25、深 0.35～0.4 米，器物 20 件；K5：坑长 2.3、宽 1.2～1.35、深 0.4 米，器物 16 件；K6：坑残长 1.1～1.3、宽 1、深 0.15～0.3 米，器物残存 4 件。虽从规模上看，K1 和 K3 显得较小，但出土器物均多于 M44，另外除 K6 之外的 K2、K4 和 K5 这三个祭祀器物坑，土坑的长度都在 2 米以上，具备一般成年人墓葬之墓坑应有的长度，虽规模上远不如 M42 这座大墓，但与 M44 也相差无几，况且同一土墩中不同墓葬间墓坑有大小之异十分正常。若以出土器物的多寡而言，这三个器物坑又分别多达 23 件、20 件和 16 件，皆超过或相同于 M43 和 M44 的数量。而 K6 一部分土坑已遭破坏，也不排除原先超过 2 米长的可能，留存的器物较少也应系破坏所致。而且据简报介绍情况，除 K6 残存的因是泥质陶器皆残碎外，其余 5 个器物坑出土器物均完整或可拼复完整，也没有出现因某种特殊意识而导致的不正常情况。因此，客观地看这个墩内判定的器物坑，也会发现其中的不合理，暂且不论规模较小的 K1、K3 和遭破坏的 K6 是否是真正的祭祀遗存，但至少 K2、K4 和 K5 是完全具备墓葬特征的，这不禁使人怀疑简报中对于"祭祀器物坑"性质判定的准确性。简报编写者在最后认识中写道："关于 D1 西侧发现的 6 座器物坑的性质，因其形状比较规整，出土遗物数量也不少，其中 K1、K3 规模较小，难以葬人，故可能属于祭祀坑。除 K6 外的另 3 座器物坑，全长均在 2 米以上，有可能是祭祀坑，但也不排除是墓葬的可能。"可见发掘者对于这些祭祀器物坑的判定确实也是没有充分依据和十足把握予以肯定的。

二

在认定土墩墓祭祀器物群的问题上，还有一个很关键的问题必须引起足够的重视，

---

① 南京市博物馆、江宁区博物馆：《南京江宁陶吴春秋时期大型土墩墓发掘简报》，《东南文化》2011 年第 3 期。

就是祭祀器物群与墓葬的年代关系，这应该是在辨析判定祭祀器物群过程中一个十分重要的问题，两者的早晚和年代差别要符合一般祭祀活动的常理，可以得到合理的解释，否则会缺乏应有的说服力。但综观目前对祭祀器物群的认定情况，在这一方面也存在着许多不合理的地方。

按照目前的发现和研究成果，商周土墩墓中的祭祀活动有葬前、葬时和葬后之分，遗迹内容也形式多样，十分丰富，祭祀器物群仅是其中之一。所谓土墩墓中的"祭祀器物群"，一般应该是指逝者亲人在墓地举行某种仪式或祭奠活动时有意留下和埋藏的实物遗存，这种活动除了有可能在墓葬形成过程中进行之外，一般都应是墓葬形成之后进行的，即葬后祭祀，一组器物群是一次祭祀活动所掩埋的器物。从报道材料看，目前认定的祭祀器物群大多位于墓葬的封土层之间或封土层中，也表明这些"祭祀器物群"是葬后形成的。因此，祭祀器物群的对象指向应该是相当明确的，即墩内的墓主人或某一位墓主人，而不可能是祭祀其他对象的遗存，祭祀器物与墩内墓葬混合在一起的埋藏方式也清楚地说明了这一问题。按常理而论，葬时祭祀活动留下的器物与墓葬年代的同一性毋庸多说，而葬后的祭祀行为，特别是葬后第一次祭祀行为，虽不能完全按照现代社会逝者亲人第二年就会到墓地举行祭扫活动的习俗来要求，但相信古时可能也不会有好长时段的间隔，因此，反映在祭祀器物的年代上，与墓葬年代或可有一些细微差距，但不会相差很大，更不可能相差近百年、上百年，甚至几百年，否则这种祭祀行为极不正常，不合常理，也不好理解。再说，到墓地实施祭奠活动的必定是与墓主在亲缘关系上最为直接、最为亲密的人员——具有血缘关系或家族成员，而且只有在明确知道埋在何处何墩的情况下，才能到现场实施具体的祭奠行为，我们很难想象，在儿子、孙子、甚至曾孙等几代人都没有到墓地现场对先辈进行祭奠的情况下，难道与墓主已相隔好多代的玄孙、来孙、甚者晜孙或仍孙还会去墓地祭扫先祖？这应该是连现代社会都不大可能的事情，且不说去祭者对已逝去十分久远、也未曾谋面的先祖是否还有缅怀的感情动力，恐怕连先祖的埋葬之处也早已难以寻见！基于这样的基本认识，虽然与墓葬年代上的相同或相近不一定就是祭祀器物群，但它绝对是辨析判定祭祀器物群时需要认真考虑的重要方面。因此在辨析认定"祭祀器物群"时应该注意它与墓葬年代的关系如何，与墓葬年代相同或相近，应该是判定祭祀器物群的重要因素之一，需考虑两者的年代差距是否在比较合理的范围之内，否则很难解释。

在目前发表的土墩墓发掘报告或简报中，被判定有祭祀器物群存在的包括一墩一墓和一墩多墓，而且两种情况土墩墓都存在有的墩只有一组祭祀器物群，有的墩则有多组祭祀器物群的不同情况。一墩一墓中只有一组祭祀器物群的土墩，由于其一对一的对应关系相当明确，祭祀器物群与墓葬年代基本相同或相近是理所应当。对于一墩一墓内有多组祭祀器物群的土墩，因为墩内只有一座墓葬，这些祭祀器物群的所祭对象实际上也相当明确，尽管它们可以是在较长时期内的多次祭祀活动所形成，我们也暂且不论这些器物群之间的年代差距是否合理，但至少有最早的一组祭祀器物群与墓葬的年代应该是基本相同或相近。迄今发表材料中判定的祭祀器物群，虽确有不少是两者年代相同或相近的，至少似为这些祭祀器物群的认定提供了一方面的理由。但也有一些判定的祭祀器物群与墓葬的年代差距很大，在两者的年代关系上不好理解。简单举例：萧山柴岭山 D31，墩内见有两组器物，发掘者以是否有石床、石框或墓坑作为区分依据，分别将具有石框的一组器物定为墓葬，将没有石框、石床和土坑的一组定为祭祀器物群。报告定 M1 的年代在西周晚期，Q1 的年代在春秋早期，但从发表的图片看，Q1 的年代不会早于春秋早期的晚段，祭祀器物群比墓葬的年代要晚 100 年左右[1]。柴岭山 D15，墩内发现 2 组都是平地掩埋的器物，其中一组 19 件因底部山坡上铺有碎石子并垫少量泥土可与外围区别而定为墓葬（M1），而另一组 5 件因底部无任何铺垫与设施被定为祭祀器物群（Q1）[2]，报告认为 M1 的年代在西周中期，Q1 的年代在春秋中期，这样，该组祭祀器物群与墓葬的年代距离更大，两者足足差了二三百年的时间，即便从器物时代特征看，M1 的年代实际可能在西周中期的晚段，祭祀器物群与它的年代差距也仍有二百多年。

对于一墩多墓中认定的一组或多组祭祀器物群，我们虽不能强求每组器物在年代相同或相近上与墩内墓葬都能有明确的对应指向，在实际材料中，一般在墩内的多组祭祀器物群中，总能有某组或某几组器物与某座或某几座墓葬年代相同或相近，或者最早一组器物群与最晚一座墓葬的年代相同或相近，这似乎也可从一方面能说明祭祀器物群存在的合理性。但同样能见到不好解释的例子，有一墩多墓墩内存在的多座墓葬和多组祭祀器物群，至少最早的一组器物群与最晚的一座墓葬年代也不相同或相近，年代相差较大或很大，对于祭祀器物群性质的认定也无法给予合理的解释。以萧山柴岭山 D30 为例，发掘者认定有 2 座墓葬和 2 组祭祀器物群，M1 有木室，报告根据残存器物，定年代为西周晚期。M2 有石室，但遭破坏无器物留存，如果填土内出土的云雷纹和回纹陶片是被破坏随葬器物的残片，其年代可能不会晚于 M1。报告将 Q1 的年代定在春秋中期，而 Q2 的年代定在春秋早期[3]。实际从出土器物看，M1 的年代最迟不会晚于西周晚期早段，而 Q2 的年代也应属春秋早期的晚段。这样，在这座墩里认定的祭祀器物群中，年代最早的 Q2 与墓葬的年代也可能相差了一百多年时间，而两组祭祀器物群之间也可能有近百年的年代差距，这实际上也不好理解。

①　杭州市文物考古研究所、萧山博物馆：《萧山柴岭山土墩墓》，文物出版社，2013 年。
②　杭州市文物考古研究所、萧山博物馆：《萧山柴岭山土墩墓》，文物出版社，2013 年。
③　杭州市文物考古研究所、萧山博物馆：《萧山柴岭山土墩墓》，文物出版社，2013 年。

就祭祀活动的常理而论，以上这种与墓葬年代差距很大的器物组，将它视为是后人进行祭祀活动的遗存而称之为"祭祀器物群"，实在是很难解释，显然是不合理的，虽然如果从其单组个体的独立存在角度来说，我们也没有十分充分的理由来否定它作为祭祀器物群的可能，但从整个墩内与墓葬的整体关系来看，如此大的年代差距，把它看成是相隔好多代之后的墓主后人之祭祀活动遗存，显然是太过勉强，不合祭祀活动的常理。试想，相隔百年甚至近二百年之后，有谁还会去祭？又是去祭谁呢？因此，这种祭祀活动是不大可能实际存在的。

以上是一些祭祀器物群与墓葬年代差距很大的例子，实际上，在一些看似年代差距不是很大的材料中，也同样存在年代关系不合理的问题。尽管有不少祭祀器物群与墓葬的年代关系是在同一考古分期之内，但也有不少虽不在相同考古分期之内，但在期别上是相连接的，如墓葬属于西周中期的话，祭祀器物群是西周晚期的，或墓葬是西周晚期的话，祭祀器物群则是春秋早期的等等，这种祭祀器物群与墓葬在考古期分期上相连续的年代关系，似乎也给了祭祀器物群存在的合理解释，往往被认为祭祀器物群与墓葬年代是相近的，是祭祀行为的正常现象。但实际上，这里同样有一个年代差距可能过大的问题。因为目前对土墩墓的考古分期还无法精细到每期只差 50 年以内的程度。虽然土墩墓的分期问题早已基本解决，早晚年代序列已基本建立，对西周和春秋时期土墩墓都各能分出早、中、晚三期，但问题是不论西周还是春秋，历史的年代跨度均有 300 年左右的时间，各自所分的早、中、晚三期，每一期实际都仍有 100 年左右的年代跨度，随着考古资料的积累和研究的深入，分期定可进一步细化，每一期当中还可分出早、中、晚三段或早、晚二段。因此，目前看到的一些与墓葬年代在考古分期上相连接的祭祀器物群，虽然有的确实会与墓葬年代比较相近，例如墓葬年代是在西周早期晚段，而祭祀器物群的年代是在西周中期早段。但如果墓葬年代实际是在西周早期的早段，而祭祀器物群年代实际是在西周中期的晚段，那么这种从分期上看似与墓葬年代相近的祭祀器物群，实际上与墓葬仍会相差近百年甚至超过一百年的时间，也就是有三四代甚至五六代人的间隔。

另外，还有一种现象更难理解，就是判定的祭祀器物群在年代上要远早于墓葬。先举江苏句容鹅毛岗 1 号墩为例，土墩堆积分 7 层，共发现 10 组器物，发掘者判定为 5 座墓葬（M1～M5）和 5 组器物群（Q1～Q5），简报认为依据地层关系可分为早晚两期，其中第一期包括叠压于第 5 层下的 Q3～Q5 和开口于第 6 层下打破 7 层的 M5，年代为西周晚期；第二期包括开口于第 2 层下的 M1～M4 和叠压于该层下的 Q1 与 Q2，年代在春秋早期，该墩内最早的遗迹单位应该是 M5[①]。但从发表的器物图看，M5 的年

① 镇江市博物馆、句容市博物馆：《江苏句容鹅毛岗 1 号土墩墓发掘简报》，《江汉考古》2013 年第 2 期。

代明显要晚于 Q4 和 Q5，前者在西周晚期，后两者在西周中期，这里就出现祭祀器物群早于墓葬的问题，这又能作何解释？不论从层位关系还是年代差距上看，Q4 和 Q5 也绝不可能是所谓的葬前祭祀行为之遗存。再举江苏丹徒南岗山 1 号墩一例。南岗山 D1 封土堆积可分 5 层，在 1 层下发现一组有土坑的 7 件器物，土坑打破 3 层，报告将其定为墓葬（M1）。在 4 层内发现分别有 6 件、8 件和 3 件的三组器物，但未见墓坑和其他遗迹，报告据此均将它们判定为祭祀器物群（Q1、Q2、Q3）[1]。根据野外确定的层位关系，墓葬肯定晚于器物群，从出土器物看，器物群确实早于墓葬。因此，该墩内明显存在祭祀器物群早于墓葬的现象。虽然这三组被认定的早于墓葬的祭祀器物群，也可解释为是埋墓之前建造土墩时举行祭祀仪式或活动的遗存，每组器物群当属一种仪式或一次祭祀活动的遗留迹象，但这种解释也显得过于牵强。建墩与埋墓当然可有时间上的相对早晚，但这种时间差距肯定不会很大，反映在器物特征上不会很明显，而存在三组祭祀器物群则也不好理解。尽管发掘报告在最后结语中将 M1 排除在土墩墓之外，认为 D1 这座东组土墩墓中的最大墩不是墓葬，"推测此大墩应与建筑各组土墩墓有关，或许是各组土墩墓的总标志"。之后的研究论文中，更明确认为 M1 是打破土墩的晚期"借墩葬"行为，不属于该墩内墓葬[2]，使得这种墩内没有墓葬只有三组祭祀器物群的现象更难理解。实际上，从发表的器物图看，M1 也是一座商周时期墓葬，将其排除在该土墩之外是绝无道理的。另外，南岗山 D4 和 D5，虽均发现 1 组器物，但都是由于出土在某一层封土内和没有墓坑石床的原因被排除在一墩一墓之外，这样，这两座土墩只有祭祀遗存而无墓葬的现象同样无法理解。

以上所举是目前认定的土墩墓祭祀器物群与墓葬年代明显不合理的例子，至少像类似上述这种情况，它们与一般的祭祀活动常理是不相符的，我们应该有理由怀疑对这种祭祀器物群判定的准确性，此类所谓的"祭祀器物群"，有可能是对遗存性质误判而造成的一种假象，它们实际上就是墓葬。

三

石室土墩墓中是否也存在祭祀器物群？这也是在土墩墓祭祀器物群认定上需要一起思考的又一个问题。

石室土墩墓自西周中期前后开始出现之后，一直与无石室的土墩墓同时共存，并

---

[1]　南京博物院：《江苏丹徒南岗山土墩墓》，《考古学报》1993 年第 2 期。

[2]　王根富：《苏南土墩墓的初步研究》，《华夏考古》2001 年第 1 期。耕夫：《略论苏南土墩墓》，《东南文化》2001 年第 3 期。

行发展至春秋战国之际趋于消失，其分布范围小于无石室的土墩墓，江苏茅山以东的太湖北部、太湖南岸的浙北地区以及钱塘江以南的宁绍与金华地区是其分布区域，在此范围之内，两类土墩墓呈错杂重叠分布状态，它们不但分布在同一地区，而且分布在同一地点，甚至分布在同一条山脊或山岗上。两者除了形制结构上的差异，年代上无早晚之分，内涵完全一致，应该是同一族群的墓葬。发掘资料表明石室土墩墓中除了一室一墓之外，也同样有一室多墓现象并存，这种一室多墓是不同时期利用同条石室进行埋葬的结果，它与不同时期利用同座土墩进行埋葬所形成的无石室土墩墓一墩多墓成因相同，足见两类土墩墓的葬俗也是完全一致，只是石室土墩墓中一室内的多墓数量较无石室土墩墓要少得多，迄今发现最多的仅4座。

已知石室土墩墓的一室多墓有两种表现形式，一种是同一石室内存在上下叠压的两层器物，两层器物之间有几十厘米厚的土石间隔层。比较各层出土器物，不但多有比较明显的时代差异，表明上下两层器物完全是不同时期形成的，而且在内涵与组合上也无明显区别，完全可以判定是两座不同时期的墓葬。另一种是遗物均分布在石室底部同一平面，但往往形成相对比较集中的二或三处器物组，从器物的型式特征与组合关系上比较，这种分置于石室前、后部，或前、中、后不同部位的器物组，彼此间的型式关系复杂，时代共性不强，构不成一次性遗存，大多具有明显的时代差异。而就各器物组而言，同组器物型式接近或一致，各类器物的型式组合关系清楚，在制作、造型、纹饰等方面都一致地表现出时代共性，可以构成一次性遗存。这种同一平面上多组不同时期器物组的形成，无疑也是在不同时期利用同条石室进行埋葬的结果，是石室土墩墓中一室多墓的又一种表现形式。这种分布在同一平面上的不同时期墓葬器物组，其分布位置又往往是早组在后，晚组在前，而且早组墓葬器物常见被埋藏晚组墓葬器物时的扰动现象，有的器物被打破成残器，或移位至晚组墓葬器物中，但晚组墓葬器物中不见被扰乱、残破、甚至移位至早组墓葬器物中的现象。

如若祭祀器物群在土墩墓中确实普遍存在，那么与土墩墓同时代、同地区、同地点、同内涵、同族群、同葬俗的石室土墩墓，也必然有祭祀活动与相关遗存，也必然会有祭祀器物群的存在，问题是，我们如何来区分上下层器物中哪层是墓葬哪层是祭祀遗存？又怎样来认定同一层面上的不同器物组哪组是墓葬哪组是祭祀器物群？这可能是我们在思考土墩墓祭祀器物群时也必须要联系考虑的一个重要问题，我们在石室土墩墓中还发现，基本在同一平面上除了存在一组西周时期的墓葬器物外，还存在一组南朝时期的青瓷碗，这些碗胎体呈红褐色，未见玻化发光的釉面，明显属于未烧制成功的废次品，难道我们能将这组器物的存在不视为系南朝时期再次利用石室进行埋葬的结果，而将其认作是一种晚期的祭祀遗存？

四

　　土墩墓祭祀器物群的认定，是土墩墓研究中近二十年来刚凸显出来的一个重要新课题，它关系到对商周时期江南吴越地区葬制葬俗的进一步深入了解，以及对土墩墓这种特殊墓葬本质特征的整体把握与正确认知，是目前土墩墓研究中最为重要的一个问题，需要大家高度重视和进行认真的研究。我总体认为，土墩墓中的祭祀器物群还是需要深入讨论的一个重要课题，更是需要在野外发掘中进一步探研的重要问题，在目前还未形成统一认识、尚未能建立起基本认定标准的情况下，特别需要在野外发掘工作中进行仔细的辨析，审慎的判断，认真的总结。如何避免主观，力求客观，用心观察祭祀器物群器物与墓葬随葬器物有何不同，不断寻找和总结祭祀器物群的基本特征，逐渐建立起祭祀器物群的认定标准与依据，提高判定的合理性与正确性，使判定的祭祀器物群真正符合土墩墓的客观实际，无疑是大家今后更须努力的方向。从这一角度而言，实际在土墩墓考古发掘第一线的同行们，责任更大，担子更重，希望也自然寄托在你们这里。

　　本文之意并非完全怀疑祭祀器物群在土墩墓中实际存在的可能性，只是根据自己对一般祭祀活动的理解，对照目前土墩墓中祭祀器物群的认定情况，认为存在一些不合理的地方，至少有一部分祭祀器物群的认定缺少足够的依据与说服力，其真实性值得怀疑，可能是错误的。指出这些不合理之处，提出个人的一些想法，目的也是为了能让大家对这些问题引起更多的关注、更多的重视和更多的思考，希望通过大家的共同努力，进一步推进对这一重要问题研究的深入。妄论之处，敬请同仁们批评指正。

广东印纹陶及原始瓷发展脉络

李　岩

（广东省文物考古研究所）

回顾第一次以几何印纹陶为主题的全国性研讨会已经是 40 年前的事情，有幸参加这次杭州研讨会，十分荣幸。广东与南方各省一样，从新石器时代晚期以来经先秦乃至汉初，几何印纹陶与原始瓷发达，成为这个时期中国考古学遗存多样性的组成部分。几十年来，随着考古资料的不断积累，广东地区相关的编年、文化关系等基础研究，与自身相比，有了长足的进步。这是在这样的条件下，笔者拟就广东本地区印纹陶及原始瓷发展脉络与线索，谈些个人见解，既有梳理，也有些新看法，供专家们参考、批评。

一　本地区编年线索

广东地区自新石器晚期至西汉早期（南越国）的考古学文化编年，以粤北—珠江三角洲地区较为完善，故以该区域为骨干，结合其他区域的资料，形成如下简表。

粤北—珠三角地区相关遗存编年简表

粤北—珠三角地区相关遗存	参考年代（距今）
横岭类型（从化横岭、茶岭、甘草岭、宝镜湾、大旺田等）	5000～4600
石峡文化及鱿鱼岗遗址一期类型（含圆洲等）	4600～4000
村头文化（含石峡遗址第三期 1～3 段、屋背岭墓地等）	夏纪年至相当于早、中商
围岭类型（含博罗横岭山遗址第一期、珠海亚婆湾等）	相当于晚商
博罗横岭山墓地第二期、河源上塘岭遗址 M1、对面山 M59	相当于西周早期
夔纹陶文化（博罗横岭山遗址第三与第四期、梅花墩窑址等）	相当于西周中期至春秋中期
"米"字纹陶文化（含清远马头岗墓葬、四会鸟旦山墓葬、清远马头岗 M2、博罗银岗窑址等）	相当于春秋晚期至战国早期
封开利羊墩、揭阳面头岭、广宁龙嘴岗墓地等	战国中、晚期
增城扶浮岭遗址 M511、广州南越王墓	战国末至西汉早期

简表中的遗存之命名，如古椰文化、村头文化等，笔者在相关文章中均有论述，唯夔纹陶遗存本文提出夔纹陶文化，其后的"米"字纹陶遗存亦以文化命名，并简述如下：

（一）夔纹陶文化

关于夔纹或者双 F 纹的概念之出现和称谓，有专文说明①，此处不赘述。将夔纹陶作为一众遗存特征对待，开始于 20 世纪 60 年代莫稚先生②："……其中以夔、雷纹和几种纹饰同印的花纹，以及以方格纹为特征的硬陶较早而以"米"字纹、水波纹、篦纹和方格纹为特征的硬陶遗存更晚，约延至汉代。"至 70 年代末，进一步明确了广东青铜时代两类文化遗存：以夔纹陶为代表者，年代主要在春秋时期，以"米"字纹为代表者主要在战国时期，并延续到西汉早期③。1984 年，徐恒斌先生首先使用了夔纹陶类型这一概念④，并认为其年代可能早至西周初，延续到战国前期。并对相关青铜器、原始瓷等遗存、分布范围进行了论述。自 80 年代以降，本地学者普遍认为，夔纹陶为代表的遗存是广东印纹硬陶发展的高潮阶段⑤。至 2000 年之后，由于博罗横岭山的发现与发掘，使得夔纹陶相关遗存的认识向前推进了一大步，主要表现在两个方面：建立了西周中期至春秋中期的器物编年⑥，其次对于夔纹或双 F 纹的源流有了新的认识，其起源与西周早期青铜器之涡纹联系了起来，流变则至方折之形态⑦。2010 年之后，广州市增城浮扶岭等地再发现并发掘了同时期的墓地，丰富了上述发现。

综合上述，笔者认为，夔纹陶类型完全可以成为夔纹陶文化，大约开始于西周早期，夔纹的早期形态——涡纹出现，西周中期至春秋中期是其高度发展的阶段，至战国早期结束；遗存的主体为陶瓷器、墓葬形制、窑址、越式铜器和外来青铜器；分布范围以珠江三角洲为中心，基本覆盖了广东省及广西东北部，影响远达福建东北部⑧、湖南耒阳、资兴及江西九江等地⑨；为中国西周至春秋阶段，中国原始青瓷制造地理

---

① 吴海贵、吴孝斌、曹子钧：《双 F 纹源流初探》，广东省文物考古研究所《博罗横岭山——商周时期墓地 2000 年发掘报告》，科学出版社，2005 年，431～439 页。

② 广东省博物馆：《广东北部山地地区新石器时代遗存》，《考古》1961 年第 11 期。

③ 广东省博物馆：《广东历史结硕果，岭南历史开新篇》，国家文物局《文物考古工作三十年（1949～1979）》，文物出版社，1979 年，325～335 页。

④ 徐恒彬：《广东青铜时代概论》，《华南考古论集》，科学出版社，2001 年，58～87 页。

⑤ 何纪生：《略论广东东周时期的青铜文化及其与几何印纹陶的关系》，《文物集刊（3）》，文物出版社，1981 年，212～224 页。

⑥ 广东省文物考古研究所：《博罗横岭山——商周时期墓地 2000 年发掘报告》，科学出版社，2005 年，68 页。

⑦ 吴海贵、吴孝斌、曹子钧：《双 F 纹源流初探》，广东省文物考古研究所《博罗横岭山——商周时期墓地 2000 年发掘报告》，科学出版社，2005 年，431～439 页。

⑧ 2018 年，笔者在福建将乐参观所见。

⑨ 何纪生：《略论广东东周时期的青铜文化及其与几何印纹陶的关系》，《文物集刊（3）》，文物出版社，1981 年，212～224 页。

位置最南的中心。

（二）"米"字纹陶文化

"米"字纹陶类型的情况与夔纹陶文化类似[1]，20 世纪 60 年代开始普遍使用这个概念[2]，并提出"米"字纹陶类型，徐先生认为该类型延续的时间在战国中期至秦，根据目前的发现，其尾声还见于南越王墓，即西汉早期。笔者的意见是将其同样作为广东地区的一种考古学文化看待，遗存主要内容有墓葬、以"米"字纹为装饰特色的陶瓷器、数量不多的青铜器（含越式鼎及其他外来铜器）、窑址等；延续的时间自战国中期延至西汉早期；是广东几何印纹硬陶走向衰落完结的时期；分布范围扩大至海南岛及广西沿海地区。

两文化未用地名命名，主要考虑是本地学界长期使用相关名称，已经约定俗成，再出新名称恐引起混乱，故沿用原有之名称；且它们在遗存特征、空间分布、延续时间等方面，均符合考古学文化命名的条件；并考虑到作为南部边疆地区，物质文化面貌的变化与中原地区相比有所不同，如此，更能够较为客观地反映一个事实：至少在汉武帝之后，广东地区的本地文化特色才基本消失，此前依然有显著的地方特色。

二 新石器时代晚期

在使用拍印技术的基础上形成的广东地区几何印纹传统，根据目前的发现和认识，可以分为两个阶段：曲折纹与仿竹编组合纹两种不同的风格，曲折纹阶段出现得早，而仿竹编者晚。

拍印的曲折纹在广东出现较早，首先见于横岭类型墓葬的陶器中。横岭类型因从化横岭墓地的发现和发掘而被识别，此前，同类陶器在珠三角及粤东北（和平）、粤北（石峡）等地均有发现，因直领鼓腹矮圈足罐的出现，往往被认为是虎头埔文化或与虎头埔文化相关的因素。其后，在佛冈大旺田[3]、广州茶岭、甘草岭[4]等遗址均发现了同类墓葬。

目前所见，横岭类型遗存主要为墓葬，墓葬形制为土坑竖穴，陶器主要有鼎、直领折肩折腹的圈足罐、圈足多有镂孔的豆、圜底釜、直领圜底罐，鼎足为铲形且边缘

---

① 广东省博物馆：《广东历史结硕果，岭南历史开新篇》，国家文物局《文物考古工作三十年（1949 ~ 1979）》，文物出版社，1979 年，325 ~ 335 页。广东省博物馆：《广东青铜时代概论》，《华南考古论集》，58 ~ 87 页。

② 广东省博物馆：《广东中部低地区新石器时代遗存》，《考古学报》1960 年第 2 期。

③ 广东省文物考古研究所发掘资料。

④ 广州市文物考古研究院发掘资料。

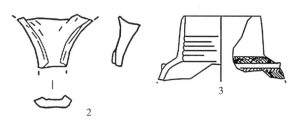

图一　横岭类型鼎足、圈足罐及纹饰

1. 宝镜湾 T2③A：17　　2. 圆洲 T0302④：7　　3. 圆洲 T0304④：5

内折的形态（图一，1、2；彩版二，1），纹饰中除有条纹之外，曲折纹（图一，3）、梯格纹、叶脉纹开始出现。以此陶器特征来看，从化吕田狮象遗址、珠海宝镜湾部分、东莞圆洲遗址部分，都有横岭类型陶器。而虎头埔文化中目前不仅少见条纹，且未见三足鼎，故此，笔者将两者作为不同的考古学文化或类型处理，不排除横岭类型在向东发展的过程中，形成虎头埔文化的可能性。

关于横岭类型的年代。有幸得张强禄先生告知，茶岭、甘草岭所测年代下限大约在距今 4600 年前后。笔者从横岭类型的直领矮圈足罐分析，有两种形态：一是与古椰文化相关的鼓腹或球状腹者，另一类是折肩折腹且腹径大于肩颈者（彩版二，2、3）。笔者在学习过程中也注意到：横岭类型的直领扁圈底罐状鼎在陆墩遗址 M19① 可见类似器物，陆墩 M19 的年代为良渚早期较早阶段的墓葬单位。综合考虑横岭类型与古椰文化的关系等情况，笔者将横岭类型的年代上限初步定在距今 5000 年之后。由于目前横岭类型的资料尚未发表，关于其分期、年代有待日后方可明确。

在大体确定了编年位置的基础上，以下就横岭类型的陶器纹饰谈些学习心得。

横岭类型所见拍印纹饰主要有条纹、曲折纹、梯格纹、叶脉纹几类。

条纹类单独使用在一些圜底釜（彩版三，1~3）、罐器物上，从器物成型及施纹顺序观察，器身部分先成型，然后是以器物底部中央为核心，斜向拍印；有圈足者，显然是在纹饰拍印完成后才粘接的圈足；从领部痕迹来看，领与器身结合部位（彩版三，4）有明显的陶拍边缘痕迹，应当是从此向下拍印，所以导致一些器物领部有纹饰印痕，而器身中部较为杂乱，并有相互打破的现象。从纹饰痕迹推断，拍印条纹者应当是使用一种陶拍完成的，这与下面所见条纹与曲折纹组合样式者有所不同。

条纹与曲折纹的组合也较为常见（彩版三，5），狮象所见的直领鼓腹矮圈足罐在领身结合部位为条纹，一下为相互交错的曲折纹，并在曲折纹之上有附加堆纹。该标本可见领与器身结合部位在纹饰施印完成后，又将领部进行过修整，所以拍印纹饰近领部一端边缘齐整，且可见领部叠压条纹的情况。条纹与叶脉纹的组合同样是较为常

① 中国社会科学院考古研究所湖北工作队：《湖北黄梅陆墩新石器时代墓葬》，《考古》1991 年第 6 期。

见的（彩版三，6）。同一器物使用条纹与曲折纹或其他纹饰时，该器物拍印纹饰的陶
拍应当有两种。

单独使用梯格纹和曲折纹的情况，如宝镜湾标本 T10③B：1（彩版三，7）、横
岭 M16：2 为梯格和附加堆纹（彩版三，8）。

前述四种纹饰，条纹、曲折纹、叶脉纹、梯格纹中，关于曲折纹及叶脉纹的起源，
笔者有如下推测性意见：

从横岭墓地出土的陶器观察，一些装饰条纹器物的底部可以见到条纹交错时形成
的曲折形态（彩版三，9），因此，笔者推断，有部分曲折纹的起源应当与底部偶然形
成的交叉条纹有关。关于叶脉纹，通常认为是模仿叶子的脉络纹理，笔者通过观察竹
编器物时发现，竹编容器收口常用的技法之一就是绞纹编（彩版三，10），侧面看，其
基本构图要素是竹编器物的口部形成直线和其下的斜向条纹；这与单线单边叶脉纹的
构图十分接近；将这个竹编器皿的口部内外壁展开时，如绞纹编 2（彩版三，11），成
为双线双边叶脉纹。之所以更倾向于叶脉纹与竹编收口技法密切相关，也还考虑到其
拍印出的纹饰，并未见如同叶子形状者，绝大部分都是长条形，或横或纵，而且，下
个阶段，东莞圆洲遗址之器物纹饰中有些更为接。

珠江三角洲地区接续横岭类型的遗存是鱿鱼岗遗址一期类型，该类型始见于东莞
圆洲遗址①，逐步扩展至珠三角及粤北地区，基本可以分为早、中、晚三个阶段。代表
性遗存有：东莞圆洲遗址第二期早段（早），宝镜湾三期（中），鱿鱼岗第一期、圆洲
二期后段以及河宕、灶岗及银洲等相关遗存（晚）。其陶器群特点如下：

器物组合为束颈鼓腹釜、子口喇叭形圈足豆、棱座豆、直领球腹釜、盘口圈足罐
等，偶见釜形鼎，三足器数量仍然很少，圈足、圜底器流行；纹饰中最具特点的是条
纹与对角线组合的印纹，或者是斜条纹与较疏的复线方格凸点图案之组合（鱿鱼岗所
见最典型），叶脉纹及各种小长方格纹依然流行，曲折纹也占有一定的数量。

鱿鱼岗一期类型中直领圈足罐发展出自己的形态，豆类型情况不显著，子口喇叭
形圈足豆、盘口圈足器等是本类型新出现的造型；同时，本类型中还出现了一些外来
因素，例如：银洲所见来自石峡文化的瓦状足、棱座豆、双腹豆等及虎头埔文化的直
领垂腹圈足罐（直领折肩折腹圈足罐演变而来者）等，本地三足器基本消失。

与横岭类型的纹饰相比，几何印纹从初显走向更为复杂的阶段，形成了本地几何
印纹的传统：从较为单调的装饰成长出全面模仿竹编器皿并抽象化的特色；另一个变
化是本类型晚段条纹逐步缩短，并主要在器物的颈部以下。

本类型早段，横岭类型中的条纹、叶脉纹、小长方格纹等在圆洲均可见到，而条

---

① 广东省文物考古研究所东莞市博物馆：《广东东莞市圆洲贝丘遗址的发掘》，《考古》2000 年第 6 期。

纹与对角线组合的印纹、斜条纹与较疏的复线方格凸点图案之组合是新出现的纹饰；陶器从口部到器底的纹饰与竹编器皿高度相似的情况主要在本类型早段，如下图为圆洲遗址第二期早段的几件标本。

标本圆洲采1，为直领圈足罐残件，领部有一周双线双边叶脉纹，其下为方格纹，此类纹饰特意在口部模仿了竹编器皿的收口做法，下则为器身的"十"字编技法（彩版四，1－1）。

标本圆洲98DSYT0304③：9，可复原。该标本领部一下又一周单线双向叶脉纹，器身中部素面，下部至底为长方格纹，与圆洲采1的构图一致（彩版四，1－2、1－3）。

其他圆洲的标本如图（彩版四，1－4~1－7）。

中段变化不显著，后段以鱿鱼岗遗址第一期为代表者，口部还较多地保留了斜条纹，其他则被简化或抽象化了；有短条纹、曲折纹、单线双向叶脉纹、三线梯格纹、斜条纹与复线方块凸点纹、条纹对角线纹、三线双向叶脉纹等（图二，1~7）。

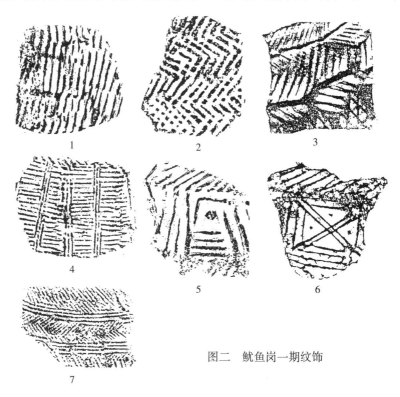

图二　鱿鱼岗一期纹饰

粤东地区的虎头埔文化，从目前资料分析，在编年的相对位置处于横岭类型之后、后山类型出现之前，时间基本与鱿鱼岗一期类型相若或稍晚。从粤北地区石峡文化角度来看，石峡文化晚期，虎头埔文化已经到达粤北石峡遗址及周边地区。以几何印纹的视角看待之：鱿鱼岗一期类型与虎头埔文化两者无论是器形还是纹饰都有差别，虎头埔的纹饰当保留了横岭类型的传统，并发展出自己的特色（图三，1~18），例如：

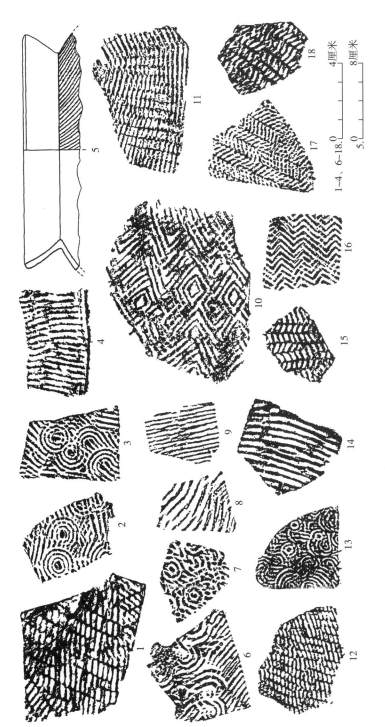

图三 虎头埔 Y16 陶器纹饰拓片及出土陶器

1、11、12. 长方格纹 2、3、6. 条纹 4. 条纹＋重圈纹组合 5. 折沿罐 7. 曲折纹＋重圈凸点纹组合（Y16∶1） 8、9、14. 条纹 10. 曲折纹＋复线菱格纹组合 13. 梯格纹 15、17、18. 曲折纹（其中 1～4、18 出于第 2 层；6～9、11、16、17 出于第 5 层；10、12～15 出于第 7 层。引自《普宁市虎头埔新石器时代遗址发掘报告》）

长方格、重圈纹等；两者共同构成了广东地区几何形纹饰的本地特色，虎头埔文化者后来居上，在其后的阶段中，虎头埔文化的许多纹饰都流传了下来，而鱿鱼岗一期类型较大的对角线等纹饰消失了。

从广东地区的横岭类型向鱿鱼岗一期类型及虎头埔文化几何印纹发展的趋势可见，以曲折纹为代表的几何纹饰出现早，并一直延续了较长的时间，陶器形态也有所继承，基本是自成体系。横向观察，福建地区南溪县以及昙石山文化不仅与粤东地区的横岭类型（例如和平县等地）遗存器形有接近之处，而且在虎头埔文化阶段，接受了来自广东的几何印纹之影响；向东北，应当是通过赣南，传入浙南好川文化，向西到达平南县石角山①。

三　夏商时期

继鱿鱼岗一期类型及虎头埔文化之后，广东地区的遗存大体可以划分为两个区域：粤北珠三角及东江（河源龙尾排至大顶山中商）、西江两岸，为村头文化、围岭类型，粤东地区的主要发展轨迹是两个阶段：后山类型②和浮滨文化、华美文化或类型③。

笔者在相关论述中就村头文化已经有过论述，在此，就粤东北东江上、中游地区一些新发现和认识，对其文化属性、源流和年代等谈些个人意见，以便后续相关之行文。

河源市东源县龙尾排墓地所见器物，总体特征与鸟仑尾、虎林山较早遗存类似④，与其关系密切，非广东本土特色，目前因材料较为孤立，虽然处于村头文化分布范围，暂不定其文化属性；东源大顶山遗址⑤的发掘表明，该遗址第一期主要器物与村头遗址第二期相当，时间大体在早商阶段，和平大坝镇的发掘材料⑥也有早、中商阶段与村头遗址相同的遗物。

---

① 广西壮族自治区文物工作队等：《广西平南县石脚山遗址发掘简报》，《考古》2003 年第 1 期。

② 杨式挺：《广东新石器时代文化及相关问题的探讨》，《史前研究》1986 年第 1 - 2 期。广东省文物考古研究所、普宁市博物馆：《广东普宁市池尾后山遗址发掘简报》，《考古》1998 年第 7 期。杨建军：《试论广东东部地区的后山类型》，《四川文物》2005 年第 3 期。

③ 魏峻：《粤东闽南地区先秦考古学文化的分期与谱系》，北京大学考古文博学院《考古学研究（九）》，文物出版社，2012 年，140～165 页。

④ 魏峻：《粤东闽南地区先秦考古学文化的分期与谱系》，北京大学考古文博学院《考古学研究（九）》，文物出版社，2012 年，140～165 页。

⑤ 广东省文物考古研究所发掘资料。

⑥ 广东省文物考古研究所与中山大学联合发掘资料。

　　和平子顶山的调查材料①以及甲子岗墓地的发掘材料②是广富林文化阶段进入广东的，与村头一期、石峡 M128 等基本同时，带有更多外来因素，时间与龙尾排墓地主体部分基本相同，本阶段第二次外来因素集中在平原水口窑址出现：水口窑下限能至晚商，但其主体部分与马桥文化、猫儿弄窑址有相似之处，上限应当进入了夏纪年，因发现少，其文化性质暂不定。粤东北地区地处赣、闽、粤交接处，当为各地文化因素交流的重要通道，并留下了各自的印记。

　　整理一下上述情况，笔者认为：村头文化的一些外来因素，例如高柄细把豆，宽把有流壶（上海、浙江同行称为圈足鬶，福建同行称为单錾圈足罐）均通过和平子顶山、甲子岗进入广东，向粤北、珠三角与本地文化结合，成为村头文化最早的器物群，平远水口窑址③者带着云雷纹之硬陶再次影响了村头文化，是万年文化、马桥文化偏早阶段的事情；子顶山、甲子岗遗存的主体，进入粤东地区榕江流域取代了虎头埔文化，成为后山类型；闽北、浙南的黑皮陶技术文化传统是浮滨文化的源头，中间过程尚不十分清楚，可以看到还有浮滨文化中方格纹之硬陶与后山类型、平原水口窑所见陶器有关，或者说，浮滨文化的印纹硬陶有相当一部分的源头，来自后山类型和水口窑，黑皮陶技术演变为黑釉陶为特色的浮滨文化原始瓷是这个过程的结果。

　　晚商阶段，粤东及闽南至乃浮滨文化分布的范围，珠三角地区进入了围岭类型④；河源大顶山第二期显示，粤东北地区出现了一种新的考古学文化或类型，暂称为大顶山类型，该类型陶器特征是陶胎深灰褐色，胎质硬、致密厚重，器形有尊、圈足罐等，纹饰以编织纹为特色、同时出现了一些有釉的器物。粤东闽南地区则是浮滨文化与华美类型或文化⑤。

　　梳理了广东夏商时期遗存的编年及文化性质和相互关系之后，可将本阶段粗略地划分为两阶段，前段大约相当于龙山末并进入夏纪年直至中商时期，后段相当于晚商时期；前段以村头文化为主体，延续了本地几何印纹的传统，硬陶数量较少，村头文化早段的陶器装饰纹饰主要有：曲折纹、云雷纹、叶脉纹、长方格纹，其中以云雷纹加曲折纹组合最具特色（图四，1～15）；村头文化后段，几何形纹饰有简化的趋势，流行各种方格纹、复线方格、菱格、复线方格凸点等纹饰，前段的云雷纹加曲折纹基

①　广东省文物考古研究所、和平县博物馆：《广东和平县古文化遗存的发掘与调查》，《文物》2000 年第 6 期。

②　广东省文物考古研究所发掘资料。

③　广东省博物馆：《广东平远县西周陶窑清理简报》，《考古》1983 年第 7 期。

④　广州市文物考古研究所：《羊城考古发现与研究（一）》，《增城石滩围岭遗址发掘简报》，文物出版社，2005 年，1～19 页。

⑤　邱立诚、吴道跃：《广东揭阳华美沙丘遗址调查》，《考古》1985 年第 5 期。揭阳考古队：《揭东县华美沙丘遗址调查报告》，《揭阳考古（2003～2005）》，科学出版社，2005 年，181～189 页。魏峻：《粤东闽南地区先秦考古学文化的分期与谱系》，北京大学考古文博学院《考古学研究（九）》，文物出版社，2012 年，140～165 页。

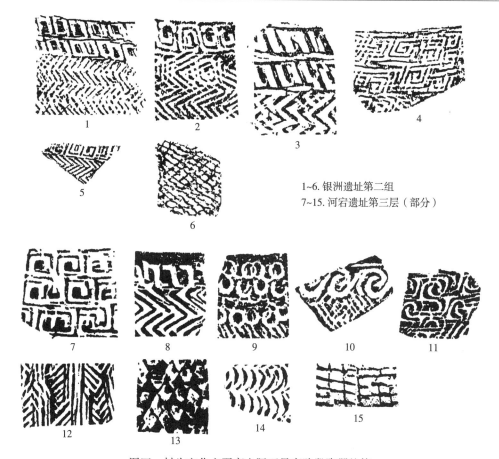

1~6. 银洲遗址第二组
7~15. 河宕遗址第三层（部分）

图四　村头文化之夏商之际至早商阶段陶器纹饰

本消失（图五，1~21）。

　　后山类型的印纹总体说来相对简单，以小方格纹为主，还有菱格纹等（图六，1~10）。

　　水口窑址所见器物，例如各类凹底罐等与后山类型相似，纹饰也很类似，并且还见有云雷纹（图七，1~4），时间上应早于或同于后山类型开始的年代。

　　进入晚商阶段，围岭类型遗存为珠三角地区的主体，还见于博罗横岭山第一期①、珠海亚婆湾②等地。从围岭、横岭山等遗址来看，这时，浮滨文化的因素已经普遍进入珠三角地区，出现了一定数量的酱黑釉陶器物，几何印纹数量上有所减少，拍印质量

---

① 广东省文物考古研究所：《博罗横岭山——商周时期墓地 2000 年发掘报告》，科学出版社，2005 年，45~69 页。
② 唐振雄、李子文：《淇澳岛亚婆湾、南芒湾遗址调查》，广东省文物考古研究所等《珠海考古发现与研究》，广东人民出版社，1991 年，57~69 页。

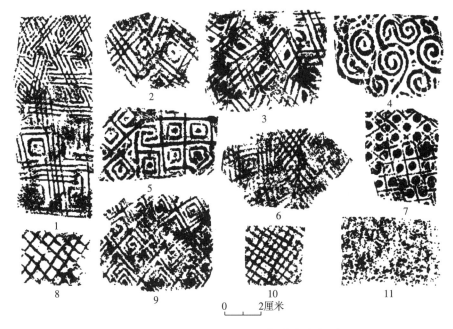

屋背岭墓葬第三期陶器纹饰（引自《屋背岭发掘报告》）

1.四线菱格圆圈纹和五线菱格圆圈纹的组合纹饰（M056：2） 2.三线菱格圈点纹（M068：2） 3.三线菱格凸点纹（M052：3） 4.卷云纹（M052：1）5.双线方格凸点纹（M028：1） 6.四线菱格凸点纹（M022：1）7.方格乳凸纹（M076：1）8.大方格纹（M031：1）9.雷纹（M075：1）10.方格纹（M048：1）11.绳纹（M056：1）

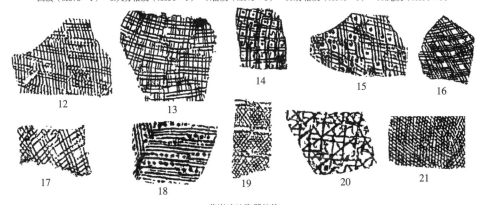

茅岗遗址陶器纹饰

图五 村头文化中商阶段陶器纹饰

也有所下降，印痕偏浅，条纹或蓝纹占有相当的数量，典型的几何形纹饰有：云雷纹、复线菱格或方格凸块纹、曲折纹、编织纹、小方格纹等（图八）。

粤东闽南地区的主体遗存为浮滨文化，它除去非常有特色的酱黑釉陶器之外，也还有部分几何印纹，如篮纹或条纹、方格纹、编织纹等（彩版五）。

华美文化以圜底器著称，其拍印的几何形纹饰以梯格纹为主，还有小方格纹等，显然其几何形纹饰不发达。

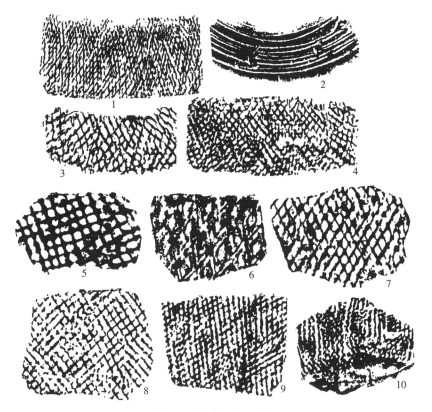

图六　后山类型主要纹饰
1～4. 后山　　6～10. 仰天狮山早期遗存

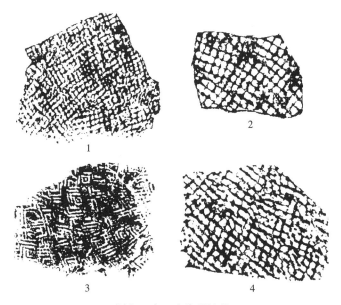

图七　水口窑陶器纹饰

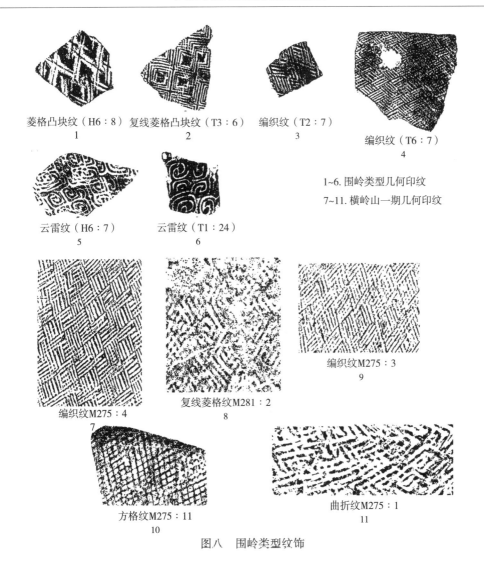

菱格凸块纹（H6：8）　复线菱格凸块纹（T3：6）　编织纹（T2：7）
　　　1　　　　　　　　　　2　　　　　　　　3

编织纹（T6：7）
　　　4

1~6. 围岭类型几何印纹

7~11. 横岭山一期几何印纹

云雷纹（H6：7）　　　云雷纹（T1：24）
　　　5　　　　　　　　　6

编织纹M275：3
　　　9

复线菱格纹M281：2
　　　8

编织纹M275：4
　　　7

方格纹M275：11
　　　10

曲折纹M275：1
　　　11

图八　围岭类型纹饰

　　广东地区夏商阶段的几何印纹及原始瓷发展过程看起来纷繁复杂，但还是有迹可循的：中商阶段之前，粤北珠三角地区以村头文化两个阶段为主，依旧按照自己的风格走下去，复线方格、复线方格加凸点是本地新的纹饰，并传播了出去，万年文化角山窑址的同类纹饰很大的可能是来自村头文化的，同时，通过粤东北和平县这个枢纽，将云雷纹传入广东。另一方面，广东夏商时期的几何印纹同时也向西、西北传入广西东北部及湖南西南部地区①。

————————

① 何介均：《湖南商时期古文化研究》，《湖南先秦考古学研究》，岳麓书社，1996 年，135 ~ 157 页。笔者曾经观摩过湖南斗篷坡以及永州地区坐果山、望子岗等遗址出土遗物，与村头文化者有类似器形和纹饰；广西较为典型的材料见桂林父子岩遗址，笔者亦观摩过材料。

粤东北地区更接近福建的平远县，在夏商之际又将黑皮陶的文化技术传统传入广东，为日后黑釉陶技术的溯源提供了宝贵的线索。平原水口窑址的面貌还不甚清楚，广东什么地方的人在使用水口窑的产品等等，这些基础问题都值得探讨，从今天的角度来看，显然是被低估的，非常值得继续进行工作。

从广东地区自身来看，概括地说，商时期是本地陶瓷技术发展的重要阶段，印纹硬陶及酱黑釉陶技术显示出自东向西发展的线索，这与粤东、粤东北由于毗邻赣、闽有着密切的关系。晚商阶段，广东的几何印纹出现了第一次衰落，应当是与新的文化技术传统进入有关，即印纹硬陶及原始瓷中的釉陶技术在粤东闽南地区大行其道，并影响到了珠三角地区，大顶山类型的技术可能来自闽北，并为西周之后的印纹硬陶技术奠定了基础。

四　西周至战国早期

进入西周时期，具有浓厚几何印纹传统的粤北珠三角地区发生了显著的变化，目前可以确认的西周早期遗存主要有：横岭山第一、二期（部分）、大顶山第三期（M13）、河源上塘岭 M1（彩版四，2）①、深圳追树岭②等。横岭山报告者认为，这些遗存都可见横岭山 I 式瓮，I 式瓮的年代被定在西周早期。笔者认同这个意见。在此，就一些文化传播和谱系问题发表些个人见解：

根据吴海贵等先生对夔纹的研究，西周早期在广东就已经出现了夔纹，见于香港大屿山万角嘴遗址出土的 I 式瓮肩部，是目前通过类型学方法推断的最早夔纹陶 I 式瓮③，笔者根据目前材料将其视为夔纹陶文化开始的标志性器物之一。

根据横岭山报告的分期，第一期在商周之际，第二期为西周早期。一期有大量围岭类型本地器物，还有浮滨文化者，同时还有一些外来因素，例如，M299：2 之 A 型平底罐等显然就是外来因素；类似的外来因素，笔者在乐昌对面山墓地也发现了相关材料④，M49：1BI 式瓮，橙黄陶，唇沿外翻，斜沿近直，斜肩，腹缓收，圈平底，沿外及肩、腹、底饰方格纹，肩部加饰多组弦纹，其形态介乎横岭山一期 1 段 M213：2 与一期 2 段 M299：2 之间，纹饰更接近 M299：2。笔者认为，上述三标本均为横岭山 I

---

① 广东省文物考古研究所调查材料。

② 杨耀林等：《深圳市先秦遗址调查与试掘》，深圳博物馆编《深圳考古发现与研究》，文物出版社，1994年，51～94 页。

③ 吴海贵、吴孝斌、曹子钧：《双 F 纹源流初探》，广东省文物考古研究所：《博罗横岭山商周时期墓地 2000 年发掘报告》，科学出版社，2005 年，431～439 页。

④ 广东省文物考古研究所、乐昌市博物馆、韶关市博物馆：《广东乐昌市对面山东周秦汉墓》，《考古》2000年第 6 期。

式瓿的前身。相关陶器在广州大公山遗址①也有发现。这些外来因素都指向了湖南高砂脊②、炭河里③。这些因素进入广东的时间大体在商周之际至西周早期。横岭山、乐昌所见者，无论从器形还是纹饰特点来看，都应当与湖南的高脊砂、炭河里商周之际的陶器因素相当接近；特别是方格纹及肩部加弦纹的装饰特点，为广东之前所不见，而在湖南相关地区却相当发达，也就说明了这些因素应当是由湖南传入广东的。

进入西周中期之后，我们不仅可见陶器因素的进入，还有青铜容器类的传入：横岭山西周中期的 M201：1 鼎，乐昌对面山 M59：1Aa 型青铜鼎，盘口较浅，直沿，耳较长，束颈，扁圆腹，圜底，下接三足。一足残缺，一为蹄形，另一为圆柱形，应系使用时曾经毁损修补所致。高砂脊 AM1：7C 小型鼎与乐昌者差别仅在纹饰，器形几乎一致，笔者曾经请教过湖南省所高成林先生，并达成共识，乐昌 M59：1 鼎应为西周中期的，应该是模仿湘江流域同时期的陶鼎形制，为后来越式盘口鼎的最早形态。所以将横岭山、对面山的青铜鼎举例出来的原因，是想说明如下问题：即从商周之际至西周中期，来自湘江下游的炭河里文化对粤北珠三角地区不仅有影响，而且，随着铜器的南下，这种影响是持续加强的；从横岭山一期二段开始，外来因素的进入导致了广东本地遗存面貌的重大改变，陶瓷器群器形、纹饰改变，西周早期广东出现的夔纹则可以视为本地成长起来的重要的文化因素，且以其为代表的遗存，随着时间的推移，逐步走向繁盛；进入西周晚期之后，来自湘江流域的影响消退是顺理成章的事情。

西周早期，广东还出现另一件有划时代意义的器物，即面头岭 M20：2 原始瓷豆④，它喻示了广东地区商周之间的变革，该标本的意义特别在于将原始青瓷带进广东。

有了横岭山 I 式瓿以及舶来品的原始瓷豆，还有来自大顶山第二期的硬纹硬陶技术，为广东地区进入西周之后，在陶瓷器生产方面的重大变革做好了准备。在此基础上，我们再来看博罗梅花墩窑址⑤。

鉴于篇幅的原因，关于梅花墩窑址笔者仅就其产品的年代与横岭山墓地的时间关系做出简要的比较和分析。

梅花墩窑址所见原始青瓷器数量不算多，本文选取了当中的原始瓷豆，与横岭山墓地同类随葬品进行了比较：

---

① 广州市文物考古研究院发掘资料，笔者观摩所见。

② 湖南省文物考古研究所、长沙市博物馆、长沙市考古研究所等：《湖南望城县高砂脊商周遗址的发掘》，《考古》2001 年第 4 期。

③ 湖南省文物考古研究所、长沙市考古研究所、宁乡县文物管理所：《湖南宁乡炭河里西周城址与墓葬发掘简报》，《文物》2006 年第 6 期。

④ 揭阳考古队：《揭东县面头岭墓地发掘报告》，《揭阳考古（2003～2005）》，科学出版社，2005 年，51～102 页。报告中将 M20：2 原始青瓷豆定为西周中期，笔者曾往浙江观摩，认为此豆为西周早期浙江的产品。

⑤ 广东省文物考古研究所、博罗县博物馆：《广东博罗县园洲梅花墩窑址的发掘》，《考古》1998 年第 7 期。

梅花墩 T4③：27，简报称为 IV 型原始瓷豆，直口，圆唇，浅弧腹，圜底，喇叭形圈足外撇，壁饰弦纹和篦点纹，胎质较疏松，釉已大部分脱落。其形制与横岭山 M308：1 具有可比性，横岭山者被称为直壁原始瓷豆 II 式，直口，盘壁较直，圜底，喇叭形圈足外撇，内壁饰弦纹和篦点纹，盘与圈足分别成型后粘合，从釉所在位置观察，为器物覆置于釉浆中蘸釉，故圈足底部不着釉。两者无论是制法、还是纹饰、釉色以及器形都高度相似。横岭山 M308 在墓地分期中为三期五段墓葬单位，由此推定梅花墩所见原始瓷烧造最早的年代与横岭山三期五段相同，即西周中期。顺便说明的是，在梅花墩窑址简报中发表的陶器、瓷器中，未见诸如 I 式瓮等更早的陶器，因此笔者倾向于梅花墩窑址启用的年代亦为西周中期。当然，由于梅花墩窑址发掘并非全部，也不排除未来在该窑址出现年代更早器物的可能。

梅花墩窑址所见最晚的原始青瓷豆，如 T1③：17，简报称为 II 型原始瓷豆，敞口，方唇，盘壁略内弧，折腹，圜底，喇叭形圈足，外壁饰弦纹，内壁饰弦纹和篦点纹，施青绿色釉，釉层均匀，内底积釉处釉色呈褐绿色，下腹和足部露胎，内底有刻划符号。形制与之可比者有横岭山 M117：5，横岭山者被称为直壁原始瓷豆 BaII 式，形制及纹饰、施釉等与梅花墩者基本相同。横岭山 M117：5 在墓葬分期中位于四期八段，即春秋中期前后，由此可知梅花墩窑址同类豆的年代也可达春秋中期前后。是否还有更晚的遗存，同样有待日后检验。

其他类别的陶、瓷器，从大类角度视之，梅花墩的产品在横岭山墓地西周中期之后均见，唯独梅花墩的各种动物模型器目前尚不知用于何处，但至少可以认为：梅花墩窑址生产的陶瓷器中，有相当部分用于横岭山墓地，而且持续时间较长。同时也促使我们思考另外一些问题：例如，梅花墩窑址的产品在当时人们日常生活中的使用情况又如何呢？广东地区虽然有一些出土夔纹陶的遗址，但是，基本未经有规模的发掘，所以，还无法较为清楚地认识梅花墩产品在当时人们日常生活中的使用情况，应当说这是夔纹陶文化阶段未来田野及研究工作的努力方向之一。再如，横岭山墓地从西周中期之后，与梅花墩窑址的关系如何？也包括博罗银岗窑址第一期[①]，属于夔纹陶文化阶段。曾经有学者对横岭山墓地的等级进行过分析[②]，认为四期墓葬中根据随葬品划分为四类墓葬，这四类墓葬的墓主人似乎还达不到贵族的标准，推测均应属于平民阶层。第三期随葬青铜礼器鼎、青铜乐器甬钟、成组玉玦的墓主人身份、等级较高，这种情况可能反映出一部分劳动者在生产、作战等活动中凭借专业技能与出色业绩获得更多的财富，从而社会地位得以提升。而且阶层内部也存在着差别。笔者认为，横岭山第

---

① 广东省文物考古研究所：《广东博罗银岗遗址发掘简报》，《文物》1998 年第 7 期；《广东博罗银岗遗址第二次发掘》，《文物》2000 年第 6 期。

② 杨建军：《广东博罗横岭山墓地分析》，《东南文化》2012 年第 2 期。

二期四段之后进入夔纹陶文化阶段，此前与夔纹陶文化属性等都有较大区别，不宜等同视之；其次，笔者所关注的问题还在于西周中期之后，横岭山墓地与梅花墩相距不远，两者仅仅是产品供应与使用的关系？还是存在着某些政权组织，对原始青瓷的生产或流通进行管理？毕竟在春秋中期之前，横岭山或者说梅花墩的原始青瓷器分布甚广[1]，作为岭南地区原始青瓷的生产中心，或者用现代的语言来描述，"岭南地区原始青瓷的制造业"中心，没有相应的社会管理是不可想象的。这个话题涉及原始青瓷与岭南地区社会复杂化进程和文明进程的诸多方面，值得深入探讨。

同样位于博罗县的银岗窑址，银岗一期从西周晚开始，第二期晚至南越国阶段，当中也包括了部分夔纹陶文化阶段的产品，特别是其夔纹陶陶拍、勾连云雷纹等，在排序上是晚于横岭山第四期[2]，进入战国早期。以勾连云雷纹为主要装饰纹饰的器物见于广东清远马头岗 M1、M2[3] 及四会鸟蛋山 M1[4]、罗定背夫山 M1[5]、南门硐 M1[6]、揭阳面头岭 M13[7] 等墓葬；遗址或采集的材料见于：五华仰天狮山[8]、东山上岭[9]、屋背岭[10]、博罗葫芦山[11]、石峡遗址[12]、封开杏花上层[13]；此外，在广西灌阳马背山、金家岭[14]、北部湾东西两侧的湛江[15]、合浦双墩遗址[16]等地都有本期遗存。

属于夔纹陶文化阶段的制陶技术有鲜明的自身特点，较大的容器内壁有麻点状旁锤的垫痕，为手制盘筑时拍打排气孔以及施纹时所遗留，与"米"字纹陶文化时期较为普遍的轮制做法有所不同。

① 广东省文物考古研究所：《博罗横岭山——商周时期墓地 2000 年发掘报告》，科学出版社，2005 年，47、68 页。
② 吴海贵、吴孝斌、曹子钧：《双 F 纹源流初探》，广东省文物考古研究所《博罗横岭山商周时期墓地 2000 年发掘报告》，科学出版社，2005 年，431～439 页。
③ 广东省文物管理委员会：《广东清远发现周代青铜器》，《考古》1963 年第 2 期；《广东清远的东周墓葬》，《考古》1964 年第 3 期。
④ 广东省博物馆：《广东四会鸟蛋山战国墓》，《考古》1975 年第 2 期。
⑤ 广东省博物馆等：《广东罗定背夫山战国墓》，《考古》1986 年第 3 期。
⑥ 广东省博物馆：《广东罗定出土一批战国青铜器》，《考古》1983 年第 1 期。
⑦ 揭阳考古队：《揭东县面头岭墓地发掘报告》，《揭阳考古（2003～2005）》，科学出版社，2005 年，82 页。报告中将 M20：2 原始青瓷豆定为西周中期，笔者曾往浙江观摩，认为此豆为西周早期浙江的产品。
⑧ 广东省文物考古研究所等：《广东五华县仰天狮山遗址发掘简报》，《考古》1998 年第 7 期。
⑨ 广东省博物馆：《广东东部地区新石器时代遗存》，《考古》1961 年第 12 期。
⑩ 广东省文物考古研究所：《广东五华县华城屋背岭遗址与龙颈坑遗址发掘简报》，《考古》1996 年第 7 期。
⑪ 莫稚：《广东珠江三角洲贝丘遗址》，《南粤考古文集》，文物出版社，2003 年，575～578 页。
⑫ 广东省文物考古研究所：《石峡遗址——1973～1978 年考古发掘报告》，文物出版社，2014 年，575～578 页。
⑬ 广东省文物管理委员会办公室、广东省博物馆：《广东文物普查成果图录（出土文物部分）》，广东科技出版社，1990 年，37 页。
⑭ 广西文物工作队：《广西几何印纹陶的分布概况》，《文物集刊（3）》，文物出版社，1983 年。
⑮ 笔者观摩材料，为浙江地区战国中期常见器物与纹饰。例如，浙江长兴鼻子山越墓同类器物。
⑯ 广西文物保护与考古研究所：《广西合浦县双坟墩土墩墓发掘简报》，《考古》2016 年第 4 期。

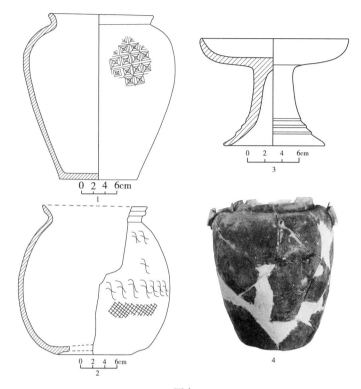

图九
1~3. 利羊墩 H1　4. 湛江市采集品

　　同时需要重视的另一个材料来自封开利羊墩遗址的发掘①。根据简报所载，H1、M16，H1 是夔纹陶文化典型器物与越人核心地区产品的结合（图九，1~3），此时"米"字纹陶已经进入广东，其豆的形态在广东地区基本不见，但与绍兴小黄山 M13 陪葬坑中出土的同类豆②接近，推测应当是与"米"字纹瓿同时进入的广东的。湛江市的采集品（图九，4）与浙江长兴鼻子山 M1③ 所见印纹硬陶罐无论是器形还是纹饰、贯耳的形态都高度相似，可以视为从浙江直接进入广东的产品，这也喻示了海上交通的存在。

　　既然是谈到夔纹陶文化，笔者根据吴海贵等先生的研究，将夔纹陶主题纹饰列图表如图一〇，供各位参考。

　　西周早期之后的夔纹陶文化一直延续到战国早期，是本地特色最为显著和发达的阶段，表现为具有本地特色的原始青瓷制造与使用，并影响到周边地区；是广东地

①　杨式挺、崔勇、邓增魁：《广东封开利羊墩墓葬群发掘简报》，《南方文物》1995 年第 3 期。
②　浙江省文物考古研究所等：《绍兴越墓》，文物出版社，2016 年，147~150 页。
③　浙江省文物考古研究所：《浙江越墓》，科学出版社，2009 年，62~63 页。

横岭山墓地分期		A	B
二期四段（西周早期）			
三期五段（西周中期）		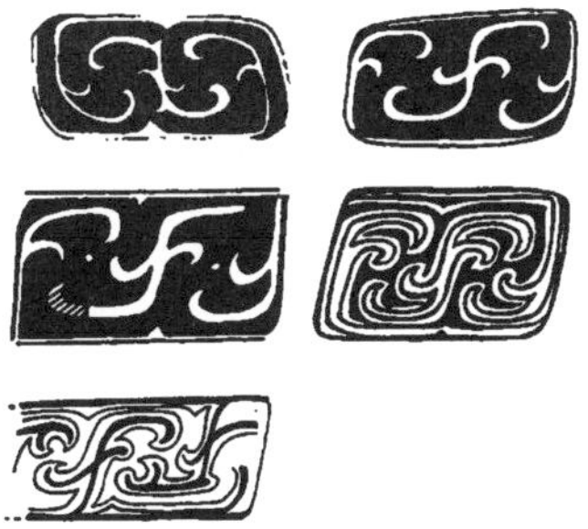	
三期六段（西周晚期）			
四期（春秋早、中期）	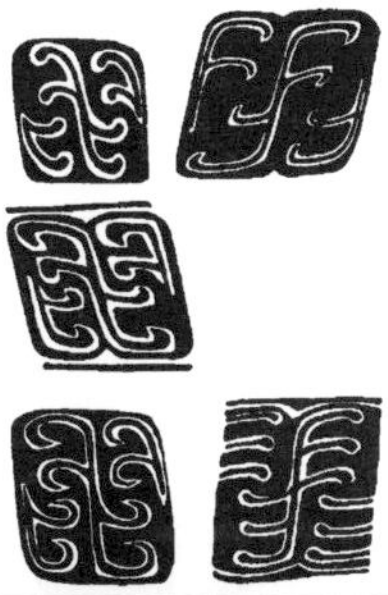		
春秋晚期至战国早期			

图一〇　横岭山夔纹列表

（参见《博罗横岭山》433~435 页）

区先秦考古学文化最为辉煌的时期，从最初原始青瓷技术的传入，即从越人核心地区的文化中获得了新动力，加之东地化因素的融合，使夔纹陶文化不仅逐步东地化，而且达到了自身的高峰。春秋晚期至战国早期，"米"字纹陶器物进入广东，并有产品直接输入，这种情况或许与勾践称霸有关，导致越人核心地区的文化因素或产品向南进一步传播。

五　战国中期至秦、汉

"米"字纹陶文化确定自战国中期开始的主要原因是：夔纹陶消失，制陶技术的进步，瓮类器物轮制的普及，当然也包括了器形的改变。这种改变，从目前广东的考古发现观察，开始于战国中期，延续到了南越国晚期。分布比夔纹陶文化更加广泛，至西汉南越国晚段，"米"字纹和方格戳印纹已经分布到海南岛地区[①]，广西除夔纹陶的分布范围之外，平乐银山岭以及以合浦双墩遗址为代表的一些沿海地区也有自战国中期至南越国晚段的"米"字纹文化遗存分布，大体在桂东北至北部湾沿海，笔者认为，这些都应归入"米"字纹文化范畴，但由于篇幅所限，广西部分的材料暂不展开论述。

谈到战国中期的改变，笔者认为，与战国时期另外一件重要历史事件有关，即楚灭越之无疆，大体在战国中期，之后，越臣服于楚，直到秦降越君[②]，这与浙江地区战国墓葬之考古材料的分期也基本吻合。于浙江地区，是楚文化因素进入，于广东地区，则是"米"字纹陶因素自战国早期进入，战国中期之后基本统一了广东的考古学文化面貌。

笔者根据揭阳面头岭、增城浮扶岭、南越王墓这样几组骨干资料，将广东"米"字纹陶文化阶段的遗存进行了梳理，划分为战国中、晚以及秦至南越国早、南越国晚几个时间段（图一一）。参与排队的主要对象是"米"字纹，基本可以代表了自战国中期至南越国期间"米"字纹的主要变化：是如何从菱格对角线演变为被弦纹分割的或拍印散漫的"米"字纹的。其中进入秦—西汉南越国阶段的纹饰，主要依据的是南越宫署遗址的发掘和西汉南越王墓的发掘。西汉南越王墓后藏室所出"米"字纹硬陶罐，是目前所知广东地区年代最确切[③]的"米"字纹罐，从器形和纹饰两个方面观察，晚于此类以弦纹分割的较浅的"米"字纹至今未有发现，所以笔者将南越王墓所见器物定位为西汉南越国晚段；西汉南越国早段则更多地依据南越宫苑遗址所见材料。就遗迹单位而言，南越宫苑遗址所见水井中，确定为秦代的水井笔者认同之，原因主要在于井内出土之器物，例如陶釜之类，显然是具有典型秦代秦人特征的[④]，与出有明显汉式特征器物的井形成对比。同时，笔者也注意到一个现象：即秦代的陶瓷器在广东

---

① 何纪生：《略论广东东周时期的青铜文化及其与几何印纹陶的关系》，《文物集刊（3）》，文物出版社，1983 年，213 页，广东青铜时代遗址、墓葬分布图。

② 张敏：《吴越文化比较研究》，南京出版社，2018 年，54、55 页。

③ 关于南越王墓主人是谁，虽有争议，但其时间范围均在南越国被灭之前不久，为南越国晚期的代表。

④ 南越王宫博物馆筹建处、广州市文物考古研究所编著：《南越宫苑遗址》，文物出版社，2008 年，363～369 页。李灶新：《秦陶文"女市"的发现及其意义》，南越王宫博物馆编《西汉南越国史研究论集（一）》，译林出版社，2015 年。

分期	纹样	备注
战国中期	 复线菱格对角线纹（面头岭M8：1） 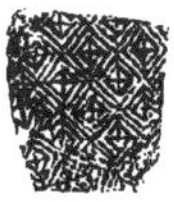　复线菱格对角线纹（银岗一次发掘） 　复线菱格对角线凸块纹（西瓜岭） 　复线菱格对角线方格纹组合（西瓜岭）	
战国晚期	 复线菱格对角线纹（面头岭M9：1） 　复线菱格对角线纹（面头岭M12：2） 　复线菱格对角线纹（银岗一次发掘） 　复线菱格对角线纹（银岗二次发掘） 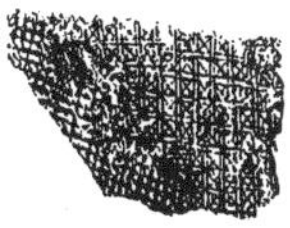　复线菱格对角线方格纹组合（白石坪） 　复线菱格对角线方格纹组合（白石坪） 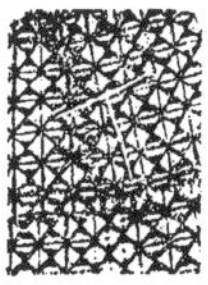　"米"字纹（铜鼓岗） 　"米"字纹（铜鼓岗M13：3）	单线"米"字纹出现，方框部分接近正方形，与南越国早段有差别。南越国早段的偏扁
秦至南越国早段	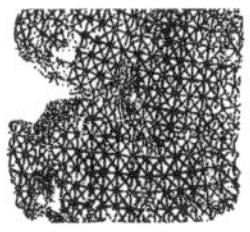 "米"字纹（面头岭M7：1） 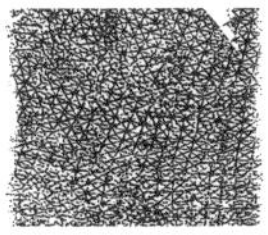　"米"字纹（增城浮扶岭M511：7） 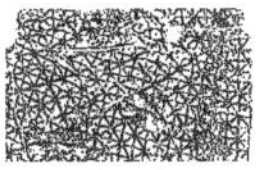　"米"字纹（萝岗园岗山M1：1） 　"米"字纹（西瓜岭） 　"米"字纹（银岗一次发掘） 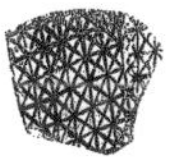　"米"字纹（广宁龙嘴岗M19：10） 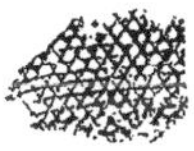　"米"字纹（西瓜岭） 　"米"字纹（南越王宫署9797J17②：3）	
秦至南越国晚段	 "米"字纹（广州汉墓） 　"米"字纹（南越王墓G19） 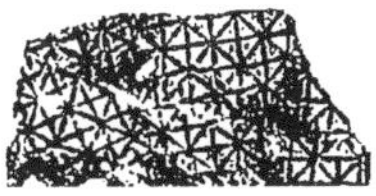　"米"字纹（分片且散漫）白石坪	

图一一　"米"字纹纹饰简图

地区并未形成有规模的影响，似乎对原有的南越人之陶瓷器制作没有带来显著的改变，而汉式内容影响则更为显著，例如各类方格纹及戳印的纹饰、盒等。同样不可避免地也要涉及楚对广东地区的影响，至目前为止，战国晚期至秦—南越国未见楚式陶瓷器，铜器有数件，铜器的具体情况比较复杂，而且并非成组出土，据此确定楚人统治或显著影响过广东，是有问题的。

基于上述考虑，笔者将类似于南越宫苑遗址秦代水井的单线"米"字纹暂定为秦至西汉南越国早段的典型纹饰，南越王墓者为晚段。实事求是地说，早、晚段的分界还有待未来工作进一步厘清。

根据"米"字纹陶文化的基本分期，笔者就该阶段的窑址和相关问题发表些个人意见。

前文所述博罗梅花墩窑址未见战国早期之后的产品，那么通过比较研究，博罗银岗窑址的情况如何呢？简报认为银岗窑址从西周晚期一直至南越国时期都有产品产出，笔者通过观摩银岗窑址的产品，认为其产品一直可以延续到南越国晚段。

截至目前，博罗地区的考古发现，未见到战国早期之后的较为有规模的墓地或遗址；与西周中期至春秋中期者形成对比，或许还有埋藏未发现？这关系到两窑址的兴替以及产品使用和生产管理等一系列重要问题。

始兴白石坪窑址，通过比较，该窑址产品出现的时间在战国晚期至南越国晚段，那么粤北、粤东北地区战国晚期至南越国阶段的墓葬是否使用了白石坪窑址的产品？或者其使用范围更大些？目前尚不清楚。

增城西瓜岭窑址的产品，自战国中期开始出现，至南越国早段，暂时未见南越国晚段的产品。根据目前的发现，三处窑址中，银岗延续的时间最长，西瓜岭次之，白石坪居三。增城区范围，目前广州市文物考古研究院在浮扶岭发掘一处有数百座墓葬的墓地，其中有以 M511 为代表的秦至南越国早段的墓葬。虽然战国晚期也出现了单线"米"字纹，但在 M511 等秦至南越国早段的"米"字纹更为普遍，并且形态略偏扁，墓主人为越人首领或上层贵族[①]。西瓜岭的产品与 M511 是否有关？目前尚不能做出明确判断，但是，从窑址、墓地的组合来看，与横岭山有异曲同工之处，并有南越国早段的贵族墓葬。这足以说明，自战国中期至南越国早段，增城的重要地位和作用，或许是意味着原始瓷、印纹硬陶另一个中心的出现。

从三处窑址的分布来看，显然"米"字纹陶文化时期，原始瓷、印纹硬陶的产品大幅度提高。同时也引出一个老话题，即先秦番禺是否在增城？这个问题，徐恒彬先

---

① 广州市文物考古研究所：《广州增城浮扶岭 M511 发掘简报》，《文物》2015 年第 7 期。

生早就提出过①，笔者借此机会再提及此，就是想引起更多学者的关注，并使之成为"米"字纹陶文化考古研究的课题。整合各类专题研究，加强综合分析是笔者对本阶段研究的建议与思路，至少，首先将各窑址的产品在时间框架下与墓葬、遗址材料进行有机结合，重建"米"字纹陶窑址各类产品的贸易或交流范围与途径。这将对我们理解南越国的立国基础有很好的帮助。

六　结束语

广东几何印纹陶及原始瓷的发生、发展，经历了从独立发展几何印纹，到与长江下游的交流，加入原始瓷酱黑釉陶，吸收创新夔纹陶文化，存留越人"米"字纹传统这样几个历史阶段，这个过程，同样也是广东地区中国化进程的一个侧面的反映，同样也是西汉南越国立国与发展的重要物质基础，值得进一步深入探讨。

横岭遗址的照片由张强禄先生提供，特致谢忱！浮滨文化之塔仔金山 M2 器物图片为本所发掘资料。

---

① 徐恒彬：《广东青铜时代概论》，《华南考古论集》，科学出版社，2001 年，58 ~ 87 页。

滇东黔西地区先秦时期的族群文化交流

张合荣

（贵州省文物考古研究所）

滇东黔西地区通常指云贵高原东侧以乌蒙山脉为核心区位的山间河谷地带，大致包括，滇东高原的曲靖盆地、宣威盆地和昭鲁盆地以东，金沙江和大娄山以南，贵州高原西部直到南盘江以北这一地理空间范围，地理坐标大致在 N24°30′ ~27°30′，E103°30′ ~107°30′之间。行政区划包括贵州西部地区的安顺市、毕节市、六盘水市、黔西南州和云南东部地区的昭通市、曲靖市和红河州北部。

在这一空间范围内，目前发现的先秦时期青铜文化遗存，可大致分为乌蒙山西缘的昭鲁盆地、乌蒙山偏东侧的黔西北山地、乌蒙山东南缘的黔西南山地和乌蒙山西南缘的曲靖盆地等几个相对独立的小区域，而以乌蒙山西缘的昭鲁盆地的年代发展框架最为清楚，由早至晚分别经过了鸡公山类遗存、野石山类遗存、红营盘类遗存和银子坛类遗存，最后在两汉时期并入汉文化系统。

滇东黔西各地域先秦时期文化遗存在发展演进过程中，分别受到岭南百越系族群、西北氐羌系族群、四川盆地的巴蜀族群和滇中高原的滇族群等的影响（图一），文化内涵复杂而多样。

一 百越族群的北上

古百越族群广泛分布在中国南方以及东南半岛一带，其文化特征主要体现在广泛使用有肩、有段的生产工具，流行圜底陶器和支座，种植水稻但渔业经济比重大等，其中，有肩、有段石器成为百越族群物质文化的典型代表性符号，因而我们可以通过有肩、有段石器的发现与分布情况大致了解古百越族群的文化传播与影响范围。

20世纪五六十年代，在贵州刚刚开展考古调查工作的时候，即在贵州西部的兴义、盘县、水城、毕节、威宁等地区征集到一定数量的有肩石器。80年代以来，又在威宁、赫章和黔西南地区征集到较多的有肩、有段石器，这些有肩、有段石器以石锛为最多，

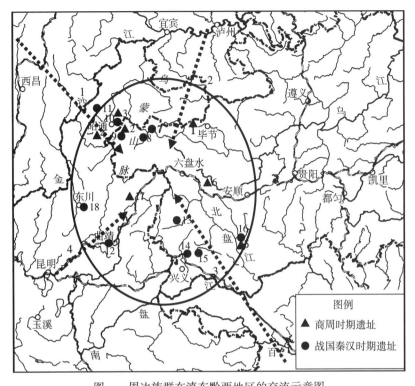

图一　周边族群在滇东黔西地区的交流示意图

1. 顺横断山区南下的氐羌系族群　2. 四川盆地南下的巴蜀族群　3. 沿珠江上游南、北盘江北上的百越族群　4. 从滇中高原东扩的滇族群

还有少量石铲、石钺等，据粗略统计，在贵州境内零星出土的有段、有肩石器已近百件（图二）。这些有肩石器多通体精磨，双肩平整对称，造型精美。如1954年在盘县沙沱乡征集到的双肩石锛长7.7、肩宽5、刃宽5.2厘米，石质肉红色，色彩艳丽，晶润如玉。1986年在兴义市歪染乡征集的双肩大石铲长达25厘米，体形修长而硕大，造型美观大方。

随着贵州西部地区一些重要遗址的大规模发掘，遗址中也出土了较多的有肩、有段石器，这些有段、有肩石器因为是考古发掘中经科学清理出土的，有明确的出土单位和伴出物，它们对判断遗址的年代和文化特征并进而了解古代百越文化因素在贵州境内的传播与整合情况就远非零星征集者可比。

位于乌蒙山核心区的威宁、赫章、毕节、水城等地是历年来有肩石器征集较多的地区，2004年至2005年我们对威宁中水鸡公山和吴家大坪等遗址做了较大规模的考古发掘，出土了较多的有肩、有段石锛，在与中水紧邻的云南省昭通市境内的过山洞、鲁甸马厂、野石山等遗址也出土有一定数量的有肩、有段石锛。根据碳十四测年，这些遗址的年代在距今3500至2800年之间的商末西周时期。

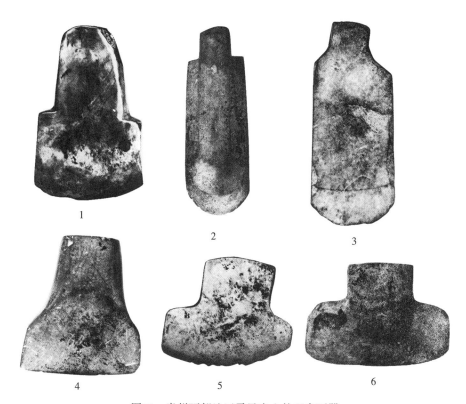

图二　贵州西部地区零星出土的双肩石器
1. 盘县沙沱征集双肩石锛　2. 兴义歪染乡征集双肩石铲　3. 贞丰沙坝遗址征集双肩石铲
4. 威宁羊街出土双肩石锛　5. 贞丰孔明坟遗址出土双肩石钺　6. 贞丰垃它遗址征集双肩石钺

　　2005 年至 2010 年，贵州省考古部门多次对红水河龙滩水电站淹没区的南、北盘江流域进行考古调查、复查和大规模发掘工作，并在北盘江流域重点发掘了贞丰县的孔明坟、沙坝、坡们、垃它、天生桥和望谟县的水打田等新石器时代至汉代遗址，其中在孔明坟、沙坝、垃它和罗甸红水河羊里遗址中，出土有大量的有肩石器。总起来看，这一区域主要以各种有肩石器为主，基本上没有发现有段石器，有肩石器的肩部变化异常多样，有单肩和双肩之分，双肩又分对称双平肩、不对称双平肩、不对称双斜肩、不对称双重肩等，数量达 100 余件，并伴出大量的石锤、砺石、石砧、毛坯等加工工具及不明用途石器。根据遗址地层和出土物，在南、北盘江流域，有肩石器在新石器时代中晚期开始出现，商周时期最为流行，其使用时间略早于乌蒙山区的威宁中水等遗址。

　　遗址中同有肩石器伴出的陶器碎片，它们在陶质、陶色和器形等方面均与广西红水河流域先秦时期遗址和岩洞葬中出土陶器比较接近，尤其是在沙坝、孔明坟等遗址中亦发现与广西红水河流域基本相同的屈肢葬俗，故从整个遗址群表现出的文化特征来看，贵州黔西南北盘江一带早在先秦时期即已基本成为古代百越文化区的一部分，有学者通过对北盘江流域典型遗址中发现的一些遗迹现象，如流行屈肢葬俗和出土的许多相同器物如长方形大石铲、双重肩石器、斜刃器物、风字形石器和铜器等，探讨了贵州黔西南地区与滇东南、桂西北及越南北部这一广大区域的文化共性特征①。

　　将贵州境内零星出土有段、有肩石器的地点和考古发掘的遗址地点综合起来考察，我们发现目前在贵州境内出土的有肩、有段石器主要分布在贵阳以西的贵州西部地区，中东部地区基本没有发现。而在贵州西部地区，有肩、有段石器从与广西接界的黔西南境的红水河，顺其上游两大支流的南、北盘江，一直往北伸入到乌蒙山脉核心地带的威宁、赫章、毕节等地区。依现在行政区划，包括了黔西南布依族苗族自治州、六盘水市、安顺市和毕节市，与这一区域相连的云南东部如曲靖市、昭通市等地，也出土有较多器形相同的有肩、有段石器。这种分布格局，有可能显示着当时族群迁徙和文化交流的线性特征，即主要沿一些大的江河水系所形成的天然通道进行，它们在由南往北传播过程中，不断同当地原有地方族群文化相整合，最后在滇东北至黔西北一带，逐渐形成以对称双肩石锛和有段石锛为代表的地域特征，器形与滇东南、桂西北至黔西南一带相比，已有了很大不同。

　　有学者曾经认为，贵州西部地区出土的有肩、有段石器，与云南东部、广西西北部等地区出土者，具有较多的一致性，说明在这一地区存在着一个人们共同体，"这种人们共同体便是古代越人的一支"②。我们不同意这种依一二种器物的共性而将使用该器物的地区界定为"一个人们共同体"的说法，因为一种器物既可以在产生该器物的同一人们共同体中反复使用，也可通过交流等方式出现在其他地区不同的人们共同体中。不过，如果这种器物反复出现且具有相当数量，我们则可认为原有的人们共同体在一定程度上吸收了该器物所代表的文化。尽管贵州西部地区自南到北许多先秦时期的古遗址中都出土有数量较多的有肩、有段石器，这只能说明早在先秦时期，南方百越系族群文化已经传播并在相当程度上影响到了这一地区，还不足以说明该地区所有古文化遗址的主人都是具有相同族群性质的同一人们共同体。因为从文化的总体面貌来看，都出土有大量有肩、有段石器的黔西南地区与黔西北地区，同一时期的古文化遗址所体现出来的文化差异非常大，它们只能是具有一定文化交流的不同族群。

　　由分布地域考察，黔西北、滇东北一带应是有段、有肩石器传播的最北地带，因为由此往北，便是金沙江天堑，它势必在一定程度上阻碍了其传播进程，再加之四川

---

①　张兴龙等：《北盘江流域考古学文化的区域共性与个性》，《百越研究——中国百越民族史研究会第十四次年会论文集》（第二辑），安徽大学出版社，2011 年，58 ~ 64 页。

②　王海平：《贵州有段石锛之研究》，贵州省历史文献研究会编《贵州古人类与史前文化》，贵州民族出版社，1998 年。

盆地早在商周时期便出现了以三星堆和金沙遗址为代表的高度发达的青铜文明体系，其对周边文化的影响和辐射要远大于周边文化对其本身的影响和辐射，因而虽然四川盆地甚至青藏高原都零星出土有有肩石器，但已谈不上具体的族群碰撞了。

二　氐羌族群的南下

在金沙江南侧的黔西北至滇东北乌蒙山西缘山间坝子中，早在商周时期，这里即发展出一个处于青铜时代早期的地方性族群文化，我们称之为"鸡公山文化"①。该文化极具地域特色，但其中也具有相当浓厚的南方越文化特征，主要表现在下列两个方面：一是遗址中出土有相当数量的双肩、有段石器，甚至还出土有少量红铜有段锛形器；二是遗址中出土有数量巨大的炭化稻米，稻米分布在众多的祭坑中，数量多，表明当时已具有成熟的稻作农业。除此之外，在鸡公山遗址中，还开始发现来自于西北地区的氐羌文化因素，遗址中出土有不同于本地文化系统的大双耳罐②，表明顺横断山区南下的氐羌文化系统已开始影响到该地区（图三）。

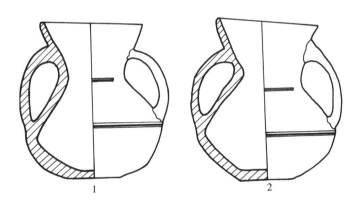

图三　鸡公山遗址中出土的氐羌系大双耳罐
（K39 出土）

鸡公山文化发展到晚段，文化内涵发生了较大变化，我们在已经发掘的威宁中水营盘山遗址和云南昭通鲁甸野石山遗址③中，已很少见到鸡公山遗址中大量使用的有肩、有段石锛等代表南方百越文化特征的生产工具，生产工具的形制和种类有了很大变化，同时陶器的变化也很明显，那种代表西北氐羌文化系统的大耳罐、长流器迅速

---

① 张合荣、罗二虎：《试论鸡公山文化》，《考古》2006 年第 8 期。
② 在威宁中水鸡公山遗址的 K39 中，出土有两件广泛分布在西北甘青及横断山区属氐羌文化系统的大双耳罐，表明氐羌系文化开始传入并影响到黔西北至滇东北一带。
③ 云南省文物考古研究所等：《云南鲁甸县野石山遗址发掘简报》，《考古》2009 年第 8 期。

增加，表明到了晚期，随着氐羌系族群文化影响的增强，南方百越系族群在这一地区的影响减弱甚至逐渐消失。

滇西北至川西一带的南北向横断山山间峡谷，自古以来就是南北民族文化交往的通道和走廊，考古学界将其称为"半月形文化传播带"①，现在的民族文化学者则称之为"藏彝羌民族文化走廊"。根据考古发掘出土遗物，从新石器时代晚期开始，西北氐羌系文化即沿此走廊南下，因而从西北甘青地区往南到川西至滇西北横断山峡谷，便发现有大量代表氐羌文化系统的石棺葬遗存，考古学界将其称为"石棺葬文化"②。随着周、秦的强大，氐羌系族群因受到挤压，往南迁徙更加频繁，这在历史文献中也有较多记载，如《后汉书·西羌传》中就记载古羌人："畏秦之威，将其种人附落而南，出赐支河曲西数千里，与众羌绝远，不复交通。其后子孙分别，各自为种，任随所之。或为牦牛种，越巂羌是也；或为白马种，广汉羌是也；或为参狼种，武都羌是也。"③这些来到川西南、滇东北或黔西北一带的氐羌族群，与当地原有族群相互影响和融合，成为当地文化发展的一支新生力量，因而这一地区文化发展到青铜时代晚期即战国秦汉时期时，西北氐羌文化的色彩仍相当浓厚，不仅滇东北、川西南和黔西北一带的青铜文化，就是滇中高原滇池周边的滇青铜文化系统中都有相当多的北方氐羌系青铜文化特征。

从考古材料看，氐羌系族群南下主要是沿古蜀国的西部边缘横断山峡谷进行，基本没有进入到成都平原，其原因应该是当时成都平原具有一个先后以三星堆和金沙遗址为政治中心的强大方国，阻断了他们由四川盆地往东发展的可能，因而它们只有不断南下进入到云贵高原，并将先前进入到这一带的百越文化往南挤压。

越人被氐羌族群挤压而往南收缩，在贵州黔西南地区，文化发展到青铜时代晚期，形成了以普安青山铜鼓山遗址为代表的一类族群文化，目前发现的该类文化遗址主要是位于山顶的小型聚落遗址，并在普安南部、兴义北部至安龙西部一带形成相当密集的小地域中心区。通过对普安青山铜鼓山遗址、兴义万屯阿红遗址和安龙龙广纳万遗址等的发掘，我们对这一类文化遗存的文化内涵也有一定的认识。在该类文化遗存中，百越文化因素仍占据着主导地位，一是在出土的石器中，虽然已基本不见早期大量使用的有肩石器，但出土的青铜器如V形銎铜钺、尖叶形铜锄等仍有明显的肩部特征，器形受有肩石器的影响较深；二是在出土的陶器中，主要是体现百越文化色彩的绳纹圜底釜、罐和支座之类，其器类同桂西北、滇东南一带比较接近；三是铜鼓山遗址生

---

① 童恩正：《试论我国从东北至西南的边地半月形文化传播带》，《文物与考古论集》，文物出版社，1980 年。

② 石棺葬文化是指广泛分布在甘青高原至川西、滇西北横断山地区，以石板砌筑棺石，随葬大双耳罐陶器和青铜短剑的一种考古学文化。

③ 《后汉书》，中华书局，1965 年，2876 页。

产的青铜器大量使用并流传在黔西南、桂西北、滇东南甚至越南北部地区，表明到这一时期，这一地区的文化交往更加频繁，范围也更加扩大；四是水稻种植和渔业经济已占据相当的比重，铜鼓山遗址中就出土有较多的炭化水稻实物和反映渔业经济的鱼钩、鱼叉等，体现出浓厚的临水而居的古百越族群文化特征。

根据史料记载，夜郎族群与其南边的句町、漏卧等族群经常"更相攻击"，因而它们相互之间在地理位置上应比较接近。根据桂西北西林县和滇东南广南县等地发现的青铜时代文化遗存，目前考古学界比较倾向于认为句町族群的活动中心区在桂西北至滇东南一带，即右江上游的驮娘江和西洋江支流，漏卧族群则可能活动在滇东南的元江流域一带，它们与夜郎经常"更相攻击"，既表明相互之间利益争夺已很激烈，也表明相互之间文化的交流非常频繁，这应该就是贵州南部地区在历史发展长河中逐渐并入到南方百越系族群文化区的历史反映。

三　巴蜀族群的南迁

商周时期，在西南地区最为发达、最为强大的古蜀文化系统对贵州西部地区的影响也比较深，位于乌蒙山东西两侧的威宁中水鸡公山文化和毕节青场瓦窑类遗存中都吸收有一定的蜀文化因素。相比较而言，乌蒙山偏东侧的毕节青场遗址受蜀文化的影响要大一些，遗址中出土的许多陶器如花边口沿陶罐、黑皮高杯豆形器、圈足器等都是典型蜀文化遗物，它们应是从蜀文化接收而来的[①]。到了春秋战国时期，随着巴蜀被强秦所灭，大量巴蜀之民南迁到今贵州北部、西部一带，更给当地原来的古文化带来了巨大变化。这一时期不管是乌蒙山西缘的中水红营盘和银子坛墓地还是乌蒙山东缘的赫章县可乐墓地，都涌现出强烈的蜀文化色彩，不少墓地出土的青铜兵器就主要是巴蜀式柳叶形剑[②]和三角形直内戈（图四），表明巴蜀青铜兵器已不断输入滇东黔西地区，并稳定融入各地域的当地民族文化中，发展成为当地具有代表性的兵器系列。在青铜容器和装饰器方面，这一时期出现的侈口圜底釜、鍪、洗和错金银琵琶形带钩等，无不从巴蜀输入或在当地仿制巴蜀同类器，秦灭巴蜀后，当地居民中可能融进较多的南迁巴蜀移民[③]。

巴蜀地区对"西南夷"文化发展的影响是广泛而深远的，在西南地区各地理单元

---

① 毕节青场遗址经过 1984 年和 2008 年两次发掘，1984 年发掘资料见《考古》1987 年第 4 期，2008 年发掘资料现存贵州省文物考古研究所。

② 贵州省文物考古研究所等：《威宁中水红营盘东周墓地》，《考古》2007 年第 2 期。

③ 贵州省文物考古研究所：《赫章可乐——2000 年发掘报告》，文物出版社，2008 年。该报告附录一完整收录有原刊发于《考古学报》1986 年第 2 期的《赫章可乐发掘报告》。

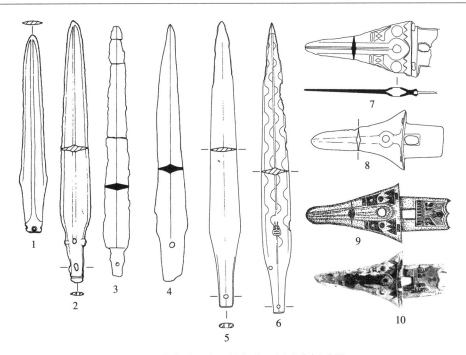

图四　滇东黔西出土的部分巴蜀式青铜兵器

1. 中水红营盘（M26:2）　2. 中水红营盘（M13:3）　3. 曲靖八塔台（M328:1）　4. 昭通营盘山乙区（M191:1）
5. 赫章可乐（M309:2）　6. 赫章可乐（M350:1）　7. 昭通水井文家坳包（采18）　8. 赫章可乐（M331:1）
9. 中水银子坛采集　10. 2011年赫章辅处出土

内的遗存，包括岷江上游地区、青衣江中上游河谷地带、安宁河河谷、盐源盆地、黔西北山地、滇东北昭鲁盆地、滇西北洱源盆地等属战国秦汉时期"西南夷"各族群活动而留下的遗存中，均出土有多少不一的巴蜀式铜釜、铜鍪、铜洗、三角援铜戈、柳叶形剑和琵琶形带钩等，表明接近巴蜀地区的西南夷各族群，其文化在发展过程中都或多或少地受到巴蜀青铜文化的影响。

四　滇族群的东扩

春秋战国时期，位于滇中地带以滇池为中心的滇族群由于其所处地区"河土平敞，多出鹦鹉、孔雀，有盐池田渔之饶，金银畜产之富。人俗豪忲，居官者皆富及累世"[①]。具备了优越的天然环境，周边又有丰富的铜、锡等矿藏资源，于是古滇人在吸收其他族群如北方的氐羌、南方的百越和东边的楚等文明的基础上，在中原地区青铜文明已然衰落的战国秦汉之际，迅速创造出发达而独具特色的古滇国青铜文明，在边疆地区

---

① 《后汉书》卷八十六《南蛮西南夷列传》，中华书局，1965年，2846页。

为中国青铜文明另开了一支耀眼的花朵。

从考古发掘材料观察，滇文明对滇东黔西地区同时期的其他族群如夜郎、句町、漏卧等地方文明的发展亦有较大影响。在滇东黔西发现的许多青铜时代遗存，如贵州的赫章可乐、威宁中水、普安铜鼓山和云南昭通营盘山、曲靖八塔台、泸西大逸圃、石洞村乃至广南盆地青铜时期遗址中，都有较多滇文化系统青铜器如蛇头形茎首剑的出土（图五），尤其是紧邻滇池的云南曲靖、泸西大逸圃等墓地中，出土的青铜器基本同滇国青铜器一模一样，表明在当时的西南夷诸族群文明中，最为发达的滇文明对周边各族群的影响和辐射也最大，对各族群青铜文明的发展起到过重要作用。不过，从总的文化现象观察，这些遗存之间的地域差异仍是主要的，同作为"西南夷"诸族群中的一员，滇文明始终未能发展出将周边其他小地域文明纳入其文明体系的实力和张力，因为滇也只是一个"其众数万人"的富裕"小邑"。

五　楚人的西征

在夜郎等族群的东边，最大的文明体系就是楚文明，由于楚在中国南方是最强大的一个方国，并多次问鼎并称霸中原，因而在楚的西部边缘即现在的湘西、黔中东部广大地区，在当时就没有也不可能形成较大的部族集团。对活动在云贵高原并远离楚地的且兰、夜郎、靡莫、滇等"西南夷"诸族群，楚还一度将其征服，这就是有名的楚将"庄蹻王滇"的历史，尽管不同文献记载差异较大，有记为王滇者、有记为王夜郎者、有记为王靡莫者。不过，我们可以假设的是，楚的力量是这些边地小邦根本无法比拟的，要不是强秦攻占了楚的黔中郡等地，这一广大的西南夷地可能早已成了楚的一部分。由于庄蹻系孤军深入，在没了后援和退路的条件下要生存下去，只有"变服，从其俗"，即将自己变成当地族群的一部分，因而我们在贵州西部等青铜时代遗存中就基本没有发现楚文化的东西，这一地区的族群文化受楚文化的影响反映不明显，但滇池周边大量精美的漆木器（主要是大量的青铜器木柄）的出土，似乎表明楚风确实吹到了滇中高原。

虽然庄蹻一路诛灭了且兰、夜郎、靡莫和滇，最后在滇地称王，但目前在贵州中西部甚至云南东部地区发现的考古材料，却见不到楚系青铜器的文化因素，可以说楚系青铜器对夜郎文化区的影响可以忽略不计，这是相当奇怪的现象。按理来说，作为中国南方最强大的方国，楚创造了极为发达的青铜文化，其对周边地区的影响也是明显的，但在今贵州境内，目前仅在最东侧的清水江流域零星出土有属于楚文化系统的青铜剑等兵器，但这一带同地处贵州中西部的夜郎活动区之间还存在相当宽广的空白区，两者之间还找不到相互之间有交流联系的证据。湘西不少地区如沅陵窑头和贵州

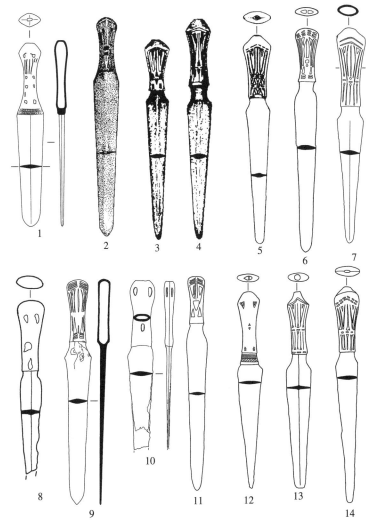

图五　滇东黔西地区出土的部分滇文化蛇头形茎首剑

1. 赫章可乐（M325∶3）　　2～5. 威宁中水（78梨园M22∶1、M35∶1、M34∶1、04银子坛M75∶5）　　6. 昭通营盘山甲区（M37∶8）　　7. 营盘山（采∶7）　　8. 昭通营盘山甲区（M41∶15）　　9、10. 昭通白沙地墓地（采∶3、采∶8）　　11. 昭通水井湾文家脑包墓地（采∶29）　　12～14. 曲靖横大路（M114∶3、M152∶2、M42∶2）

清水江流域都出土有一些宽格剑，系柳叶形剑身与“米”字纹宽格的剑柄套接而成，这种青铜剑被湖南一些学者认为是留存在楚地的濮人所造，而有一部分濮人则因为楚的挤压西迁云贵高原①。贵州西部的赫章可乐在战国晚期至西汉前期亦生产出一种独特的铜柄铜剑和铜柄铁剑，系用柳叶形剑身和镂空牌形首的剑柄相套接而成，制作工艺同湘西一带发现的宽格剑具有相似性，但柄部形状和装饰风格差异太大，尚看不出两

_____

① 柴焕波：《湘西古文化钩沉》，岳麓书社，2007年。何介钧：《湖南先秦考古学研究》，岳麓书社，1996年。

者有无族群文化上的联系。另外尚可关注者，在黔西南、滇东南及桂西北一带，出土有一种扁圆茎首无格剑，其扁圆形茎首及首上装饰与湘西宽格剑剑柄有一些相似，都像变形的蛇首。联系到湘西及清水江一带出土有不少越文化因素的青铜器，如清水江河床及永顺不二门遗址出土的双肩不对称形铜钺等，越文化青铜器传播到湘西一带的可能性是存在的。因而，可以认为流行在湘西及贵州东部清水江一带的青铜剑是吸收巴蜀、西南夷和百越等各种文化因素的产品，因为沅水流域（上游为清水江）本就是各种文化交流和汇集之通道。

六　结语

　　通过上面对先秦时期考古材料的梳理，我们似可以大致勾勒出先秦时期各族群在滇东黔西地区即古夜郎人活动地域范围内的整合情况。在这一地区，原本就生活着以中水鸡公山、毕节青场、六枝老坡底和贞丰孔明坟、沙坝等遗址为代表的许多地方族群，它们极有可能就是文献记载中的古百濮族群的一部分。这些族群在发展中先后受到来自南方的百越族群、来自北方的氐羌族群、来自四川盆地的巴蜀族群、来自西部滇池一带的滇文明和来自东部的楚文明的不同程度的影响，在战国秦汉时期形成多种文化因素并存、具有一定发展水平的夜郎及其旁小邑青铜文明。夜郎文明由于整合有不同文化系统的文化内核，具有较强的包容性，遂发展成为西南夷之"最大者"，并对其周边众多"旁小邑"具有一定控制力。到了西汉武帝时期，在中央王朝开发"西南夷"的大潮中，夜郎王能审时度势，没有与中央王朝发生激烈的对抗，主动入朝内附，夜郎族群最终融入大一统的汉帝国文明体系，为中华民族多元一体格局的形成注入了新血液。

论商王朝对长江中下游地区的经略

赵东升

（南京大学历史学院考古文物系）

本文所论的长江中下游地区包括江淮之间、鄂东南和赣鄱地区，这三个地区正处于华夏系统和东夷、苗蛮、百越系统交汇的区域，各派势力交汇融合。同时这些地区又有丰富的资源，因此成为维系商王朝政治、经济的重要地区，是商王朝经略的主要目的和方向。

一

本文所使用的商时期编年是以《中国考古学·夏商卷》中的分期为依据，即早商分为三期，中商分为三期，晚商分为四期的分期方案[1]。

商王朝势力在夏代末期即已进入到了鄂东南地区，这里存在有不少的先商文化南关外类型和二里岗下层一期偏早阶段的因素[2]。商王朝的直接统治势力在这里一直延续到中商时期，随着盘龙城城址的废弃而退出。晚商时期，这里仍然是商王朝的重点关注地区，商王朝通过控制方国——鄂国（大路铺遗存）的方式对此地进行间接统治。说明荆地不仅是夏王朝着力经营的地区，也为商王朝所看重（图一）。

早商一期时，商王朝重点经略了鄂东南地区，这一点不仅在考古学文化中可以得到证明，古代文献中也有记载。《古本竹书纪年》："（夏末）商师征有洛，克之，遂征荆，荆降。"而此时对于江淮地区和赣鄱地区还未进行有力的渗透。

大约自早商文化第二期至中商文化第一期，商王朝的势力开始分别通过淮河支流

---

① 中国社会科学院考古研究所编著：《中国考古学·夏商卷》，中国社会科学出版社，2002年。

② 湖北省文物考古研究所纪南城工作站：《湖北黄梅意生寺遗址发掘报告》，《江汉考古》2006年第4期。发掘报告将意生寺遗址的文化堆积分为4期，第一期相当于龙山晚期到二里头文化早期，第四期推断为商代前期，第二和三期的年代大致相当于先商时期。

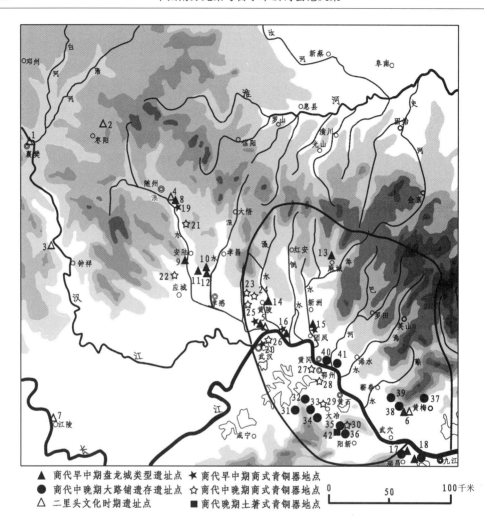

图一　鄂东南地区夏商时期文化分布图

1~7. 襄阳王树岗、枣阳墓子坡、钟祥乱葬岗、随州西花园、黄陂盘龙城、黄梅意生寺、江陵荆南寺遗址　5、6、8~18. 黄陂盘龙城、黄梅意生寺、随州庙台子、安陆晒书台、孝感殷家墩、云梦好石桥、孝感聂家寨、麻城栗山岗、黄陂鲁台山、团风下窑嘴、新洲香炉山、瑞昌铜岭、九江龙王岭遗址　5、15、16、19、20. 黄陂盘龙城墓葬；团风下窑嘴墓葬；新洲香炉山遗址鼎；随州淅河窖藏瓿、爵、斝；汉阳纱帽山窖藏尊　21~30. 广水乌龟山窖藏鼎；应城吴祠窖藏斝、爵、鸮卣；黄陂红进村窖藏瓿、爵；夏店村窖藏爵；袁李湾窖藏斝；汉阳竹林嘴窖藏方彝；鄂州陈林寨瓿、爵、斝；沙窝碧石爵；大冶港湖夔纹提梁卣；阳新铜镜　17、18、31~41. 瑞昌铜岭、九江龙王岭遗址、大冶古塘墩、李河、眠羊地、三角桥、阳新大路铺、和尚垴、黄梅柳塘、乌龟山、钓鱼嘴、霸城山、砚池山遗址　42. 阳新白沙铙

和盘龙城类型分布区而进入到江淮地区。这里以薛家岗遗址为中心的皖西类型和大城墩遗址为中心的大城墩类型都大致形成于这一时期（图二）。与此同时，也通过盘龙城类型而继续进入到赣鄱地区北部，创造了吴城文化（图三）。这一阶段，是商王朝势力大扩张的时期，它们通过盘龙城牢牢地控制了长江中下游之交的地带，并将势力延伸

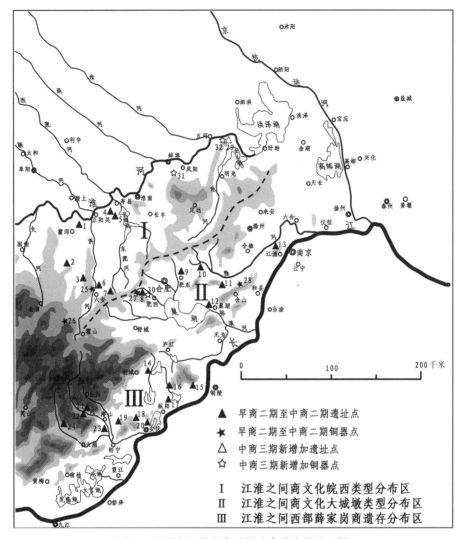

图二　江淮之间早中商时期遗存分布及分区图

1~24. 霍邱绣鞋墩、霍邱红墩寺、六安谢后大墩子、寿县斗鸡台、寿县□蜡庙、六安庙台、众德寺、肥西大墩子、乌龟滩、吴大墩、含山大城墩、巢湖庙集大城墩、江浦牛头岗、桐城丁家冲、枞阳汤家墩、小北墩、毛园神墩、怀宁跑马墩、百林山、安庆张四墩、岳西蟹形包、鼓形包、潜山薛家岗、岳西窑形包遗址　25~28. 六安瓡、羁；霍山羁；肥西戈、羁；含山瓡、戈　29. 明光泊岗遗址　30~32. 肥西爵、瓡、羁；蚌埠爵；明光爵、瓡、羁、斝

到长江以南的赣都地区，继而在那里扶持地方势力而创建了吴城文化。

　　中商文化二期至晚商文化一期早段，随着盘龙城城址的废弃，商王朝势力在长江中游处于一个低潮时期。在鄂东南地区，盘龙城类型仅剩下一些规模较小的商文化据点。江淮西部的薛家岗商遗存中也开始出现了一些鄂东南长江南岸、宁镇地区以及赣都地区的文化因素。吴城文化自北向南发展，逐渐成为一支受到商文化扶持而自身特

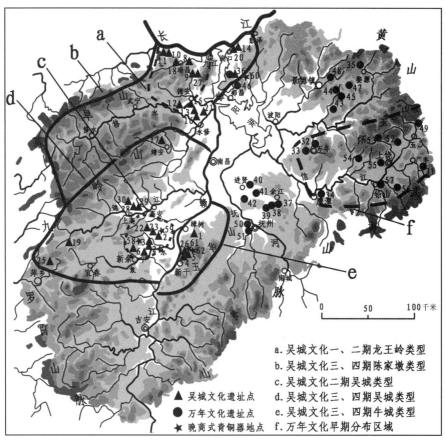

图三　赣鄱地区商时期遗存分布及分区图

1. 樟树筑卫城　2. 樟树樊城堆　3. 樟树吴城　4. 新干大洋洲　5. 新干牛城　6. 新余拾年山　7. 新余陈家　8. 九江神墩　9. 九江龙王岭　10. 瑞昌檀树嘴　11. 瑞昌铜岭　12. 德安石灰山　13. 德安陈家墩—黄牛岭遗址群　14. 彭泽团山　15. 德安蚌壳山　16. 永修新界　17. 靖安寨下山　18. 瑞昌大路口　19. 万载榨树窝　20. 湖口下石钟山　21. 德安米粮铺　22. 高安下陈　23. 樟树大城　24. 樟树狮子山　25. 萍乡赤山大宝山　26. 新干湖西　27. 九江磨盘山　28. 上高狮子脑　29. 上高鸬鹚岭　30. 宜丰船形山　31. 广丰社山头　32. 万年斋山、西山、送嫁山　33. 万年肖家山　34. 鹰潭角山、板栗山　35. 婺源茅坦庄　36. 都昌小张家　37. 余江红龙岗　38. 余江龙岗　39. 余江马岗　40. 进贤水泥厂　41. 进贤南土墩　42. 进贤陈罗　43. 乐平高岸岭　44. 德兴狐狸山　45. 德兴观山　46. 德兴船丘山　47. 婺源中云　48. 浮梁燕窝山　49. 玉山归塘坞　50. 抚州豺狗包　51. 抚州鱼骨山　52. 上饶马鞍山　53. 上饶南高峰　54. 上饶茗洋　55. 上饶岩岩　56. 上饶铁山胡家桥　57. 铅山曹家墩　58. 吴城正圹山　59. 樟树锄狮脑　60. 都昌大港乌云山　61. 新干大洋洲　62. 新干中棱水库

征明显的地方文化。而在江淮之间，商王朝却进行了较大范围的地域扩张，一直向东将其势力扩展至江淮东部地区，表现出一种东方进攻、而南方收缩的态势，一直到晚商四期，这种在东方的经略始终没有停止（图四）。

晚商一期晚段至晚商三期时，商王朝曾经加强了对长江中下游的经略，这时的吴城文化中所包含的商文化因素有过一次明显的增加过程，并且也大致在同时，包含有

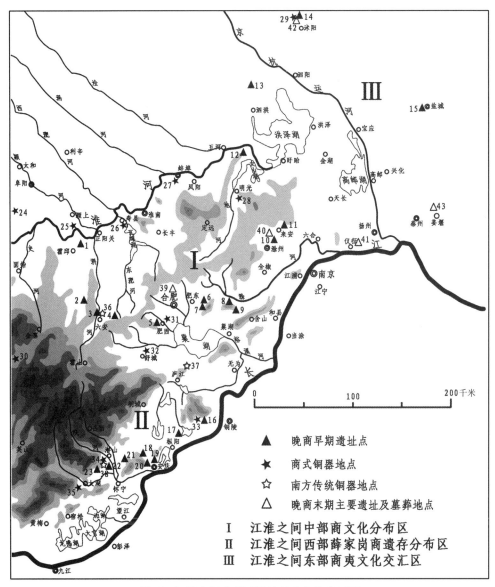

图四　江淮之间晚商时期遗存分布及分区图

1～12. 霍邱绣鞋墩、六安谢后大墩子、城墩、众德寺、肥西陡岗、肥东大陈墩、大城头、含山孙家岗、大城墩、滁州卜家墩、来安顿丘、明光泊岗遗址　13～15. 泗洪赵庄遗址、沭阳万北遗址和墓葬、盐城龙岗墓葬　16～23. 枞阳汤家墩、毛园神墩、怀宁跑马墩、安庆张四墩、芭茅神墩、怀宁百林山、潜山薛家岗、太湖王家墩遗址　24～35. 阜南龙虎尊、饕餮纹尊、鬲、兽面纹爵、觚、斝；颍上县"酉"铭爵、"月己"铭爵、"父丁"铭爵、寿县斝；蚌埠分裆铭文鼎、斝；明光；沭阳万北戈、矛、铲、锛；金寨"父乙"铭鬲、"父癸"铭爵、尊；肥西"父丁"铭觚、"戈"铭爵；舒城"父辛"铭爵、觚；枞阳方彝；潜山1912年尊；太湖"父辛"铭爵　36～38. 六安尊；庐江兽面纹铙、潜山兽面纹铙　39～43. 合肥烟大古堆、滁州何郢、仪征甘草山、沭阳万北墓葬、姜堰天目山、单塘河遗址大量商文化和地方文化因素的青铜器遗存出现，吴城文化的控制地域进一步向赣江东部拓展（牛城）。这一时期，鄂东南地区的大路铺遗存——即鄂国势力开始形成，在鄂国的势力范围内发现了一些具有晚商文化风格的青铜器，可能表明一个在商王朝晚期历史上具有重要作用的地方政权的形成。同时，根据卜辞的记载，此时在鄂东南地区形成的还有"举"国等方国。

晚商三期以后，商王朝的势力在长江中游大幅度后撤，典型的商文化遗存仅在鄂东北地区有少量发现。鄂东南地区的鄂方、举方和赣鄱地区的吴城文化虽然名义上仍然保持着与商王朝的关系，但商王朝已经不对其有绝对的控制权，这里的商文化因素极少。而鄂方的势力范围此时大大扩展，进入了一个大发展的时期。江淮地区的大城墩类型和皖西类型中也仅见晚商青铜器，典型的遗址极少，并且主要分布在皖西类型区域内的滁河北岸，滁河南岸已不见商文化因素的存在。在滁河北岸和江淮东部地区，仍表现出与夷族势力争夺的态势，直到"纣克东夷而殒其身"（图四）。

商人取代夏王朝后不仅立即占领了原先夏人统治的全部区域，而且在其强大的军事征服下，鄂东南地区基本同时纳入到了商王朝的控制之下，势力迅速扩展至整个鄂东南地区的长江沿岸。由于商夷之间的联盟关系[①]，商王朝此时并没有将其势力继续向江淮地区扩展。当商王朝在鄂东南地区站稳脚跟，并获取了当地丰富的铜矿资源之后，为了保证对铜矿资源的占有，他们继续沿矿脉向东南进发[②]，一直到达了赣北地区，与当地文化融合，逐渐形成了吴城文化。为了开拓新的交通路线和控制更多的土地、人口等资源，也为了达到最大限度控制夷人势力扩张的目的，商人至迟在早商二期时即开始向江淮地区推进。

商代中期，由于商王朝内部政局不稳，"自仲丁以来，废适而更立诸弟子，弟子或争相代立，比九世乱，于是诸侯莫朝"（《史记·殷本纪》），都城迁徙不定，商文化势力迅速衰落，对外征服的力度减弱。表现在各地所出土的文化遗存中属于中商时期的文化因素不明显，多数遗址似乎在二里岗上层文化之后直接就进入了殷墟文化，器物分期显示它们之间是衔接的，没有中间阶段，这一点在吴城遗址中表现最为明显。也正是在这一时期，地方文化中的土著文化因素开始增多，商王朝势力在地方的发展受到强烈的抑制。

武丁时期，国力增强，又开始了南征北讨。其中武丁三十二年，"伐鬼方。次于荆。"（《今本竹书纪年》[③]）《诗·商颂》："挞彼殷武，奋伐荆楚。"说明了武丁对南方地区的控制力又有所增强。主要表现就是在吴城文化中的中原殷墟期的文化因素明显

---

① 张国硕：《论夏末早商的商夷联盟》，《郑州大学学报（哲社版）》2002 年第 35 卷第 2 期。

② 彭适凡：《论扬越、干越和于越族对我国青铜文化的杰出贡献》，《东南文化》1991 年第 5 期。

③ 《今本竹书纪年》已被证伪，此条记载有《诗经》作补充，当有其事。

增多，吴城文化和鄂东南地区晚商时期的青铜器也增多。

商代晚期，商王朝的对外经略的重点在于东方与夷人的争夺，因此对于鄂东南地区的控制主要是通过当地土著所实现的，此时的鄂侯甚至与西伯、九侯共为商三公①，可见其对于商王朝的重要意义。

二

商王朝经略步骤的证据除了我们所主要依靠的考古学的材料之外，还可从以下两个方面进行旁证。

1. 青铜器和青铜器制作技术的传播

商王朝王权的强大，对地方的优势最主要表现在经济、军事和意识形态等三个方面，这三个方面都与青铜器的控制有关②。拥有了青铜器，就拥有了强大的经济、军事力量，并且在宗教、社会组织等意识形态上也具有旧的生产力所无法比拟的优越性。正所谓是生产力决定生产关系。青铜礼器对于商人来说具有政治和宗教意义，自然不会赠予外族人；又，这些铜礼器一般置于庙堂之内，处于商人控制的重心地区，除非灭国，不可能在一般的战争中为外族所获，更不会交换或买卖，而且商人也不会在普通的征战或贸易活动中将这些铜器带在身边③。因此早商王权的对外扩张，很大程度上在于对于青铜器制作技术（包括形制、纹饰）等的独占和深层意义的诠释，也决定了商王朝不会轻易地将这些技术传给"外族"。从这个层面上说，在早商王朝的周边地区发现的青铜器是零星的，不具有技术和意识内涵的，单纯的审美和稀有方面的拥有，是商王朝的赐予或者是流传也或者是战争的遗留。

而随着商王朝势力的减弱，晚商时期情况却发生了较大的变化，以前零星出土青铜器的地点，比如吴城文化区域、鄂东南长江沿岸和江淮西部地区，却集中出现了大量的青铜器。吴城区域此时出土的青铜器说明商王朝对于吴城文化的控制方式发生了变化，只有借助于象征着王权的青铜器才能重新恢复对当地土著文化的控制，当然这种大量青铜器的出土是否已经在技术层面或者意识形态方面传入了当地人之中，仍然不能做出肯定的回答，但可以肯定的是，吴城文化范围内发现的大量石质青铜工具和兵器铸范，说明至少在一定程度上已经使用了中原王朝的铸造技术。对于青铜礼器来说，则可能是商王朝派出了王室的工匠，帮助当地人制作的（因为我们至今尚未见到制作它们的铸范），在制作的过程中也融入了当地文化的因素，以起到安抚和控制的最

---

① 《史记·殷本纪》。
② 陈洪波：《商王权政治基础的人类学观察——另一视角下的商代青铜器》，《东南文化》2006 年第 6 期。
③ 向桃初：《炭河里城址的发现与宁乡铜器群再研究》，《文物》2006 年第 8 期。

大作用和利益。

而对于江淮地区,虽然自早商时期这里就已经成为商文化的地方类型,纳入商文化直接统治的范围之内,但很明显,早商时期这里并不是商王朝重点经略的地区,这里发现的早商铜器少且零星,且主要分布在滁河上游较小的区域内。这同吴城文化范围内的情况较为一致。伴随着商王朝控制夷人的步伐,商王朝在江淮地区的经略范围大大扩展,包含有中商时期青铜器的墓葬分布到了淮河下游一带。但是晚商时期,大量青铜器则主要分布在江淮西部地区,以及通过江淮西部而进入淮河支流涢河、颍河和汝河流域一带,这些青铜器上大多还带有族徽,说明这一带可能是晚商时期重点经略的地区。

商代晚期大量青铜器在吴城文化区域和江淮西部以及鄂东南长江以南地区的出现,表明商王朝在势力衰弱的情况下利用青铜器以达到最大程度笼络地方势力的目的,与后三者的合作稳定与否对于晚商时期商王朝的统治意义重大。

2. 对铜矿的占有和因铜矿运输之便而开辟新的交通路线

从文献记载来看,我国的古铜矿主要集中在江淮流域,《管子》:"蚩尤受庐山之金而作五兵"。《尚书·禹贡》云:荆扬二州,"厥贡惟金三品"。王肃注:"金、银、铜也。"《周礼·考工记》云:"燕之角,荆之干,妢胡之箭,吴粤之金锡,此材之美者也。"新中国的田野考古工作也印证了这一史实。考古工作者陆续在湖北大冶①、阳新②以及安徽南部③、江西瑞昌④等地发现了商周时期的古铜矿遗址,也探明有丰富的锡矿资源⑤。

盘龙城修筑于商代早中期之际,殷人在地处长江中游的鄂东南地区较早地修筑据点,主要的原因就是获取这里的铜矿资源。另外,相对于长江上下游而言,这里距商王朝最近,交通较方便,又有夏王朝的开拓,因此成了商王朝势力扩张的首选之地。殷人在长江中游建立的旨在掠取铜锡的据点——盘龙城是商王朝伸向长江流域的桥头堡,也是铜锡运输线上的中转站。通过盘龙城的开拓,以及盘龙城类型势力范围的确定,商王朝势力逐渐向长江以南和长江中下游地区扩展,构成了一个以铜矿资源和运输路线为主要媒介的商文化分布和影响区。

但是,江淮流域的铜矿资源在整个先秦时代一直掌握在土著的古越人之手⑥,当古

---

① 黄石市博物馆:《铜绿山古矿冶遗址》,文物出版社,1999 年。
② 港下古铜矿遗址发掘小组:《湖北阳新古矿井遗址发掘报告》,《考古》1988 年第 1 期。
③ 杨立新:《皖南古代铜矿初步考察与研究》,《文物研究》总第 3 期,黄山书社,1988 年。
④ 江西省文物考古研究所、瑞昌博物馆:《铜岭古铜矿遗址发现与研究》,江西科学技术出版社,1997 年。
⑤ 廖苏平:《试论中国青铜时代锡矿的来源》,《南方文物》2002 年第 2 期。
⑥ 彭适凡、刘诗中:《关于瑞昌商周铜矿遗存与古扬越人》,《江西文物》1990 年第 8 期。江西省文物考古研究所、江西省新干县博物馆:《江西新干大洋洲商墓发掘简报》,《文物》1991 年第 10 期。

越人势力较弱，对铜的认识力低下的时候，对商王朝的开采并没有什么大的阻碍，商王朝也可以比较顺利地进行势力扩张和对土著文化（如吴城文化）进行控制。但是当在商代中晚期，随着商王朝自身势力的减弱，古越族文明化进程加剧，一个较统一的势力范围逐渐形成（大路铺遗存）以后，它们对商王朝的依附力就会大大减弱，成为威胁商王朝矿冶安全的重要力量。殷人曾经控制过的铜矿很有可能为当地势力集团所觊觎，或者甚至商王朝对这些铜矿一度失去控制①，这样武丁"挞彼殷武、奋发荆楚"（《诗经·商颂·殷武》）也就具有了现实意义。但终究，此时盘龙城城址已经废弃，盘龙城类型也已名存实亡，地方上的大路铺遗存势力又迅速发展，单纯依靠王朝力量已无法满足对当地的长期统治，正是在这种情况下，商王不得不把分布在此地的土著势力，即大路铺遗存纳入到中原王朝的联盟之下，这里逐渐发展成为商晚期最重要的方国之一（鄂国）。而对更南的赣鄱地区，则通过大量赐予或扶持其铸造青铜器来作为最大程度安抚的手段。

有学者论述，商代早中期商人南下掠铜的主要路线是翻越桐柏山与大别山的隘口，即所谓的"义阳三关"到达长江之畔，然后顺江而下经过现今的鄂州、大冶等地（均有水路可通），从鄱阳湖口进入赣江，从而到达今天的江西境内的②。笔者认为此说不无道理。首先此线路距商王都最近，除大别山系外地势均较平坦，且有多道河流可资利用，长江支流的滠水就在盘龙城附近，发源于湖北大悟县的竹杆河就位于滠水上游6千米处，后经河南省的罗山县流入淮河；其次在此线附近，有多处的早中商时期的遗址分布，在盘龙城以北的大悟、黄陂、孝感、应山等地就有30多处商代遗址，其中仅黄陂境内的滠水流域就有数处商代早、中期遗址。河南罗山天湖发现的商代息国贵族墓地也是处于这条路线上的重要地点③。而经汉水和南阳盆地进入中原的西线因为路线过长，又大多处于蛮荒之地，且附近商代遗址大多阙如，因此不太可能作为红铜北运的主要通道。

但是，随着盘龙城类型的逐渐没落和盘龙城城址的废弃以及地方土著文化的兴起，商代晚期商王朝已不能顺畅地通过这条路线。另外，铜绿山、港下、铜岭等江南古铜矿遗址都位于盘龙城的下游地区，在这些地方开采出来的铜矿石或冶炼出来的金属铜必须逆水而上才能运到盘龙城，通过滠水等运到大别山的南麓，经陆路翻越"义阳三关"等隘口，再通过淮河的支流才能运到中原地区。水路—陆路—水路，困难可想而知。而通过长江中下游进行运输，不仅是顺流而下，而且有水路可达中原地区，当是

---

① 金正耀、W. T. Chase、平尾良光等：《江西新干大洋洲商墓青铜器的铅同位素比值研究》，《考古》1994年第8期。

② 后德俊：《商王朝势力的南下与江南古铜矿》，《南方文物》1996年第1期。

③ 河南信阳文管会、河南省罗山县文化馆：《罗山天湖商周墓地》，《考古学报》1986年第2期。

商代晚期所着重开辟的新的运铜路线。这条路线的存在大致有四点可以证明：

（1）二里头文化时期盘龙城遗存就与江淮西部地区联系密切，而夏桀可能就利用了先人开辟的这条路线。商代盘龙城类型和吴城文化与大城墩类型有相似的文化因素存在。中原地区商文化可能从长江中游的赣江、鄱阳湖地区越过长江，然后扩散到长江下游的宁镇及其他地区[1]。"在吴地偏西的皖南铜陵和郎溪两地，我们已经发现了典型的中原早商式铜器，这似乎说明，早商文化向长江流域的扩展首先是从长江中游突破，然后到达皖南地区的。"[2] 说明自夏代开始，经长江由中游到江淮西部的路线就是相通的。

（2）李国梁先生认为以湖北黄陂盘龙城为中心的鄂豫皖区[3]（大略北以桐柏、大别二山为界，西至汉水东岸，南达长江，东部可能达到皖南丘陵西缘的巢湖、铜陵一带）商代青铜文化的内涵基本一致，属于一个统一的大的青铜文化区，青铜器器物组合、形制、纹饰风格，均强烈地显示出与中原商文化相同的面貌，基本上属于中原文化系统。

（3）正如考古材料中所见，商代晚期在这条路线附近有较多的青铜器发现。另外，从湖口下石钟山和彭泽团山遗址表现出的与吴城文化的一致性和鄂东南大路铺遗存文化因素在江淮西部地区的出现都可以看出，大致在晚商一期之后吴城文化和大路铺遗存都曾明显地沿长江东向发展。同时也表明这里必定是商王朝重点经略的地区之一。另外，则是在淮河以北与中原联系的重要的淮河支流沿线，也发现了大量商代晚期的青铜器，使得这条路线有了通往中原腹地的可行性。

（4）由太伯、仲雍奔吴的路线也可证明在商代晚期长江中游到下游的长江水道是通畅的。

那么，商代晚期经江淮地区的这条路线大致是怎样的呢？

"金道锡行"是春秋时期《曾伯霏簠》铭文中的一个词语，"克狄淮夷，印燮繁汤。金道锡行，具既卑方。"郭沫若先生释云："金道锡行者，言以金锡入贡或交易之路。"[4] 而在这条运输贵重物资的道路上，有着一个重要的据点，即铭文中提到的繁汤（今河南新蔡的繁阳），它是连接南北的主要通道[5]。从东周的《晋姜鼎》及《戎生编钟》的铭文记载来看，繁汤很可能是东周时期长江流域所产铜锭的集散地[6]。繁汤的位

① 水涛：《试论商末周初宁镇地区长江两岸文化发展的异同》，高崇文、安田喜宪主编《长江流域青铜文化研究》，科学出版社，2002 年。
② 水涛：《中国南方商周青铜器研究的新阶段——评〈皖南出土商周青铜器〉》，《文物》2007 年第 8 期。
③ 李国梁：《皖南出土的青铜器》，《文物研究》第 4 辑，1988 年。
④ 《郭沫若全集》（考古编）第 8 卷，科学出版社，2002 年，398 页。
⑤ 陈公柔：《〈曾伯霏簠〉铭中的"金道锡行"及相关问题》，《中国考古学论丛》，科学出版社，1993 年。
⑥ 李学勤：《戎生编钟论释》，《文物》1999 年第 9 期。

置就在汝河的沿岸，汝河上与黄河相接，下通淮河，河流在战时常成为入侵之路，而和平状态下则又是重要物资的运输通道的作用不言而喻。商王朝正是通过经过繁阳这条路线来运输江南铜矿区出产的铜矿石和金属铜的①。

江淮大地延袤广漠，主干支流纵横交错，湖泊塘汊星罗棋布。《史记·河渠书》云："于楚……东方则鸿沟江淮之间。"这同《汉书》所称之"东方则通江淮之间"是同一层意思，指的是那个南通长江、北连淮河的江淮水系。在这个水系里，淝水、施水是两条最主要的自然河道，通过它，往南可接巢湖，经栅水（今裕溪河）直达长江，向北经寿县而入淮河，同时跨淮后又与汝、颍、涡、夏肥诸水相连，组成更广宽的水网，甚至同黄河水系也有一定的历史关系②。然而，长江中游的南铜北运，不一定要到现在的巢湖以东，实际上古时巢湖附近还有一个称之为窦湖③的大沼泽，使得巢湖与长江相连，无所谓江湖之隔④，沿长江在巢湖西岸枞阳一带进入巢湖，自然也就可顺利地抵达淮河，况且，在枞阳发现的晚商时期的青铜器也可以证明这种方式的可能性。

江淮地区枞阳县，相传先秦时期中原通越，就从枞阳过江，沿河经陵阳，越黄山，由皖南歙县东出钱塘而抵会稽山，这是江淮通越的捷径⑤。

因此，我们认为，商代晚期自长江中游沿江而下至枞阳北上淮河，顺汝、颍等淮河支流经繁阳而抵达中原都城，可能是一条除翻越"义阳三关"之外的另一条较方便的道路⑥。从图中可以看出，两条道路在繁汤一地汇合（图五）。

三

可见，经过夏王朝的经略，商人势力比较顺利地进入鄂东南地区，并在稍后向南和东方扩展，将此地的铜矿资源作为其经略的重要目的。而赣鄱地区，在夏王朝时期还处于新石器时代末期阶段，随着夏王朝和苗蛮以及商王朝势力的介入，它们迅速完成了从新石器时代向青铜时代的过渡，并可能建立了与商王朝对抗的势力集团（万年文化）。对于江淮之间地区，商人通过沿淮河支流的北线和沿长江水道的西线自然接收了夏人原在此地的势力范围。但在商王朝中晚期，随着王朝势力的衰弱，地方势力逐

---

① 后德俊：《商王朝势力的南下与江南古铜矿》，《南方文物》1996 年第 1 期。
② 金家年：《江淮水道疏证》，《安徽史学》1984 年第 3 期。马骐、高韵柏、周克来：《将军岭古"江淮运河"的考察及发现》，《长江水利史论文集》，河海大学出版社，1990 年版。
③ 《水经注》卷二十九，沔水下。
④ 金家年：《巢湖史迹钩沉》，《安徽大学学报》1981 年第 3 期。程裕钧：《评〈禹贡〉"九江"地望说异》，《中国历史地理论丛》2004 年第 2 期。这点也是巢湖南岸遗址稀少的原因。
⑤ 张国茂：《安徽铜陵地区先秦青铜文化简论》，《东南文化》1991 年第 2 期。
⑥ 张爱冰先生也有过相同的观点。见张爱冰《皖南商周青铜容器初步研究》，安徽大学 2008 年博士学位论文。

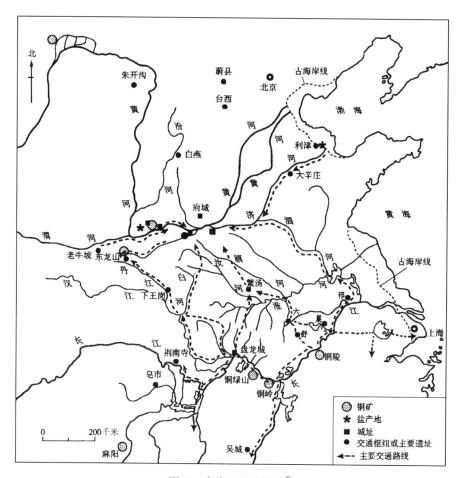

图五　商代运铜路线图①

渐发展壮大，鄂东南地区的大路铺遗存（鄂国）和赣鄱地区的万年文化都成了王朝获取铜矿资源的重大威胁。商王朝不得不通过改变统治方式和改变运输路线的策略以便继续获取铜矿资源。同时，因为利用淮河支流以运送铜矿资源的东线的开辟，使得商王朝与东夷势力产生了冲突，最终在与夷人的争夺和内外交困中覆亡。

---

① 本图据刘莉、陈星灿：《中国早期国家的形成——从二里头和二里岗时期的中心和边缘之间的关系谈起》（北京大学中国考古学研究中心、北京大学古代文明研究中心编《古代文明》第Ⅰ卷，文物出版社，2002年）图九改制。

试论中国东部沿海半月形文化传播带

吴 桐

（北京大学考古文博学院）

　　1986 年童恩正提出在我国东北至西南的高地上存在一个半月形文化传播带，从新石器晚期开始逐渐成为畜牧或半农半牧民族，即戎、狄的栖息地①。而在中国东部沿海，同样存在一个半月形的文化传播带，主要分布着夷、越文化②，范围也更加广阔，北界可跨东北抵日本海，南界可越两广至东南亚，邻近地区如安徽、江西亦可纳入其中，部分文化因素甚至共见于环太平洋地区③。早在 1963 年张光直即对此有所述及，以"有镂孔的高低不一圈足的豆与三足的鼎形烹饪器"串联起中国东海岸与长江流域④。此后石兴邦等学者亦有讨论，认为我国东部沿海和华南地区有明显共性，具体包括发达的三足器、扁平穿孔石斧、有段石锛、有肩石斧、鸟形纹饰和塑形、拔牙习俗等，共同构成了"青莲岗文化系统"⑤，即"面向海洋的东南部地区"⑥。但遗憾的是，至今尚未见对于这一文化传播带的系统论述。随着近年来东部沿海地区考古材料的涌现，这一文化传播带的存在及其重要性愈发明显，故本文尝试以先秦时期文化因素为主进行排比，对其存在与规律略作讨论。

---

① 童恩正：《试论我国从东北至西南的边地半月形文化传播带》，《文物与考古论集》，文物出版社，1986年，17～43 页。
② 李零：《两次大一统》，《茫茫禹迹中国的两次大一统》，生活·读书·新知三联书店，2016 年，7～75 页。
③ 张光直：《中国古代文明的环太平洋的底层》，《中国考古学论文集》，生活·读书·新知三联书店，2013年，353～365 页。
④ Kwang – chih Chang, 1963, The Spread of Agriculture and Neolithic Technology, *The Archaeology of Ancient China*, Yale University Press. 译文即《中国相互作用圈与文明的形成》，《中国考古学论文集》，生活·读书·新知三联书店，2013 年，148～186 页。
⑤ 石兴邦：《中国新石器时代文化体系问题》，《南京博物院集刊 (2)》，南京博物院，1980 年，7～24 页。谷建祥、贺云翱：《中国新石器时代海洋文化体系中不同文化圈之形成与交融》，《东南文化》1990 年第 5期，96～107 页。
⑥ 苏秉琦：《略谈我国东南沿海地区的新石器时代考古》，《文物集刊 (1)》，文物出版社，1980 年，28～30 页。

与文化带不同，文化传播带着重于具体文化因素的分布与传播，而非趋同①。其中传播方向较分布更为重要。以钲为例。此类器源起中原，后向东、向南传播，转而向西发展，在东部沿海的山东、安徽、江苏、浙江（原始瓷质）、广东均有发现，尤多见于长江中游②。仅以其分布而论，钲或可作为证明沿海文化传播带存在的一个例证，但类型学的排比结果表明，广东所见钲皆长体、近舞部有双侧纽，与沿海其他地区多见的短体、单侧纽作风差异明显，而与两湖颇似③，其传播方向应为海岱南下至于江浙，溯江而上抵两湖，再越南岭到达广东，与沿海相关的地域实在狭小，不足为据。有鉴于此，本文对各文化因素的分析以传播方向的判别为主，因此也更加重视各因素在各地最早出现的时间，而非延续。又因大量因素虽同样表现出明显的相似或相关关系，而分布范围略小甚至部分仅有个别发现，又或者时代间隔较长无明显的文化传播关系，但其丰富程度亦可证明这一联系的存在，故亦对其作简要说明。

一　陶制生活用器与纹饰

（一）鼎

中国新石器时代的主体可划分为三个系统，其中以长江下游为主体、至少包含山东沿海地区在内的东南文化系统因鼎的长期流行也被称为"鼎文化系统"，以区别于华北的"鬲文化系统"与东北的"罐文化系统"④。而从粤北石峡、闽侯县石山、闽西长汀⑤甚至平南石脚山⑥等地都有鼎出土的情况来看，这一系统虽未必将华南地区完全包括在内，但至少在东部沿海的广大地区皆有鼎分布应属无疑。

陶鼎⑦最早见于舞阳贾湖第四段⑧，即裴李岗文化早期末段，时在公元前6200年。公元前5500～前5000年，受裴李岗文化晚期影响，鼎传播至淮河中游⑨，新石器晚期早段始见于东部沿海。受双墩文化影响，公元前5000年前后，北辛文化开始出现锥足

①　杨建华：《春秋战国时期中国北方文化带的形成》，文物出版社，2004年。
②　高至喜：《两周铜钲研究》，《考古学报》2006年第7期，313～332页。
③　李纯一：《中国上古出土乐器综论》，文物出版社，1996年，311～320页。
④　严文明：《中国古代文化三系统说（提要）——兼论赤峰地区在中国古代文化发展中的地位》，《中国北方古代文化国际学术研讨会论文集》，中国文史出版社，1995年，17～18页。
⑤　庄锦清：《福建地区几何印纹陶分期初探》，《文物集刊（3）》，文物出版社，1981年，164～176页。
⑥　广西壮族自治区文物工作队：《广西平南县石脚山遗址发掘简报》，《考古》2003年第1期，15～21页。
⑦　韩建业：《简论中国新石器时代陶鼎的发展演变》，《考古》2015年第1期，69～79页。
⑧　河南省文物考古研究所：《舞阳贾湖》，科学出版社，1999年。
⑨　安徽省文物考古研究所、蚌埠市博物馆：《蚌埠双墩——新石器时代遗址发掘报告》，科学出版社，2008年。

釜形鼎①，北辛文化后期釜形鼎数量大增。受其影响，马家浜文化偏晚阶段，即公元前4500~前4200年，亦出现锥足或柱足鼎，但鼎身仍保持当地特色，呈扁圆腹罐形，部分还带有扁环状单耳②。此后这一因素继续南下至于河姆渡文化，其晚期亦发现锥足鼎③。

公元前4200年以来，鼎的分布范围长期以黄河下游及长江下游为主体，公元前3500年之后，才见有明显扩大，向北、向南分别至于辽东半岛及华南北部。辽东半岛最早的陶鼎见于小珠山中层④、郭家村下层⑤等地，作圜底、圆锥足，与当地同时期流行的平底风格差异明显，而与大汶口遗址圜底罐形鼎、釜形鼎⑥颇为相似，腹部施一周附加堆纹的作风及与之共存的鸟头形纽、三角纹、双勾涡纹红地黑彩纹饰亦见于蓬莱紫荆山下层⑦，显然是受大汶口文化影响的产物。

与此同时，受长江下游的强劲影响，华南北部地区也逐渐被纳入鼎文化系统。由北阴阳营发展而来的薛家岗文化⑧在继续流行圆腹及折腹罐形鼎的同时，出现如盆形鼎、壶形鼎、子口罐形鼎⑨等新的器形。后续出现的樊城堆文化⑩与石峡文化⑪中，分布最南者可至粤北，二者关系密切，皆仍见有圆腹罐形鼎与壶形鼎，且以子口盘形鼎最为流行，表现出与赣北薛家岗文化间明显的传承关系。较之稍早的牛鼻山文化早期阶段，同样受到薛家岗文化郑家坳类型的强烈影响，所见罐形鼎与前者颇为相似，少量的倒圭形足盘形鼎亦与薛家岗文化同类器相近⑫。

龙山时代，鼎的分布南界继续下移，已拓展至华南大部分地区。牛鼻山文化晚期

① 中国社会科学院考古研究所山东队、山东省滕县博物馆：《山东滕县北辛遗址发掘报告》，《考古学报》1984年第2期，159~191页。

② 浙江省文物考古研究所：《余杭吴家埠新石器时代遗址》，《浙江省文物考古研究所学刊——建所十周年纪念（1980~1990）》，科学出版社，1993年，55~84页。南京博物院、无锡市博物馆、锡山区文物管理委员会：《江苏无锡锡山彭祖墩遗址发掘报告》，《考古学报》，2006年第4期，473~508页。

③ 浙江省文物考古研究所：《河姆渡——新石器时代遗址考古发掘报告》，文物出版社，2003年。

④ 辽宁省博物馆、旅顺博物馆、长海县文化馆：《长海县广鹿岛大长山岛贝丘遗址》，《考古学报》1981年第1期，63~110页。

⑤ 辽宁省博物馆、旅顺博物馆：《大连市郭家村新石器时代遗址》，《考古学报》1984年第3期，287~329页。

⑥ 山东省文物管理处、济南市博物馆：《大汶口——新石器时代墓葬发掘报告》，文物出版社，1974年。

⑦ 山东省博物馆：《山东蓬莱紫荆山遗址试掘简报》，《考古》1973年第1期，11~15页。

⑧ 安徽省文物考古研究所：《潜山薛家岗》，文物出版社，2004年。

⑨ 江西省文物考古研究所、宜春地区文物博物事业管理所、靖安县博物馆：《靖安郑家坳墓地第二次发掘》，《考古与文物》1994年第2期，12~26页。

⑩ 江西省博物馆、清江县博物馆、厦门大学历史系考古专业：《江西清江筑卫城遗址第二次发掘》，《考古》1982年第2期，130~137页。江西省文物工作队、清江县博物馆、中山大学人类学系考古专业：《清江樊城堆遗址发掘简报》，《江西历史文物》1985年第2期，2~17页。

⑪ 广东省博物馆、曲江县文化局石峡发掘小组：《广东曲江石峡墓葬发掘简报》，《文物》1978年第7期，1~15页。

⑫ 黄运明、和奇：《牛鼻山文化再认识——兼论闽浙赣交界地带新石器时代晚期考古学文化的交流》，《中国考古学会第十四次年会论文集（2011）》，文物出版社，2012年，181~207页。

阶段，斗米山下层见有明显的"丁"字形鼎足，可作为良渚文化南下、经由好川文化影响至闽浙赣交界的确证①；后者所见折腹釜形鼎亦借助此时牛鼻山与闽江下游之间的密切交流，将影响扩散至昙石山文化②，年代应不晚于公元前 2500 年。与此同时或稍晚，石峡文化的影响范围也继续扩大，南界至广东中部，以坡地遗址为代表，出现较多有按窝的锥足鼎与瓦足鼎③；东界可至闽西长汀等地，以子口盘形鼎最为常见④；西界甚至可到达广西偏东部地区，所见锥足鼎、豆等皆为明确的石峡文化因素⑤。

夏商周时期，鼎的重要性愈发凸显，大量铜鼎涌现，逐渐形成完善的用鼎制度，但其在东部沿海地区的分布范围较新石器时代末期并未再有明显突破（图一）。

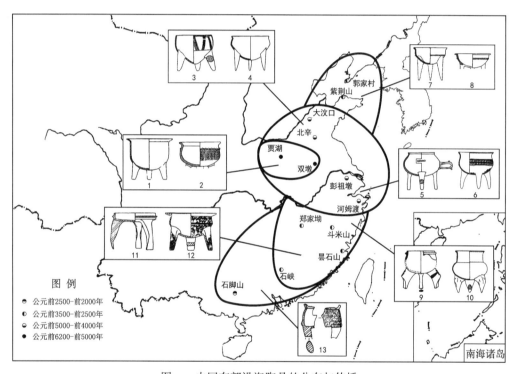

图一　中国东部沿海陶鼎的分布与传播

1. 贾湖 H102：3　2. 双墩 92T0623：16　3. 北辛 H706：7　4. 大汶口 H24：6　5. 彭祖墩 M6：1　6. 河姆渡 H17：1　7. 紫荆山下层　8. 郭家村 IIT5⑥：23　9. 郑家坳 EIM7：1　10. 斗米山 M21：1　11. 石峡 M11：6　12. 昙石山 M130：4　13. 石脚山 74 采：11（改绘自韩建业《简论中国新时期时代陶鼎的发展演变》图六，《考古》2015 年第 1 期，77 页）

① 黄运明、和奇：《牛鼻山文化再认识——兼论闽浙赣交界地带新石器时代晚期考古学文化的交流》，《中国考古学会第十四次年会论文集（2011）》，文物出版社，2012 年，181～207 页。
② 吴绵吉：《昙石山遗址的分期和年代》，《文物集刊（3）》，文物出版社，1981 年，187～193 页。
③ 韩建业：《早期中国：中国文化圈的形成和发展》，上海古籍出版社，2015 年，184 页。
④ 庄锦清：《福建地区几何印纹陶分期初探》，《文物集刊（3）》，文物出版社，1981 年，164～176 页。
⑤ 广西壮族自治区文物工作队：《广西平南县石脚山遗址发掘简报》，《考古》2003 年第 1 期，15～21 页。

（二）鬶、盉

鬶、盉是东部沿海除鼎外又一常见的三足器类，最早出现于长江下游的河姆渡与马家浜文化，见于草鞋山等遗址，后经宁镇、江北影响至大汶口[①]，多作实足并长期流行于东南一带。典型三袋足、敞口、上翘流的器形始见于大汶口文化中期[②]，后迅速扩散，向北至于辽东半岛小珠山中层文化的郭家村、吴家村等地[③]，向南影响至良渚文化并出现"卷叶流"等地方特征，稍后由此传播至闽北及赣江流域，粤北石峡所见应同样是受良渚及樊城堆文化影响的结果（图二）。

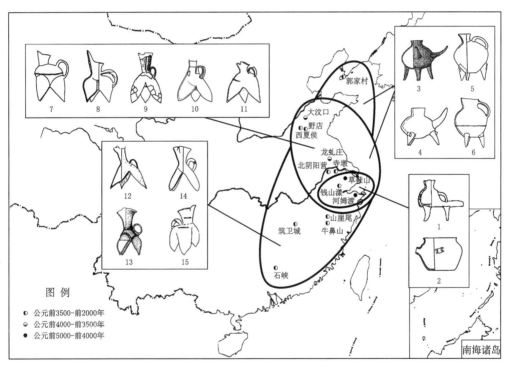

图二　中国东部沿海鬶（盉）的分布与扩散

1 草鞋山 M162：1　2. 河姆渡 T243④A：253　3. 龙虬庄 T1827⑦：25　4. 大汶口 M1001：4　5. 野店 M50：7
6. 郭家村 IIT1H8：19　7. 野店 M66：2　8. 西夏侯 M10：20　9. 北阴阳营 H2：2　10. 钱山漾 T1001⑧：41
11. 寺墩 T8：1　12. 山崖尾 T2H1：1　13. 牛鼻山 M19：1　14. 筑卫城 T2②：2　15. 石峡 M45：25

---

① 郑欣获：《先秦时期流鋬器研究》，北京大学硕士学位论文，2016 年。

② 高广仁、邵望平：《史前陶鬶初论》，《考古学报》1981 年第 4 期，427~459 页。

③ 辽宁省博物馆文物工作队：《概述辽宁省考古新收获》，《文物考古工作三十年（1949~1979）》，文物出版社，1981 年，84~99 页。

（三）豆、盘类圈足器

豆、盘类圈足器最早见于杭州湾南岸的浦江上山①、嵊州小黄山②等地，数量较多，仅次于平底器，在长江下游形成了明显有别于华北、东北地区釜、罐类文化的"平底盆—圈足盘—双耳罐系统"③。与之基本同时的吉林双塔一期④也见有陶豆出土，数量虽少但形制多样，实心细柄及圈足套接豆盘处外侧起棱的作风不见于长江下游，两者关系难以确定。考虑到双塔与东胡林各发现有一例类似华南风格的屈肢葬⑤，且稍晚的后套木嘎二期未见有豆或其他圈足器类⑥，故无法完全排除两地间存在联系的可能，至少也应将长江下游视为圈足器类起源与传播的最重要的地区。

跨湖桥文化继承了上山文化豆、盘类圈足器的传统，在以素面为主的同时，也出现一定数量的镂孔与刻划作风⑦。与跨湖桥一期基本同时或略早的顺山集二期已有豆类零星出土，作夹砂陶质，圆唇、敞口、斜弧腹、矮圈足外撇⑧，与跨湖桥相比具有更多原始特征而与上山文化颇为接近，表明最晚在公元前6000年前，圈足器的影响已经扩散至江北地区。至于顺山集三期大量圈足器及镂孔作风的出现，则明显是受跨湖桥文化影响的结果。

马家浜文化时期，即公元前5100~前3900年间⑨，豆、盘类圈足器在东部沿海地区的分布范围迅速扩大。海岱地区最早的陶豆可以北辛文化大伊山遗址所见为代表，侈口、深腹、外有宽沿、喇叭形大圈足⑩，形制近于圩墩同类器，腰沿作风亦多见于后者腰沿釜，应是马家浜文化北上影响的产物。这一时期，东南沿海也开始出现圈足器类，最早见于壳丘头文化，圈足盘作敞口浅腹矮圈足，盘身及圈足均有圆形镂空，豆多残破，豆盘见有双唇、缘面锥刺圆点纹者⑪，皆属跨湖桥文化特色，其中双唇豆盘多

① 浙江省文物考古研究所、浦江博物馆：《浙江浦江县上山遗址发掘简报》，《考古》2007年第9期，7~18页。
② 张恒、王海明、杨卫：《浙江嵊州小黄山遗址发现新石器时代早期遗存》，《中国文物报》2005年9月30日第1版。
③ 韩建业：《早期中国：中国文化圈的形成和发展》，上海古籍出版社，2015年，22页。
④ 吉林大学边疆考古研究中心、吉林省文物考古研究所：《吉林白城双塔遗址新石器时代遗存》，《考古学报》2013年第4期，501~538页。
⑤ 韩建业：《早期中国：中国文化圈的形成和发展》，上海古籍出版社，2015年，25页。
⑥ 丁凤雅：《中国北方地区公元前5000年以前新石器文化的时空框架与谱系格局研究》，吉林大学博士学位论文，2017年。
⑦ 浙江省文物考古研究所、萧山博物馆：《跨湖桥》，文物出版社，2004年，123~142页。
⑧ 南京博物院、泗洪县博物馆：《顺山集：泗洪县新石器时代遗址考古发掘报告》，科学出版社，2016年。
⑨ 王永磊：《环太湖地区马家浜时期文化研究》，山东大学硕士学位论文，2013年，47页。
⑩ 连云港市博物馆：《江苏灌云大伊山新石器时代遗址第一次发掘报告》，《东南文化》1998年第2期，37~46页。
⑪ 福建省博物馆：《福建平潭壳丘头遗址试掘简报》，《考古》1991年第7期，587~599页。

见于跨湖桥二期。最新测年结果表明，壳丘头遗址年代当不早于公元前 4500 年①，与跨湖桥文化相去较远，故此类器的传播方式、途径尚有讨论余地。但与双唇豆盘共出于遗址第五层的豆柄 T404⑤：1 甚为粗矮，上部略圆鼓出，底稍外撇，与河姆渡二期同类器几乎完全，仅下部内束不甚明显，后者绝对年代在公元前 4300～前 4000 年②，与壳丘头年代相当，故仍应认为东南沿海圈足器的出现是长江下游地区影响的结果。与此同时，岭南地区咸头岭文化也出现豆、盘类圈足器，多为白陶且流行戳印纹，当是由长江中游高庙文化、汤家岗文化传播而来，白陶圈足杯也是受白陶盘影响的产物③，而与东部沿海没有直接关联。

公元前 3900 年以后，豆、盘类圈足器进一步向南北两个方向传播，并在公元前 3000 年后基本扩散至整个东部沿海。海岱地区北辛文化在龙虬庄北上的影响下发展成为大汶口文化，于第一期 2 组开始出现高柄豆与矮柄豆④，后迅速扩散。约在大汶口文化中期，其影响已到达辽东半岛⑤，郭家村下层豆作大口浅腹，粗柄有竹节纹⑥，与三里河 M108：18⑦ 甚为相似。东南沿海地区稍晚于壳丘头文化的台湾大坌坑遗址也有豆、盘类圈足器出土，应是前者传播影响的产物⑧，至于富国墩、金龟山是否为其中转则因资料所限暂未可知。此后，陶豆逐渐流行于昙石山下层及溪头下层红陶阶段，并向南扩散到晋江流域，最南可至诏安腊洲山遗址⑨，已至闽粤交界。此后圈足器虽广泛流行于闽江、晋江及九龙江流域，但皆不出此范围。石峡一期见有较多圈足盘、豆、杯，部分为白陶质，多与咸头岭文化相似而未见东部沿海圈足器的特征，应视为"岭南内部间文化交流的产物"⑩。石峡二期时随着大量樊城堆及良渚因素的南下，岭南地区圈足器始见东部沿海的文化特征，如有大量凸棱圈足豆涌现，并随着石峡文化影响的扩大而逐渐在岭南地区扩散开来（图三）。

---

① 福建博物院：《2004 年平潭壳丘头遗址发掘报告》，《福建文博》2009 年第 1 期，1～15 页。
② 浙江省文物考古研究所：《河姆渡——新石器时代遗址考古发掘报告》（上册），文物出版社，2003 年。
③ 深圳市文物考古鉴定所：《深圳咸头岭：2006 年发掘报告》，文物出版社，2013 年。
④ 韩建业：《龙邱庄文化的北上与大汶口文化的形成》，《江汉考古》2011 年第 1 期，59～64 页。
⑤ 杜战伟：《中国东北南部地区新石器文化的时空框架与谱系格局研究》，吉林大学博士学位论文，2014 年。
⑥ 辽宁省博物馆、旅顺博物馆：《大连市郭家村新石器时代遗址》，《考古学报》1984 年第 3 期，287～329 页。
⑦ 中国社会科学院考古研究所：《胶县三里河》，文物出版社，1988 年。
⑧ 韩建业：《早期中国：中国文化圈的形成和发展》，上海古籍出版社，2015 年，37 页。
⑨ 福建晋江流域考古调查队：《福建晋江流域考古调查与研究》，科学出版社，2010 年，302～304 页。福建省博物馆、厦门大学人类学系：《福建诏安考古调查简报》，《福建文博》1987 年第 1 期，3～10 页。
⑩ 何国俊：《从石峡考古看岭南早期古文化的土著性及多元文化的融合》，《中国社会经济史研究》2010 年第 2 期，89～93 页。

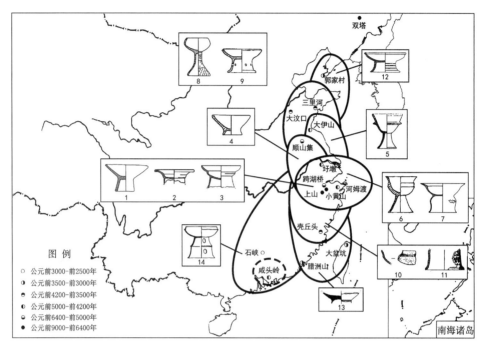

图三　中国东部沿海陶豆的分布与传播

1. 上山 H193：1　2. 跨湖桥 T0409 湖 III：3　3. 跨湖桥 T0411⑧A：50　4. 顺山集 TG7⑤：1　5. 大伊山 M22：5　6. 圩墩 T8501②：7　7. 河姆渡 T234③B：377　8. 大汶口 M2004：8　9. 三里河 M108：18　10. 壳丘头 T608⑤：2　11. 壳丘头 T404⑤：1　12. 郭家村 IT6③：11　13. 腊洲山　14. 石峡 M21：18

（四）八角星纹

先秦时期海岱至江浙一带曾广泛流行菱形纹饰①，但分布范围相对较小，东北亚虽盛行菱形坑纹②，但其表现、组合方式及内涵意味皆与前者相差颇大，不宜归为同一文化因素。相比之下，八角星纹在东部沿海分布更广，最早见于长江中游高庙及汤家岗文化，后传播至长江下游及黄河下游一带，并发育为核心区域，并由此向北、向南扩散，辽东小河沿③、闽东昙石山④、赣北郑家坳⑤等地皆有发现。各区域载体虽有所不

---

① 方向明：《史前东方沿海地区菱形图案初析》，《南方文物》1998 年第 3 期，46～51 页。
② 杨彦达：《三江流域及俄罗斯日本海沿岸新石器时代菱形纹研究》，黑龙江大学硕士学位论文，2018 年。
③ 辽宁省博物馆、昭乌达盟文物工作站、敖汉旗文化馆：《辽宁敖汉旗小河沿三种原始文化的发现》，《文物》1977 年第 12 期，1～12 页。巴林右旗博物馆：《内蒙古巴林右旗那斯台遗址调查》，《考古》1987 年第 6 期，507～518 页。
④ 江西省文物工作队靖安县博物馆：《江西靖安郑家坳新石器时代墓葬清理简报》，《东南文化》1989 年第 4、5 期合刊，1～13 页。
⑤ 福建博物院：《闽侯县昙石山遗址第八次发掘报告》，科学出版社，2004 年。福建省昙石山遗址博物馆：《2009 年昙石山遗址考古发掘简报》，《福建文博》2013 年第 2 期，25～31 页。

同，如长江下游多见于纺轮，黄河下游则多见于盆、罐等陶容器，但仍表现出较强的共性。比较特殊的是习见于辽西红山文化的八角形器，因其与小河沿文化八角形纹甚似，故仍以其为八角形纹的一种①（图四）。

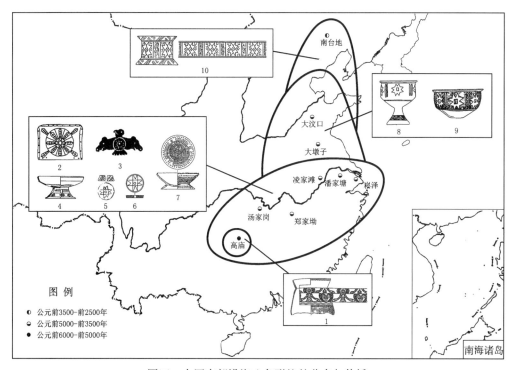

图四　中国东部沿海八角形纹的分布与传播

1. 高庙05T11 − 02（24）：13　2. 凌家滩87M4：30　3. 凌家滩98M29：6　4. 崧泽 T2：7　5. 郑家坳 M8：2　6. 潘家塘　7. 汤家岗 M1：1　8. 大汶口 M2005：49　9. 大墩子 M44：4　10. 南台地 F4：3（改绘自韩建业《早期中国：中国文化圈的形成和发展》图一四，上海古籍出版社，2015 年，51 页）

二　玉石饰、礼器与青铜乐器

（一）玉石玦

玉石玦②普遍流行于东亚及东南亚一带。目前考古所见最早的玦见于中国东北地

---

①　肖湾：《中国史前八角星纹的图像分析与阐释》，吉林大学硕士学位论文，2017 年。

②　杨建芳：《耳饰玦的起源、演变与分布：文化传播及地区化的一个实例》，《中国古玉研究论文集》（下），众志美术出版社，2001 年，139 ~ 167 页。

区，如阜新查海①、敖汉旗兴隆洼②等地所见，皆正中穿孔，做环形、镯形或管状，部分轮廓不甚规则，中孔有两面对穿痕迹，断面或呈椭圆形，其时约在公元前6000～前5000年，后以此为中心向南北扩散，直接影响的南界或在北福地③附近。天津牛道口④所见玉玦与查海略似而轮廓规整，断面椭圆，在相对进步的同时仍保留有明显的原始特征；同时有玉匕共出，与锡本包楞⑤、北福地所见形似且组合情况相同，年代相距应不甚远。此玦虽为采集所得，但玉石器集中出土，琢磨风格一致，应基本同时。与之共出的石斧，身近长方形，顶窄、刃宽、两面略鼓，两侧磨平各显出一对侧棱，顶部不甚规则且略薄，斜弧状刃甚为锋利，与敖汉旗小山遗址二号房址⑥所见几乎完全相同，后者约在公元前4715年，玉玦年代应与此相当，可能是受北福地影响的结果。类似的玦、匕组合也见于黑龙江小南山 M1⑦，随葬品中虽有明显的红山文化因素，但所出弯条形器、匕形器皆未见于红山文化而与兴隆洼文化同类器造型、制作风格基本相近，年代可能较早⑧，或在公元前5000年左右。同时期俄罗斯滨海地区也出现玦饰⑨，表现出由东北地区持续向北影响的趋势。

公元前5000年之后，长江下游逐渐成为玦分布的又一重要区域。河姆渡第四层⑩即已出现有断面椭圆的环形玦，形制与查海、兴隆洼所见颇为相似，珠、管、玦、单孔璜形坠的组合亦共见于两地。稍后的马家浜文化晚期阶段，玉玦在太湖地区密集分布⑪，

---

① 辽宁省文物考古研究所：《辽宁阜新县查海遗址 1987－1990 年三次发掘》，《文物》1994 年第 11 期，4～19 页。

② 中国社会科学院考古研究所内蒙古工作队：《内蒙古敖汉旗兴隆洼聚落遗址 1992 年发掘简报》，《考古》1997 年第 1 期，1～27 页。

③ 河北省文物考古研究所保定市文物管理处易县文物保管所：《河北易县北福地新石器时代遗址发掘简报》，《文物》2006 年第 9 期，4～20 页。

④ 天津市历史博物馆考古队、宝坻县文化馆：《天津宝坻县牛道口遗址调查发掘简报》，《考古》1991 年第 7 期，577～586 页。

⑤ 巴林右旗博物馆：《内蒙古巴林右旗锡本包楞出土玉器》，《考古》1996 年第 2 期，88 页。

⑥ 中国社会科学院考古研究所内蒙古工作队：《内蒙古敖汉旗小山遗址》，《考古》1987 年第 6 期，481～506 页。

⑦ 佳木斯市文物管理站、饶河县文物管理所：《黑龙江饶河县小南山新石器时代墓葬》，《考古》1996 年第 2 期，1～8 页。

⑧ 杨虎、刘国祥：《兴隆洼文化玉器初论》，《东亚玉器》第一册，中国考古艺术研究中心，1998 年，128～139 页。

⑨ 邓聪：《东亚玦饰起源的一些争论》，《红山文化研究 2004 年红山文化国际学术研讨会论文集》，文物出版社，2005 年，488～502 页。

⑩ 浙江省文物管理委员会、浙江省博物馆：《河姆渡遗址第一期发掘报告》，《考古学报》1978 年第 1 期，39～94 页。

⑪ 刘晓婧：《太湖地区出土的史前玉玦》，《文物世界》2015 年第 1 期，10～14 页。

如祁头山①、圩墩②所见"环状及管状玦饰，可视为兴隆洼文化玦饰的模型制品"③，流行于两地的线切割工艺亦暗示着东北对长江下游影响的可能④。虽然两地史前文化关系并不密切，位于中间联通地域的海岱地区玦的出现亦不早于大汶口文化⑤，但并不可遽然否认两地之间联系的可能。早在新石器时代早期，东北、华北与东南、华南地区可能已有交流，如上山文化和双塔一期文化都有豆类圈足器、东胡林与双塔个别屈肢葬或为华南因素、南庄头所见绳纹陶也可能与华南有一定关系⑥，且考虑到易县北福地、天津牛道口所见新石器时代中期以来东北地区玦向南扩散的趋势，长江下游玦的出现与发展或为其延续。

马家浜文化晚期以来，江浙地区用玦作风渐微，但仍有持续向更低纬度传播的趋势。邵武斗米山⑦、平潭壳丘头⑧、武平⑨、南安民安、大田后坑仑头⑩等地所出玦皆于长江下游见有同类器，如斗米山玦断面扁圆且肉较宽，与北阴阳营 M130：4⑪ 形制相近，后或南传至于武平；牛鼻山下层玦中孔两面对穿，同类器见于越城 M7⑫ 及郑家坳 M19⑬，考虑到牛鼻山早期受到郑家坳类型的强烈影响，此类玦的出现也应是后者向东传播的结果。公元前3000年之后，玦分布的南界逐渐扩展至粤北山区。最早见于曲江石峡二期墓葬的偏早阶段⑭，中孔亦多作两面对穿，部分截面近矩形者同样可见于郑家坳类型，应是后者向南影响的结果。此外，石峡多见偏心式玦，中孔偏近缺口整体近新月形，此类器可能起源于浙南地区⑮，良渚文化晚期尚见⑯。考虑到两者间密切的文

---

① 祁头山联合考古队：《江苏江阴祁头山遗址2000年度发掘简报》，《考古》2006年第12期，4～17页。

② 常州市博物馆：《1985年江苏常州圩墩遗址的发掘》，《考古学报》2001年第1期，73～110页。

③ 邓聪：《东亚玦饰起源的一些争论》，《红山文化研究2004年红山文化国际学术研讨会论文集》，文物出版社，2005年，488～502页。

④ 邓聪：《东亚玦饰四题》，《文物》2000年第2期，35～45页。

⑤ 陈星灿：《中国史前的玉（石）玦初探》，《东亚玉器》第一册，中国考古艺术研究中心，1998年，61～71页。

⑥ 韩建业：《早期中国：中国文化圈的形成和发展》，上海古籍出版社，2015年，27页。

⑦ 福建省博物馆：《邵武斗米山遗址发掘报告》，《福建文博》2001年第2期，1～49页。

⑧ 福建省博物馆：《福建平潭壳坵头遗址试掘简报》，《考古》1991年第7期，587～599页。

⑨ 福建省文物管理委员会：《福建武平新石器时代遗址调查报告》，《考古》1961年第4期，179～184页。

⑩ 福建省文物管理委员会：《闽南新石器时代遗址的调查》，《考古》1961年第5期，237～244页。

⑪ 南京博物院编：《北阴阳营：新石器时代及商周时期遗址发掘报告》，文物出版社，1993年。

⑫ 南京博物院：《江苏越城遗址的发掘》，《考古》1982年第5期，463～473页。

⑬ 江西省文物考古研究所、宜春地区文物博物事业管理所、靖安县博物馆：《靖安郑家坳墓地第二次发掘》，《考古与文物》1994年第2期，12～26页。

⑭ 广东省文物考古研究所、广东省博物馆、广东省韶关市曲江区博物馆：《石峡遗址——1973～1978年考古发掘报告》（上），文物出版社，2014年，289页。

⑮ 杨建芳：《从玉器考察南中国史前文化传播和影响》，《东南文化》2008年第4期，63～73页。

⑯ 浙江省文物考古研究所、桐乡市文物管理委员会：《浙江桐乡新地里遗址发掘简报》，《文物》2005年第11期，4～32页。

化联系，此类玦在石峡的出现应是良渚南传的结果，后经石峡扩散，可至珠海①、揭阳②、香港③甚至广西④，福建大田所见应是经由粤东闽南影响的结果。

除中国大陆外，玦在台湾、东南亚、日本、俄罗斯皆有分布⑤。公元前5000～前4000年，玦在日本本州岛及九州岛已全面分布，以环形为主，明显受到中国大陆的影响⑥。

公元前2000年以来，由石峡逐渐扩散至泰国北部、越南北部、台湾及菲律宾群岛，并持续南传，其中尤以台湾最为流行且复杂。如卑南所见环形、镯形、璧形偏心玦皆可追溯至长江下游新石器时代，角形玦或凸纽形玦与香港南丫岛所见相似也应源于大陆⑦。除东部沿海外，我国西南云贵地区于稍晚阶段亦流行偏心式玦，多单独或成组出现，部分形体颇大，因此范围已超出本文讨论区域，故暂不述及（图五）。

（二）玉琮、玉石璜与其他

红山与凌家滩玉器中突出的相似性早已引起学界关注，具体包括玉人、龟、筒形器、猪龙、龙、双联璧、环、镯、璧、石钺等器类，可能是社会上层远距离交流的结果⑧。其中玉人多作抚胸造型，与卢浮宫藏台湾木雕相似，但年代相去其远，有近5000年⑨，是否存在渊源关系不得而知。稍晚至良渚文化时期，以玉琮为代表的良渚文化因素广为传播、遍布东部沿海地区，北至唐山大城子⑩、滦平后台子⑪，南至新余

① 李世源：《珠海澳门今年出土水晶、玉器试析》，《东南文化》1999年第2期，81～84页。
② 广东省博物馆、揭阳县博物馆：《揭阳地都蜈蚣山遗址与油柑山墓葬的发掘》，《考古》1988年第5期，393～398页。广东省博物馆、大埔县博物馆：《广东大埔县古墓葬清理简报》，《文物》1991年第11期，14～26页。
③ 中国社会科学院考古研究所、香港古物古迹办事处：《香港马湾岛东湾仔北史前遗址发掘简报》，《考古》1999年第6期，1～17页。香港古物古迹办事处：《香港涌浪新石器时代遗址发掘简报》，《考古》1997年第6期，35～53页。
④ 广西壮族自治区文物工作队：《广西西林县普驮铜鼓墓葬》，《文物》1978年第9期，43～51页。
⑤ 邓聪：《东亚玦饰起源的一些争论》，《红山文化研究2004年红山文化国际学术研讨会论文集》，文物出版社，2005年，488～502页。
⑥ 杨建芳：《耳饰玦的起源、演变与分布：文化传播及地区化的一个实例》，《中国古玉研究论文集》（下），众志美术出版社，2001年，139～167页。
⑦ 杨建芳：《耳饰玦的起源、演变与分布：文化传播及地区化的一个实例》，《中国古玉研究论文集》（下），众志美术出版社，2001年，139～167页。
⑧ 李新伟：《中国史前社会上层远距离交流网的形成》，《文物》2015年第4期，51～58页。
⑨ 张明华：《凌家滩、牛河梁抚胸玉立人说明了什么》，《中国文物报》2005年3月18日第7版。
⑩ 河北省文物管理委员会：《河北唐山市大城山遗址发掘报告》，《考古学报》1959年第3期，17～35页。
⑪ 承德地区文物保管所、滦平县博物馆：《河北滦平县后台子遗址发掘简报》，《文物》1994年第3期，53～72页。

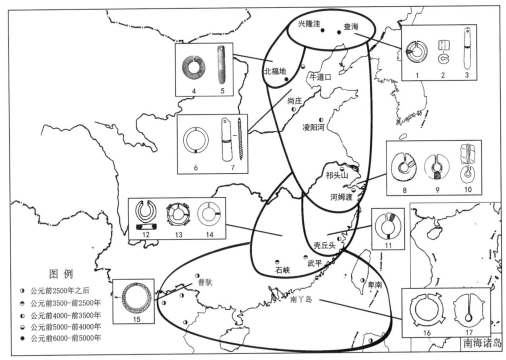

图五　中国东部沿海玉石玦的分布与传播

1. 兴隆洼 M117：1　2. 查海 T0505②：1　3. 查海 T0307②：1　4、5. 北福地　6、7. 牛道口采：14、15
8. 河姆渡 T1④：86　9. 祁头山 T1325②：3　10. 祁头山 M54：2　11. 壳丘头 T407⑤：10　12. 石峡 M31：4
13. 石峡 M31：1　14. 武平　15. 普驮铜鼓墓　16. 南丫岛　17. 阜南

拾年山①、霞浦黄瓜山②及岭南石峡③、禄美④、海丰⑤等地。玉石璜分布与之相似而略广⑥，福建地区最南可见于武平⑦，海岱以北可至喀左⑧、瓦房店⑨一带，同样为东部沿海文化的重要组成部分（图六）。

① 江西省文物考古研究所、厦门大学人类学系、新余市博物馆：《江西新余市拾年山遗址》，《考古学报》1991 年第 3 期，258～323 页。
② 福建省博物馆：《福建霞浦黄瓜山遗址发掘简报》，《福建文博》1994 年第 1 期，3～37 页。
③ 广东省文物考古研究所、广东省博物馆、广东省韶关市曲江区博物馆：《石峡遗址——1973～1978 年考古发掘报告》（上），文物出版社，2014 年，289 页。
④ 杨式挺、邓增魁：《广东封开县杏花河两岸古遗址调查与试掘》，《考古学集刊（6）》，中国社会科学出版社，1989 年，63～82 页。
⑤ 杨少祥、郑政魁：《广东海丰县发现玉琮和青铜兵器》，《考古》1990 年第 8 期，751～753 页。
⑥ 王维：《中国新石器时代出土玉璜研究》，南京师范大学硕士学位论文，2007 年。
⑦ 福建省文物管理委员会：《福建武平新石器时代遗址调查报告》，《考古》1961 年第 4 期，179～184 页。
⑧ 郭大顺、张克举：《辽宁省喀左县东山嘴红山文化建筑群址发掘简报》，《文物》1984 年第 11 期，1～11 页。
⑨ 辽宁省文物考古研究所、吉林大学考古学系、旅顺博物馆：《辽宁省瓦房店市长兴岛三堂村新石器时代遗址》，《考古》1992 年第 2 期，107～121 页。

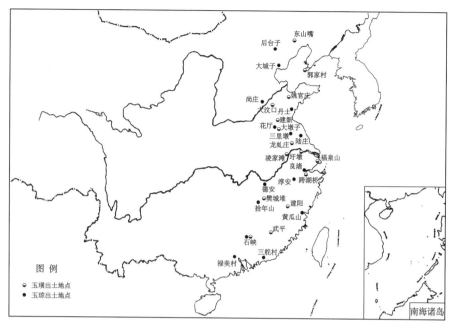

图六　中国东部沿海玉琮、玉石璜的分布

（三）錞于、勾鑃、铎

青铜乐器中錞于、勾鑃、铎皆有明显的百越色彩，广泛分布于中国东部沿海地区，北界可至鲁东南一带。以錞于为例，最早似见于梁带村 M27①，圜首无盘，春秋中期始见于东部沿海②，后向南传播至江浙地区，安徽宿县③、寿县④、阜阳⑤亦见，盛行桥形纽作风并有大量原始瓷仿铜器，圜首无盘者仅见丹徒王家山⑥一例。战国以后继续向西、向南传播，见于江西修水⑦、广东连平⑧、广西柳州⑨等地，其中连平所见与丹徒

① 陕西省考古研究院、渭南市文物保护考古研究所、韩城市文物旅游局：《陕西韩城梁带村遗址 M27 发掘简报》，《考古与文物》2007 年第 6 期，3～22 页。

② 山东省文物考古研究所、沂水县文物管理站：《山东沂水刘家店子春秋墓发掘简报》，《文物》1984 年第 9 期，1～10 页。

③ 胡悦谦：《安徽省宿县出土两件铜乐器》，《文物》1964 年第 7 期，30～32 页。

④ 安徽省博物馆：《寿县蔡侯墓出土遗物》，科学出版社，1956 年。

⑤ 杨玉彬：《安徽阜阳出土东周虎纽錞于》，《收藏》，2006 年第 10 期，95 页。

⑥ 镇江博物馆：《江苏镇江谏壁王家山东周墓》，《文物》1987 年第 12 期，24～37 页。

⑦ 江西省文物管理委员会：《江西修水出土战国青铜乐器和汉代铁器》，《考古》1965 年第 6 期，265～267 页。

⑧ 广东省博物馆：《连平县忠信公社彭山发现錞于和甬钟》，《文博通讯》1978 年第 3 期。

⑨ 柳州市博物馆藏，出土情况不详。转引自熊传新：《中国古代錞于概论》，《中国考古学会第二次年会论文集（1980）》，文物出版社，1982 年，80～89 页。

北山顶镎于①相似，年代在战国早期较后者略晚，显然是江浙南传的结果。铎的分布
与之略似，临沂凤凰山②、淮阴高庄③、青阳龙岗④、绍兴印山越王陵⑤、罗定背夫
山⑥、四会鸟旦山⑦皆有发现，亦见于福建崇安汉城⑧，饰缠绕蟠螭纹、云雷纹、勾
连云纹、三角形纹，与背夫山铎相近，为典型东周风格，填补了东南沿海发现的空
白（图七）。

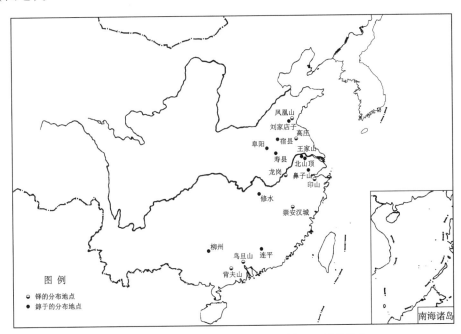

图七　中国东部沿海青铜（原始瓷）镎于、铎的分布

三　生产工具、作物与遗址形态

（一）有段石锛

有段石锛分布甚广，主要见于太平洋西部沿海地区，包括我国的东部、南部沿海

①　江苏省丹徒考古队：《江苏丹徒北山顶春秋墓发掘报告》，《东南文化》1988 年第 4、5 期合刊，13～50 页。
②　山东省兖石铁路文物考古工作队：《临沂凤凰岭东周墓》，齐鲁书社，1987 年。
③　淮阴市博物馆：《淮阴高庄战国墓》，《考古学报》1988 年第 2 期，189～232 页。
④　青阳县文物管理所：《安徽青阳县龙岗春秋墓的发掘》，《考古》1998 年第 2 期，18～24 页。
⑤　浙江省文物考古研究所：《印山越王陵》，文物出版社，2002 年。
⑥　广东省博物馆、罗定县文化局：《广东罗定背夫山战国墓》，《考古》1986 年第 3 期，210～220 页。
⑦　广东省博物馆：《广东四会鸟旦山战国墓》，《考古》1975 年第 2 期，102～108 页。
⑧　陈存洗、杨琮：《福建青铜文化初探》，《考古学报》1990 年第 4 期，391～407 页。

及内陆几个省区，南太平洋诸岛、菲律宾群岛，最南可至新西兰，南美洲西部海岸亦有发现①。20 世纪 50 年代以来学界对此多有讨论，80 年代末结论趋于成熟②，近几十年来有不少新的材料发现，可对其略做补充。

　　一般认为有段石锛起源于长江下游地区河姆渡第四层，最早作隆脊形或弧背形，横剖面半圆，背面自刃缘和顶端同时向中间弧曲。较早的跨湖桥文化亦多见石锛，背多略弧，少数较直，与隆脊形特征差异明显，弧度也远逊于弧背形。虽有个别器剖面呈台阶状，但凹面皆靠近刃缘③，与台阶形锛凹面近顶端以装柄的作风明显不同，且打制痕迹明显，应属残器。沿海其他地区亦未见有明显早于河姆渡文化一期的有段石锛，后者作为起源地区应当无疑。此类石锛的流行时间颇长，长江下游地区马家浜—崧泽文化所见多为此类，并传播至海岱地区北辛文化④与东南沿海的壳丘头文化⑤、腊洲山文化⑥，但弧背程度略小。这一时期虽然岭南地区以咸头岭文化为代表亦见有弧背形锛，但与圈足盘一样应是来自长江中游的影响，与本文所论无关。

　　1983 年舟山白泉遗址采集有台阶形锛与河姆渡文化晚期陶片，但因共存关系不明，且浙江地区的台阶形锛最早发现于良渚文化早期，故不宜以此为此类锛的源头。目前所见最早的台阶形锛可能出现在江北地区，约在公元前 3700 ~ 前 3500 年，零星发现于龙虬庄二期遗存，如 T3830④：1、T1928④：11⑦，制作略为粗糙。部分研究者认为台阶形锛源于大汶口文化，由苏鲁沿海向南传播⑧，但大汶口文化所见最早的台阶形锛应以大汶口遗址 M1：5、M4：21⑨为代表，皆属晚期墓葬，磨制颇精，年代当不超过公元前 3100 年⑩。而且从辽东半岛的发现来看，台阶形锛最早应见于小珠山上

① 　傅宪国：《论有段石锛和有肩石器》，《考古学报》1988 年第 1 期，1 ~ 36 页。
② 　林惠祥：《中国东南区新石器文化特征之一：有段石锛》，《考古学报》1958 年第 3 期，1 ~ 23、125 ~ 132 页。饶惠元：《关于有段石锛的分型》，《考古通讯》1957 年第 4 期，83 ~ 86 页。曾骐：《有段石锛、双肩石器和"几何形印纹陶"的有关问题》，《文物集刊（3）》，文物出版社，1981 年，106 ~ 109 页。牟永抗：《浙江新石器时代文化的初步认识》，《中国考古学会第三次年会论文集（1981）》，文物出版社，1984 年，1 ~ 14 页。彭适凡：《试论先越民族的两种生产工具》，《百越史研究》，贵州人民出版社，1987 年，77 ~ 89 页。傅宪国：《论有段石锛和有肩石器》，《考古学报》1988 年第 1 期，1 ~ 36 页。林华东：《试论河姆渡文化与古越族的关系》，《百越民族研究史论集》，中国社会科学出版社，1982 年，88 ~ 97 页。
③ 　浙江省文物考古研究所、萧山博物馆：《跨湖桥》，文物出版社，2004 年，154 ~ 160 页。
④ 　山东省文物考古研究所：《大汶口续集：大汶口遗址第二、三次发掘报告》，科学出版社，1997 年。
⑤ 　福建省博物馆：《福建平潭壳丘头遗址试掘简报》，《考古》1991 年第 7 期，587 ~ 599 页。
⑥ 　福建晋江流域考古调查队：《福建晋江流域考古调查与研究》，科学出版社，2010 年，302 ~ 304 页。福建省博物馆、厦门大学人类学系：《福建诏安考古调查简报》，《福建文博》1987 年第 1 期，3 ~ 10 页。
⑦ 　龙虬庄遗址考古队：《龙虬庄：江淮东部新石器时代遗址发掘报告》，科学出版社，1999 年。
⑧ 　曾骐：《有段石锛、双肩石器和"几何形印纹陶"的有关问题》，《文物集刊（3）》，文物出版社，1981 年，106 ~ 109 页。
⑨ 　山东省文物管理处、济南市博物馆：《大汶口：新石器时代墓葬发掘报告》，文物出版社，1974 年。
⑩ 　张鑫：《大汶口文化研究》，吉林大学博士学位论文，2015 年，105 页。

层文化①，年代不早于公元前 2500 年，是山东龙山文化影响的结果。更早的小珠山中层受大汶口文化中晚期影响明显，则仅见有弧背形石锛②，为有段石锛分布的北界。林华东曾言郭家村发现有台阶形锛 8 件，时在大汶口文化晚期③，但其所引如郭家村 IIT4②：4 实出土于小珠山上层的典型单位，大汶口文化非台阶形锛起源地也可由此窥之。

台阶形锛在江北出现之后，迅速向南扩散，流行于江、浙、皖、赣地区④。东南沿海继壳丘头文化以来，有段石锛广为流行，且以早期的弧背形为主，如昙石山遗址"从下层到上层都有发现，型式无显著变化"⑤，亦见于闽南的晋江、漳浦等地，后者应是腊洲山传统的延续。台阶形锛从北到南散见于崇安、建阳、长汀、光泽、武平、福安、昙石山、溪头及闽南地区⑥，浮滨文化南安遗址甚至发现有 12 件锛呈两排列次摆放，显然具有某种宗教意味⑦。受良渚文化与樊城堆文化的影响，岭南地区最早的台阶形锛出现于曲江石峡二期遗存⑧，并出现一些新的器形如段、刃弧圆与有肩有段者，颇具地方特色。稍晚阶段，有段石锛以广东为中心向南、向西扩散，影响波及海南、香港、广西乃至云贵⑨。

台湾地区有段石锛多见于圆山文化，约在公元前 2160 ~ 前 1190 年，以台阶形锛为主。与之共出的彩绘陶多见于浙南及福建沿海，显然有段石锛在台湾的出现应与东南沿海地区的影响的有关，并以此为中转，渐次传播至菲律宾、印尼及波利尼西亚诸岛⑩（图八）。

（二）栽培稻

东部沿海的栽培稻最早见于长江下游的浦江上山遗址，在公元前 9000 年前后即上山文化早期阶段，水稻驯化就已经开始，在上山文化晚期至河姆渡文化时期，驯化过

① 辽宁省博物馆、旅顺博物馆：《大连市郭家村新石器时代遗址》，《考古学报》1984 年第 3 期，287 ~ 329 页。
② 辽宁省博物馆、旅顺博物馆、长海县文化馆：《长海县广鹿岛大长山岛贝丘遗址》，《考古学报》1981 年第 1 期，63 ~ 110 页。
③ 林华东：《河姆渡文化初探》，浙江人民山版社，1992 年，338 365 页。
④ 林华东：《河姆渡文化初探》，浙江人民出版社，1992 年，338 ~ 365 页。
⑤ 曾琪：《有段石锛、双肩石器和"几何形印纹陶"的有关问题》，《文物集刊（3）》，文物出版社，1981 年，106 ~ 109 页。
⑥ 林华东：《河姆渡文化初探》，浙江人民出版社，1992 年，338 ~ 365 页。
⑦ 吴春明：《晋江、九龙江流域新石器和青铜时代文化遗存》，《南方文物》1996 年第 3 期，41 ~ 47 页。
⑧ 广东省文物考古研究所、广东省博物馆、广东省韶关市曲江区博物馆：《石峡遗址——1973 ~ 1978 年考古发掘报告》（上），文物出版社，2014 年，289 页。
⑨ 林华东：《河姆渡文化初探》，浙江人民出版社，1992 年，338 ~ 365 页。
⑩ 林华东：《河姆渡文化初探》，浙江人民出版社，1992 年，338 ~ 365 页。傅宪国：《论有段石锛和有肩石器》，《考古学报》1988 年第 1 期，1 ~ 36 页。

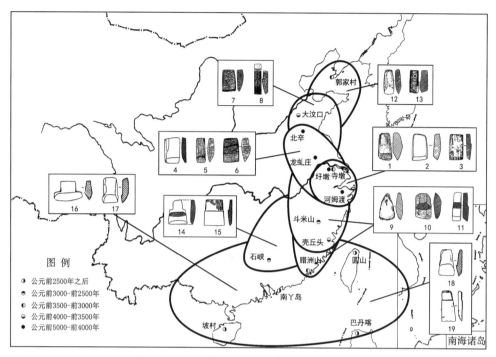

图八　中国东部沿海有段石锛的分布与传播

1. 河姆渡 T22④：16　2. 圩墩 T706⑥：3　3. 寺墩 T106：2　4. 北辛 H1005：6　5. 龙虬庄 T1727⑧：17　6. 龙虬庄 T3830④：1　7. 大汶口 M77：4　8. 大汶口 M4：21　9. 壳丘头 T608⑤：17　10. 腊洲山　11. 斗米山 G1③：8　12. 郭家村 73T2③：3　13. 郭家村 IIT4②：4　14. 石峡 M67：18　15. 石峡 M80：1　16. 坡村　17. 南丫岛　18. 圆山　19. 巴丹喀

程曾有短暂停滞①。目前尚未有明确证据支持早在公元前 8000 年前后已有意识地对籼、粳分别栽培，将之视为尚未完全分化的早期栽培稻的原始特性或许更为合适②。跨湖桥遗址古稻硅酸体形状特征分析的结果则表明，粳稻可能是跨湖桥，甚至整个太湖地区史前栽培稻的演化方向③。

　　在长江以北地区，栽培稻最早发现于后李文化月庄遗址，年代约在公元前 6060 ~ 前 5750 年④，章丘西河所见与之基本同时。此时江淮地区尚未有栽培稻发现。但月庄遗址纬度高达 36.48°，西河更北为 36.70°，超过野生稻的分布范围，栽培稻发现亦零

① 郇秀佳、李泉、马志坤、蒋乐平、杨晓燕：《浙江浦江上山遗址水稻扇形植硅体所反映的水稻驯化过程》，《第四纪研究》2014 年第 1 期，106 ~ 113 页。

② 郑云飞、蒋乐平、郑建明：《浙江跨湖桥遗址的古稻遗存研究》，《中国水稻科学》2004 年第 2 期，119 ~ 124 页。

③ 郑云飞、蒋乐平、郑建明：《浙江跨湖桥遗址的古稻遗存研究》，《中国水稻科学》2004 年第 2 期，119 ~ 124 页。

④ Gary W. Crawford、陈雪香、王建华：《山东济南长清区月庄遗址发现后李文化时期的炭化稻》，《东方考古（3）》，科学出版社，2006 年。

星，应非是本地直接驯化的结果。且西河遗址 2008 年的发掘对所有遗迹单位土样进行采集、浮选，所见栽培稻集中出土于 H358，表明在西河遗址中栽培稻的地位远高于其他食物资源，并被严格控制[1]，月庄遗址栽培稻的出土情况与之相似，说明栽培稻在后李文化中的存在应是远距离传播的产物，其源头很可能在长江下游。

公元前 4600 年左右，栽培稻北传趋势方较明显。龙虬庄遗址第一期遗存中，T3830⑧浮选稻谷数十粒，T3830⑦层则达千粒以上[2]，从植物蛋白石形态来看，主要属于粳稻。将其与太湖地区粳稻地方品种机动细胞硅酸体及草鞋山遗址植物蛋白石形态进行比较可发现，两地粳稻颇为相似[3]，应是太湖地区栽培稻北传的结果。公元前 4500 年左右北辛文化二涧村遗址红烧土中发现稻壳印痕[4]，大汶口时期海岱地区栽培稻发现略有增加，见于王因[5]、凌阳河、小朱家村、集西头、段家河[6]等地，最北可至蓬莱大仲家[7]。龙山时代，海岱地区发现稻作遗存的地点迅速增多，出现专门储藏或加工稻谷的场所，相当一部分地方甚至还形成了以稻作为主的农业经济区，为进一步向北传播奠定了基础，但就其分布而言，北界仍未有超过大仲家者。

大仲家遗址地处蓬莱北端，同辽东半岛隔海相望，大连文家屯发现有东北最早的栽培稻，较大仲家年代略晚，相当于大汶口中晚期[8]。但"文家屯遗址的发掘工作是在六十年以前进行的，并且在经过检测的 24 个样本中，只有 1 个样本发现了水稻的植硅体，因此，我们应该谨慎对待这一资料"[9]。除此之外，东北地区所见最早的栽培稻似为大嘴子 F3 所见，盛于罐内，约在公元前 1125 年[10]，与文家屯年代相差甚远。考虑到辽东半岛与山东之间的密切交流，应有较大可能发现早于大嘴子的栽培稻遗存。在介于二者之间的公元前 3000 年左右，栽培稻始见于岭南地区，最早发现于曲江石峡二期墓葬的偏早阶段[11]，与玉玦出现时间基本相同，应同为郑家坳—樊城堆影响的产物。

① 靳桂云：《后李文化生业经济初步研究》，《东方考古（9）》，科学出版社，2012 年，579 ~ 594 页。
② 龙虬庄遗址考古队：《龙虬庄：江淮东部新石器时代遗址发掘报告》，科学出版社，1999 年。
③ 王才林、张敏：《高邮龙虬庄遗址原始稻作遗存的再研究》，《农业考古》1998 年第 1 期，172 ~ 181、187 页。
④ 李洪甫：《连云港地区农业考古概述》，《农业考古》1985 第 2 期，96 ~ 107 页。
⑤ 中国社会科学院考古研究所：《山东王因》，科学出版社，2000 年，452 ~ 453 页。
⑥ 齐乌云、王金霞、梁中合、贾笑冰、王吉怀、苏兆庆、刘云涛：《山东沭河上游出土人骨的食性分析研究》，《华夏考古》2004 年第 2 期，41 ~ 47 页。
⑦ 中国社会科学院考古研究所：《胶东半岛贝丘遗址环境考古》，社会科学文献出版社，1999 年，152 页。
⑧ 辽东先史遗迹发掘报告书刊行会：《文家屯——1942 年辽东先史遗迹发掘调查报告书》，京都大学，2002 年，94 ~ 106 页。
⑨ 栾丰实：《海岱地区史前时期稻作农业的产生、发展和扩散》，《文史哲》2005 年第 6 期，41 ~ 47 页。
⑩ 大连市文物考古研究所：《大嘴子——青铜时代遗址 1987 年发掘报告》，大连出版社，2000 年。
⑪ 广东省文物考古研究所、广东省博物馆、广东省韶关市曲江区博物馆：《石峡遗址——1973 ~ 1978 年考古发掘报告》（上），文物出版社，2014 年。

至于朝鲜半岛所见栽培稻，年代最早者应为忠清北道大川里，约为公元前3500～前2650年①，介于文家屯与大嘴子之间。虽然仍有可能是经辽东半岛传播而至再扩散到日本②，但考虑到目前朝鲜半岛所见稻作遗存的分布地域主要集中于中、南部而北部甚少，相较辽东半岛距离胶东更近，且年代多与后者相当，发现的丰富程度也更加匹配，所以更可能是经胶东半岛直接渡海东传至朝鲜半岛中部③（图九）。

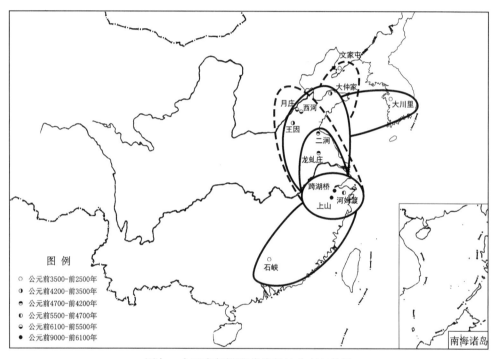

图九　中国东部沿海栽培稻的分布与传播

（三）贝丘遗址

东部沿海地区地域辽阔，建筑及聚落形式多样，但受沿海自然环境影响，几乎各地均有贝丘遗址分布，目前所见已达400余处，从辽东半岛至两广、海南、台湾皆有发现④。此类遗址或以广西地区出现最早，且延续时间甚长，如广西柳州白莲洞遗址，有贝壳堆积的西四层年代可追溯至距今26000年，下延至距今约1000年的地层中仍见

①　宫本一夫：《朝鲜半岛新石器时代の农耕と绳文农耕》，《古代文化》第55卷第7号，2003年。
②　严文明：《略论中国栽培稻的起源和传播》，《北京大学学报》1989年第2期，51～54页。
③　栾丰实：《海岱地区史前时期稻作农业的产生、发展和扩散》，《文史哲》2005年第6期，41～47页。
④　赵荦：《中国沿海先秦贝丘遗址研究》，复旦大学博士学位论文，2014年。

有贝壳堆积①，新石器时期盛行于广西沿海，年代最晚的那坡感驼岩下限已进入青铜时代，历史时期仍有发现。虽然对于广西贝丘遗址年代问题的争论较多，暂无定论，但至少在距今 7500 年以来贝丘遗址的分布范围确实大为扩张②，甚至一度成为南宁地区、珠江三角洲、福建东部沿海、胶东半岛和辽东半岛主要的遗址类型（图一〇）。

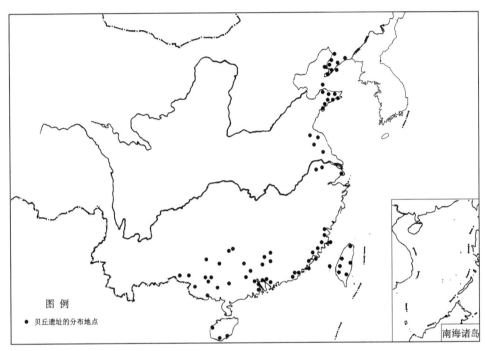

图一〇　中国东部沿海贝丘遗址的分布

四　墓葬、信仰、习俗与基因

（一）石构墓

石构墓泛指由石质材料构筑墓室或地面标志的墓葬，在中国东部沿海集中分布于东北、东南两地，海岱地区亦有发现。石构墓在各地的出现及延续时间不一，具体形态也有所不同，区域特征明显，但仍可以其风格及部分相似性归纳为海洋文化传统的一种，并存在一定程度的文化传播。

---

① 广西柳州白莲洞洞穴科学博物馆：《柳州白莲洞》，文物出版社，2009 年，34～40 页。

② 袁靖：《史前贝丘遗址研究》，《中国考古学研究的世纪回顾·新石器时代考古卷》，科学出版社，2008年，153～167 页。

辽东半岛的石构墓可分为积石、石棚、盖石及石棺四种。积石墓出现最早，约在公元前 3000 年左右，受红山文化晚期影响明显，以四平市、文家屯①为代表，早期多沿山脊分布，以长方形和方形为主，有明显的封土、积石与石墙界域，常见一家多墓，修筑过程也有一次或多次之分②，颇类江南土墩遗存。此类墓延续时间较长，稍晚阶段墓葬所在位置由山脊下移至土丘或平地，出现多人二次合葬、火葬等葬俗，墓室向多室发展，并演变为墓地性质，最晚可至战国末期③。石棚墓与盖石墓最早兴起于辽东半岛北部，后向四周扩散，以伙家窝堡 3 号石棚墓④、王屯盖石墓⑤等为代表，长期并存，上限可追溯至公元前 1500 年前后。二者同属广义的"支石墓"范畴，均以整块巨石盖顶，墓室高出地表以上者为石棚墓，根据墓室构筑方式的不同又可划分为两类，一类以板石立支称为立支型，另一类以块石垒砌称为围砌型；反之，盖石墓墓室均位于地下，多数以顶部巨石封盖墓室，少数以土石封护，顶石仅起标志作用⑥。石棺墓则特指与盖石墓稍似者，墓室位于地下，四周由石板砌成，上多封以大石板，以棺代室⑦。童恩正于西北半月形文化带中曾对此有专门论述，此不赘言⑧。

东南地区的石构墓主要分布在江浙、皖南及闽北一带，具体包括土墩遗存中的石床墓、石框墓、石室土墩以及石棚墓与盖石墓。其中石床墓与石框墓虽未构筑出立体的墓室空间，但因土墩墓多为向上堆筑且二者为石室土墩前身⑨，故仍以其为石构墓的一种。石床墓始见于西周早期，以浙南、闽北最为流行，如黄甲山⑩及管九村⑪皆有成片分布。黄甲山一带虽仅发掘有西山大墩顶、西山 M1 及庙山尖等个别墓葬，但从调查结果来看沿衢江各墩均有石床出露，地表采集陶片多为斜行席纹，与闽北西周早期典型印纹陶特征相同，应属同时无疑。西周中期以后，可能是受到"人"字形木椁墓的影响，石室土墩逐渐由石框墓演变而来并广泛流行于环太湖地区，下限可至战国早期。

---

① 高芳、华阳、霍东峰：《文家屯积石墓浅析》，《博物馆研究》2009 年第 3 期，50～53 页。

② 栾丰实：《论辽西和辽东南部史前时期的积石冢》，《红山文化研究 2004 年红山文化国际学术研讨会论文集》，文物出版社，2005 年，550～564 页。

③ 中国社会科学院考古研究所：《双砣子与岗上——辽东史前文化的发现和研究》，科学出版社，1996 年。

④ 许玉林：《辽宁盖县伙家窝堡石棚墓发掘简报》，《考古》1993 年第 9 期，800～804 页。

⑤ 刘俊勇、戴廷德：《辽宁新金县王屯石棺墓》，《北方文物》1988 年第 3 期，10～12 页。

⑥ 华玉冰：《中国东北地区石棚研究》，科学出版社，2011 年。

⑦ 郑大宁：《东北青铜时代石棺墓遗存的考古学研究》，中国社会科学院研究生院博士学位论文，2002 年。

⑧ 童恩正：《试论我国从东北至西南的边地半月形文化传播带》，《文物与考古论集》，文物出版社，1986 年，17～43 页。

⑨ 杨楠：《夹山商周时期土墩墓遗存的发掘及若干问题》，《考古学研究》（八），科学出版社，2011 年，235～243 页。

⑩ 衢州市文物管理委员会：《浙江衢州市发现原始青瓷》，《考古》1984 年第 2 期，130～134 页。金华地区文管会：《浙江衢州西山西周土墩墓》，《考古》1984 年第 7 期，591～593 页。

⑪ 福建博物院、福建闽越王城博物馆：《福建浦城县管九村土墩墓群》，《考古》2007 年第 7 期，28～37 页。福建博物院、福建闽越王城博物馆：《福建浦城管九村土墩墓》，福建博物院，2006 年。

连云港曾发现大量封土石室①，外形与江南石室土墩颇似，皆由甬道、石室、封土构成，但未见土石护坡，石室甚宽且横截面多作较规整的长方形，与石室土墩差距颇大，且年代甚晚，可能是唐代百济移民的孑遗，与东南早期石构墓并无直接联系。

东南地区的石棚墓与盖石墓仅见于浙南瑞安、平阳、苍南、仙居②、东阳③及浙东满山岛④等少数地区，出现于商末周初，下限可至春秋晚期。随葬品以原始瓷、印纹硬陶及素面硬陶为主，同时还见有一定数量的青铜兵器和工具，素面硬陶亦多见着黑现象，与江南土墩遗存的内涵略有区别。与辽东半岛相比，二者形制间多有共性，但具体结构与构筑方法又存在明显差异，如侧壁多块立支或四角立支、石材无精细加工、墓地泥面为主等特征均不见于前者，且随葬品内涵更无相同之处，与日韩石构墓相比同样有明显差异⑤。显然就现有材料而言，尚无法确证两地石棚墓、盖石墓间文化传播的存在，但亦难以断然否定其关联存在的可能。考虑到江南土墩遗存中石床墓、石框墓、石室土墩等独特石构形制的广泛分布、闽南墓林山⑥、狮子山⑦、闽东东张中层⑧中石构建筑的存在、岭南地区可能属南迁越人的石椁遗存⑨、台湾以卑南墓地为代表的石棺墓⑩的盛行以及日韩地区支石墓的流行，将此现象理解为东部沿海地区的海洋文化传统应不至于荒谬。

至于黄河下游的石构墓则较为简单，长期以石棺墓为主。最早出现于北辛文化，墓室四壁竖砌不规则石板，墓顶以数块石板平铺；商周时期仍较流行，并出现少量石椁墓，形制与石棺墓颇似而内有木棺；春秋之后石棺墓渐少，逐渐流行"积石墓"⑪，棺椁与坑壁之间空隙以石块填充，与辽东半岛积石墓差异甚大而与中原⑫相同，显然是后者影响的产物。这一地区的石棺墓虽与辽东半岛存在一定区别，如墓顶多平铺数块石板而少见以整块巨石封顶，但后者同样有个别墓如王屯 M2，以数块石板封顶。相比

① 连云港市重点文物保护研究所：《连云港封土石室墓调查与研究》（上、下），上海古籍出版社，2018 年。
② 浙江省文物考古研究所、温州市文物保护考古所、瑞安市文物馆：《浙南石棚墓调查发掘报告》，文物出版社，2014 年。
③ 赵一新：《金华发现巨石遗存》，《中国文物报》1993 年 2 月 28 日。安志敏：《浙江瑞安、东阳支石墓的调查》，《考古》1995 年第 7 期，585～588 页。
④ 陈元甫：《浙江石棚墓研究》，《东南文化》2003 年第 11 期，31～38 页。
⑤ 陈元甫：《浙江石棚墓研究》，《东南文化》2003 年第 11 期，31～38 页。
⑥ 吴春明：《晋江、九龙江流域新石器和青铜时代文化遗存》，《南方文物》1996 年第 3 期，41～47 页。
⑦ 泉州海外交通史博物馆、泉州市文物管理委员会：《福建丰州狮子山新石器时代遗址》，《考古》1961 年第 4 期，194～196 页。
⑧ 福建省文物管理委员会：《福建福清东张新石器时代遗址发掘报告》，《考古》1965 年第 2 期，49～61 页。
⑨ 广州市文物考古研究所：《广州市萝岗区园岗山越人墓发掘简报》，《华南考古2》，文物出版社，2008 年。
⑩ 杨建芳：《耳饰玦的起源、演变与分布：文化传播及地区化的一个实例》，《中国古玉研究论文集》（下），众志美术出版社，2001 年，139～167 页。
⑪ 刘华伟：《试论先秦时期黄河流域的石构墓葬》，中央民族大学硕士学位论文，2011 年。
⑫ 田伟：《试论两周时期的积石积炭墓》，《中国历史文物》2009 年第 2 期，59～67 页。

于黄河中游地区零星所见石棺墓，如元君庙 M458①、马家营 M2② 等均无石板盖顶的作风，显然应与辽东半岛更为接近，可能存在一定的文化交流。当然也不排除各自本地起源的可能。从大伊山北辛文化墓地 62 座墓葬中 61 座皆为石棺墓③、胶东莱夷小型墓葬中长期保留石棺墓传统④等现象来看，石构墓在黄河下游地区也具有一定的普遍性，其流行程度与东北、东南地区相似而不同于黄河中游，从而共同构成这一海洋文化传统（图一一）。

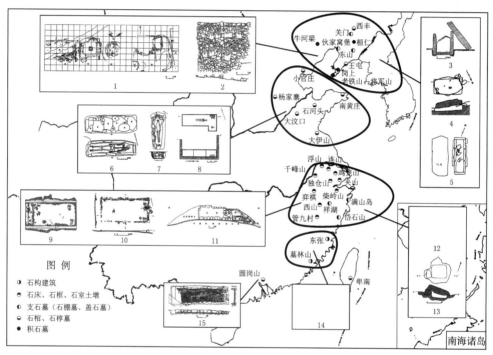

图一一　中国东部沿海石构墓与东南石构遗存

1. 牛河梁第 2 地点　2. 老铁山 4 号积石冢　3. 伙家窝堡 1 号石棚　4. 东山 M5　5. 王屯 M1　6. 大汶口 M1011　7. 南黄庄 M3　8. 杨家寨　9. 弈棋 M5　10. 独仓山 D1M1　11. 鸡笼山 D1　12. 祥湖　13. 岱石山 M23　14. 东张 F2　15. 圆岗山 M1

（二）土墩葬

江南地区夏商时期至战国前期曾广泛流行以封土成墩、主要随葬印纹硬陶与原始

---

①　北京大学历史系考古教研室：《元君庙仰韶墓地》，文物出版社，1983 年。
②　陕西安康水电站库区考古队：《紫阳马家营石棺墓发掘简报》，《考古与文物》1994 年第 1 期，21～27 页。
③　南京博物院、连云港市博物馆、灌云县博物馆：《江苏灌云大伊山遗址 1986 年的发掘》，《文物》1991 年第 7 期，10～27 页。连云港市博物馆：《江苏灌云大伊山新石器时代遗址第一次发掘报告》，《东南文化》1998 年第 2 期，37～46 页。
④　王迅：《东夷文化与淮夷文化研究》，北京大学出版社，1994 年，113 页。

瓷、丧葬祭合一为特征的古墓遗存，具体包括平地掩埋、浅坑、石床、石框、石室土墩及竖穴土坑或岩坑等多种墓室形态，常见为一墩多墓，学界一般称之为"土墩墓"[1]或"土墩遗存"[2]。秦汉时期于浙江杭嘉湖、安徽东南[3]、广西[4]及山东沿海[5]皆发现类似遗存，向西亦见于湖南沅江[6]与云南曲靖[7]，在堆筑土墩或先秦土墩之上挖掘墓坑，常见一墩多墓，研究者以年代或地域特征称之为"秦汉土墩墓"[8]或"墩式封土墓"[9]。韩国中西部沿海亦有发现，主要流行于马韩文化，称"坟丘墓"[10]。本文因其主要分布于中国东部沿海及邻近地区且具有明显的形制共性，暂统称其为"土墩葬"。

土墩葬兴起于江南黄山—天台山以南地区，最早见于闽北、浙南，目前所见年代最早的典型土墩葬可以浦城管九村麻地尾 D7M1 及社公岗 D2 为代表，多为平地掩埋，部分有不规则浅坑，随葬品以黑衣陶为主[11]。麻地尾 D7M1 年代稍早，属斗米山中层类型；社公岗 D2 早期墓共 8 座，分布于土墩内不同层面，以马岭类型陶器为主，下限应在夏商之际[12]。约在商代后期北传至太湖—杭州湾地区，西周早期影响波及宁镇，此后长期流行于江南，是吴越文化的典型特征之一。战国之后随着楚文化东渐而式微，但此传统长期保留，至东汉时期仍有发现。

秦汉以来随着越人的迁徙与越文化因素的传播，土墩葬逐渐出现在江南之外的其他地区，在东部沿海主要见于广西与山东。广西目前仅见合浦双坟墩与大塘城 M3001 两例[13]。双坟墩 D2 发现墓葬三座，皆浅坑，随葬品在江南土墩葬中"均可找到原形，器物的形制、陶质、陶色及纹饰等均十分相似，大小也基本相同"[14]，以麻布纹为主，

① 镇江博物馆浮山果园古墓发掘组：《江苏句容浮山果园土墩墓》，《考古》1979 年第 2 期，107 ~ 118 页。
② 杨楠：《江南土墩遗存研究》，民族出版社，1998 年。
③ 安徽省文物考古研究所：《安徽广德县南塘汉代土墩墓发掘简报》，《考古》2014 年第 1 期，3 ~ 13 页。
④ 广西文物保护与考古研究所：《广西合浦县双坟墩土墩墓发掘简报》，《考古》2016 年第 4 期，33 ~ 44 页。
⑤ 山东省文物考古研究所：《山东日照海曲西汉墓（M106）发掘简报》，《文物》2010 年第 1 期，4 ~ 25 页。山东省文物考古研究所：《山东日照市海曲 2 号墩式封土墓》，《考古》2014 年第 1 期，53 ~ 71 页。青岛市文物保护考古研究所、青岛市黄岛区博物馆：《琅琊墩式封土墓》，科学出版社，2018 年。
⑥ 常德博物馆：《湖南常德市南坪汉代土墩墓群的发掘》，《考古》2014 年第 1 期，37 ~ 52 页。
⑦ 云南省文物考古研究所：《曲靖八塔台与横大路》，科学出版社，2003 年。
⑧ 胡继根：《试论汉代土墩墓》，《汉代城市和聚落考古与汉文化》，科学出版社，2012 年。
⑨ 郑同修：《山东沿海地区汉代墩式封土墓有关问题探讨》，《秦汉土墩墓考古发现与研究——秦汉土墩墓国际学术研讨会论文集》，文物出版，2013 年，116 ~ 129 页。
⑩ 林永珍、孙璐：《吴越土墩墓与马韩坟丘墓的构造比较》，《东南文化》2010 年第 5 期，110 ~ 115 页。
⑪ 福建博物院、福建闽越王城博物馆：《福建浦城县管九村土墩墓群》，《考古》2007 年第 7 期，28 ~ 37 页。福建博物院、福建闽越王城博物馆：《福建浦城管九村土墩墓》，福建博物院，2006 年。
⑫ 罗汝鹏：《公元前 20 至前 9 世纪中国东南地区考古学文化研究——以闽浙赣交界地区为中心》，北京大学博士学位论文，2014 年。
⑬ 富霞、熊昭明：《从广西发现的土墩墓看越人南迁》，《考古》2016 年第 8 期，97 ~ 102 页。
⑭ 富霞、熊昭明：《从广西发现的土墩墓看越人南迁》，《考古》2016 年第 8 期，97 ~ 102 页。

与广西同时期流行的主要随葬铜兵器、工具和生活用具,且印纹陶多饰方格纹、"米"字纹、水波纹和篦点纹的长方形竖穴土坑墓[1]多有不同,应是越人南迁的结果。山东所见则有所不同。文献虽载越人北迁,但多在江淮、河东、庐江等地[2],而未曾提及胶东半岛。且随葬品亦与江南有明显差异[3],以日照海曲 D1M106[4]、D2M218、M222[5] 为例,汉武帝统一南方之前,山东土墩葬随葬品多为灰陶、硬陶、漆衣陶及漆器,不见同时期长江下游流行的高温釉陶,器类以壶、罐、鼎、尊、盆、熏炉、案、耳杯、器盖为主,亦缺乏瓿、罍等越文化因素,显然墓主人仅接受越文化土墩葬的形制,而在葬具和随葬品的选择上更多受到楚文化的影响。南方统一之后,越式陶器逐渐北传,在山东沿海随时间推移而增多,表明土墩葬在山东的出现应是越文化传播的结果。马韩土墩葬最早可能出现于公元前 3 世纪,但相关遗物出自宽仓里坟丘墓的围沟[6]中,墓葬年代不确;从全北的发现来看,土墩葬在朝鲜半岛的出现应不晚于公元前 2 世纪[7],明显较江南及山东沿海略晚,堆土埋葬、一墩多墓等特征亦与两地相同。石床与围石作风虽同样见于江南先秦土墩葬,但毕竟年代、地域相差较远且内涵无明显关联,暂无直接交流的证据。从土墩葬在朝鲜半岛的分布来看,其起源于与山东半岛最为接近的京畿地区,后沿黄海海岸与内陆河川扩散,或许是由山东沿海传播而至(图一二)。

(三)宇宙观、鸟类崇拜与拔牙习俗

在物质交流的同时,东部沿海的广大地区还共享有相近甚至相同的宇宙观、信仰及生活习俗。凌家滩玉版与负八角星纹双猪首翅鸟反映出的天圆地方观念与盖天宇宙模型同样见于良渚玉琮、玉璧、红山文化勾云形器以及大汶口与龙山文化牙璧中,在长江下游、海岱、辽西三个地区表现出相当程度的一致性,且共同用玉这一高贵材质加以表现,再次证明了社会上层交流网的存在[8]。相较于这三个地区以玉质、象牙或骨质筒形器所表达的普遍流行的龟崇拜[9],鸟类崇拜的存在地域更广,延续时间也更长,

---

① 广西壮族自治区文物工作队、南宁市文物管理委员会、武鸣县文物管理所:《广西武鸣马头安等秧山战国墓群发掘简报》,《文物》1988 年第 12 期,14 ~ 22 页。

② 蒙文通:《越人迁徙考》,《越史丛考》,人民出版社,1983 年,29 ~ 48 页。

③ 王婷:《汉代土墩墓的南北差异与族属的推测》,《中国文物报》2015 年 5 月 8 日第 6 版。

④ 山东省文物考古研究所:《山东日照海曲西汉墓(M106)发掘简报》,《文物》2010 年第 1 期,4 ~ 25 页。

⑤ 山东省文物考古研究所:《山东日照市海曲 2 号墩式封土墓》,《考古》2014 年第 1 期,53 ~ 71 页。

⑥ 尹世英、李弘钟:《宽仓里围沟墓》,高丽大学埋藏文化财研究所,1997 年。

⑦ 李泽求:《全北地域马韩坟丘墓的构筑和出土遗物》,《韩国考古学的新地坪》,2014 年,266 页。

⑧ 李新伟:《中国史前玉器反映的宇宙观——兼论中国东部史前复杂社会的上层交流网》,《东南文化》2004 年第 3 期,66 ~ 72 页。

⑨ 李新伟:《中国史前社会上层远距离交流网的形成》,《文物》2015 年第 4 期,51 ~ 58 页。

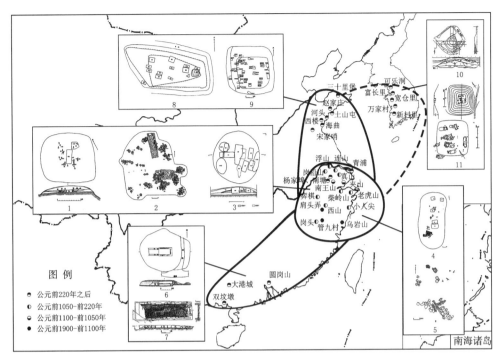

图一二　中国东部沿海土墩葬的分布与传播

1. 社共岗 D2　2. 浮山果园 D1　3. 杨家埠 D5　4. 老虎山 D1　5. 小人尖　6. 大塘城 M3001　7. 圆岗山 M1
8. 赵家庄 1 号墩　9. 海曲 2 号墩　10. 可乐洞 2 号坟　11. 新村里 9 号墩

除上述东部沿海外还可包括东南地区在内，鸟类图形、鸟形遗存、鸟生传说、鸟图腾等因素广泛存在，东北、台湾甚至环太平洋地区还保留有大量与鸟类崇拜相关的民族学材料，是一种相当普遍的文化表现[①]。拔牙习俗的分布同样普遍，且形式统一，多为左右上颌外侧门齿，仅有个别例外。此风俗最早在北辛文化出现并流行于海岱地区，大汶口、西夏侯、王因、野店、茌平尚庄、诸城呈子、枳沟前寨、胶县三里河、汶上东贾柏、莒县陵阳河、广饶五村、邳州梁王城、大墩子等地多有发现，向南亦见于常州圩墩、上海崧泽、闽侯县石山、南海墟灶岗、鱿鱼岗、佛山河宕、增城金兰寺，龙山时代以来盛行于东南地区并进一步向香港、台湾及广西扩散，见于香港东湾仔、台北芝山岩、台南垦丁寮、台东卑南、澎湖列岛锁港、广西宜州祥贝鹞鹰岩、河池金城江区、大化瑶族、阳圩感达山等地，除辽东半岛外，东部沿海皆有分布[②]（图一三）。

---

① 石兴邦：《我国东方沿海和东南地区古代文化中鸟类图形与鸟祖崇拜的有关问题》，《中国原始文化论文集——纪念尹达八十诞辰》，文物出版社，1989 年，234～266 页。

② 韩康信、潘其凤：《我国拔牙风俗的源流及其意义》，《考古》1981 年第 1 期，64～76 页。杨式挺：《略论我国古代的拔牙风俗》，《广西民族研究》2003 年第 3 期，145～152 页。彭书琳：《岭南古代居民拔牙习俗的考古发现》，《南方文物》2009 年第 3 期，80～88 页。

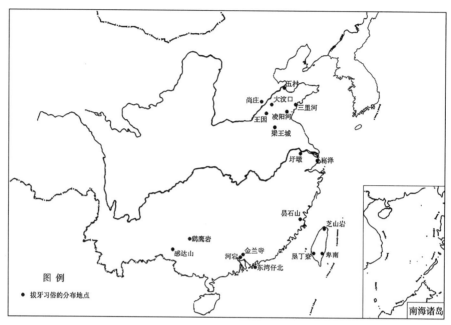

图一三　中国东部沿海拔牙习俗的分布

（四）基因

东部沿海半月形文化传播带的存在更有遗传学的证据支持。对大部分百越群体遗传材料的分析发现，其 Y 染色体遗传结构表现出相当程度的一致性，而与其他系统中的群体完全不同，具体表现为有大量的 M119、M110 或 M95、M88 突变[①]。对马桥地区良渚时期、马桥时期、战国及明代墓葬中出土人骨进行的古 DNA 分析同样表明，这个地区的古代样品中均含有较高频率的 M119C 和 M95T 类型，尤以前者的分布更为显著[②]，可知其确为百越族群的遗传特征。考察 M119 突变在中国境内现代汉族群体中的比例，发现以上海、浙江最高，达 26% 左右，其他依次是广东 20% 、安徽 18% 、辽宁和湖北 17% 、江苏 16% 、江西 14% 、湖南 13% 、河南 11% 、山东 9% 、四川 7% 、云南 4% ，实际上是以浙江为中心沿海岸线扩散至整个东部沿海[③]，表明这一广大地域范围内至少在历史时期曾存在百越民族的交流、扩散与迁徙。当然，从前文对各种文化因素的排比来看，正是先秦时期东部沿海文化传播带的存在为这种迁徙奠定了基础，而最早的迁徙行为在先秦时期应早已发生。

---

① 李辉：《百越遗传结构的一元二分现象》，《广西民族研究》2002 年第 4 期，26～31 页。
② 黄颖、李辉、高蒙河：《古代基因：百越族群研究新证》，《东南考古研究》第 3 辑，厦门大学出版社，2003 年，249～253 页。
③ 李辉：《百越遗传结构的一元二分现象》，《广西民族研究》2002 年第 4 期，26～31 页。

五 讨论：东部沿海半月形文化传播带的存在、规律及其南北差异

如上所述，先秦时期我国东部沿海各地区在多种文化因素上皆表现出相当程度的相似性，具体包括日常生活用具、纹饰、饰品、乐器、生产工具、生业经济、遗址类型、葬俗以及宇宙观、信仰崇拜、生活习俗、遗传结构等诸多方面。虽然其间可能存在一些偶然事件的影响，如凌家滩与红山相似玉器背后可能的社会上层旅行[①]，以及无法完全排除的各地区独立发明的可能，如多样态的石构墓与贝丘遗址，但更多的如鼎、鬶、盉、豆、圈足盘、玉石玦、栽培稻、有段石锛、土墩葬等因素皆具有明显的影响方向与传播关系，在某一地区率先出现后呈波浪状渐次向外扩展，并与考古学文化间的互动相联系，大致呈现出成组合扩散的态势。正是这种长时段、大地域、多层次的文化交流与人群迁徙，构成了我国东部沿海半月形文化传播带的存在。这一文化传播带并非文化传播线路本身，所涉及地域不仅限于沿海省份，还包括临近的安徽、江西等地，所传播的文化因素也并非是海洋文明的构成部分，其事实上所构成的是这一广大地域内部长期互动的历史态势。当然，这一传播带还可以与西北半月形地带联系，在两者内部又有大致三横三纵六条文化交流线路，从而共同串联起整个中国。本文即是为构建这一复杂文化交流体系所做的一点尝试。

就东部沿海半月形文化传播带而言，其肇始于公元前 6000 年前后，目前仅有长江下游栽培稻北传等零星发现，更早的如公元前 9000～前 7000 年上山文化、双塔一期共见的圈足豆，尚无明确的传播证据。此后约 1000 年间，未见明显的文化交流，各文化因素围绕起源地分布范围略有扩大，如玉玦由辽东向南至于北福地，豆、盘等圈足器类向北见于顺山集等。公元前 5000 年以来，沿海地区的文化交流进入高速发展阶段，以黄河下游及长江下游为主体，大量文化因素开始南北共见，并大致成组合扩散，最南已传播至闽北一带；公元前 3500 年之后，在保持黄河下游及长江下游主体地位的同时，文化传播范围进一步向南北扩散，北端见于辽东半岛，南端可至闽粤交界腊洲山地区。在公元前 3000 之后，长江下游大量文化因素借道赣江流域至于岭南，且石峡部分器物如直口短颈矮圈足罐、釜、敛口深盘圈足豆、直口壶、石镞等皆于昙石山文化见有同类器[②]，部分亦见于粤东闽南，显然还存在更加靠近海岸线的另一交流途径，与前者共同构成了文化传播带的东南与南部地带。这一跨越我国东部沿海的半月形文化传播带于此基本成型，某些因素也大致实现了向台湾、朝鲜半岛甚至日本等地的扩散。

---

① 李新伟：《中国史前社会上层远距离交流网的形成》，《文物》2015 年第 4 期，51～58 页。

② 林清哲：《昙石山文化与周邻新石器文化比较研究》，《南方文物》2004 年第 3 期，16～27 页。

此后这些文化因素由广东进一步向西、向南至于广西、海南、香港、菲律宾等地，也不过是对其略作补充而已。青铜时代以来，受具体政治格局的影响，东部沿海地区的文化传播无论内容还是地域较新石器时代均略有不及，北界稍南移，至于胶东半岛—鲁东南一带，文化交流也以长江下游至东南沿海及岭南较多见，较新石器时代成组合扩散的态势亦略显削弱，但这一文化传播带仍继续保持。秦汉时期，随着中国第二次大一统的到来[①]，东部沿海地区先后被纳入中央王朝实际控制的政治版图中，随着与外来文明的交流渐趋频繁[②]，东部沿海的文化传播带也因此再度繁荣，并在类似先秦时期的、自发的文化交流与人群迁徙之外，出现了更多受中原王朝控制的偏政治性的行为。

与童恩正对西北半月形文化传播带产生原因的分析相似，东部沿海文化传播带的形成同样与"生态环境的相似以及不同部族集团之间的关系"[③] 有密切关联。海洋环境与纬度、地形相配合，使得整个东部沿海地区在年太阳辐射总量、年降水量、14 小时能见度、年平均气温、大于 0℃积温等方面具有大体一致或相近的水平（图一四），在这样的自然环境影响下，这一地区在生产工具、作物与遗址形态方面表现出了相当程度的相似性，并进一步将这种相似性扩展到了陶制生活用器与纹饰，玉石饰、礼器与青铜或仿铜乐器，以及墓葬、信仰、习俗与基因等方面。同时较之西北的高原、山地，沿海环境提供了天然而便利的交通渠道，"从海滨采集贝壳类的软体动物，进一步发展为海上捕鱼，由海上捕鱼逐渐发展为海上交通的开拓"[④]。1982 年庙岛群岛大竹山岛附近海域内打捞有陶釜一件，作侈口宽沿、垂腹扁圆形、满饰绳纹，同类器未见于环渤海史前文化而与河姆渡四期及崧泽文化所见颇似，说明至少在公元前 4000 年前，长江下游与渤海湾之间已经存在海上交流。对新几内亚梅蓝内西亚人、北美太平洋沿岸海达人、加拿大那弗斯科的亚半岛和圣劳伦斯湾土人的民族学观察表明，如跨湖桥、河姆渡所见独木舟皆可用于海上航行[⑤]。特别是跨湖桥独木舟，两侧散布许多"木桩""木料"遗存，其东北侧还发现多块竹篾编织的席状物，表明其可能是一艘适于海上航行的边架艇独木帆舟[⑥]。至于青铜时代吴越与岭南之间的海上交通，则已经成为两地文化交流的重要途径之一[⑦]。当然，在这一文化传播带的长期互动中，海上交通可能并非主要的交通路径，在如浙南至岭南的广大丘陵山地间，由于地形原因，水运应是文化

---

① 李零：《两次大一统》，《茫茫禹迹中国的两次大一统》，生活·读书·新知三联书店，2016 年，7~75 页。
② 石云涛：《汉代外来文明研究》，中国社会科学出版社，2017 年。
③ 童恩正：《试论我国从东北至西南的边地半月形文化传播带》，《文物与考古论集》，文物出版社，1986 年，17~43 页。
④ 吴汝祚：《中国沿海史前文化的交往和海上交通》，《东南文化》1993 年第 2 期，43~49 页。
⑤ 吴汝祚：《中国沿海史前文化的交往和海上交通》，《东南文化》1993 年第 2 期，43~49 页。
⑥ 吴春明：《中国东南与太平洋的史前交通工具》，《从百越土著到南岛海洋文化》，文物出版社，2012 年，241~256 页。浙江省文物考古研究所、萧山博物馆：《跨湖桥》，文物出版社，2004 年，50 页。
⑦ 孙华：《中国青铜文化体系的几个问题》，《考古学研究》（五）下册，科学出版社，2003 年，921~948 页。

交流的主要选择，但同样为沿海地区的文化交流贡献着交通优势。而且在不同于华夏的沿海边地民族，如夷①、越、闽②、百越之间存在着的长时间的人群迁徙以及相似宇宙观、信仰崇拜、生活习俗等广范围的心理认同，更为这一文化传播带的存续提供了源源不绝的动力。

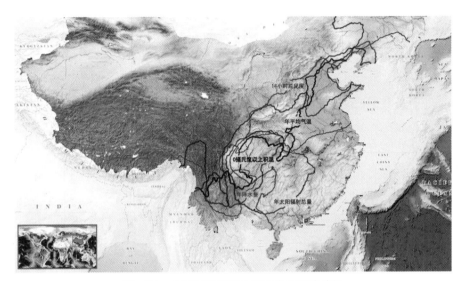

图一四　中国东部沿海地区的自然环境共性

　　海洋环境虽然使得东部沿海地区在某些气候要素上具有一定的相似性，但后者毕竟同处我国地形的第三阶梯，内部区别较小，因南北跨越之广大，主要的气候环境特征仍具有明显的纬度地带性，具体表现为大致以淮河为界的南北差异。淮河以北，属暖温带、半湿润区，年降水量在 400～800 毫米，湿润系数略小于 0，年平均气温小于 15.5℃，日平均气温≥10℃，积温不高于 5000℃，1 月平均气温小于 0℃，7 月平均气温 24～28℃，全年温差较大，无霜期在 150～250 天之间；淮河以南，属亚热带及热带、湿润区，年降水量达 800 毫米以上，湿润系数远大于 0，部分区域可达 100 以上，年平均气温为 16～26℃，日平均气温≥10℃，积温高于 5000℃，岭南沿海可近 8000℃，1 月平均气温大于 0℃，7 月平均气温 28～32℃，全年温差较小，无霜期大于 250 天。在这一气候特征的影响下，东部沿海所传播、共见的各文化因素也多表现出明显的南北差异，大致可以长江为界，涉及形制、形态、流行程度、传播方式等诸多层面，本文暂侧重于对长江以南的地区（下文简称"南方"，长江以北称"北方"）进行简要分析。

　　如玉石玦中，北方穿孔皆在正中，南方自河姆渡开始逐渐流行偏心式玦，又可细分

①　王迅：《东夷文化与淮夷文化研究》，北京大学出版社，1994 年。
②　吴春明：《闽文化刍议》，《厦门大学学报（哲学社会科学版）》，1990 年第 3 期，26～32 页。

为中孔偏离缺口与靠近缺口两类，其南界至于岭南、台湾一带，甚至可影响至越南地区①。即便是穿孔正中者，南方亦有不见或罕见于北方的镯形玦②、凸纽形玦③。前者分布较广与偏心式玦分布空间基本吻合，后者则相对狭小，最早见于石峡，后逐渐北传，以浙南衢州西山土墩墓④为其北界。吴县严山玉器窖藏⑤见有类似器，直径2.1厘米，"周沿雕凿亭形齿，肉上有小孔"，与缺口相对，与凸纽形玦形制颇似而功能及佩戴方式可能略有不同，简报亦称其为"玦形饰"而非"玦"。即便以此器为玦，凸纽形玦的分布亦不至于江北，南北之间泾渭分明。石构墓的南北差异同样明显，南方虽亦见有常见于北方的石棚、盖石墓，但尤以石床墓、石框墓、石室土墩为其特色且更加流行，而此几乎未见于北方。贝丘遗址的文化形态也可以长江为界分为南北两个系统，以胶东半岛与珠江三角洲地区为例，两地贝丘遗址的形成皆受全球海侵影响，始于距今6000年前左右，在适应海侵形成的自然环境的生存阶段表现出大体一致的行为，但此后则有明显差别。胶东半岛的古人类似乎具有更强的能动性，在贝丘遗址的消亡过程中，文化影响而非环境变化发挥了更大的作用，而珠江三角洲的古人类则更多地表现出对自然环境的依赖，贝丘遗址从产生到消亡都主要是被动适应环境的结果⑥。

即便是南北方形制、形态相近或有演变关系的因素，在流行程度或传播方式上也有明显区别。如镈于与铎历来被认为具有浓厚的百越色彩，虽有较大可能是由鲁东南一带南传而至，但于北方仅有零星发现而真正盛行并繁荣于南方的广大地区，除见于东南地区还可至于长江中游乃至西南⑦，且以后者存续时间更为长久。类似情况还见于越式鼎⑧，同样在北方仅于淮阴高庄⑨、曲阜鲁故城⑩有零星发现而盛行于南方。虽然越式铜鼎主要起源于湘江流域而少见于浙江、福建，但后者多有原始瓷质的仿铜越式鼎，以浙江多见并渐次南传，且北方所见越式铜鼎应是由宁镇北传的结果，故仍可在一定程度上视其为在东部沿海传播的文化因素之一。又如土墩葬与玉琮，皆由长江下游向南北扩散而方式不同。如前文所述，土墩葬向南以越人迁徙为主，向北则更多是越文化因素的传播，玉琮亦然。在向北扩散的过程中，经过大汶口文化的选择与过滤，其形制虽仍与良渚玉

① 杨建芳：《从玉器考察南中国史前文化传播和影响》，《东南文化》2008年第4期，63~73页。
② 杨建芳：《从玉器考察南中国史前文化传播和影响》，《东南文化》2008年第4期，63~73页。
③ 干小莉：《从凸纽形玦看环南海区域土著文化的交流》，《南方文物》2008年第2期，109~112页。
④ 金华地区文管会：《浙江衢州西山西周土墩墓》，《考古》1984年第7期，591~593页。
⑤ 吴县文物管理委员会：《江苏吴县春秋吴国玉器窖藏》，《文物》1988年第11期，1~13页。
⑥ 袁靖：《史前贝丘遗址研究》，《中国考古学研究的世纪回顾·新石器时代考古卷》，科学出版社，2008年，153~167页。
⑦ 熊传新：《中国古代镈于概论》，《中国考古学会第二次年会论文集（1980）》，文物出版社，1982年，80~89页。
⑧ 向桃初：《"越式鼎"研究初步》，《古代文明》第四卷，2005年，65~104页。
⑨ 淮阴市博物馆：《淮阴高庄战国墓》，《考古学报》1988年第2期，189~232页。
⑩ 山东省文物考古研究所：《曲阜鲁国故城》，齐鲁书社，1982年。

琼保持了基本一致的造型特点，但其所承载的、更具重要意义与文化内核的神人兽面纹已几乎不见，应是文化因素传播与他地再创造所致；向南的情况则与此相反，无论形制、纹饰皆与良渚文化保持高度的相似性，最南可见于海丰三舵村，这一现象显然无法由文化因素的逐级传播实现，而更可能是良渚先民向南迁移的结果①。

　　除此之外，南方还有大量文化因素传播并流行于东南沿海至岭南一带，而罕见于北方地区。如鸭形壶为马桥文化典型器类之一，应是长期盛行的鸟禽崇拜的产物②，后渐次南传见于光泽池湖③、闽侯黄土仑④、南安民安⑤、鹰潭角山⑥、池尾后山⑦、龙川坑仔里⑧、深圳咸头岭、曲江石峡⑨等地。同样流行鸟禽崇拜的北方地区于同时期仅见有二里头⑩一例，东北地区⑪的流行时间则晚到两汉时期，多三足、无鋬，与马桥鸭形壶差异甚大。又如镇⑫、提筒⑬、匏壶⑭、瓿形器⑮等，其起源各异，或在江浙，或在岭南，或在赣北，分布范围也大小不一，广者如瓿形器，集中分布于赣北—鄱阳湖、湘东北—洞庭湖及闽江流域，并可越海见于台湾地区，狭者如匏壶，多见于福建、两广，北界或在温岭塘山一线⑯而未及于宁绍，但皆不见于北方，具有浓烈的百越特色与清晰的沿海传播趋势。类似者尚有崖葬⑰、干栏式建筑⑱等诸多因素，而其中文化内涵最具

①　陈傑：《良渚时期琮的流变及相关问题的探讨》，《上海博物馆集刊》第九期，2002 年，571 ~ 585 页。
②　陈钰：《试论马桥文化鸭形壶的来源与传播》，《南方文物》2011 年第 4 期，81 ~ 87 页。
③　福建博物院：《福建光泽池湖商周遗址及墓葬》，《东南考古研究》第三辑，厦门大学出版社，2003 年，1 ~ 35 页。
④　福建省博物院：《福建闽侯黄土仑遗址发掘简报》，《福建文博》1984 年第 1 期，1 ~ 32 页。
⑤　福建省文物管理委员会：《闽南新石器时代遗址的调查》，《考古》1961 年第 5 期，237 ~ 244 页。
⑥　江西省文物考古研究院、鹰潭市博物馆：《角山窑址：1983 - 2007 年考古发掘报告》，文物出版社，2017 年。
⑦　广东省文物考古研究所：《广东普宁市池尾后山遗址发掘简报》，《考古》1998 年第 7 期，1 ~ 10 页。
⑧　广东省博物馆：《广东东部地区新石器时代遗存》，《考古》1961 年第 12 期，650 ~ 665 页。
⑨　广东省文物考古研究所、广东省博物馆、广东省韶关市曲江区博物馆：《石峡遗址——1973 - 1978 年考古发掘报告》（上），文物出版社，2014 年。
⑩　中国社会科学院考古研究所：《偃师二里头：1959 年 - 1978 年考古发掘报告》，中国大百科全书出版社，1991 年。
⑪　张伟：《东北地区鸭形陶壶研究》，《文物》2009 年第 6 期，62 ~ 75 页。
⑫　郑小炉：《东南地区春秋战国时期的"镇"——古越族向岭南迁徙的一个例证》，《边疆考古研究》第 2 辑，2003 年，195 ~ 203 页。
⑬　高逸凡：《岭南铜提筒与江东原始瓷筒形器的比较研究——兼论百越文化视野下的提筒形器》，《东南文化》2018 年第 2 期，64 ~ 74 页。
⑭　梅华全：《论福建及两广地区出土的陶匏壶》，《考古》1989 年第 11 期，1022 ~ 1026 页。曾凡：《关于"陶匏壶"问题》，《考古》1990 年第 9 期，837 ~ 843 页。
⑮　刘茜：《东南印纹陶文化中的瓿形器初探》，《东南考古研究》第三辑，厦门大学出版社，2003 年，193 ~ 207 页。付琳：《瓿形器研究》，《中国国家博物馆馆刊》2014 年第 3 期，6 ~ 19 页。
⑯　浙江省文物考古研究所：《浙江温岭塘山发现西汉东瓯国墓葬》，《东南文化》2007 年第 3 期，29 ~ 31 页。
⑰　吴春明：《中国南方崖葬的类型学考察》，《考古学报》1999 年第 3 期，311 ~ 335 页。
⑱　安志敏：《"干兰"式建筑的考古研究》，《考古学报》1963 年第 2 期，65 ~ 85 页。张文娟：《试论中国史前干栏式建筑的起源》，《三峡论坛》（三峡文学．理论版），2014 年第 5 期，43 ~ 50 页。

特色、持续时间最长、分布地域最广者当属几何印纹陶，以拍印几何纹饰为主要特征，与中原及其他地区拍印绳纹或篮纹的"印纹陶"判然相别。其产生于新石器时代晚期，兴盛于商周，遍及浙江、江西、福建、广东全省以及江苏、安徽、广西、湖北、湖南的部分地区，战国时略有衰退①，至秦汉时期又有长足发展，仍主要集中于南方地区，"在今安徽、重庆、福建、广东、广西、贵州、河北、河南、湖北、湖南、江苏、江西、山东、陕西、上海、四川、天津、云南、浙江等省区和直辖市，以及越南北部地区均有发现，……其中国内已报道的发现秦汉时期印纹硬陶的县市超过 150 个，已报道的出土器物数量达数千件，而实际发现的数量则远不止这些"②。

夏商周时期，随着中原广域王权国家的出现与兴盛，对周边地区的经略成为国家发展的重要内容，历两千年而归大一统。在此背景下，东部沿海文化传播带的南北差异也被置于更为广阔的历史格局中，表现为被纳入"中华一体"进程的先后与方式的不同。

在庙底沟期以来的早期中国逐渐形成的过程中③，北方的海岱地区即与中原保持有密切联系，至夏王朝时期，夷夏联盟已成为维护统治的政治基础，"在这个联盟中，夏后氏是华夏集团的代表，皋陶伯益所属的少皞氏则是东夷等泛东方集团的代表；有夏一代，东夷剧烈分化，部分夷人华夏化，与夏后氏结成政治同盟"④。商代继续加强对东方的控制，最早在二里岗上层商文化已经开始在东方出现，以鲁北、鲁南最为集中⑤，此后逐渐推进，即使在晚商文化大规模退缩的时期⑥，仍基本延续了这种态势并有所加强。西周于东方分封齐鲁诸国，在容纳大量东夷文化的同时，也以自身传统文化改变本国的东夷文化成分和东夷邻邦的文化面貌，以不断加大的距离向东方地区产生影响⑦，可以说最晚在中国第一次大一统，即西周封建的过程中，海岱地区已基本被纳入到中原王朝的政治控制与文化体系之中。

与之相反，南方广大地区融入中原王朝要迟至中国第二次大一统，即秦并天下之时才初步实现，至汉武帝统一南方时最终形成。在早期中国的形成过程中，南方大部分地区便一直处于中国文化圈的边缘地带，夏王朝时虽有禹会诸侯于涂山，但长江以南地区二里头文化因素仍较少见，且多集中在长江干流的宁镇、太湖一带⑧。虽然从肩头弄、马岭等地出土象鼻盉来看，闽浙赣交界地带可能与中原王朝存在一定的政治关

① 彭适凡：《中国南方古代印纹陶》，文物出版社，1987 年。
② 杨哲峰：《略谈秦汉时期印纹硬陶的区域类型及相互关系》，《中原文物》2017 年第 5 期，62~76 页。
③ 韩建业：《早期中国：中国文化圈的形成和发展》，上海古籍出版社，2015 年。
④ 孙庆伟：《鼏宅禹迹：夏代信史的考古学重建》，生活·读书·新知三联书店，2018 年，484~485 页。
⑤ 刘绪：《商文化在东方的拓展》，《夏商周考古探研》，2014 年，184~194 页。
⑥ 刘绪：《商文化在北方的进退》，《夏商周考古探研》，2014 年，168~176 页。
⑦ 王迅：《东夷文化与淮夷文化研究》，北京大学出版社，1994 年，113 页。
⑧ 段天璟：《二里头文化时期的中国》，社会科学文献出版社，2014 年，323~359 页。

联或贡赋关系[1]，但总体而言，南方大部与中原王朝之间的关系仍明显疏离。商代对南方的经略有所加强，影响空间明显拓展，典型商文化因素先后出现于盘龙城、石门皂市、九江、吴城以及宁镇地区，浙江昆山遗址也有少量发现，应与铜锡矿料、原始瓷等资源的获取有关。晚商时期典型商文化向北退缩，资源获取的方式、线路以及中原与地方的关系发生明显变化，可能由直接控制转变为地方贡赋。南如石峡、浮滨等地，虽与吴城保持较密切的联系，但交流内容中商文化因素亦少见。两周时期，分封诸国几乎尽在长江以北[2]，汉水中游及淮河中、下游大致为周王朝的南方疆界。所封南土诸侯并非源自西周王朝的权力与文化核心，与王朝中央的政治关系也高度动态，可视为区别于王畿区与封建区的"羁縻区"，在西周大一统的过程中表现出明显的离心力[3]。这一"羁縻区"以南的广大南方地区与中央王朝关系则更加疏远。虽然宁镇甚至浙南见有一定的周文化因素，江浙以折腹豆为代表的原始瓷及部分印纹陶也见于中原地区，但随着西周中期以来淮夷叛周，南方地区与周王朝的联系也因此被隔断，周文化的辐射与影响随之骤减[4]。长江中游两湖一带自新石器以来即与东部沿海有着密切联系，共同构成"T"形的交通廊道[5]，在西周中期以后，这一廊道以南地区内部的文化向心力愈发明显，区别于北方中原王朝，或可谓之"南中国"。又可作分东西两侧，西侧长江中游以楚文化为主，与中原关系稍近；东侧沿海则以吴越为大，与中原关系较远，并受沿海文化传播带的影响，持续向南促进了百越的形成，并赋予其强烈的海洋性特征[6]。战国时期，楚文化顺江东渐，成为"南中国"的代表，沿海地区则仍以百越为主，此传统下延甚久，如五代十国时刘岩于广州称帝之初，国号仍作"大越"，次年方改为"汉"。秦汉时期帝国的统一促使楚文化与北方文化融合，武帝时东瓯、闽越、南越相继国除，南方终究成为中华文化不可或缺的要素。

附记：

本文受教育部人文社会科学重点研究基地重大项目"长江中下游青铜文化带的形成与发展"（项目编号 18JJD780001）的资助。

① 罗汝鹏：《公元前 20 至前 9 世纪中国东南地区考古学文化研究——以闽浙赣交界地区为中心》，北京大学博士学位论文，2014 年。

② 李零：《两周族姓考》，《茫茫禹迹中国的两次大一统》，生活·读书·新知三联书店，2016 年，77～135 页。

③ 雷晋豪：《征服与抵抗：周代南土的政治动态与文化转型》，台湾大学文学院历史所博士论文，2014 年。

④ 孙华：《中国青铜文化体系的几个问题》，《考古学研究（五）》，科学出版社，2003 年，921～948 页。

⑤ Kwang‐chih Chang, 1963, The Spread of Agriculture and Neolithic Technology, *The Archaeology of Ancient China*, Yale University Press. 译文即《中国相互作用圈与文明的形成》，《中国考古论文集》，生活·读书·新知三联书店，2013 年，148～186 页。

⑥ 曹峻：《百越都城海洋性初探》，厦门大学硕士学位论文，2002 年。

宁波地区商周考古的新发现与新认识

王结华　张华琴

（宁波市文物考古研究所）

商周时期，生活在今宁波地区的主要是古代百越民族的一支——于越。他们在继承发展本地早期优秀文化并吸收接纳外来文化因素的同时，依托四明、天台诸山及其余脉的低丘缓坡、山前平地和余姚江、奉化江、甬江三江流域冲积平原及沿海岛屿，拓地垦荒，筑城建港，创造了风格鲜明的地域文化，也留下了丰富多元的物质遗存。这些物质遗存，不仅为我们认知那一时期宁波地区的社会面貌提供了重要实证，也为我们开展商周考古奠定了良好基础。

宁波地区的商周考古工作始于 20 世纪 50 年代中期为配合萧甬铁路工程建设而组织实施的战国墓葬的清理[1]，嗣后随着考古事业的不断推进，又发现了数量颇丰、类型多样、特色分明的商周时期遗存。之前学者曾对 2008 年以前宁波地区发现的商周时期遗存作过比较全面的统计分析[2]，本文拟以此为时间节点，分门别类，对近十年来宁波地区新发现的商周时期遗存作一简要介绍和初步探讨。

一　遗址

宁波地区目前已经发现的商周遗址或包含商周时期遗存的遗址，主要分布于鄞州区、江北区、镇海区、北仑区、奉化区、余姚市、慈溪市、象山县等地，计有数十处，但经过正式发掘的不多。2008 年以前（试）发掘过的主要有钱吞[3]、东澄[4]、灵山[5]、

①　赵人俊：《宁波地区发掘的古墓葬和古文化遗址》，《文物参考资料》1956 年第 4 期。
②　王结华、褚晓波：《宁波地域考古的回顾与展望》；刘恒武、王力军：《宁波地区青铜时代文化遗存初探》；张华琴：《宁波地区商周文化遗存类型分析》。以上文章均刊载于《宁波文物考古研究文集》，科学出版社，2008 年。
③　宁波市文物考古研究所、鄞县文物管理委员会办公室：《宁波钱吞商周遗址发掘简报》，《东南文化》2003 年第 3 期。
④　浙江省文物考古研究所发掘资料。
⑤　宁波市文物考古研究所、南京大学历史学院：《浙江宁波灵山遗址试掘报告》，《南方文物》2017 年第 3 期。

庶来①、卢家山②等时代相对单一的商周遗址，另在沙溪③、塔山④、名山后⑤、小东
门⑥、鏊架山⑦等遗址中发现了或丰富或单薄的商周时期遗存。2008 年以来又有了不少
新的发现（图一），并对其中的部分遗址作了初步勘探、试掘或较大规模的发掘。现以
行政区域为序作一简要介绍：

1. 朱家山遗址⑧

位于江北区洪塘街道原应家弄村。遗址面积至少约 10000 平方米，文化层距现地
表深约 0.6 米，中心区文化层厚约 0.4~0.6 米。2018 年 7 至 8 月为配合地方工程建设
进行调查、勘探时发现，在解剖探沟中发现了灰坑等遗迹，出土有夹砂陶鼎、泥质陶
刻槽盆和印纹硬陶罐等遗物（彩版六，1）。根据出土遗物初步判断遗址时代为商周
时期。

2. 鱼山遗址⑨

位于镇海区九龙湖镇河头村。遗址面积约 16500 平方米。2010 年 7 月第三次全国
不可移动文物普查时发现；2013 年 6 至 9 月为配合地方工程建设进行了勘探与试掘；
2013 年 12 月至 2014 年 5 月、2014 年 9 月至 2015 年 2 月分别进行了总面积 4300 平方
米的 Ⅰ、Ⅱ 两期发掘（彩版六，2）。

遗址文化堆积可分 9 层，时代大体相当于河姆渡文化、良渚文化、商周、唐宋四
大阶段。其中商周时期遗存以第③层为代表，又可细分为商晚、西周、东周三个连续
的发展阶段。发掘时局部揭露出一处保存较好、布局清晰、功能明确的居住生活区，
遗迹现象见有排桩、柱洞、灰坑、灰沟、栈桥、沙土台等 260 余处。出土遗物丰富，
陶器见有鼎、釜、罐、钵、豆、盆、盘等；印纹硬陶见有坛、瓮、罐、钵、尊、提梁
壶、刻槽盆等；原始瓷见有豆、碗、钵、尊、盂、杯、器盖等；铜器见有斧、锛、锸、

① 宁波市文物考古研究所、镇海区文物保护管理所：《浙江省宁波镇海九龙湖庶来遗址试掘简报》，《南方文
物》2015 年第 4 期。
② 宁波市文物考古研究所：《浙江宁波洪塘卢家山商周遗存发掘报告》，《南方文物》2011 年第 1 期。
③ 浙江省文物考古研究所、北仑区博物馆：《北仑沙溪新石器时代遗址发掘简报》，《南方文物》2005 年
第 1 期。
④ 浙江省文物考古研究所、象山县文物管理委员会：《象山县塔山遗址第一、二期发掘》，《浙江省文物考古
研究所学刊》，长征出版社，1997 年。浙江省文物考古研究所、象山县文物管理委员会：《象山塔山——
新石器至唐宋遗址发掘报告》，文物出版社，2014 年。
⑤ 名山后遗址考古队：《奉化名山后遗址第一期发掘的主要收获》，《浙江省文物考古研究所学刊——建所十
周年纪念（1980~1990）》，科学出版社，1993 年。
⑥ 浙江省文物考古研究所：《宁波慈城小东门遗址发掘简报》，《东南文化》2002 年第 9 期。
⑦ 孙国平、黄渭金：《余姚市鏊架山遗址发掘报告》，《史前研究》2000 年辑刊，三秦出版社，2000 年。
⑧ 宁波市文物考古研究所调查资料。
⑨ 雷少、王结华：《来自浙东沿海的远古回声——镇海鱼山·乌龟山遗址考古发掘》，《大众考古》2016 年
第 2 期。宁波市文物考古研究所、镇海区文物保护管理所、吉林大学文化遗产保护研究中心：《浙江宁波
镇海鱼山遗址 Ⅰ 期发掘简报》，《东南文化》2016 年第 4 期。

凿、镦、匕、镞等；石器见有斧、锛、凿、刀、镰、戈、矛、镞、玦、砺石等；另有零星的鹿角器和木耙、木陀螺等遗物（彩版七）。

3. 蛇山遗址①

位于镇海区九龙湖镇杜夹岙村。遗址面积约 20000 平方米。2014 年 12 月主动开展调查、勘探时发现。文化层距现地表深平均约 0.3 米，厚度平均约 2 米。地表采集遗物有陶鼎、陶甗、印纹硬陶罐及原始瓷豆、盂等。根据采集遗物初步判断遗址时代为史前至商周时期。

4. 张家山头遗址②

位于镇海区九龙湖镇张家山头坡脚。遗址面积约 10000 平方米。2018 年 1 至 6 月为配合地方工程建设进行调查、勘探、试掘时发现。文化层距现地表深平均约 0.3 米，厚度平均约 2.5 米。出土遗物中，陶器见有鼎、罐、豆、盆等；印纹硬陶见有坛、罐、豆、钵等；原始瓷见有豆、钵、盂、杯等；青铜器见有镞、鱼钩等；石器见有刀等。根据出土遗物初步判断遗址时代为史前至商周时期。

5. 大榭遗址③

位于宁波大榭开发区（北仑区大榭街道）下厂村。遗址面积约 20000 平方米。2008 年 6 月第三次全国不可移动文物普查时发现；2015 年 9 至 12 月为配合地方工程建设进行了勘探与试掘；2016 年 4 至 11 月、2017 年 3 至 12 月分别实施了总面积 7000 平方米的Ⅰ、Ⅱ两期发掘。

遗址文化堆积可分 4 大层，时代由早至晚分别为史前（相当于良渚文化晚期和钱山漾文化时期）、东周、宋元时期。其中第③层堆积为东周时期遗存，分布于史前时期的土台之上，遗迹主要发现有少量灰坑和灰沟，有的灰坑原始功能可能为蓄水坑；遗物出土较少，主要见有夹砂陶鼎、印纹硬陶罐、印纹硬陶坛、原始瓷钵等（彩版八）。

6. 大榭商周制盐遗址群④

值得注意的是，除大榭遗址外，2016 年 4 月以来又在大榭岛北太平村的方墩、孙家墩、周家墩、胡家墩、汪家墩、张家、徐家墩等七处地点调查、勘探发现了东周或东周至明清时期的遗址，在下厂村的沙塘发现了史前至商周时期遗址，在下厂村的孙家、周家发现了商周时期的遗址，并对其中的方墩遗址（彩版九）和孙家墩遗址（彩

---

① 宁波市文物考古研究所调查资料。
② 宁波市文物考古研究所调查资料。
③ 雷少、梅术文：《宁波首次发掘海岛史前文化遗址——大榭遗址Ⅰ期考古发掘的主要收获》，《中国文物报》2016 年 12 月 30 日第 5 版。雷少、梅术文：《我国古代海盐业的最早实证——宁波大榭遗址考古发掘取得重要收获》，《中国文物报》2017 年 12 月 29 日第 8 版。雷少、王结华执笔：《我国古代海盐业的最早实证——宁波大榭遗址考古发掘专家论证会综述》，《中国文物报》2017 年 12 月 29 日第 5 版专版。
④ 宁波市文物考古研究所调查资料。

版一〇）进行了主动性试掘，出土较多的陶盘、陶支脚等制盐工具，以及印纹硬陶罐、坛和原始瓷钵等日用器具。

初步考古情况表明，这些遗址虽分布面积大小不等、使用与延续年代各异，但有一点是相同的，那就是都包含有商周时期的制盐遗存。结合大榭遗址中史前时期制盐遗存的发现，我们或可这样认为：大榭岛是一处自史前时期一直延续至商周时期的重要制盐场所，且制盐规模在东周时期急剧扩大，已渐成为当时主要的经济支撑，制盐者的足迹几乎遍及大榭全岛，并在岛内各地留下了深深的时代印记。在一座面积不过30 余平方千米的海岛之上有如此众多商周时期制盐遗存的发现，说明当时的区域经济已经发展到了一定程度，社会生产已经有了明确的协作分工。

7. 下王渡遗址[①]

位于奉化区方桥街道下王渡村。遗址核心区面积约 9500 平方米。2016 年 11 至 12 月为配合地方工程建设勘探发现，2017 年 3 至 8 月进行了Ⅰ期发掘，发掘面积 3000 平方米。

遗址地层堆积深约 1.75 ~ 2.5 米，文化层可分为 4 期，相对年代由早至晚分别为河姆渡文化、良渚文化、商周和宋元时期。其中商周时期遗物主要发现于发掘区北部的第③层和开口于③层下的遗迹单位中，共清理房址 1 座、灰坑 6 个、灰沟 2 条、水井 1 口；出土遗物主要见有原始瓷豆、盏，印纹硬陶和陶拍、石镞等（彩版一一）。

8. 何家遗址[②]

位于奉化区方桥街道何家行政村境内。2016 年 12 月为配合地方工程建设勘探发现，2017 年 3 至 9 月进行了第一次发掘，发掘面积 1140 平方米。

遗址文化堆积可分 8 层 5 期，时代由河姆渡文化四期一直延续至汉代。其中第③层（第四期）为商周时期遗存，未发现遗迹，仅出土少量遗物，主要见有夹砂红陶鬲足、鼎足，夹砂灰黑陶器盖，原始瓷片和石锛、石刀等。

9. 宁波市第一医院异地建设一期地块[③]

位于奉化区方桥街道上王村西侧。2018 年 1 至 2 月为配合地方工程建设勘探发现，同年 7 至 11 月进行发掘，发掘面积 1000 平方米。

遗址地层堆积深约 1.8 ~ 2.1 米，文化层主要分为 3 期，相对年代由早至晚分别为河姆渡文化晚期、良渚文化时期和宋元时期。在部分探方的宋元时期文化层中发现有少许原始瓷盅式碗和印纹硬陶片等商周时期遗物，推测可能系受宋元时期人类活动扰

① 宁波市文物考古研究所发掘资料。
② 宁波市文物考古研究所、宁波市奉化区文物保护管理所、南京大学历史学院考古文物系：《浙江宁波奉化方桥何家遗址 2017 年发掘简报》，《南方文物》2019 年第 1 期。
③ 宁波市文物考古研究所发掘资料。

动或自然力作用而混入。

10. 姚家山遗址①

位于象山县丹城镇梅溪行政村姚家山自然村。遗址面积约 3200 平方米。1991 年发现，2012 年 3 至 9 月为配合地方工程建设进行了发掘，发掘面积 1400 平方米。

遗址文化堆积厚约 0.6~1.3 米，共分 5 层，时代可大体分为史前、商周、唐宋明清三大阶段。其中第④层为商周时期遗存，堆积较为丰富，主要出土有原始瓷、印纹硬陶、泥质灰陶和大量石质工具如锛、斧、凿、刀、犁、镞、纺轮、砺石等（彩版一二、一三）；遗迹发现不多，仅见少许柱洞。遗址时代及文化特征与相距不远的塔山遗址近似，应为同一遗址。

以下再简单谈一下对这些新发现遗址的初步认识：

从年代上看，姚家山遗址商周时期遗存约相当于商代中晚至东周时期；鱼山遗址商周时期遗存约相当于商晚至东周时期；大榭遗址商周时期遗存和方墩、孙家墩、周家墩、胡家墩、汪家墩、张家、徐家墩遗址主体的时代约相当于东周时期；下王渡遗址、何家遗址商周时期遗存因出土器物少且零碎，具体年代难以准确评判，但其上限应不超过西周时期，下限或可至战国时期；其他商周遗址或其包含的商周时期遗存的具体年代尚不十分明了，有待进一步研究和细分。

从分布上看，无论是时代比较单一的商周时期遗址，抑或是不同时期文化堆积彼此叠压的共存型遗址，多数都分布在低山缓坡、低矮台地或与其相距不远的山前平地上；大榭发现的诸多遗址虽地处海岛，情况也多如此。奉化发现的下王渡遗址、何家遗址等情况较为特殊，系分布在奉化江及其支流冲积形成的开阔平原地带，距离山地相对较远。

从堆积上看，单一型的商周遗址一般较薄；共存型遗址的不同时期遗存间则许多都有着自然间隔层，典型的如鱼山遗址，其河姆渡文化早晚两段遗存之间的第⑧层、良渚文化第⑥层与第⑤b 层之间的第⑤a 层、良渚文化与商周时期遗存之间的第④层均属于自然堆积形成的间隔层。张家山头遗址史前与商周时期遗存间同样间隔有较厚的自然淤积层。这在一定程度上直接反映了当时自然环境的剧烈变化和生产力水平较低状态下水进人退、水退人进的相互关系②。

从功能上看，朱家山遗址和鱼山、张家山头、蛇山、下王渡、何家、姚家山遗址

---

① 浙江省文物考古研究所发掘资料。

② Zhanghua Wang, David B. Ryves, Shao Lei, Xiaomei Nian, Ye Lv, Liang Tang, Long Wang, Jiehua Wang, Jie Chen, 2018, Middle Holocene marine flooding and human response in the south Yangtze coastal plain, East China, *Quaternary Science Reviews*, 187: 80 – 93. Keyang He, Houyuan Lu, Yunfei Zheng, Jianping Zhang, Deke Xu, Xiujia Huan, Jiehua Wang, Shao Lei, 2018, Middle – Holocene sea – level fluctuations interrupted the developing Hemudu culture in the lower Yangtze River, China, *Quaternary Science Reviews*, 188: 90 – 103.

商周时期遗存应属当时人们日常居住、生活形成的中小型聚落遗存；宁波市第一医院异地建设一期地块可能仅是当时人们的一处生产活动点，故只发现有少许混入晚期文化层中的商周时期遗物，而未见到明确的商周时期文化层和其他遗迹现象；方墩、孙家墩、周家墩、胡家墩、汪家墩、张家、徐家墩、沙塘、孙家、周家遗址或其包含的商周时期遗存应属以制作海盐为主要目的而形成的手工业遗存；大榭遗址二期遗存属于史前盐业遗存，包括东周在内的其他时期遗存则属于聚落型遗存。

二　城址

《说文·土部》："城，以盛民也。"①《吴越春秋》："筑城以卫君，造廓以守民。"②城市是一个区域的中心，也是经济社会发展到一定程度或出于某些特定需要的产物。战国时期，今天宁波辖区范围内最早的城邑出现了，余姚江、奉化江、甬江流经之地首次拥有了自己的地域中心——句章故城。

根据后世文献和地方志书记载，句章故城始建于越王勾践灭吴称霸之际③，秦汉至两晋时期为古句章县治④，东晋隆安年间（397～401年）城废治迁⑤，立城凡800余年。但这一说法，特别是句章故城的始建时间、废弃年代、具体位置及迁治与否、迁往何处等问题，由于时间的久远、记载的模糊和城址的消失，因而在后世方志与今人研究中争议颇多，曾是宁波港城发展史上悬而未决的著名公案之一。

2004至2012年，笔者主持对句章故城一带开展了八年之久的考古调查、勘探与试掘工作，终在2009年始有了突破性进展。主要收获体现在：一是找到了句章故城的具体位置是在余姚江北岸、今宁波市江北区慈城镇王家坝村境内（参见图一）；二是探明

---

① （东汉）许慎著，（宋）徐铉校：《说文解字》卷一三下，中华书局，1963年，据清同治十二年陈昌治本影印，288页。

② 周生春：《吴越春秋辑校汇考》，上海古籍出版社，1997年，261页。

③ "句章"之名，首见于（西汉）刘向集录《战国策·楚策一》："且王尝用滑于越，而纳句章"。"句章故城"之名，首见于（唐）李贤等注（刘宋）范晔撰《后汉书·臧洪传》："句章县故城在今越州鄮县西。《十三州志》云：勾践之地，南至勾无，其后并吴，因大城句余，章伯（通霸——笔者注）功以示子孙，故曰句章"。按：《十三州志》又名《十三州记》，北魏地理学家阚骃撰，此书约传至北宋以后散佚，清代学者张澍、王谟等人有辑本。

④ 《汉书》卷二十八上《地理志上》："会稽郡。县二十六：吴、曲阿、乌伤、毗陵、余暨、阳羡、诸暨、无锡、山阴、丹徒、余姚、娄、上虞、海盐、剡、由拳、太末、乌程、句章、余杭、鄞、钱塘、鄮、富春、治、回浦。"《后汉书》志第二十二《郡国四》："会稽郡。十四城……山阴、鄮、乌伤、诸暨、余暨、太末、上虞、剡、余姚、句章、鄞、章安、永宁、东侯官。"《晋书》卷十五《地理下》："会稽郡……山阴、上虞、余姚、句章、鄞、鄮、始宁、剡、永兴、诸暨。"

⑤ 参见（明）张时彻等撰《嘉靖宁波府志》卷十九《古迹·鄞·句章城》（嘉靖三十九年刻，张氏约园抄本）及宁波市地方志编纂委员会编《宁波市志》（中华书局，1995年）、鄞县地方志编纂委员会编《鄞县志》（中华书局，1996年）等。

图一　2008 年以来宁波地区新发现商周时期遗存分布示意图

了句章故城的城址坐落在由余姚江—赶水河—横河—后河相连构成的梯形水网内，城址总面积约 27 万平方米，中心区域位于今之癞头山（古称县后山）一带，面积约 5 万平方米（图二）；三是确认了句章故城的始建时间至迟不晚于战国中晚期，距今已有两千多年历史，可以说是名副其实的"宁波首邑"；四是厘清了句章故城的废弃年代是在东晋末叶隆安年间，因其时孙恩与刘裕之战而城废治迁；五是发现了东吴—西晋以来的 2 处码头遗迹，为宁波港口发展史研究提供了重要实物佐证①。

① 参见：王结华《句章故城考》，《2007 当代浙江学术论坛集萃》（上编），浙江大学出版社，2009 年；王结华、许超、张华琴《句章故城考古的主要收获与初步认识》，《南方文物》2012 年第 3 期；王结华、许超、张华琴《句章故城若干问题之探讨》，《东南文化》2013 年第 2 期；宁波市文物考古研究所编著《句章故城——考古调查与勘探报告》，科学出版社，2014 年；许超、张华琴、王结华《唐代明州初治地望考辨》，《东南文化》2016 年第 1 期；张华琴《句章古港新探》，《中国港口》2016 年增刊第 2 期；王结华《从句章到明州——宁波早期港城发展的考古学观察》，《中国港口》2017 年增刊第 1 期。

图二　句章故城地理环境与城址范围示意

作为宁波地区出现最早的城邑，除其具体始建年代外，还有一个问题需要得到澄清：句章故城到底因何兴建？按照传统说法，筑城的目的是为了彰显越王勾践的霸功，即所谓"大城句余，章伯功以示子孙"①。事实是否如此？至少在目前，我们尚未找到比战国中晚期更早的与勾践有涉的直接考古学证据。而据种种迹象分析，句章故城的兴起与发展似乎深受楚越战争和楚文化东渐的影响。关于这一点，可以从文献记载、出土文物和墓葬形制三个方面来做一些探讨：

首先，从文献记载上看，句章故城的始建与战国中晚期以来频繁发生的楚越战争在时间节点上相近。关于楚越战争，《史记·越王勾践世家》云："王无彊时，越兴师北伐齐，西伐楚，与中国争强。当楚威王之时，越北伐齐，齐威王使人说越王曰……于是越遂释齐而伐楚。楚威王兴兵而伐之，大败越，杀王无彊，尽取故吴地，至浙江，北破齐于徐州，而越以此散，诸族子争立，或为王，或为君，滨于江南海上，服朝于楚。"② 又，《战国策·楚策一》载"楚（怀）王问于范涓"云："且王尝用滑于越，而纳句章。昧之难，越乱，故楚南察濑湖而野江东。"③ 在这一楚国势力东渐的历史进

---

①　《后汉书·臧洪传》："《十三州志》云：勾践之地，南至勾无，其后并吴，因大城句余，章伯功以示子孙，故曰句章。"

②　《史记》卷四一《越王勾践世家》，中华书局，1963 年，1748 ~ 1751 页。

③　（西汉）刘向集录，范祥雍笺证，范邦谨协校：《战国策笺证》，上海古籍出版社，2006 年，782 页。

程中，作为越国属地的句章受到波及是不可避免的，这在文献中同样可以找到例证，除前引《战国策》直接出现过"纳句章"的记录外，1983 年湖南德山夕阳坡 2 号墓出土的楚简也有相关记载。李学勤先生将简文释读为"越涌君赢遅（将）其众以归楚之岁，酛层（荆门）之月，乙丑之日，王居于菽郢之遊宫。"认为其中的"涌"就是文献中的越地甬，甬与句章相连，可能当时的句章即属于甬；"越涌君"将众归楚，就是《战国策》中范涓所说的楚"纳句章"；并进一步考证出具体的"归楚之岁"是在公元前 307 年[1]。这一时间节点，与我们对句章故城出土部分印纹硬陶、原始瓷器（彩版一四，1、2）的类型学比对年代及其三号房址（F3）中采集木块的碳十四测试校正年代（最早 360BC～280BC）都是大体接近的[2]。

其次，从出土文物上看，句章故城出土的部分泥质陶器和建筑构件（彩版一四，3、4）均带有较为浓厚的楚文化色彩。泥质陶器如 A 型高领罐（F1：1）常见于战国中期以来皖西地区的墓葬中[3]；残存的这类高领罐的口沿（F3：10）和腹片（F3：11）与战国晚期的江苏苏州真山二号墩出土陶罐（D2M1：1）形制较为一致[4]；湖南益阳兔子山遗址战国至秦末时期的九号井[5]中也曾出同类陶罐（J9⑧：11），其同出的陶盆（J9⑥：9）则与句章故城 A 型陶盆（F3：4）近似。建筑构件如筒瓦（T105④：1）在制法、装饰、风格上与安徽寿县寿春城遗址出土的战国晚期筒瓦[6]及益阳兔子山遗址九号井中出土的筒瓦比较接近，时代当亦相去不远。研究表明，益阳兔子山九号井中所出器物组多具典型的楚文化风格[7]；寿春为楚国最后的都城所在，皖西地区舒城—六安—潜山一带发现的战国墓葬应该都是楚墓[8]；苏州真山 D1M1、D2M1、D3M1 被认为是战国晚期楚墓[9]。这些比对材料，无不显示出楚越战争和楚文化东渐对于句章故城的深刻影响。

---

①　李学勤：《越涌君赢将其众以归楚之岁考》，《古文字研究》第二十五辑，中华书局，2004 年，311～313 页。

②　宁波市文物考古研究所编著：《句章故城——考古调查与勘探报告》，科学出版社，2014 年，131～134、182 页。

③　安徽省文物考古研究所、潜山县文物管理所：《安徽潜山公山岗战国墓发掘报告》，《考古学报》2002 年第 1 期。

④　苏州博物馆：《真山东周墓地——吴楚贵族墓地的发掘与研究》，文物出版社，1999 年，44 页。

⑤　湖南省文物考古研究所、益阳市文物处：《湖南益阳兔子山遗址九号井发掘简报》，《文物》2016 年第 5 期。

⑥　参见曹大志《楚都寿春的考古发现和初步研究》，北京大学 2004 届硕士学位论文，41 页。

⑦　湖南省文物考古研究所、益阳市文物处：《湖南益阳兔子山遗址九号井发掘简报》，《文物》2016 年第 5 期。

⑧　张钟云：《安徽地区楚文化的研究与展望》，《东南文化》2001 年第 7 期。

⑨　参见李伯谦为《真山东周墓地——吴楚贵族墓地的发掘与研究》（文物出版社，1999 年）所作序言，第 2、3 页。

再次，从墓葬形制上看，商周时期宁波地区的墓葬经历了由土墩墓、土墩石室墓向竖穴土坑墓的发展演变，而在这一演变过程中，楚文化的浸润可谓至关重要①。我们在句章故城周边发现的部分墓葬，特别是在句章城外焦家山上勘探发现的战国至西汉时期墓地，其墓葬形制结构均为竖穴土坑式，同样显示出楚越战争对当地的影响，也是楚文化在宁波地区不断渗透扩张这一历史进程的客观反映。

三　墓葬

在宁波地区山地、丘陵的山脊、山腰或山麓平缓地带，散落着数量丰富、大大小小的先秦时期的土墩墓和土墩石室墓，主要分布在今鄞州、北仑、奉化、东钱湖、余姚、慈溪、象山等地。2008 年以前曾在慈溪彭东、东安②、缸窑山③，江北洪塘三勤村④、卢家山⑤，余姚老虎山、低塘石屋山⑥等地清理过土墩墓、土墩石室墓数十座；2008 年以来又分别对慈溪乌玉桥、东钱湖上水岙和奉化南岙等地的一些土墩石室墓葬进行了发掘（参见图一），现分别作一简要介绍：

1. 乌玉桥土墩石室墓群⑦

位于慈溪市横河镇乌玉桥行政村桃园自然村。2015 年 1 至 5 月为配合村落公园建设进行了发掘，共发现土墩石室墓 3 座，均位于同一土墩内。土墩已遭破坏，现存墩体长约 33.3、宽约 17.2 米。发现的 3 座土墩石室墓中，M2、M3 位于土墩边缘，损毁严重，仅保留底石一圈，出土遗物计 32 件，多已破碎难辨；M1 位于土墩中心底部，保存相对较好。

M1 由墓道、墓门、墓室和三道石砌挡土墙组成。墓道长 2.2、残深 1.64 米，截面略呈梯形，口宽 1.24、底宽 1.14 米。墓门开在墓室西壁居中位置，开口高出墓底 0.16米，门高 1.86、宽 1.17 米；顶部横架一块长 2.46、宽 0.52、厚约 0.4 米的条石，门洞则用大小不一的石块封堵。墓室平面长条形，截面呈梯形，内长 9.27、内顶宽 1~1.1、

① 参见陈元甫《宁绍地区战国墓葬楚文化因素考略》，《宁波文物考古研究文集》，科学出版社，2008 年。
② 浙江省文物考古研究所：《慈溪彭东、东安的土墩墓与石室土墩墓》，《浙江省文物考古研究所学刊——建所十周年纪念（1980~1990）》，科学出版社，1993 年。
③ 宁波市文物考古研究所、慈溪市文物管理委员会：《浙江慈溪掌起缸窑山墓地发掘报告》，《东南文化》2005 年第 2 期。
④ 宁波市文物考古研究所发掘资料。
⑤ 宁波市文物考古研究所：《浙江宁波洪塘卢家山商周遗存发掘报告》，《南方文物》2011 年第 1 期。
⑥ 余姚市文物保护管理所：《余姚市低塘石屋山古墓葬发掘简报》，《姚江田野考古》，浙江古籍出版社，2008 年。
⑦ 宁波市文物考古研究所、慈溪市文物管理委员会办公室：《浙江宁波慈溪横河乌玉桥桃园土墩墓发掘简报》，《南方文物》2017 年第 3 期。

内底宽 2、深 1.83~2.22 米；顶部用大小不等的八块石板封顶，用小石块、黄泥填缝；墓壁用大小不等的条石叠砌而成，室内侧较为平整；墓底为黄色沙石土平整而成，做工考究。该墓历史上虽遭盗掘，但仍出土有陶瑗、纺轮、盆、器盖、器耳、镇、角形器和原始瓷杯等各类遗物 61 件（彩版一五）。墓葬时代推测为春秋末年或战国早期，其规模相对较大，规格相对较高，不排除为当时越国一般贵族墓的可能。

2. 上水岙土墩石室墓①

位于东钱湖旅游度假区原上水村。2016 年 2 至 3 月为配合地方工程建设进行发掘。平面长条形。墓室截面倒梯形，内长 3.8 米，宽 0.5~0.9 米，残深 0.1~0.8 米；南、北、西三面墓壁由一层较大的石块堆砌而成，石块内侧修平且向下倾斜；东面石块疑遭破坏；底为生土。该墓保存状况较差，且遭盗扰严重，仅出土直口陶杯 1 件（彩版一六，1）。因尚未进行资料整理和器物比对，墓葬时代暂定为商周时期。

3. 南岙土墩石室墓群②

位于奉化区西坞街道白杜村南岙。2014 年 11 至 12 月为配合地方工程建设进行发掘，共发现土墩石室墓 4 座，分别编号 M17、M21、M25、M26（彩版一六，2）。因尚未进行资料整理和器物比对，这四座墓葬的时代均暂定为商周时期。

M17，平面长条形。墓室截面倒梯形，内长 5.7、宽 0.6~0.8、残深 0.9~1 米；南、北、东墓壁由多层形状、大小不一的石块堆砌而成，内层石块内侧修平且向下倾斜；西侧石块疑遭破坏；底为生土。该墓已遭盗扰，共出土形制相似的陶钵 6 件，其中 5 件位于墓室东侧，1 件位于西侧。

M21，平面长条形。墓室截面倒梯形，内长 4.5、宽 1.2~1.5、残深 0.2~0.3 米；四壁均由一层形状、大小不一的石块堆砌而成，石块内侧修平且向下倾斜；底为生土。墓室南侧另发现有几块散乱堆放的较大石板，推测可能为被破坏的墓室顶部盖板。该墓遭受盗扰严重，未见随葬品。

M25，平面长条形。墓室截面倒梯形，内长 4.8、宽 0.5~0.8、残深 0.3~0.8 米；四壁均由多层形状、大小不一的石块堆砌而成，内层石块内侧修平且向下倾斜；西侧不远处另发现有一堆乱石，且与墓室西壁石块相连；底为生土。该墓同样遭受严重盗扰，仅发现小陶罐 1 件。

M26，平面长条形。墓室截面倒梯形，内长 5.7、宽 0.4~0.9、残深 0.1~0.55 米；四壁由多层或一层形状、大小不一的石块堆砌而成，内层石块内侧修平且向下倾斜；底为生土。整座墓室向中部内收，疑似受到挤压导致变形。该墓已遭盗扰，共出

---

① 宁波市文物考古研究所发掘资料。
② 宁波市文物考古研究所发掘资料。

土形制大小相似的布纹陶钵 5 件。

土墩墓和土墩石室墓是具有鲜明地域特色和悠久历史传统的越人墓葬形式。根据现有考古材料分析，宁波地区的土墩墓与土墩石室墓至少自西周早期一直延续至战国晚期，以上新发现的这些墓葬同样不会超出这一时间范畴，应为其时生活在此的传统风格的越人墓葬。这一丧葬习俗直至楚越战争的发生和楚文化的东渐才得以逐步改变，开始出现竖穴土坑墓类型，1955 至 1956 年发掘的宁波火车站第 125 号墓①、1992 年发掘的老虎山 D1M1②，以及句章故城城外焦家山勘探发现的竖穴土坑墓群即为这一转变过程的产物。

综上所述，近十年来不同类型的商周时期遗存的新发现，以及今后可能的商周时期遗存的再发现，表明这一时期宁波地区的居民已从低山缓坡、低矮台地或与其相距不远的山前平地向沿海岛屿和相对开阔的冲积平原地带扩散（当然这一趋势自史前时期已经开始），人们的生产生活也已开始摆脱单一的传统农耕方式，以制盐为代表的手工业活动已具备了一定规模，这为我们重新认识当时的聚落分布、人口状况和经济水平等提供了新的素材与新的视角。而随着人口规模的不断扩张和经济水平的逐步提升，战国时期这一地区已出现了最早的城邑，形成了真正意义上的地域中心，这为嗣后区域经济社会的发展奠定了基础。秦汉以来，政归一统，开始在这里设县置治、聚民生息，宁波自此被正式纳入中原王朝的版图，开启了融入全国的历史进程。

附记：

本文得到史伟、谢向杰、雷少、罗鹏、许超、王光远、李永宁诸位同仁的协助，在此特表衷心谢忱！

---

① 引自许超、罗鹏：《宁波考古六十年》之"墓葬考古"篇，故宫出版社，2017 年。

② 浙江省文物考古研究所：《余姚老虎山一号墩发掘》，《沪杭甬高速公路考古报告》，文物出版社，2002 年。

台湾岛几何形印纹陶的起源及相关问题

付 琳

（厦门大学历史系）

几何形印纹陶是华南地区先秦两汉时期非常重要的一类文化因素。对华南地区几何形印纹陶遗存的研究，长期以来受到学者的关注。在李伯谦[1]、彭适凡[2]先生的相关研究成果中，均将闽台区视作华南几何形印纹陶遗存的一个重要分区。笔者曾梳理台湾岛几何形印纹陶遗存的发展脉络，并与闽江流域进行比较，发现在海峡两岸的几何形印纹陶遗存中存在交流线索[3]。本文主要通过对台湾岛新石器时代早、中期文化遗存的陶器内涵进行梳理，尝试讨论与台湾岛几何形印纹陶起源相关的问题，特别是海峡西岸大陆东南山地文化在台湾岛几何形印纹陶起源过程中发挥的作用。

一 台湾岛大坌坑文化的陶器内涵及其与大陆东南沿海地区的关系

台湾岛是我国第一大岛，隔台湾海峡与大陆闽粤两省相邻。在距今约7万年至1万年前，是更新世内最近的一次冰河时期，当时海平面下降，诸多证据显示出台湾海峡，或至少其南部出露平缓的陆地，将台湾岛与大陆相连[4]。此时，无论是台湾岛西部的网形文化，还是东部的长滨文化，均与大陆东南地区的旧石器文化属于同一系统。随着冰期结束，海平面上升，在距今1万年左右，台湾海峡两岸的文化出现分野，大陆东南地区进入新石器时代，而台湾岛的旧石器时代晚期文化可能在很多聚落持续发展，从全新世初期延续至全新世中期[5]。

---

[1] 李伯谦：《我国南方几何形印纹陶遗存的分区、分期及其有关问题》，《北京大学学报（哲学社会科学版）》1981年第1期。
[2] 彭适凡：《中国南方古代印纹陶》，文物出版社，1987年。
[3] 付琳：《从几何形印纹陶看台湾海峡两岸的早期文化交流》，《海洋遗产与考古》第3辑，待刊。
[4] 蔡保全：《晚玉木冰期台湾海峡成陆的证据》，《海洋科学》2002年第26卷第6期。
[5] 刘益昌：《台湾原住民史史前篇》，国史馆台湾文献馆，2002年，27、28页。

目前学者公认台湾岛内最早的新石器时代文化是大坌坑文化。大约从距今 6500 年左右开始，在台湾岛沿海的河流、湖岸地带出现大坌坑文化的小型聚落，遗址主要分布在台湾岛的北海岸、中南海岸和东海岸，不同区域大坌坑文化遗址出土陶器的特征有所差异，应可分作不同的地方类型。各遗址测定的大坌坑文化遗存绝对年代约在距今 6500 ~ 4500 年之间，局部地区可能延续到距今 4300 年左右才结束①。

大坌坑文化的完整陶器发现不多。陶片胎厚，含粗砂，色驳杂，有棕、深红、黄、灰等色。可复原的器形主要有罐和钵，以圜底器和矮圈足器为主，罐底部常有圈足，圈足靠底部有时有小圆孔，罐口部直折、口缘上常有一圈凸脊（图一，1 ~ 6）。台北大坌坑遗址出土的陶片纹饰以粗绳纹为主，绳纹是用裹绳细棒自口缘向下横卷印的，或是用裹绳的拍子印上去的。口沿内外和肩部常饰篦划纹，划纹的篦都是两个齿，以两到三条平行线转折构成的篦划纹带居多。

台南八甲村遗址的陶片中饰绳纹的相对少些，多刻划纹，同时有两种贝纹，一种用贝壳的外面作印模在器表上印出贝纹，另一种是用贝缘作篦齿来施印成篦印纹②。出土陶器都是手制的，砂粒可能是陶土中天然含有的。圈足是另外做好再加于陶器底部的。罐形器的口有两种：一种侈口较矮，在口部内缘施划纹；另一种口部有内敛趋势，在唇、颈之间的外缘有一圈凸脊，在凸脊以上的口部外缘施划纹。纹饰还有用单线条划成的交叉纹等。

关于大坌坑文化与海峡西岸壳丘头文化的关系，学者已有较多讨论，概括起来，基本有两种观点：一种是两者属于不同文化，但它们之间也有"相似之处"或"一定的亲缘关系"③；另一种是二者属于同一文化的"两个不同类型"或"两个地方相"④。大坌坑文化与壳丘头文化之间确有许多相同或相似的文化因素，吴绵吉先生曾进行过比较详细的分析⑤，其中较为重要的有两点：一是陶器器形都多为圜底器和圈足器；二是纹饰都有绳纹、刻划线纹、贝纹（贝齿纹和贝印纹）及圆形镂孔等。

总体而言，壳丘头文化与大坌坑文化之间的共性，显示出海峡两岸的新石器群落存在交流，并且可能都受到过河姆渡文化的影响。但从陶器内涵的分析而言，这种交流是非常平缓的，本阶段大陆东南沿海与台湾岛海岸区域的文化互动，似乎并不是人群有指向性的大规模迁徙所造成的。

① 刘益昌：《台湾全志卷三住民志·考古篇》，国史馆台湾文献馆，2011 年，138 页。
② 张光直：《中国东南海岸考古与南岛语族起源问题》，《中国考古学论文集》，北京三联书店，1999 年。
③ 王振镛：《试论福建贝丘遗址的文化类型》，《中国考古学会第三次年会论文集（1981）》，文物出版社，1984 年。
④ 张光直：《新石器时代的台湾海峡》，《考古》1989 年第 6 期。
⑤ 吴绵吉：《大坌坑文化与富国墩类型》，《中国东南民族考古文选》，香港中文大学中国考古艺术研究中心，2007 年。

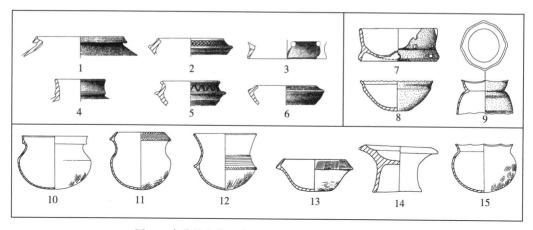

图一　大坌坑文化、壳丘头文化和河姆渡文化的陶器

1～6. 台湾岛北海岸地区遗址出土的大坌坑文化陶器（选引自《台湾全志卷三住民志·考古
篇》图13）　　7～9. 出自福建平潭壳丘头遗址　　10～15. 出自浙江余姚河姆渡遗址

二　大坌坑文化结束后台湾岛新石器时代中期文化的陶器内涵

在大坌坑文化层之上，台湾岛内的遗址普遍出现后续文化的堆积，属于"新石器时代中期"文化，主要有北部的讯塘埔文化、中部的牛骂头文化、南部的牛稠子文化和东海岸的东部绳纹陶文化。相较于大坌坑文化而言，这些文化的陶器内涵丰富了许多，几何形印纹陶亦最早出现于台湾岛的新石器时代中期文化遗址内。

（一）讯塘埔文化

讯塘埔文化的遗存，在20世纪50年代对台北圆山遗址的发掘中已明确显露，即圆山遗址上层为圆山文化层，下层为绳纹陶文化层。不过，对于圆山遗址下层遗存性质的认识，在较长时期内未与大坌坑文化区分开。直到20世纪80、90年代，黄士强、刘益昌等学者初步明确圆山遗址下层的绳纹陶文化与中南部的牛骂头文化、牛稠子文化年代基本平行。结合对台湾岛北部沿岸地区所做的田野工作不断深入，刘益昌在1997年正式提出了讯塘埔文化的命名①。

讯塘埔文化遗址主要分布于台湾岛北部海岸地区及淡水河流域，尤以淡水河口两侧分布最为密集。重要的遗址有新北市讯塘埔、万里加投，台北市植物园、大龙峒、圆山，宜兰县大竹园等。郭素秋曾对讯塘埔文化的内涵与年代做过系统讨论，认为讯

---

① 刘益昌：《台北县北海岸地区考古遗址调查报告》，台北县立文化中心委托"中国民族学会"之报告，1997年5月。

塘埔文化可分为早晚两阶段，早阶段以植物园下层、大龙峒、圆山下层为代表，晚阶段以大竹园为代表，讯塘埔遗址和万里加投遗址包含早晚两阶段的遗存。该文化年代从距今约 4800 年延续至 3500 年，约以距今 4100 年作为早晚阶段的年代分界[1]。

讯塘埔文化的陶器主要为夹砂褐陶、橙色夹砂陶和泥质红陶。陶器器形有罐、钵、豆、盆、细颈瓶、双连杯、三连杯、三足器、器盖、支脚、纺轮等，罐、钵器形与大坌坑文化有联系，但罐口已不见凸脊。郭素秋指出的三连杯器形的出现，可能受到了浙南地区好川文化袋足陶鬶和高圈足陶豆的启发[2]，是颇有见地的认识。讯塘埔文化陶器纹饰中的绳纹继承自大坌坑文化，但已基本不见大坌坑文化流行的篦划纹，新发现有拍印方格纹、刻划方格纹和几何形红色彩绘等此前大坌坑文化所不具备的陶器纹饰。

（二）牛骂头文化

牛骂头文化以台中县牛骂头遗址而命名。该文化的遗址大多分布于台中盆地周边的海岸阶地，以及大安溪、大甲溪、大肚溪、浊水溪中下游的河谷阶地。重要遗址除了牛骂头外，还有苗栗县白沙屯、南投县草鞋墩和彰化县牛埔等。

牛骂头文化的陶器以夹砂或泥质红、褐陶为主，有少量黑色陶，器形主要有罐、钵、瓶、豆、器盖、纺轮、环。除了常见的罐、钵外，宽沿的罐、盆、高矮圈足器和二连杯、三连杯，构成了其最主要的文化内涵。纹饰以拍印细绳纹为主，还有麻点纹（圆凸点纹）、条纹、方格纹、篮纹、划纹等，纹饰大多饰于陶器的肩、腹部。据统计，在彰化县牛埔遗址牛骂头文化层出土的陶片中，素面陶比例约占七至八成，纹饰陶中拍印绳纹者占绝大多数，发现拍印方格纹的陶片 6 片[3]。

刘益昌根据草鞋墩遗址和三柜坑遗址的碳十四测年数据，推断牛骂头文化的年代为距今 4500～3500 年之间[4]。实际上，目前在台湾岛西海岸中部地区的遗址中尚未见到单纯的大坌坑文化层，大坌坑式的陶器是与牛骂头文化的遗物共出的。据郭素秋统计，在牛骂头文化的遗址中，牛埔、安和、惠来和牛骂头遗址均可见到大坌坑式陶器的篦划纹，饰于牛骂头文化典型的宽沿器和喇叭形圈足上，而出土大坌坑式陶器的牛骂头文化遗址，有台中庄后村、龙泉村、顶街下层、下马厝、社脚，南投平林Ⅳ、水蛙窟、长山顶Ⅱ等遗址，她认为宜将这批共出大坌坑式陶器的牛骂头遗存称之为"牛

---

① 郭素秋：《台湾北部讯塘埔文化的内涵探讨》，《台湾史前史专论》，联经出版公司，2016 年。
② 郭素秋：《台湾北部讯塘埔文化的内涵探讨》，《台湾史前史专论》，联经出版公司，2016 年。
③ 郭素秋：《中部地区大坌坑式陶器的内涵——以彰化县牛埔遗址为例》，《田野考古》2016 年第 18 卷第 2 期。
④ 刘益昌：《存在的未知：台中地区的考古遗址与史前文化》，台中县立文化中心，1999 年，77 页。

骂头文化早阶段",并指出其主要流行的年代约在距今 5000 ~ 4300 年①。

(三) 牛稠子文化

牛稠子文化的遗址主要分布于台湾岛西海岸南部的丘陵、台地和平原地区,澎湖群岛亦为其分布范围。较重要的遗址有台南县牛稠子遗址、东门外遗址、网寮遗址、中洲遗址、右先方遗址,高雄县凤鼻头遗址、下甲遗址、鸟树林 B 遗址、漯底遗址等。

图二　凤鼻头遗址出土的牛稠子文化陶器

(引自 Chang, K. C. & Collaboraters, 1969, *Fengpitou*, *Tapenkeng*, *and the Prehistory of Taiwan.* Yale University Publications in Anthropology, No. 73, New Haven)

牛稠子文化的陶器以夹砂和泥质红陶为主,器形有罐、钵、盆、杯、盘、细颈瓶、豆形器、鼎形器、纺轮、环等 (图二)。主要纹饰是细绳纹,多饰于颈部以下,还有少量方格纹、划纹和彩绘。通常认为其年代在距今 4500 ~ 3400 年,刘益昌依据南科园区的考古资料,将其年代断在距今 4300 ~ 3300 年②。

(四) 东部绳纹陶文化

东部绳纹陶文化,亦称东部绳纹红陶文化,遗址分布于台湾岛东海岸地区。刘益昌认为其大致可分为南北两个系统,并将其年代推断为距今 4500 ~ 3500 年③。北侧主要分布在海岸山脉北段沿海地区,主要遗址有花莲县平林遗址下层、大坑遗址下层、盐寮遗址下层、猫公遗址下层,内涵与讯塘埔文化关系密切。叶美珍等学者建议将东海岸南部地区的此类遗存命名为"富山文化"④,其内涵与牛稠子文化关系密切。总体

---

① 郭素秋:《中部地区大坌坑式陶器的内涵——以彰化县牛埔遗址为例》,《田野考古》2016 年第 18 卷第 2 期。

② 刘益昌:《台湾全志卷三住民志·考古篇》,国史馆台湾文献馆,2011 年,171 页。

③ 刘益昌:《台湾全志卷三住民志·考古篇》,国史馆台湾文献馆,2011 年,174、175 页。

④ 叶美珍:《台东的史前文化》,《台东文献复刊》1997 年第 2 期。

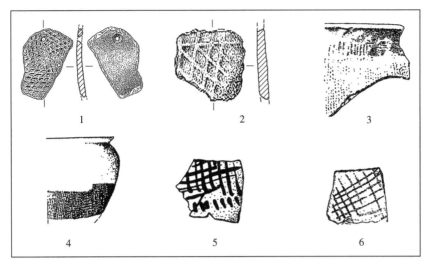

图三　台湾岛新石器时代中期文化陶器上的几何形纹饰

1、2. 拍印方格纹　3、4. 拍印网格纹　5. 彩绘方格纹　6. 刻划方格纹

（1、2. 讯塘埔文化　3. 牛骂头文化　4、5. 牛稠子文化　6. 东部绳纹陶文化）

来看，东部绳纹陶文化的陶器以红陶为主，器形主要有侈口罐、钵、豆形器，少见附加的把手或圈足。流行绳纹，有少量刻划的方格纹。

综上，台湾岛新石器时代中期文化开始的时间，在不同区域应略有早晚差异。但大致在距今 4500 年前后，台湾岛内的新石器文化由早期的大坌坑文化向中期各支文化转变，已是一个基本的共识。台湾岛新石器时代中期的文化都具有绳纹陶的特征，并延续使用大坌坑文化的部分陶器和石器器形，应是由本地先行的大坌坑文化发展而来。这批文化具有一系列相似的新兴因素，应当同台湾岛内文化间的交流有关，而一些差异的存在，则很可能是与岛外文化交流程度存在差别的反映。从台湾岛不同区域新石器时代中期文化的陶器内涵来看，三足器和豆形器等陶器器形（图二）、方格纹和彩绘等陶器纹饰的出现（图三），在台湾岛西海岸更为明显，从年代来说也可能略早，指示出这些因素，应源自海峡西岸的大陆东南地区。

三　大陆东南山地文化对台湾岛几何形印纹陶起源的影响

郭素秋曾细致梳理过台湾岛新石器时代中期文化内出现的新因素，并指出这些新因素的出现与周边文化的交流互动有关，认为本阶段台湾岛新出现的宽沿陶豆、鼎足可能是闽江下游昙石山文化晚期直接影响的结果[①]，在西大墩遗址、南势坑Ⅱ遗址、水

[①]　郭素秋：《台湾新石器时代中期的文化样相》，《海峡考古辑刊》（一），福建教育出版社，2015 年。

蛙窟遗址出土的玉圭、梳形玉饰、玉锛、玉凿，可能与浙南地区好川文化南渐有关①。除了陶器器形、玉器等因素外，稻作和粟作农业在台湾岛新石器时代中期得到较大发展，也与大陆东南地区存在密切关联。虽然台湾岛在大坌坑文化晚期已有一些稻作农业发生的线索，但基本仍属于张光直先生所说的"富裕的食物采集文化"②。至新石器时代中期，台湾岛讯塘埔文化的大龙峒遗址有炭化稻米出土，牛骂头文化的安和遗址和牛稠子文化的右先方遗址也有稻米、小米遗留，各支文化内都存在可能与谷物收割相关的石器器形。以往大家多将台湾岛谷物种植技术的来源，聚焦在宁绍地区的河姆渡文化。近年来福建的考古工作者也陆续在闽江下游的昙石山遗址、屏风山遗址和闽江上游的牛鼻山遗址、葫芦山遗址相继发现距今约 5300～3500 年的炭化水稻和小米，进一步显示出本阶段内海峡两岸古文化交流的背后，实际反映着人群及生业方式的扩散。

通过前文梳理，可知在台湾岛新石器时代中期几何形印纹陶开始出现，虽然拍印纹饰非常局限，在纹饰陶中所占的数量比例也是微乎其微，但这种新因素并非台湾岛固有的文化传统，其来源很可能也在大陆东南地区。不过，谷物种植、治玉技术和陶鼎、陶豆器形，有可能是受到大陆东南崧泽—良渚系平原文化扩散的影响，而几何形印纹陶这一因素，源自大陆东南山地文化的可能性更大。

新的考古证据显示出，大约在距今 5300～4800 年，很可能是大陆东南地区几何形印纹陶遗存发生的时间。在这一阶段内与长江下游湖网平原地区的良渚文化陶器装饰风格的传统不同，在东南山地丘陵地带孕育发生了最早的一批几何形印纹陶遗存。近几年来，厦门大学历史系考古教研室在闽浙赣三省交界的福建浦城县开展了一系列田野工作。在浦城牛鼻山遗址山顶探沟内，发现了牛鼻山上层阶段的炭化水稻，水稻测年和同堆积炭样测年均在距今 5300～4800 年，且出土了不同于传统认识的牛鼻山文化遗存。在浦城张家园遗址的调查过程中，发现了一类以拍印麻点纹为主的夹细砂灰陶遗存。在浦城龙头山遗址的发掘，则获得了一批内涵非常接近于浙南地区好川文化的墓葬。进而检视此前牛鼻山遗址上层墓葬的内涵，也显示出在这一阶段内少量几何形印纹陶和装饰麻点纹的陶器遗存，可能已不属于牛鼻山文化的范畴。这些新发现指示闽浙赣三省交界的山地地带，在大致距今 5300～4800 年这一阶段，业已成为沟通浙南地区以至浙北湖网平原，与闽江下游及沿海岛屿文化的重要陆路中介，山地文化的多样性亦在这一阶段得到极大显露。

---

① 郭素秋：《四千年前后的台湾与中国东南地区文化样相》，《2014 从马祖列岛到亚洲东南沿海：史前文化与体制遗留研究国际学术研讨会论文集》，2014 年 9 月。

② 张光直：《中国东南海岸的"富裕的食物采集文化"》，《上海博物馆集刊》第四期，上海古籍出版社，1987 年。

学者对于海峡两岸新石器时代文化的比较，以往多侧重于闽粤台沿海地区，这里自然是海峡两岸古代文化沟通交流的前沿，但需知其传递的很多因素并非产自沿海地带。至少目前来看，大陆东南的山地文化与台湾岛西海岸的新石器时代中期文化存在交流线索。在台湾岛西海岸中部属于牛骂头文化的牛埔遗址见有少量拍印的麻点纹的陶片①，而这种特殊纹饰的陶器遗存主要见于闽江流域及邻近地区，尤以闽江上游的山地地带居多。前文述及的浦城张家园遗址是首次确认以装饰麻点纹的夹细砂灰陶为主要特征的典型遗址，从浦城牛鼻山遗址山顶探沟和明溪南山洞穴遗址出土相关遗存的碳十四测年数据来看，张家园类遗存在距今 5300～4800 年间即于大陆东南山地出现，可能是台湾岛西海岸地区这种因素的来源。此外，在牛骂头文化和讯塘埔文化中新出现不同于大坌坑文化的陶罐（釜）口沿，不单在闽江下游地区的昙石山文化中存在，在闽江上游的牛鼻山上层遗存和张家园类遗存中也有相似者。

依据昙石山文化墓葬的分期及断代成果②，可知从昙石山文化第二期墓葬中开始出现少量拍印的方格纹、梯格纹、叶脉纹和席纹的陶器，第三、四、五期均有延续，但数量也只有寥寥几件。现阶段可将闽江下游地区几何形印纹陶出现的时间推定在距今4500 年以前，年代上限或可到距今 4800 年左右，应略晚于闽江上游的山地地带。起源于大陆东南山地文化中的几何形印纹陶遗存，很可能伴随着来自江南湖网平原地区的鼎、豆、鬶等陶器器形、治玉技术和谷物种植等文化及生业因素，在山地文化与海洋文化的交流过程中，逐步传递到了台湾岛。

---

① 郭素秋：《中部地区大坌坑式陶器的内涵——以彰化县牛埔遗址为例》，《田野考古》2016 年第 18 卷第 2 期，图五－22、23。

② 福建博物院、福建省昙石山遗址博物馆：《昙石山遗址：福建省昙石山遗址 1954～2004 年发掘报告》，海峡书局，2015 年，186～194 页。

从东周于越贵族墓葬形制看越地文化变迁

曹　峻

（上海大学历史系）

　　茅山以东的环太湖及宁绍平原一带，是先秦时于越族的传统居住区域。这一带分布着大量东周土墩墓，其中有不少规模巨大的高等级贵族墓。这些墓葬均为一墩一墓，封土与墓室规模巨大、随葬品众多，是东周于越社会与文化的重要物质遗存。对这些物质遗存，学界已在葬制葬俗、等级族属、墓内建筑等方面进行过深入研究。本文拟在前人基础上，探索于越贵族墓葬的形制及其包含的文化因素，以了解其基本内涵、文化渊源及所反映东周越地文化变迁的过程。

　　目前已正式发表材料中，墓室长度在 5 米以上的大型贵族墓葬有印山越王陵[①]，真山 D9M1[②]，东阳前山 D2M1[③]，江阴周庄 JZD3[④]，鸿山邱承墩、老虎墩、万家坟、曹家坟、杜家坟[⑤]，长兴鼻子山 M1，安吉龙山 D141M1[⑥]，安吉笔架山 D48M1、D129M1[⑦]，绍兴凤凰山 M3、小黄山 M13、香山 M1、小家山 M17、祝家山 M1[⑧] 等十余座。根据目前的认识，可将它们所处年代分为春秋晚末期、战国早期与战国中期三个阶段（表一）。这些墓葬是本文讨论的主要对象。

表一　东周贵族墓葬分期

分期	年代	墓　葬
Ⅰ期	春秋晚末期	印山越王陵、真山 D9M1、东阳前山 D2M1、江阴周庄 JZD3 及鸿山邱承墩、老虎墩、万家坟、曹家坟、杜家坟

①　浙江省文物考古研究所、绍兴县文物保护管理局：《印山越王陵》，文物出版社，2002 年。
②　苏州博物馆：《真山东周墓地：吴楚贵族墓地的发掘与研究》，文物出版社，1999 年。
③　浙江省文物考古研究所：《浙江越墓》，科学出版社，2009 年。
④　周庄土墩墓联合考古队：《江苏江阴周庄 JZD3 东周土墩墓》，《文物》2010 年第 11 期。
⑤　南京博物院等：《鸿山越墓：发掘报告》，文物出版社，2007 年。
⑥　浙江省文物考古研究所：《浙江越墓》，科学出版社，2009 年。
⑦　浙江省文物考古研究所、安吉县博物馆：《浙江安吉笔架山春秋战国墓葬发掘简报》，《东南文化》2009 年第 1 期。
⑧　浙江省文物考古研究所：《绍兴越墓》，文物出版社，2016 年。

续表

分期	年代	墓葬
Ⅱ期	战国早期	长兴鼻子山 M1、安吉龙山 D141M1、安吉笔架山 D48M1 及 D129M1、小黄山 M13
Ⅲ期	战国中期	凤凰山 M3、香山 M1、小家山 M17、祝家山 M1

一　墓葬形制的基本特征

墓葬形制包括封土、墓道、墓室、棺椁葬具等几个部分，近来还发现有些墓葬存在器物陪葬坑作为附属设施。细加分析，这些部分均呈现出独特的面貌，具有鲜明的特征。

1. 封土

规模巨大的封土是于越贵族墓葬的普遍特征。封土均呈东西向长方形覆斗状，一般长 30、宽 20、高 3 米以上，特别巨大者如印山越王陵、真山 D9M1 等甚至可达 70 多米底长、9 米多高。封土的形成有两种方式，其一为逐层堆筑不经夯打，如鸿山诸墓；其二为逐层夯筑，由内外两大层组成，内层土质纯净细腻、夯打细致，外层夹杂小石块、制作粗糙，如印山越王陵。有些封土中还存在特殊现象，如真山大墓筑有多条挡土墙，鸿山老虎墩中发现"山"字形火道，经烧烤后形成坚硬的红烧土，目的可能是为了加强封土的紧实性。

2. 墓坑

（1）形式与结构

在建筑方式上，墓坑有平地起封与长方形竖穴两种形式。其中平地起封墓仅有江阴周庄、鸿山老虎墩与万家坟 3 座，且均为长方形墓室结构，没有墓道。

长方形竖穴坑墓包括印山越王陵、真山 D9、东阳前山、鸿山邱承墩、鸿山曹家坟、鸿山杜家坟、长兴鼻子山、安吉龙山及安吉笔架山 D48、D129 等。其建造又有两种不同的挖掘方式，其一为在基岩或生土上直接下挖出墓坑；另一种是先堆筑人工熟土再在熟土上下挖墓坑。可以看出，竖穴墓是于越贵族墓葬中的多数形态（表二）。

表二　墓坑形式

墓坑形式	墓葬			图例
	春秋晚期	春秋战国之际	战国早期	
平地起封	江阴周庄 JZD3	鸿山老虎墩、鸿山万家坟		江阴周庄 JZD3

续表

墓坑形式		墓葬			图例
		春秋晚期	春秋战国之际	战国早期	
长方形竖穴坑	基岩（生土）挖坑	印山越王陵、真山大墓		长兴鼻子山、安吉龙山、安吉笔架山 D48M1	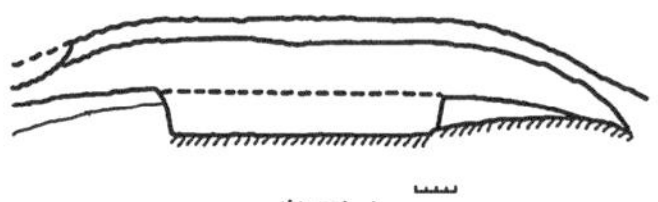 鼻子山
	熟土挖坑	东阳前山 D2M1	鸿山邱承墩、鸿山曹家坟、鸿山杜家坟	安吉笔架山 D129	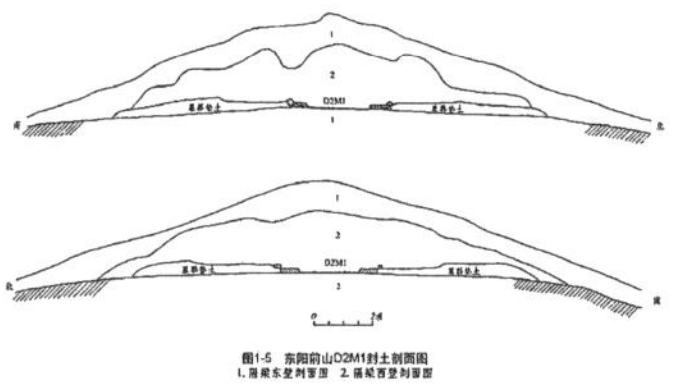 东阳前山

　　从结构来看，竖穴墓的墓坑有带墓道的"甲"字形和不带墓道的长方形两种。"甲"字形结构墓坑有印山越王陵、真山大墓、东阳前山墓、鸿山邱承墩、长兴鼻子山、安吉龙山 D141M1、安吉笔架山 D48M1 等。不带墓道的有鸿山曹家坟、鸿山杜家坟以及安吉笔架山 D129M1 等，"甲"字形墓坑要明显多于长方形墓坑（表三）。

表三　竖穴墓坑结构

墓坑结构	墓葬			图例
	春秋晚期	春秋战国之际	战国早期	
"甲"字形	印山越王陵、真山 D9M1、东阳前山	鸿山邱承墩	长兴鼻子山、安吉龙山、安吉笔架山 D48M1	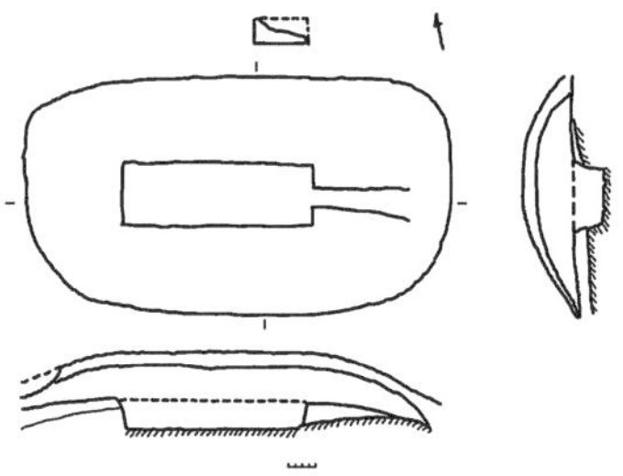 鼻子山
长方形		鸿山曹家坟、鸿山杜家坟	安吉笔架山 D129	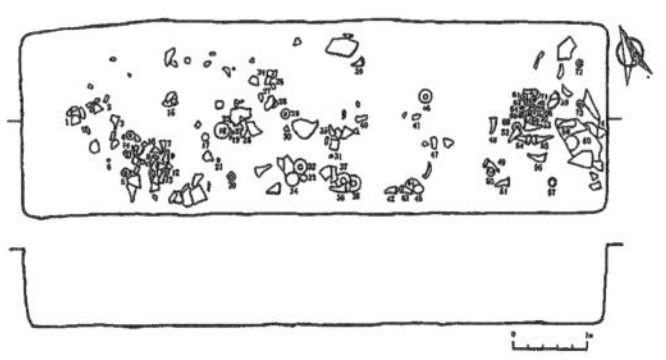 杜家坟

（2）墓道

因墓主尸骨均腐朽无存，所以一般来说墓道方向即代表墓葬朝向。目前来看，除了东阳前山墓道朝西之外，其余大墓墓道均位于墓室东壁，为东向。

墓道形制有平底和斜坡两种类型。平底墓道见于印山越王陵、真山大墓、东阳前山、鸿山邱承墩与安吉龙山大墓。印山越王陵和真山大墓的墓道均凿岩而成，墓道底平直，外段顺山体坡势略微向东面墓道口方向倾斜；安吉龙山大墓墓道平面呈长条形，虽微微向坑内倾斜，但基本为平底墓道；东阳前山为全用石块垒砌的石室墓道，比较特殊。

斜坡墓道见于长兴鼻子山和安吉笔架山 D48M1。长兴鼻子山墓道呈平面喇叭形、外高内低的斜坡墓道，口大底小，长 7、口宽 2.2~2.6、底宽 1.6~2.5 米，与墓坑连接的部位深 1.7 米；安吉笔架山 D48M1 也为斜坡墓道，东部宽、高，西部窄、低，底部高于墓室底约 0.25 米，墓道长 6、宽 1.3~2.04、深 0~0.48 米。

墓道中常见排水沟、柱洞等遗迹。印山越王陵、鸿山邱承墩与安吉龙山大墓中都发现排水沟，印山大墓排水沟位于墓道南北两侧，邱承墩墓道中间有一条宽 0.2 米的排水沟，龙山大墓也在墓道底部正中挖掘一条排水明沟，沟底铺叠若干层直径 15 厘米左右的块石用于向外沥水。柱洞常在墓道中发现，典型如龙山大墓，其墓道两侧各密集分布一排柱洞，伸入坑内与木椁相连。两侧柱洞立面形状均呈向内对应倾斜状，很可能是横截面呈三角形的两面斜坡状木结构遗存。此外，鸿山邱承墩墓道南壁还发现一个长圆形壁龛，底部稍低于墓道，长 3.4、宽 0.9、高 0.5 米，其内放置青瓷乐器。

（3）墓室

于越贵族墓的墓室均为长方形，一般凿岩而成，不设台阶。有些墓底有棺床，如真山大墓、东阳前山大墓棺床为石块堆砌；鸿山老虎墩与万家坟则是由木板拼成木质棺床，并在棺床上直接摆放墓主人与随葬品起封成墩。

墓底普遍存在枕木沟，除印山大墓保留完整的东西向两道枕木外，其余大墓均仅留枕木沟。有南北向与东西向两种形态。真山大墓与东阳前山等枕木沟为南北向。真山大墓墓底有 2 条宽 0.25、深 0.2 米的南北向沟槽，将石棺床分为三部分；东阳前山大墓发现 8 条宽 0.4~0.45 米的南北向枕木沟等距离排列，将石床分隔成七段。东西向枕木沟存在于印山、鸿山万家坟、长兴鼻子山、安吉龙山大墓中。

在真山大墓和东阳前山墓底石棺床周围还发现一圈"二层台"，高 0.15~0.2、宽 0.4 米左右。其中东阳前山的熟土"二层台"还被 8 条南北向枕木沟打破。

墓坑中普遍发现大量木炭和膏泥，说明这些大型墓葬都使用上等防水材料精心填筑。

3. 棺椁

目前于越大型墓中，印山王陵保存了较为完整的棺椁遗存。其木质椁室选用巨大枋木构建而成，长34.8、宽6.7、高5.5米。南北两侧墙用两排紧密排列的竖向枋木相互支撑，从而构成横断面呈等腰三角形的"人"字坡状长条形椁室，顶部中脊用粗壮的半圆木东西纵压其上。椁室分为前、中、后三室。中室内置一巨大独木棺，用整根巨大圆形杉木对剖挖空而成，一半作棺身、另一半作棺盖。棺身长6.05、厚0.23米，内外均髹黑漆。棺底与椁室底部之间有三根南北向横置的垫木，自东至西基本等距离垫置。

其他贵族墓中的棺椁均保存不好，发掘者根据封土坍塌和漆皮残迹推测木质椁室的两种形态。一为矩形箱式木椁，如长兴鼻子山大墓与真山大墓；二为与印山大墓相似的"人"字形三角形木椁，如东阳前山与安吉龙山大墓等。

4. 陪葬器物坑

随葬器物坑是于越贵族墓葬中的一个重要组成部分，均呈长方形，大小不一；与墓葬的相对位置非常固定，均位于墓坑外、墓道方向的左侧；或在封土内紧挨墓坑，或在封土之外；坑内随葬陶瓷礼乐器，没有青铜器和玉石饰品①。如长兴鼻子山墓坑封土之外设置有一个陪葬器物坑，为与墓坑并行分布的东西向长方形岩坑，长4、宽1.5、深0.5米。坑内满置器物，主要为仿青铜的原始瓷和硬陶乐器和礼器。

这些包含了封土、墓坑、棺椁、器物坑等不同部位的于越贵族墓葬的形制，文化内涵独特，含有多种来源文化因素，既有本土因素也有外来风格。对这些文化因素的辨析和认识，有助于我们理解东周时期于越文化的内涵和发展变迁情况。

二 墓葬形制中的本土因素

在墓葬形制所体现不同来源的文化内涵中，覆斗状封土、平地起封、"二层台"、石室墓道、平底墓道、"人"字形椁室、陪葬器物坑等源自本土的因素特别显著，代表了于越地区本土文化传统的延续与发展。

1. 封土

吴越地区自西周开始的土墩墓，一出现就伴随着地面的大型封土，至东周更甚。这与中原商周以来奉行墓葬"不封不树"、东周以后齐鲁等地才出现大型封土的现象不同。近年还有学者注意到即使在吴越文化内部，太湖地区越贵族墓葬的封土呈长方形覆斗状，与宁镇地区吴民族圆形馒首状的封土也明显不同②。而且于越封土还出现一些

---

① 浙江省文物考古研究所：《浙江越墓》，科学出版社，2009年，214页。
② 张敏：《吴越贵族墓葬的甄别研究》，《文物》2010年第1期。陈元甫：《越国贵族墓葬制葬俗初步研究》，《东南文化》2010年第1期。

独特的设施来加固，如真山大墓在封土内部叠筑石墙；鸿山万家坟甚至挖火道通过火烧来加强封土的稳固。因此长方形覆斗状封土以及内部的独特结构，是于越贵族墓葬的独特风格。

2. 墓坑

平地起封、不挖墓穴、墓底铺设卵石的埋葬方式，也是吴越地区土墩墓的突出特点。例如鸿山老虎墩与万家坟两座墓葬，即为平地起封的埋葬形式；而江阴周庄 ZJD3 大墓则在平地上先垫起高达 3.5 米的垫土，将其顶部加以平整后直接构建墓室；东阳前山大墓虽挖有熟土浅坑，但其东、南、北三面坑口均用石块围置墓坑边框，坑底全用河卵石铺设紧密平整的石床。这些特点早在于越地区西周时期的各类墓葬，尤其是中小型墓葬中就普遍出现，因此是延续了本地区西周以来的传统。

于越贵族墓的墓坑中还常见到一种现象，即在墓底四周设置一圈高起的台阶状结构，发掘者往往称其为"二层台"。如东阳前山大墓在石棺床周围发现高起的石砌台阶状结构，高于墓底 0.15 ~ 0.2 米，台面宽 0.6 ~ 0.65 米。真山大墓中也有相似结构，其位于墓口四周一圈，距离墓底 0.15 ~ 0.2 米、宽 0.3 ~ 0.4 米。细究起来，这种"二层台"在形制和功能上与中原周代大型墓葬中的二层台结构有很大的不同。中原地区的二层台不论生土还是熟土，均又高又宽，其上常放置大量随葬器物，有时甚至还挖穴殉人。如宝鸡竹园沟 BZM13，墓底生土二层台绕椁室一周，高 1.15、头端宽 0.70、脚端台宽 0.35、左侧台宽 1.5、右侧台宽 0.5 米，台面上又挖筑一小椁殉葬妾属[1]；山东枣庄徐楼春秋晚期墓 M1 墓底四周有熟土二层台，土质紧密经夯打，高 0.56 ~ 1.2 米、宽 1 ~ 1.2 米，其南侧二层台挖置器物箱放置随葬器物[2]。与这些墓葬相比，于越贵族大墓的"二层台"非常低矮，其上不仅没有随葬器物的发现，反而在前山墓葬中看到"二层台"被枕木沟打破的现象，说明椁室完全覆盖在此"二层台"之上。显然这类结构不应称为"二层台"，而应该是一种设置在墓坑周边的矮阶性结构。而这一结构正显示了于越地区墓葬形制中不同于中原地区的特殊文化现象。

平底墓道也是于越土著特征的表现。在于越 7 座带墓道的贵族墓葬中，平底墓道有 5 座。其中东阳前山墓道上下均由石块砌筑成为一石室状通道，显然是当地石室土墩墓的延续和表现；印山、真山、鸿山邱承墩、安吉龙山等大墓的墓道底部或与墓室底部水平，或略高于墓室底部，但基本平直的现象也显示了不同于周楚等贵族墓葬中由墓底斜直向上的斜坡墓道，是本地区文化因素的表征。

---

① 卢连成、胡智生：《宝鸡強国墓地》，文物出版社，1988 年，54 页。
② 枣庄市博物馆等：《山东枣庄徐楼东周墓发掘简报》，《文物》2014 年第 1 期。

3. "人"字形椁室

椁室方面，横截面呈"人"字形的椁室形式是吴越文化不同于其他地区文化的显著特点。印山王陵横截面呈"人"字形的椁室结构与周楚等地长方形的箱式椁室差别明显，突显东南越地的丧葬习俗。除此之外，这种"人"字形椁室也还可能存在于东阳前山与安吉龙山大墓中，不过因椁室腐朽无存，这两座大墓的椁室形式是通过坍塌土的形态来判断的。而宁镇地区则发现相对确切的材料，在江苏句容和金坛周代的中小型土墩墓中发现一批"人"字形墓内建筑①，说明不论大型或是中小型墓葬，"人"字形木椁室都是吴越地区普遍存在的土著文化特征。

4. 陪葬器物坑

陪葬器物坑是近些年在发掘中发现并确认的于越贵族墓的重要组成部分。其一般位于墓葬北面封土之外，不被封土覆盖。平面呈东西向长方形，坑内满置器物，主要为仿青铜的礼乐器、大小盛储器与饮食器等陶瓷器具。

越地的陪葬器物坑与中原等地大型墓葬中随葬器物放置方式有着显著的区别。中原东周大型墓葬中未见有器物坑的设置，如固围村大墓的随葬品出土于棺椁中、壁龛中及墓道中，而分水岭墓地的随葬品则出土于椁室顶上和棺椁之间②。在黄河下游的齐鲁故地，其大型墓葬常见有器物坑或器物库，器物坑位于墓坑内的二层台上，由专门制作的矩形木箱放置随葬青铜礼乐器，如山东枣庄徐楼东周墓；也有见到在椁室一侧或两侧设置器物库放置青铜礼乐器等随葬品的，如山东沂水刘家店子 M1、M2 即为如此③。但这些器物坑、器物库都同椁室一起设置在墓坑之内，与于越在墓坑之外挖穴放置陶瓷器的做法有很大不同。

于越墓葬这种以专门坑穴在墓坑以外放置随葬器物的习俗，可能从西周时期的土墩墓中就已经开始了。在吴越地区一墩多墓的中小型墓葬中，常见有些器物放置在单独小坑当中，这种小坑往往因放置器物而被认为是带随葬品的"墓坑"。如浙江长兴石狮墓 D1M3，为南北向长方形，长仅 0.87、宽仅 0.46 ~ 0.52、深 0.2 米，坑内放置一件泥质陶瓷。这个小坑长、宽均不足 1 米，坑内狭小，且除了陶瓷外别无他物，似不应为独立的墓葬；其边壁规整，显然为专门挖设的放置陶瓷的坑穴。而在距这个被认为是墓坑 M3 不远的 D1M5，为一长方形墓坑，长 2、宽 0.9、最深处

---

① 南京博物院考古研究所等：《江苏句容及金坛市周代土墩墓》，《考古》2006 年第 7 期。田名利、吕良华、唐星良：《土墩墓中的丧葬建筑》，《中国文化遗产》2005 年第 6 期。南京博物院：《江苏金坛裕巷土墩墓群一号墩的发掘》，《考古学报》2009 年第 3 期。南京博物院：《江苏句容下蜀中心山土墩墓发掘简报》，《东南文化》2011 年第 3 期。

② 印群：《黄河中下游地区的东周墓葬制度》，社会科学文献出版社，2001 年，129 页。

③ 山东省文物考古研究所、沂水县文物管理站：《山东沂水刘家店子春秋墓发掘简报》，《文物》1986 年第 9 期。

0.12 米，并且封土被 M3 打破，说明二者相距甚近①。由此看来，M3 即很有可能是 M5 的随葬器物坑，在 M5 封土掩埋后挖掘 M3 器物坑时将前者封土打破。如果这个相互关系可以认为是西周时期土墩墓及其附属的随葬器物坑，那么东周大型墓葬中普遍出现的陪葬器物坑就可以看作是在当地西周时期出现新因素的基础上、对传统的延续和发展。

由此可见，于越贵族墓葬中的大型覆斗状封土、平地起封掩埋、石框墓底、矮阶状结构、石室墓道、平底墓道、"人"字形椁室、随葬器物坑等诸多特点，都是于越大型墓葬的突出特点，代表了本地区区别于同时代周、楚、齐等贵族墓葬的区域特征。

三　外来文化因素

除了或继承或新出的本地文化因素之外，于越贵族墓葬形制中也包含了一些外来的文化内涵，代表的是周、楚、吴等地区的文化影响。

1. 长方形竖穴墓坑

在本文讨论的于越贵族墓葬中，除江阴周庄 ZJD3、鸿山老虎墩、鸿山万家坟、香山 M1 之外，其他墓葬均挖有竖穴墓坑。这种长方形竖穴墓坑通常被认为是与吴越地区"平地起封"传统截然有别的周楚等地的埋葬习俗。虽然从目前的材料来看，长方形竖穴墓坑在越地贵族墓葬中要晚至春秋晚期才出现，但这是否表明其直至春秋晚期越地的埋葬制度才受到外来文化影响而发生"根本性变化"② 呢？若对相关材料加以细究，我们可能要重新加以认识。

一方面，不论是墓坑墓还是平地起封墓，于越地区西周至春秋中期的大型墓葬很少，在璀山、便山 D429、便山 D406③ 等有西周石室土墩墓。但这类大型石室土墩墓内因存在多组随葬品，尚不能确定是否为一墩一墓的贵族墓葬。也就是说，春秋晚期之前的贵族墓葬，在太湖于越地区尚未发现，因此目前并不能断定春秋晚期之前是否存在长方形竖穴坑的贵族墓葬。

另一方面，从西周中晚期以至春秋时期，越地中小型墓葬中竖穴墓坑墓却多有发现。如苏州阳山俞墩属于西周中晚期的 M5、M6 以及春秋时期的 M1、M3④，慈溪掌起

① 浙江省文物考古研究所：《浙江长兴县石狮土墩墓发掘简报》，《浙江省考古研究所学刊》，科学出版社，1993 年。

② 浙江省文物考古研究所：《浙江越墓》，科学出版社，2009 年，212 页。

③ 浙江省文物考古研究所：《浙江长兴县便山土墩墓发掘报告》，《浙江省考古研究所学刊》，科学出版社，1993 年。

④ 苏州市考古研究所：《苏州阳山俞墩土墩墓发掘简报》，《东南文化》2012 年第 4 期。

缸窑山西周中晚期的 M11 和春秋晚期的 M18[1]，武进龙墩 M1~M6[2]，长兴石狮土墩墓
D1M1、D1M3、D1M5、D2M10、D2M11[3] 等等。这些墓坑或为凿基岩形成，或为下挖
生土而成，一般长约 2 米、宽不足 1 米、深 0.5 米左右。可见竖穴坑墓其实早在西周中
晚期乃至夏商时期的太湖于越地区就已经陆续出现了。

　　与此同时，在与于越相邻的宁镇吴文化分布地区，随葬有青铜器的贵族墓葬从西
周早期就开始挖有长方形的竖穴，西周晚期更是以竖穴深坑墓为大型墓葬的主流，一
直持续到春秋战国之际。如西周早期既有长方形竖穴的烟墩山 1 号墓，也有平地起封
的荞麦山母子墩、溧水乌山 2 号墓。而自西周晚期开始，平地起封的掩埋方式在宁镇
地区基本不见，代之而起的是长方形竖穴墓坑。如从西周晚期的溧水宽广墩、大笆斗
墓，到春秋早中期的粮山 2 号墓、磨盘墩、繁昌汤家山、大夫墩，再到春秋晚期的粮
山 1 号墓、北山顶、青龙山、王家山等，无一不为竖穴墓，并且绝大部分还是竖穴深
坑墓。可见竖穴深坑墓在吴地贵族墓葬中普遍存在。与此同时，宁镇地区的中小型墓
葬中也发现长方形竖穴墓与平地起封堆土掩埋的土墩墓共存。20 世纪 70 年代在句容浮
山果园发掘的 29 座西周春秋时期墓葬中，与 28 座平地起封墓葬共存的，就有 1 座春秋
时代的"烧坑墓"[4]；在新世纪对江苏句容、金坛一带 40 座土墩 233 座墓葬的发掘表
明，"挖坑埋葬的占绝大多数，墓坑为长方形或长梯形，直壁，底部近平，有的铺有石
床。墓坑长约 3、宽约 1 米，深浅不一。"[5] 可见，宁镇地区不论是大型墓葬还是中小
型土墩墓，挖设长方形竖穴的墓坑自西周起即已成为常见现象，平地起封、堆土掩埋
并不是两周时期吴越地区土墩墓的唯一形态。由此推测，在紧邻宁镇地区的太湖越文
化分布区，于越贵族大墓出现竖穴坑墓的时间也应该不至于晚到春秋晚期，很可能在
更早的时候就已经出现。

　　因此，如果从竖穴墓坑在太湖地区存在的数量和时间来看，这一特点很有可能属
于本土因素。但如果说长方形竖穴墓的形制特点与平地起封形成鲜明反差，代表的是
中原或楚地等外来文化因素的话，那么这一因素影响越地的时间也不至于晚到春秋晚
期，而是从西周时期便开始了。而且从邻近宁镇地区的情况来看，吴文化接受周楚墓
葬中长方形竖穴墓的影响相较太湖于越地区更为彻底深刻，这一文化因素可能是通过
吴文化进而影响至越地的。

①　宁波市文物考古研究所等：《浙江慈溪掌起缸窑山墓地发掘报告》，《东南文化》2005 年第 2 期。
②　王岳群：《江苏武进淹城龙墩墓葬发掘简报》，《东南文化》2005 年第 3 期。
③　浙江省文物考古研究所：《浙江长兴县石狮土墩墓发掘简报》，《浙江省考古研究所学刊》，科学出版社，
　　1993 年。
④　南京博物院：《江苏句容浮山果园土墩墓第二次发掘报告》，《文物资料丛刊》第 6 辑，文物出版社，
　　1982 年。
⑤　南京博物院考古研究所等：《江苏句容及金坛市周代土墩墓》，《考古》2006 年第 7 期。

2. 墓道

除了墓穴形态之外，于越贵族墓葬的墓道也包含有外来文化因素，在墓道形制、方向等方面也呈现出与本地传统不一致的特征。

首先是斜坡墓道的出现。目前所见有战国早期的长兴鼻子山和安吉笔架山 D48M1，两座大墓均带有长斜坡形态的墓道。斜坡墓道在东周的楚墓中非常盛行，容易认为是受到楚文化影响而产生的。然而带有斜坡墓道的楚墓，如江陵望山 M1[①]、天星观 M1[②]、藤店 M1 等，都为战国中期以后的墓葬，年代比长兴鼻子山、安吉笔架山要稍晚些。而目前所见斜坡墓道的大墓，年代较早的有齐国故城 5 号墓，为南向斜坡墓道，残长 14 米，发掘者认为墓主人很可能是春秋晚期的齐景公[③]。同时宁镇地区的丹徒青龙山大墓 M1 也为斜坡墓道，墓道倾斜角 30°左右，长 12.8、宽 4.4～5.2、深 1.5～5 米，年代亦在春秋晚期[④]。这两座春秋晚期的墓葬尽管都为斜坡墓道，但考虑到齐故城墓道为南向，而青龙山墓道为东西向，与于越的鼻子山、笔架山的墓道方向更为接近，所以于越贵族墓葬中的斜坡墓道，更有可能是受到宁镇地区吴文化的影响而产生的。当然，这几个案例也可以看成是春秋晚期东部沿海各文化区出现的带有时代性的文化内涵。

其次，在墓道方向上也出现少量与吴文化相近的特点。在于越贵族墓道均为东西向且位于墓室东部的普遍现象中，东阳前山 D2M1 的墓道显得很特别。其墓道虽然也为东西向横置，但处于墓室西部，是一座墓道朝西的竖穴墓。这一现象与墓道大多为南北向的周、楚、齐等大墓不同，而同样与宁镇地区青龙山大墓的墓道朝向一致。因此西向墓道也可能是吴文化影响下的产物。

最后，鸿山邱承墩大墓的墓道南壁发现壁龛，其内放置青瓷乐器。在墓壁挖掘壁龛放置随葬品的做法常在楚墓中见到，因此这一现象应该是东周时期楚文化因素在于越大墓中的体现。

3. 箱式椁室

目前于越地区正式发掘明确为长方形箱式椁室的是战国时期的凤凰山木椁墓。另外通过残存遗迹，真山大墓 D9M1 和长兴鼻子山 M1 也被推测为箱式椁室。真山大墓是根据棺床上残留的多层漆皮，复原出 7 层套棺、2 重椁室的长方形棺椁形态；鼻子山大墓则是依据墓内填土坍塌后木炭线的走向以及线内外填土情况而推测墓内埋葬的是顶部平齐的长方形椁室。长方形箱式椁室在太湖地区西周至春秋晚期以前的土墩墓中基

---

① 湖北省文物考古研究所：《江陵望山沙塚楚墓》，文物出版社，1996 年。
② 湖北省荆州地区博物馆：《江陵天星观 1 号楚墓》，《考古学报》1982 年第 1 期。
③ 山东省文物考古研究所：《齐故城五号东周墓及大型殉马坑的发掘》，《文物》1984 年第 9 期。
④ 丹徒考古队：《丹徒青龙山春秋大墓及附葬墓发掘报告》，《东方文明之韵——吴文化国际学术研讨会论文集》，岭南美术出版社，2000 年。

本不见，而在黄河流域的周、齐及长江中游的楚墓中却是最普遍的椁室形式。因此如果于越墓葬中对真山和鼻子山两座大墓椁室的推测是正确的话，那么毫无疑问这种箱式椁室在于越地区的出现就是受到中原周楚文化的影响产生的。

4. 二层台结构

真正与中原墓葬形制相似的"二层台"结构，在于越地区是战国之后才出现的。小黄山 M13、小家山 M17 就出现了带有二层台的墓坑。

由此可见，于越贵族墓葬形制的各部分内涵中，长方形竖穴墓坑、壁龛、箱式椁室、二层台结构等是受到周楚等文化的影响；斜坡墓道、西向墓道则显示了其西部近邻吴文化的东渐。

四　各因素所反映东周于越文化的发展与变迁

根据上述各类不同文化因素的表征，我们制作了表四。如表所示，在各类不同来源的文化因素中，代表本土内涵的土著因素包括有长方形覆斗状的封土、平地起封的掩埋方式、石室墓道、平底墓道、排水沟、柱洞、"人"字形木椁室、陪葬器物坑等，类型多样，且不同程度地存在于各大型墓葬中。例如春秋早期的印山越王陵、真山大墓、东阳前山大墓，不仅有长方形封土，也有石室墓道、平底墓道、排水沟、"人"字形椁室等；春秋战国之际的鸿山邱承墩、老虎墩、万家坟等大墓也有长方形封土、平地起封掩埋方式，以及平底墓道、排水沟等；到了战国早期的安吉龙山大墓，更是包含长方形封土、平底墓道、排水沟、柱洞、"人"字形椁室、陪葬器物坑等多种土著因素，地域文化内涵鲜明突出。从墓葬分期情况看，从春秋晚期到春秋战国之际再到战国早期，本土文化因素不仅出现频率高，而且在各期的分布也比较均衡。这说明从春秋晚期到战国早期，于越贵族墓中的本地区文化因素强势持续，于越贵族墓葬中始终包含浓厚的地域传统。

除了土著文化因素之外，于越贵族墓葬中也包含了来自周、齐、吴、楚等地的文化内涵，例如长方形竖穴墓坑、斜坡墓道、壁龛、长方形箱式椁室等。这其中长方形竖穴墓坑比较特殊，其作为外来文化因素的代表，几乎贯穿整个东周时代的于越贵族墓葬。但如前文所述，墓坑墓其实早在西周中晚期的越地中小型墓就已经出现，其影响越地的时代可能早到西周，并且可以认为其来到越地后与土著文化融合、作为新传统的一部分进而被东周贵族墓葬所吸收。而除此之外的其他外来文化因素在于越贵族墓中则出现很少。如斜坡墓道仅在长兴鼻子山、安吉笔架山 D48M1 发现两例；壁龛仅在邱承墩墓道发现 1 例；长方形箱式椁室在真山大墓、长兴鼻子山、安吉笔架山 D48M1 发现 3 例。这些明确来自外文化的因素，与同时并存的土著文化内涵相比，类别少、出现的频率也不高，显然在于越贵族墓葬形制中不占主流位置。

表四　于越贵族墓葬形制文化因素表

墓葬	文化内涵	本土因素										外来因素					
		封土 长方形	墓坑 平地无穴	东向	石室	墓道 平底	水沟	柱洞	椁室 三角形	器物坑	矮阶性 结构	墓坑 长方竖穴	墓道 西向	墓道 斜坡	椁室 壁龛	椁室 箱式	二层台
春秋晚期	印山	√				√	√		√			√					
	真山	√				√	√					√				√	
	东阳前山	√			√				√		√	√	√				
	江阴周庄	√	√														
春秋战国之际	鸿山邱承墩	√				√	√					√			√		
	鸿山老虎墩	√	√														
	鸿山万家坟	√	√				√										
	鸿山曹家坟	√										√					
	鸿山杜家坟	√										√					
战国早期	长兴鼻子山	√				√				√		√		√			
	安吉龙山	√					√	√	√	√		√					
	笔架山 D48	√				√						√		√			
	笔架山 D129	√		√								√					
	小黄山 M13	√		√						√		√					√
战国中期	香山 M1		√	√		√		√	√								
	小家山 M17			√						√		√		√		√	√
	凤凰山 M3											√			√	√	√
	祝家山 M1					√						√	√	√		√	√

另一方面，从外文化因素在各期的分布来看，除了长方形竖穴墓坑这一因素在各期都有分布之外，春秋晚期时仅有真山大墓出现长方形椁室这一外来因素；春战之际也只出现鸿山邱承墩墓道的壁龛这一楚文化因素；而到了战国早期，则突然出现长兴鼻子山和安吉笔架山 D48M1 的斜坡墓道、长方形椁室这 4 处外文化因素。可见战国之前于越贵族墓葬中的外来文化还是比较微弱的，要到战国早期以后外来文化在于越贵族墓形制中才有较多的增长。战国早期可以说是外来文化在于越地区发展的一个关键节点。

总之，尽管在东周那个争霸的时代，各地区由于战争的原因而出现频繁的文化交流，但对于越地区来说，似乎所受影响并不是特别剧烈。从作为丧葬习俗重要部分的于越贵族墓葬形制来看，其中包含的本地区土著因素自始至终占据主要地位并得以持续发展。当然其中也有来自周、楚、齐、吴等外来文化的影响，但从影响的程度来看，它们并未大量涌入以至取代或者融合本土文化。也许随着历史的进程，于越的丧葬习俗这类最根深蒂固的传统也会随着滚滚的时代浪潮而发生深刻变化，但那大概要到战国中期楚国彻底占领于越之地以后了。

印纹陶原始瓷视野下的三代南北文化交流互动研究

黄昊德

（浙江省文物考古研究所）

中华文明的大一统过程，也是文化的"传承、交流、融合、创新"的过程。文化的交流、融合需要通过物来体现，印纹硬陶、原始瓷这两种在北方不常见、基本出土于高等级墓葬或都邑遗址的文化遗存，广泛存在于南中国，东南地区更是多见，是南北文化交融的重要载体。本文在系统回顾夏商西周时期江北地区印纹陶、原始瓷器情况的基础上，对三代南北文化交流的动态过程进行探讨。

一　印纹陶、原始瓷出土情况

（一）夏代

夏代的印纹硬陶、原始瓷资料，截至目前，江北地区的河南偃师二里头遗址有少量出土，其他同时代遗址基本不见。二里头出土的印纹硬陶只有鸭形鼎、壶，共2件；原始瓷4件，均为盉，其中2件保存稍好，另外2件均只有残片，无法看出器形。时代相当于二里头二期早、晚段和四期晚段[1]。

（二）商代

商代，江北地区印纹硬陶、原始瓷出土数量增多，主要分布于黄河流域和江汉平原两大区域。黄河流域又可分为郑洛地区、豫北冀南地区、山东地区和陕西地区（图一）。

郑洛地区的典型遗址有河南郑州商城[2]、小双桥遗址[3]、洛阳偃师商城[4]等遗址。

---

[1]　中国社会科学院考古研究所：《偃师二里头——1959年~1978年考古发掘报告》，中国大百科全书出版社，1999年。中国社会科学院考古研究所：《二里头（1999~2006）》，文物出版社，2014年。

[2]　河南省文物考古研究所：《郑州商城——1953~1985年考古发掘报告》，文物出版社，2001年。

[3]　河南省文物考古研究所：《郑州小双桥——1990~2000年考古发掘报告》，科学出版社，2012年。

[4]　中国社会科学院考古研究所：《偃师商城》，科学出版社，2013年。

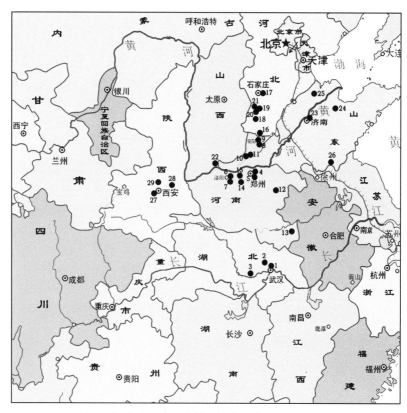

图一　江北地区出土商代原始瓷、印纹硬陶分布图

1. 武汉黄陂盘龙城遗址　2. 孝感聂家寨遗址　3. 荆州荆南寺遗址　4. 郑州小双桥遗址　5. 郑州商城遗址　6. 偃师商城遗址　7. 偃师二里头遗址　8. 安阳殷墟遗址　9. 安阳洹北商城　10. 辉县孟庄遗址　11. 辉县琉璃阁　12. 柘城孟庄遗址　13. 固始平寨古城　14. 登封王城岗遗址　15. 巩义稍柴遗址　16. 磁县下七垣遗址　17. 藁城台西遗址　18. 武安赵窑遗址　19. 邢台尹郭村遗址　20. 邢台大桃花村遗址　21. 邢台坂上村遗址　22. 垣曲商城遗址　23. 济南大辛庄遗址　24. 益都苏埠屯遗址　25. 阳信李屋遗址　26. 苍山高尧遗址　27. 西安老牛坡遗址　28. 华县南沙村遗址　29. 铜川耀州区北村遗址

郑州商城出土有尊、罍、罐，郑州小双桥、偃师商城遗址以尊为主。其中，印纹硬陶以多种类型的罐和尊形器为主，原始瓷器则基本都为折肩尊。

　　豫北冀南地区的典型遗址有河北邢台大桃花与坂上①、藁城台西遗址②和河南安阳洹北商城遗址③、殷墟遗址④。邢台大桃花与坂上遗址出土有碗、罐；藁城台西遗址出土有尊、罐、瓮、罍；洹北商城遗址出土尊；殷墟遗址出土印纹硬陶和原始瓷的数量

---

① 河北省文物复查队邢台分队：《河北邢台县考古调查简报》，《文物春秋》1995 年第 1 期。
② 河北省文物研究所：《藁城台西商代遗址》，文物出版社，1985 年。
③ 中国社会科学院考古研究所安阳工作队：《1998～1999 年安阳洹北商城花园庄东地发掘报告》，《考古学集刊（15）》，文物出版社，2004 年。
④ 中国社会科学院考古研究所：《殷墟的发现与研究》，科学出版社，1994 年。

较多，器类有豆、壶、钵、罐、瓮等。

山东地区主要有济南大辛庄①、益都苏埠屯墓地②。济南大辛庄遗址出土有罐、簋、碗，益都苏埠屯墓地只出土有豆。

陕西地区主要有西安老牛坡③、耀县（今耀州区）北村④、华县南沙村⑤等遗址。主要出土有原始瓷尊。

上述商代印纹硬陶和原始瓷可分为商代前期和商代后期两个时期。

商代前期，印纹硬陶主要有罐、尊形器、折肩尊，纹饰有云雷纹、方格纹、席纹、叶脉纹等。原始瓷只有浅腹折肩尊、深腹双折肩尊，前者一般拍印方格纹，后者拍印细密浅细的短条纹，少量在肩部拍印席纹。

商代后期，印纹硬陶、原始瓷主要出土于殷墟遗址。印纹硬陶有直口平底罐、折肩圜底罐、小口扁腹罐、扁腹凹底罐、折肩圈足瓿等，纹饰有方格纹、席纹、细绳纹等。原始瓷主要有瓮、罐、豆、钵、壶、瓿等，多为素面，纹饰有方格纹、横向条纹等。

江汉平原以武汉黄陂盘龙城遗址为代表⑥，出土印纹硬陶及原始瓷器类较多、纹饰丰富。印纹硬陶主要有小口球腹罐、侈口垂腹罐、直腹罐、长颈鼓腹罐、斜腹圈足尊、折肩圈足尊、折肩圜凹底尊等，纹饰有云雷纹、方格纹、席纹、叶脉纹、条纹等。原始瓷器类比较单一，只有深腹双折肩凹圜底尊、鼓腹罐、斜腹圈足尊等。年代为商代前期。

（三）西周时期

北方地区西周时期原始瓷的发现始于郭宝钧 1932 年至 1933 年在河南浚县辛村的四次考古发掘⑦。此后，经过多年的考古工作，长江以北地区的原始瓷器日趋增多，在分布范围和出土数量上均超过了该地区在夏、商时的状况。从出土背景来看，北方地区原始瓷和印纹硬陶多出土于高等级贵族墓葬，主要有陕西长安张家坡西周墓地⑧，山东

① 山东大学历史系考古专业等：《1984 年秋济南大辛庄遗址试掘述要》，《文物》1995 年第 6 期。方辉等：《济南市大辛庄商代居址与墓葬》，《考古》2004 年第 7 期。
② 谢治秀、由少平、郑同修主编：《中国出土瓷器全集（6）·山东卷》，科学出版社，2008 年。
③ 刘士莪：《老牛坡》，陕西人民出版社，2002 年。
④ 北京大学考古系商周组、陕西省考古研究所：《陕西耀县北村遗址 1984 年发掘报告》，《考古学研究（二）》，北京大学出版社，1994 年。
⑤ 北京大学考古教研室华县报告编写组：《渭南古代遗址调查与试掘》，《考古学报》1980 年第 3 期。
⑥ 湖北省博物馆：《盘龙城——1963～1994 年考古发掘报告》，文物出版社，2001 年。
⑦ 郭宝钧：《浚县辛村》，科学出版社，1964 年。
⑧ 中国社会科学院考古研究所：《张家坡西周墓地》，中国大百科全书出版社，1999 年。

滕州前掌大墓地①、山西北赵晋侯墓地②、翼城县大河口霸国墓地③、绛县横水倗国墓地④、河南洛阳北窑西周墓⑤、平顶山应国墓地⑥、鹿邑太清宫长子口墓⑦，湖北随州叶家山曾国墓地⑧等（图二）。

陕西张家坡西周墓地出土原始瓷尊1件、豆31件、盖4件，器表施青釉，纹饰有方格纹、弦纹、篦纹。印纹硬陶罍3件，纹饰有方格纹、菱形方格凸点纹、回纹。

山东滕州前掌大墓地出土原始瓷共28件，豆23件、釜1件、簋1件、尊1件、罍1件、罐1件，纹饰有方格纹、刻划三角纹、刻划叶脉纹、弦纹，豆的口沿外侧多贴塑窄扁条状泥耳。印纹硬陶共出土17件，器类有尊、罍、瓿、釜、罐、瓮等，以圈足器居多，少量圜底器，纹饰以大方格纹和小方格纹为主，少量附加堆纹、弦纹、戳印纹等。

山西北赵晋侯墓地出土原始瓷器17件，其中豆11件、罐4件、尊1件、瓮1件，纹饰有方格纹、弦纹、篦纹。

山西翼城县大河口霸国墓地的原始瓷主要出土于M1，共11件，其中，大口折肩尊1件、大口鼓腹圈足尊1件、罍2件、豆6件、瓿1件。施青釉，器表素面。

山西绛县横水倗国墓地M2158出土有原始瓷盉、豆等。

河南平顶山应国墓地出土原始瓷豆42件、三盘联体豆1件、尊1件、大口折腹圈足小尊1、罍1件、盉1件、簋1件、瓿2件、瓮1件，纹饰有方格纹、刻划叶脉纹、瓦楞纹、方格纹、曲折纹。印纹硬陶器有瓿、尊各1件，纹饰有菱形"回"字凸点纹、方格纹。

河南鹿邑太清宫长子口墓出土原始瓷共12件，豆10件、尊和瓮各1件。大多器物内外皆施釉，个别底部不施釉，釉呈淡青色或青绿色。施釉均匀，釉色明亮，个别有聚釉现象。纹饰主要有弦纹、篦纹和方格纹三种。

河南洛阳北窑西周墓地出土数量众多的原始瓷，以碎片为多。这些原始瓷的残片能辨别器形者有398件，可以基本复原成型的有224件。器类有豆、豆盖、罍、尊、瓿、簋、瓮、罐、碟等。

①　中国社会科学院考古研究所：《滕州前掌大墓地》，文物出版社，2005年。
②　孟耀虎：《晋侯墓地出土原始青瓷》，《文物世界》2002年第2期。
③　山西省考古研究所大河口墓地联合考古队：《山西翼城县大河口西周墓地》，《考古》2011年第7期。
④　山西省考古研究所等：《山西绛县横水西周墓地M2158发掘简报》，《考古》2019年第1期。
⑤　洛阳市文物工作队：《洛阳北窑西周墓》，文物出版社，1999年。
⑥　河南省文物考古研究所、平顶山市文物管理局：《平顶山应国墓地》，大象出版社，2012年。
⑦　河南省文物考古研究所、周口市文化局：《鹿邑太清宫长子口墓》，中州古籍出版社，2000年。
⑧　湖北省文物考古研究所、随州市博物馆：《湖北随州叶家山M28发掘报告》，《江汉考古》2013年第4期；《湖北随州叶家山M65发掘简报》，《江汉考古》2011年第3期；《湖北随州叶家山西周墓地发掘简报》，《文物》2011年第11期。蔡路武、黄凤春等：《试析湖北随州叶家山西周墓地出土原始瓷青瓷及相关问题》，《印纹硬陶与原始瓷研究》，故宫出版社，2016年。

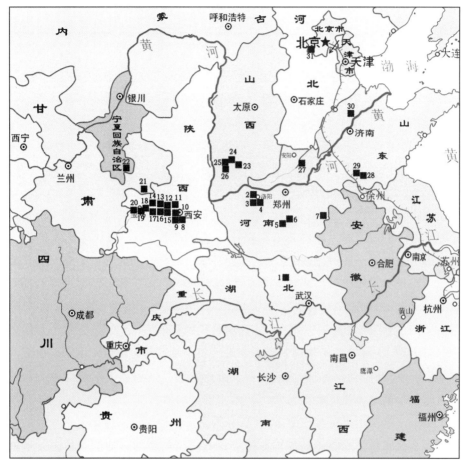

图二　江北地区出土西周原始瓷、印纹陶分布图

1. 随州叶家山西周墓　2. 洛阳北窑西周墓　3. 洛阳车站西周墓　4. 洛阳林校车马坑　5. 平顶山应国墓地　6. 襄城县霍庄村西周墓　7. 鹿邑县长子口墓　8. 长安普渡村西周墓　9. 沣西张家坡西周墓　10. 沣西大原村西周墓　11. 扶风黄堆老堡子西周墓　12. 扶风庄李遗址　13. 岐山凤雏西周建筑基址　14. 岐山贺家村西周墓　15. 扶风杨家集西周墓　16. 扶风召陈西周建筑基址　17. 岐山周公庙遗址　18. 宝鸡阳平镇高庙村西周墓　19. 宝鸡马营镇旭光村西周墓　20. 宝鸡強国墓地　21. 灵台白草坡西周墓　22. 彭阳县姚河源遗址　23. 翼城县大河口霸国墓地　24. 天马曲村遗址　25. 北赵晋侯墓地　26. 绛县横水倗国墓地　27. 浚县辛村卫国墓　28. 滕州前掌大墓地　29. 滕州庄里西西周墓　30. 济阳娄集乡刘台子西周墓　31. 房山坑塬河燕国墓地

湖北随州叶家山曾国墓地出土原始瓷共71件，其中豆28件、豆托6件、尊10件、瓿12件、罍5件、瓮7件、簋1件、器盖2件。

综上，西周时期，北方地区出土印纹硬陶数量不多，绝大多数均为原始瓷。原始瓷器类有豆、罍、瓿、尊、瓮、豆托、簋、盂、碟、釜、器盖等，其中以豆、罍、瓿、尊、瓮为多。纹饰有方格纹、刻划叶脉纹、凹弦纹、"人"字纹、篦纹、波折纹、云雷纹等。豆的口沿外壁多见宽扁状泥条耳，另还有少量小扁方实心泥条、圆形小泥饼。

罍、瓿、尊的肩部均有复系，瓷均为泥条盘筑成型，厚胎厚釉，器表多饰方格纹。印纹硬陶有尊、罍、瓿、釜、罐、瓷等，纹饰有方格纹、回纹、菱形方格凸点纹、菱形"回"字凸点纹。

二　印纹硬陶、原始瓷的来源讨论

自 20 世纪 30 年代河南浚县辛村出土原始瓷以来，北方印纹硬陶、原始瓷的来源就是学术界讨论的焦点。主要从考古类型学和胎釉成分分析出发，讨论北方原始瓷和印纹硬陶的产地，主要有"北方本地产说"和"南方来源说"两种观点。

"北方本地产说"由安金槐提出，他先后撰写四篇文章，从郑州商城出土两片烧裂的原始瓷残片、胎质原料、器物的形制和纹饰等方面出发，论述中原出土的商代原始瓷和印纹陶为北方本土所产。[①] 卢建国认为河南、陕西出土的西周原始瓷，尤其是张家坡西周墓地出土的原始瓷器，是在当地或附近地区烧造的。[②] 钱益汇通过山东地区原始瓷与以吴城为代表的南方原始瓷比较研究，认为山东地区的商周原始瓷是当地烧制的[③]。朱剑采用微、痕量元素分析法，认为原始瓷具有多个产地，北方出土原始瓷、印纹陶为北方生产。[④] 陈铁梅对朱剑、夏季等人的北方说进行了评议，不认同朱剑等检测分析原始瓷和硬陶标本时只注重微、痕量元素的含量，而忽视主次量元素的做法，他认为，从朱剑等的胎体微、痕量元素组分的主成分分析图来看，北方原始瓷与江西吴城样品最接近，这也不支持其"北方说"，认为朱剑分析平顶山应国墓地样品的胎釉组成时，忽视了多数样品的胎体组成均在南方瓷石的组成范围内的测量数据，朱剑的结论缺乏说服力。[⑤]

"南方来源说"的观点最早由周仁提出，他对张家坡居址出土的陶瓷碎片进行成分分析，认为它们与原始的"吴越青瓷相当接近"，夏鼐在该文的按语中，根据陶瓷片的出土情况、器物形制和纹饰特点，进一步推测张家坡西周陶瓷碎片的烧造地可能在南方[⑥]。随后，周仁据张家坡西周居址出土的原始瓷与屯溪墓葬出土原始瓷的化学成分的对比分析，认为张家坡西周居址出土的原始瓷属于南方青瓷系统。[⑦] 此后，又有多位学

① 安金槐：《谈谈郑州商代瓷器的几个问题》，《文物》1960 年第 8、9 期合刊。安金槐：《谈谈郑州商代的几个印纹陶》，《考古》1961 年第 4 期。安金槐：《关于我国瓷器起源问题的初步探讨》，《考古》1978 年第 3 期。安金槐：《对于我国瓷器起源问题的初步探讨》，《中国古陶瓷论文集》，文物出版社，1982 年。
② 卢建国：《商周瓷器烧造地区再探讨》，《文博》1993 年第 6 期。
③ 钱益汇：《浅谈山东发现的商周原始瓷器》，《中国文物报》2001 年 10 月 26 日第 7 版。
④ 朱剑等：《商周原始瓷产地的再分析》，《南方文物》2004 年第 1 期。
⑤ 陈铁梅：《在宏观和历史的视角下对北方出土的商周原始瓷产地的再探讨》，《文物》2016 年第 6 期。
⑥ 周仁、李家治、郑永圃：《张家坡西周居住遗址陶瓷碎片的研究》，《考古》1960 年第 9 期。
⑦ 周仁、李家治：《中国历代名窑陶瓷工艺的初步科学总结》，《考古学报》1960 年第 1 期。

者应用不同的科学检测方法，论证了北方出土的原始瓷产地在南方①。陈铁梅将陶瓷生产看作社会经济的某种生产行业，回顾了隋代以前南北方的陶瓷业发展史，结合南北方不同的资源环境，从李家治、罗宏杰等根据对自新石器时代至清代的700余片陶瓷胎体化学组成进行的成分分析的因子负载图出发，依据原始瓷和印纹硬陶样品与南方瓷器相聚较近，而与北方瓷器明显隔离，说明原始瓷和印纹陶应属南方产品②。

综上，近年来，南方说的观点逐渐被学界所认可。但是对于具体来源于南方什么地方却有不同意见。廖根深认为中原商代印纹陶、原始瓷的产地应在以江西为中心的南方地区③；黎海超认为黄河流域出土的早、中商时期印纹硬陶和原始瓷器并非来自南方单一地点，主要源于盘龙城、吴城、池湖等多个地点，其中有部分器物可能通过盘龙城转运至黄河流域；到晚商时期，印纹硬陶和原始瓷器来源于包括长江中游对门山—费家河类遗存和长江下游南山窑址的多个地点。印纹硬陶和原始瓷器可能只是当时南北资源、文化交流中的"次要产品"④。牛世山从原料、技术、文化风格等方面做具体分析和讨论，结合陶瓷史专家的研究成果，赞同包括殷墟在内的中原和北方地区的商代原始瓷产自南方说，认为要追溯殷墟原始瓷的来源，首先要关注的地区应该是湖南湘江下游地区以及江西赣江流域以吴城遗址为中心的地区。⑤

笔者赞同北方原始瓷、印纹硬陶来源于南方的观点，并且认为其产地随时代的发展，有一个动态发展过程。下面，我们从考古类型学的角度，对夏商周时期南北方原始瓷、印纹硬陶的关系做些探讨。

1. 二里头文化时期

二里头遗址 IVM26：1鸭形鼎，夹砂灰陶，矮领，鸭形腹，底附三乳丁足，背部有宽带状鋬，鋬面饰"人"字纹和圆形小泥饼。截至目前，这类器物只有这唯一的一件。该器去掉三足后，形制与马桥文化的鸭形壶相似，鸭形壶是马桥文化的典型器类。

---

① 程朱海、盛厚兴：《洛阳西周青釉器碎片的研究》，《硅酸盐通报》1983年第4期。罗宏杰、李家治、高力明：《北方出土原始瓷烧造地区的研究》，《硅酸盐学报》1996年第3期。陈铁梅：《中子活化分析对商时期原始瓷产地的研究》，《考古》1997年第7期。古丽冰、邵宏翔、刘伟：《电感耦合等离子体发射光谱分析商代原始瓷瓷样》，《岩矿测试》1999年第3期。古丽冰、邵宏翔、陈铁梅：《感耦等离子体质谱法测定商代原始瓷中的稀土》，《岩矿测试》2000年第3期。廖根深：《中原商代印纹陶、原始瓷烧造地区的探讨》，《考古》1993年第10期。陈铁梅：《在宏观和历史的视角下对北方出土的商周原始瓷产地的再探讨》，《文物》2016年第6期。
② 陈铁梅：《在宏观和历史的视角下对北方出土的商周原始瓷产地的再探讨》，《文物》2016年第6期。
③ 廖根深：《中原商代印纹陶、原始瓷烧造地区的探讨》，《考古》1993年第10期。
④ 黎海超：《黄河流域商时期印纹硬陶和原始瓷器产地研究——以郑州商城和殷墟为中心》，《江汉考古》2017年第4期。
⑤ 牛世山：《殷墟出土的硬陶、原始瓷和釉陶——附论中原和北方地区商代原始瓷的来源》，《考古》2016年第8期。

二里头遗址出土的原始瓷或泥质陶长流平底盉与浙南闽北地区出土的印纹硬陶长嘴平底盉在形制上接近，成为学界讨论夏时期中原地区与浙南闽北地区文化交流及北方原始瓷印纹陶来源的代表性器物。庞小霞、高江涛认为浙南闽北的印纹硬陶长流平底盉是二里头文化以铜、玉、陶礼器为载体的礼乐系统或礼乐文明向东南地区扩展的过程中，受二里头陶礼器"壶形盉"的影响而产生①。罗汝鹏认为浙南闽北的象鼻盉（即长流平底盉）源于对中原地区高等级礼仪性器物的模仿，反过来被作为"贡品"以"贡赋"的形式进贡给中原王朝②。

目前，江北地区二里头文化时期的长流平底盉共出土 10 件。二里头遗址 9 件，有原始瓷及泥质磨光陶两类，原始瓷 4 件，二里头二期早段 1 件、二里头二期晚段 1 件、二里头四期晚段 2 件③，其中两件保存相对较好。泥质陶 5 件，其中二里头二期早段 1 件、二里头二期晚段 4 件。浙南闽北地区共出土 3 件，闽北光泽马岭、浙江江山肩头弄、松阳新乡各出土 1 件（图三）。

从器物形制来看，二里头二期早段的 2002VH57：3 泥质磨光灰陶长流平底盉，顶盖隆起，近半圆形口，圆管状短流，管口及中部有凸棱，颈部较短，有两道凸棱，上腹外鼓，下腹部斜收，足残，肩腹部饰短线刻划纹。浙南闽北地区，年代较早的浙江江山肩头弄、马岭出土的长流平底盉为圆柱形管状长流，垂鼓腹，假圈足，足外壁无凸棱，平底，腹部拍印菱形云雷纹。可见，两者在整体形制上基本相似，但是流、腹部特征和纹饰上均存在较大的差异。而肩头弄、马岭出土的长流平底盉的腹部、假圈足、长流的元素都能从本地找到来源。

二里头二期早段的 2003VYLH215：4 原始瓷长流平底盉，夹细砂青灰胎，管流斜向上，近半圆形口，宽带状鋬，束颈较粗，器外壁施酱褐釉，流外壁根部两侧及上端各饰一乳丁，颈部流下方有刻划符号，颈部饰一周凸棱，腹部拍印菱形雷纹。形制和纹饰都与浙江江山④、闽北马岭遗址⑤出土的印纹硬陶长流平底盉相同，而与二里头二期早段 2002VH57：3 这类长流平底盉差别明显。二里头二期晚段的 2002VM5：1 原始瓷长

① 庞小霞、高江涛：《先秦时期封顶壶形盉初步研究》，《考古》2012 年第 9 期。

② 罗汝鹏：《从"象鼻盉"到原始瓷大口折肩尊——论夏商时期东南地区与中原王朝的关系》，《闽北古陶录》，文物出版社，2017 年。

③ 2002VT23D6L：2，为肩部残片，报告把此残片划归二里头二期早段，从纹饰来看，此件残片纹饰为比较方正的云雷纹，而属二里头二期的 2003VH215：4 的纹饰为菱形云雷纹，两者纹饰存在较大的区别，从纹饰演变来看，比较方正的云雷纹相对较晚，而且，2002VT23D6L：2 出土单位为二里头四期遗迹，在此我们把 2002VT23D6L：2 盉调整为二里头四期晚段。

④ 牟永抗、毛兆廷：《江山县南区古遗址、古墓葬调查试掘》，《浙江省文物考古所学刊》，文物出版社，1981 年。

⑤ 福建博物院、光泽文化局、文化馆：《福建省光泽县古遗址古墓葬的调查与清理》，《考古》1985 年第 12 期。

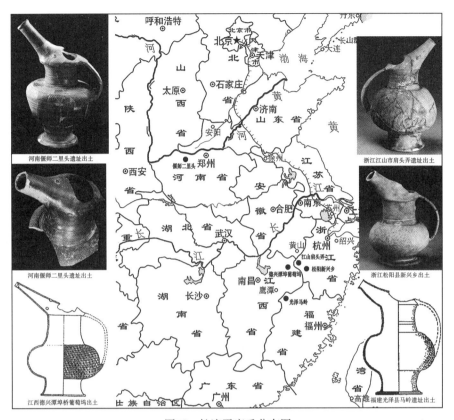

图三　长流平底盉分布图

流平底盉，颈部和腹部特征也与浙闽地区的长流平底盉相同。二里头遗址出土的原始瓷长流平底盉应该来源于浙闽地区。

　　2002ⅤM3∶9 这类泥质磨光灰陶长流平底盉，在二里头二期晚段开始出现，其腹部与 2002ⅤH57∶3 泥质磨光灰陶长流平底盉的腹部同，颈部和长流则与 2003VYLH215∶4 原始瓷长流平底盉相同。2002ⅤM3∶9 这类泥质磨光灰陶长流平底盉应该是本地文化因素与浙闽地区长流平底盉相结合的产物，这也间接说明此时中原地区还不具备烧制原始瓷长流平底盉的技术。2002ⅤM3∶9 泥质磨光灰陶长流平底盉出土于二里头遗址最高等级的墓葬中，成为高级贵族墓葬随葬品礼器组合之一。

　　通过以上分析，我们认为，浙闽地区长流平底盉应该是传承、交流、融合、创新的产物，并形成了自身的发展系列。二里头文化的原始瓷长流平底盉与印纹陶主要来源于闽浙赣交界处的肩头弄文化和环太湖地区的马桥文化。二里头遗址出土原始瓷的化学成分具有南方瓷石高硅低铝的特征①。这也说明二里头遗址的原始瓷来源于南方地

　　① 　鲁晓珂、李伟东、罗宏杰等：《二里头遗址出土白陶、印纹硬陶和原始瓷研究》，《考古》2012 年第 10 期。

区。传播到二里头文化后，原始瓷长流平底盉又影响了本地泥质陶长流平底盉的发展历程，二里头本地陶长流平底盉融合浙闽长流平底盉的文化因素，创新出 2002 V M3：9 这类泥质磨光灰陶长流平底盉，成为二里头二期晚段长流平底盉的主要类型，并为二里头文化最高等级贵族接受。二里头文化与浙闽地区长流平底盉的相互关系可以通过图四表示。

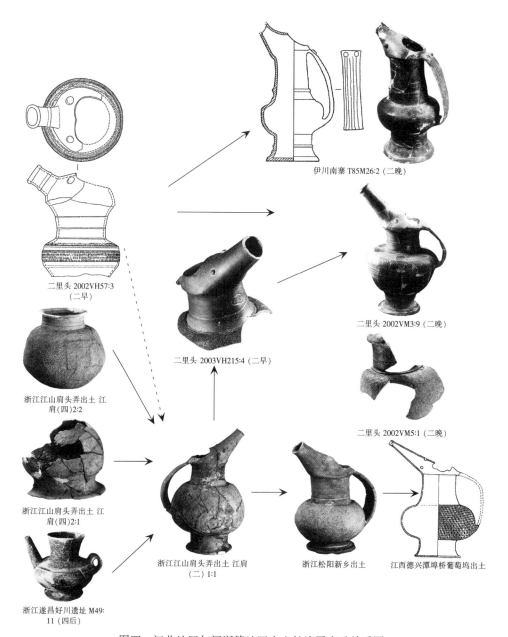

图四　江北地区与闽浙赣地区出土长流平底盉关系图

2. 商代

商代前期，双折肩尊主要出土于河南郑州商城、湖北武汉黄陂盘龙城和闽北光泽池湖遗址（图五）。郑州商城的 BQM2：13、盘龙城遗址的 PLWM10：2 矮领双折肩尊与闽北光泽池湖积谷山 M9：66 原始瓷矮领双折肩尊形制上都相似或雷同；盘龙城 PWZT82⑧：4、郑州商城 MGM2：1 高领双折肩尊，腹部纹饰及肩腹部形制与池湖积谷山 M9：66 一致，只是领部比后者长，它们可能是池湖积谷山 M9：66 尊受到北方高领大口铜尊的影响产生，然后再传到江北地区；郑州商城的 C5T4①：18 原始瓷单折肩尊、盘龙城遗址 PLZM1：24 单折肩尊与吴城遗址 1986QSWT14③A：5 单折肩尊在形制、纹饰上雷同（图六）。

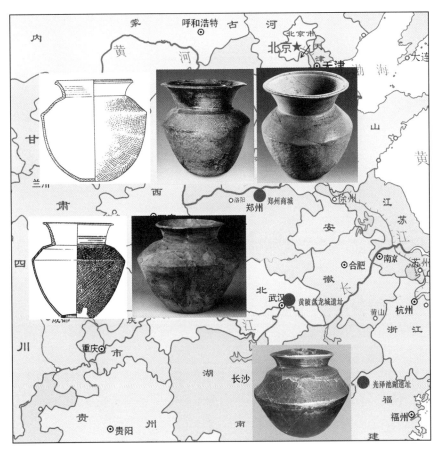

图五　原始瓷双折肩尊分布图

此外，盘龙城遗址的 PYZT3⑤：29、PYWM9：5 斜腹圈足尊分别与江西鹰潭角山窑址的 2003YJH18：2、2003YJY9：40 斜腹圈足尊相似；盘龙城李家嘴 H1④：16、盘龙城杨家湾 H6：42 侈口垂腹凹圜底罐与江西吴城遗址 1993ZW（H）T15④：2 罐在形制和

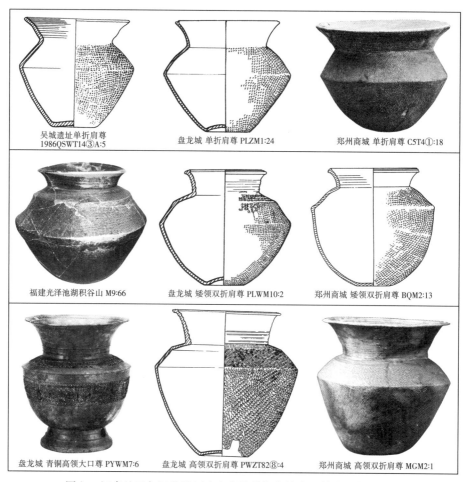

图六　江南地区与江北地区出土商代前期印纹陶原始瓷比较图之一

纹饰上雷同；盘龙城遗址 PWZT5③：26 高领广肩罐与吴城遗址 1974 秋 QSW（E）T9H11：16 罐相似（图七）。盘龙城李家嘴 M2：49 高领球腹罐与江西万年肖家山同类型罐相同。

商代后期，印纹硬陶、原始瓷主要出土于殷墟遗址。印纹硬陶有直口平底罐、折肩圜底罐、小口扁腹罐、扁腹凹底罐、折肩圈足瓿等。原始瓷主要有瓮、罐、豆、钵、壶、瓿等。

先看印纹硬陶。

直口平底罐 M5：319，小屯北地妇好墓出土，敛口，短沿直立，圆肩，平底，肩及以下饰席纹。M32：4，刘家庄北地出土，矮领，圆肩，肩部有三个小耳，凹圜底，颈部饰四周弦纹，肩及以下饰菱形云雷纹。这两件罐与浙江南山窑址第五期的湖·南Ⅰ T202②：87、湖·南Ⅰ T402⑧：18 相似，菱形云雷纹、席纹也是南山窑址常见的纹饰，

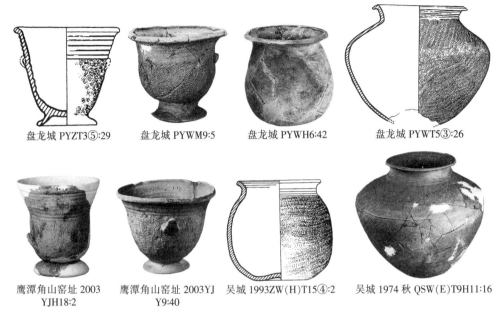

盘龙城 PYZT3⑤:29　　盘龙城 PYWM9:5　　盘龙城 PYWH6:42　　盘龙城 PYWT5③:26

鹰潭角山窑址 2003　　鹰潭角山窑址 2003YJ　　吴城 1993ZW(H)T15④:2　　吴城 1974 秋 QSW(E)T9H11:16
YJH18:2　　　　　　　　Y9:40

图七　江南地区与江北地区出土商代前期印纹陶原始瓷比较图之二

肩部贴小耳也是南山窑址的常见特点。折肩圜底罐 GM907：15，侈口，折肩，圜底，器表拍印条纹。折肩是吴城文化典型风格。折肩圈足瓿 M1：22 与闽北黄窠山遗址采：01 相似①。

再来看原始瓷器。

瓮（罐）F11：46，沿极短，器表拍印横向条纹。罐 F11：64，肩部饰小方格纹，中间有一道弦纹。均小屯北地出土。浅灰色胎，厚胎厚釉，内外壁的上部均施浅绿色釉，有流釉痕。这种形制的罐（瓮），条纹、方格纹，西周早期在金衢地区常见，厚胎厚釉也是金衢地区的特色。殷墟 M97：13、F11：47、F11：48、F11：49 豆，体形较小，豆盘腹较深，矮圈足，直口微侈，豆盘外壁有弦纹，与闽北黄窠山采：11、采：06、采：012，在器形、豆盘外壁饰弦纹、釉色上均相同；F11：63 瓿，在形制上也与闽北黄窠山 M3：7 相似（图八）。

综合印纹硬陶与原始瓷两方面的分析，可知：

商代前期，长江以北原始瓷和印纹硬陶的主要器类都能从南方找到来源，其中，双折肩尊主要来源于白主段类型的池湖遗址，大口斜腹圈足尊类圈足器和高领球腹罐主要来源于角山类型和万年类型，方格纹单折肩尊、高领广肩罐、高领垂腹罐主要来源于吴城文化。浙闽赣交界地是北方商代前期印纹硬陶和原始瓷的主要来源地。

---

① 福建省博物馆：《福建建瓯黄窠山遗址发掘报告》，《考古》1995 年第 1 期。

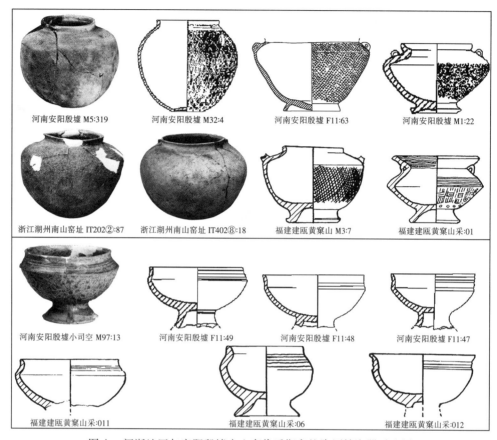

河南安阳殷墟 M5:319　　　河南安阳殷墟 M32:4　　　河南安阳殷墟 F11:63　　　河南安阳殷墟 M1:22

浙江湖州南山窑址 IT202②:87　　浙江湖州南山窑址 IT402⑧:18　　福建建瓯黄窠山 M3:7　　福建建瓯黄窠山采:01

河南安阳殷墟小司空 M97:13　　河南安阳殷墟 F11:49　　河南安阳殷墟 F11:48　　河南安阳殷墟 F11:47

福建建瓯黄窠山采:011　　　福建建瓯黄窠山采:06　　　福建建瓯黄窠山采:012

图八　闽浙地区与安阳殷墟出土商代后期印纹陶原始瓷器对比图

　　商代后期，北方原始瓷、印纹硬陶主要来源于浙江西南和闽北地区，也有一部分来源于吴城文化及浙江东苕溪流域的南山窑址。结合浙江温州杨府山土墩墓①、湖州昆山遗址②、安吉三官周家湾③、江西吴城遗址及闽北地区出土的商代晚期中原文化因素，如杨府山土墩墓的玉柄形器，昆山遗址出土的商式陶鬲、卜骨，安吉三官周家湾出土的具有中原风格的商代晚期青铜器，更证明这种文化交流互动是存在的。

　　3. 西周时期

　　据前文，西周时期，北方地区出土印纹硬陶数量不多，绝大多数均为原始瓷。原始瓷器类有豆、罍、瓿、尊、瓮、豆托、簋、盂、碟、釜、器盖等，其中以豆、罍、瓿、尊、瓮为多。纹饰有方格纹、刻划叶脉纹、凹弦纹、"人"字纹、篦纹、波折纹、

①　浙江省文物考古研究所、温州市文物保护考古所、瓯海区文博馆：《浙江瓯海杨府山西周土墩墓发掘简报》，《文物》2007 年第 11 期。

②　浙江省文物考古研究所、湖州市博物馆：《昆山》，文物出版社，2006 年。

③　浙江安吉县博物馆：《浙江安吉出土商代铜器》，《文物》1986 年第 2 期。

云雷纹等。罍、瓿、尊的肩部均有复系,瓮均为泥条盘筑成型,厚胎厚釉,器表多饰方格纹。印纹硬陶只有尊、罍、瓿、釜、罐、瓮等,纹饰有方格纹、回纹、菱形方格凸点纹、菱形"回"字凸点纹。

豆的数量最多,根据器物形制,主要可分为三种类型。

第一种,豆盘壁较矮直,盘壁外侧多见窄宽扁状泥条耳,另还有少量小扁方实心泥条、圆形小泥点。浙江湖州南山窑址出土的商代原始瓷豆、罐、钵的口沿外侧也多见这种扁状泥条贴塑,但是,目前还没有发现西周时期烧制这类豆的窑址,因此,不确定北方出土的这类口沿外侧有贴塑的豆是否与东苕溪流域有关。然而,我们注意到闽北建瓯黄窠山遗址出土较多这种类型的豆,闽北武夷山竹林坑窑址也出土有这类产品[1],滕州前掌大墓地 BM4:25 豆与福建政和熊山镇官湖村佛字山 M1:17 雷同。因而,就目前考古材料来看,这类豆可能来源于闽北地区。

第二种,侈口或直口豆,豆盘内壁饰弦纹。如北赵晋侯墓地 M33:152 原始瓷豆,侈口,盘壁外侧有凹弦纹,内底有两圈细弦纹间于篦纹,与杭州萧山柴岭山 D23M1:4 豆相同[2],这种篦纹在武夷山竹林坑窑址常见。

第三种,敛口豆,有的口沿外壁贴有成对的小泥饼。如山西曲沃 M6080:4 原始豆,与 1979 年江山市地山岗平天塘出土的编号为江地(平)5:2 豆相同。

另,洛阳北窑西周墓地的 M54:2 带盂豆,豆盘中放置盂,与 1979 年江山市地山岗平天塘出土编号为江地(平)3:2 的豆相似,应该有渊源关系(图九)。

尊,有三种类型。

第一种,张家坡西周墓地 M129:02 深腹折肩尊,侈口,斜直领,折肩,深腹,小平底,矮圈足,肩上有四个环状系耳,肩部拍印小方格纹和弦纹,腹部拍印小方格纹,器表施豆青釉。器形与 1979 年江山市峡口地山岗采集的尊相同,在武夷山竹林坑窑址还出土有这类尊的口沿残片。叶家山墓地 M27:100 这类浅腹折肩尊,形制上与江山采集的尊一样,只是器形变矮了。

第二种,深腹双折肩尊,如前掌大 BM3:3,应该和闽北光泽池湖积谷山 M9:66 有渊源关系。

第三种,平顶山应国墓地 M84:29 敞口折腹小尊,与余杭临平公园出土小尊雷同,滕州前掌大墓地 BM3:46 与安吉上马山 D90M1:32 相似。

瓮在叶家山墓地、前掌大墓地、洛阳林校车马坑等均有出土,厚胎厚釉。这种瓮,与浙江台州黄岩小人尖土墩墓及安徽黄山屯溪土墩墓 M1 出土的瓮,器形相似,但是纹

---

[1] 中国国家博物馆水下考古研究中心、福建博物院文物考古研究所、武夷山市博物馆:《武夷山古窑址》,科学出版社,2015 年。

[2] 杭州市文物考古研究所、萧山博物馆:《萧山柴岭山土墩墓》,文物出版社,2013 年。

张家坡西周墓地 M152:131　　天马-曲村遗址 M6080:4　　滕州前掌大墓地 BM4:25　　大河口霸国墓地 M1:59

萧山柴岭山 D23M1:4　　江山 江地（平）5:2　　福建政和县熊山镇官湖村佛　　福建建瓯黄窠山 M3:5
　　　　　　　　　　　　　　　　　　　　　　　字山 M1:17

洛阳北窑 M54:2　　滕州前掌大墓地 BM3:37　　河南鹿邑长子口 M1:98　　随州叶家山墓地 M27:77

江山 江地（平）3:2　　福建建瓯黄窠山采 M2:2　　福建建瓯黄窠山采:8　　福建建瓯黄窠山采:014

武夷山竹林坑窑址 I TG1①:01　　武夷山竹林坑窑址 I TG2①:29　　武夷山竹林坑窑址出土

图九　闽浙地区与江北地区出土西周原始瓷器对比图之一

饰有别，北方地区的此类瓮饰方格纹为主，黄岩小人尖[①]和屯溪土墩墓[②]出土的瓮一般饰折线纹。

瓿也是出土较多的原始瓷器，基本出土于叶家山墓地。叶家山 M2：13 瓿的形制与福建闽北黄窠山采：01 相似。叶家山 M27：98 这类折腹盖罐，器形与福建政和熊山镇官湖村佛字山 M1：15 相同，肩部刻划叶脉纹的做法也一样，且在安徽屯溪土墩墓亦常见这种折腹器。肩部刻划叶脉纹、桥形耳、贴小泥饼的作风也在金衢地区多见，在闽

_____

[①] 浙江省文物考古研究所、黄岩博物馆：《黄岩小人尖西周时期土墩墓》，《浙江省文物考古研究所学刊（建所十周年纪念 1980～1990）》，科学出版社，1993 年。

[②] 李国梁：《屯溪土墩墓发掘报告》，安徽人民出版社，2006 年。

图一〇　闽浙地区与江北地区出土西周原始瓷器对比图之二

北地区也多有发现。

　　滕州前掌大墓地 M109∶10 瓶、M109∶12 釜，也与福建黄寮山 M3∶7、M3∶2 基本相同（图一〇）。

　　综合以上分析，北方地区出土的西周时期原始瓷，大部分都能在金衢闽北地区找到同类器，而且，在福建武夷山还有烧造西周早中期原始瓷的窑址，这说明西周时期北方地区的原始瓷器产于浙西南及闽北地区。

　　同时我们也注意到，北方出土的原始瓷，比如瓮，虽然能从南方找到相似器物，但是在纹饰上却不一样。此外，尽管北方地区出土的少量原始瓷，比如大河口霸国墓地出土的罍（M1∶80），洛阳北窑出土的簋（M307∶18）、罍（M202∶3），鹿邑长子口出土的敞口扁鼓腹圈足尊（M1：25），叶家山墓地出土的折腹带盖瓶（M27：115）等，在南方没有找到相似器物，前掌大墓地出土的印纹硬陶敞口折腹圈足尊，目前在南方地区也没有发现，然而，这少量器物，在胎质、纹饰特征方面，也可从南方找到来源。这种情况，是由于出土材料较少，还没有发现同类器物？还是由于南方制瓷工匠北迁，在北方仿制，因此，在南方找不到相似器物，但是带有南方风格？还是如宋代浙江地区向中央贡奉瓷器一样，是通过一种"制样需索"来样加工的方式进贡给中原王朝？这是今后我们要进一步探索的问题。

浅议德清战国墓随葬原始青瓷文化特色

周建忠

（德清博物馆）

德清境内考古发现的先秦墓葬类型，多为土墩墓与石室土墩墓（三合朱家塔山土墩墓、三合刘家山土墩墓、洛舍独仓山与南王山土墩墓、武康城山土墩墓群）、岩坑墓（武康小紫山土墩墓）①。战国墓发现较少，迄今为止仅有 3 处，分别是 2002 年新市邱庄战国墓、2009 年开发区梁山战国墓、2017 年阜溪街道东坡岭战国墓。现结合其墓葬形制、随葬品特点，分析一下其随葬原始青瓷文化特色。

一 墓葬形制

邱庄战国墓，位于德清县新市镇石泉村，2002 年砖瓦厂取土发现。随葬品被盗掘后经新市派出所追回。墓葬所在地为一处标高 4.2 米的桑树地，形制已被破坏，后经调查确认为战国土坑墓。追缴器物有原始青瓷甗形鼎 1 件、盆形鼎 2 件、盖鼎 1 件、提梁盉 1 件、带流罐（匜）1 件（彩版一七，1～5）。②

德清梁山战国墓，位于开发区龙山村梁山顶部，2009 年对其进行了抢救性考古发掘。墓葬封土呈椭圆形，高 2 米，南北长约 30 米，东西宽约 25 米。墓坑开凿于基岩内，前有斜坡式墓道，总长 10 米，墓坑长 5、宽 3、深 2 米。随葬品摆放于墓坑后部，种类有原始瓷提梁盉（彩版·八，1）、小罐、盅式碗、斧、镅、锛（彩版·八，2）和印纹陶细方格纹坛及泥质陶盘、纺轮等。③

德清东坡岭战国墓，2017 年 3～4 月由浙江省文物考古研究所、德清县博物馆联合

---

① 郑建明：《夏商原始瓷起源的动力因素》，《东苕溪流域出土的先秦时期原始瓷》，浙江省文物考古研究所编，沈岳明、郑建明主编《原始瓷起源研究论文集》，文物出版社，2015 年，29～31、91～96 页。

② 朱建明编著：《探索中国瓷之源——德清窑》，西泠印社出版社，2009 年，142～147 页。

③ 浙江省文物局主编：《浙江省第三次全国文物普查新发现丛书·古墓葬》，浙江古籍出版社，2012 年，32～33 页。

在德清原始瓷窑址集中区的龙胜村东坡岭抢救性考古清理。其简报称 9 座战国竖穴土坑墓位于龙胜村新村委西北东坡岭上，是一处海拔标高 14.1 米的岗岭，早年曾被盗掘，墓葬开口在表土下，均为竖穴浅土坑长方形墓，其中三座带有墓道，长 3.1 ~ 4.4、宽 1.1 ~ 2、残存深 0.16 ~ 0.58 米。葬具和人骨全部腐朽或破坏，均不见。墓壁规整垂直，墓底较为平坦。随葬物以原始瓷和硬陶、泥质陶为主，主要有原始瓷鱼篓尊、鉴、瓿、钵、双系罐、碗以及仿生产工具镰、斧、凿、铲、锸等（图一 ~ 三；彩版一八，3 ~ 5；彩版一九、二〇）。①

三处战国墓中，邱庄战国墓位于德清县东部水乡高地，距新市皇坟头西周墓 3 千米；梁山、东坡岭战国墓位于德清中部丘陵地带，也是原始瓷窑址分布集中区，梁山战国墓将墓坑开凿于坚实的基岩内，在战国岩（土）坑墓葬中十分罕见，墓道与墓坑接近于等长也比较少见。东坡岭战国墓有带墓道的甲字形竖穴土坑墓 3 座（M1、M2、M8），有青白色填土的 4 座（M1、M2、M6、M8），有熟土二层台的 2 座（M1、M4），有枕木沟的 2 座（M1、M8）。其中 M1 形制与绍兴祝家山 M1、小家山 M17 类似，但规模均比较小②。其生土二层台、青白色膏泥的特点，与淮阴高庄战国墓"墓坑西北角有一方形生土台坡，台坡边长 2.7、高 2 ~ 2.9 米，台面西北高东南低，呈斜坡状。墓底平面为曲尺形。南、北、东三壁有高 1.9、宽 0.3 米的生土二层台。墓坑内填黄褐色含砂姜的砂质黏土，木椁周围及顶上封填厚约 0.2 米的灰白色膏泥"③，极其相似。

浙江已发现的战国墓中，1997 年绍兴皋埠凤凰山 M3 长方形竖穴土坑墓，填土为黄褐色，木椁四周填白膏泥；2004 年绍兴皋埠任家湾茅家山战国墓，木椁四周及椁底均填很厚的青膏泥，紧贴椁底板下还填了厚约 0.3 米的木炭；2004 年绍兴漓渚小步村猪肉岙 M1 墓坑坑口长 25、宽 6.8 ~ 7.2 米，坑底长 24.3、宽 6.5 ~ 6.9 米，墓坑深 1.6 ~ 1.75 米，坑底四周有生土二层台，坑底两侧有两条纵向的枕木槽，槽间距约 2.25 米；2009 年绍兴平水大龙山 M4、陆家岙 M18，2011 年绍兴平水蔡家岙祝家山 M1，2012 年绍兴平水蔡家岙小家山 M11、M17、M20，均在木椁外四周填青膏泥、坑底有枕木槽。④由此可见，虽然墓葬规模有大小，但填青白泥、带墓道、有枕木沟及熟土二层台，是其共同特点，而这些特点可以在春秋时期徐、舒国墓葬找到源头。⑤

---

① 浙江省文物考古研究所、德清博物馆：《浙江德清东坡岭战国墓发掘简报》，《东南文化》2018 年第 5 期，46 ~ 55 页。

② 浙江省文物考古研究所等编著：《绍兴越墓》，文物出版社，2016 年，54 ~ 96 页。

③ 淮阴市博物馆：《淮阴高庄战国墓》，《考古学报》1988 年第 2 期，189 ~ 232 页。

④ 浙江省文物考古研究所、绍兴市文物考古研究所、绍兴市柯桥区文化发展中心等编著：《绍兴越墓》，文物出版社，2016 年，8 ~ 12 页。

⑤ 毛颖、张敏著：《长江下游的徐舒与吴越》，湖北教育出版社，2005 年，21 ~ 25 页。

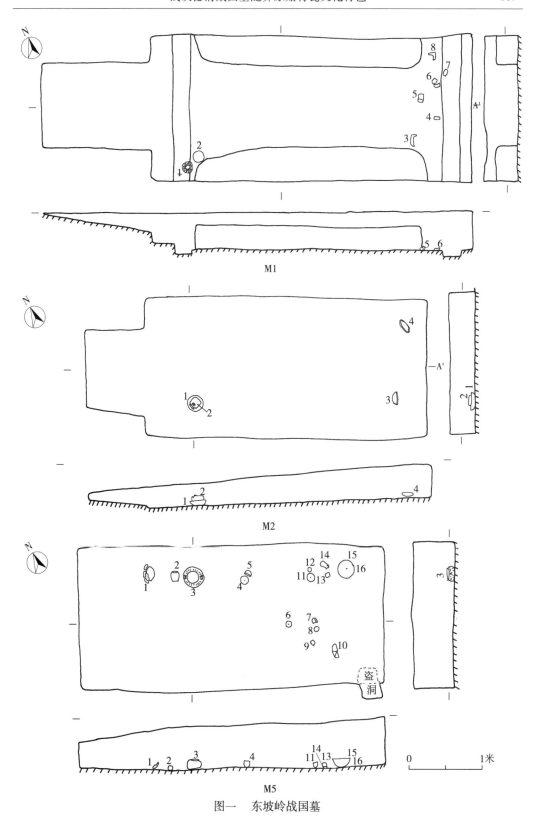

M1

M2

M5

图一　东坡岭战国墓

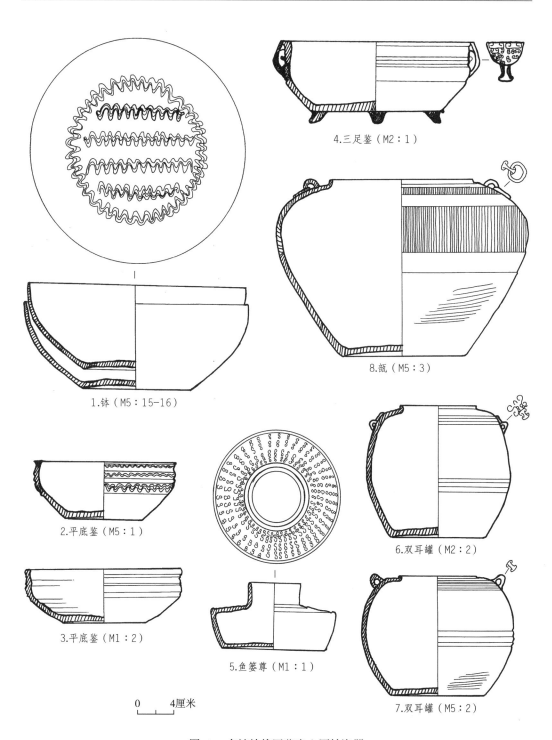

4.三足鉴（M2∶1）

8.瓿（M5∶3）

1.钵（M5∶15-16）

2.平底鉴（M5∶1）

6.双耳罐（M2∶2）

3.平底鉴（M1∶2）

5.鱼篓尊（M1∶1）

7.双耳罐（M5∶2）

0　　4厘米

图二　东坡岭战国墓出土原始瓷器

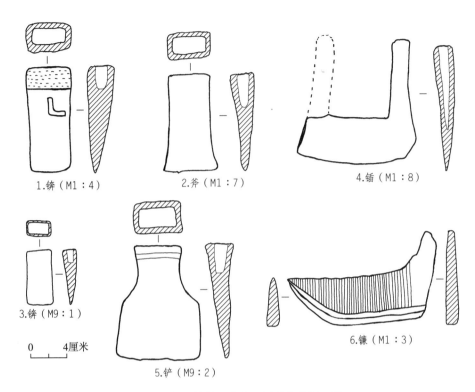

1. 锛（M1:4）　　2. 斧（M1:7）　　4. 锸（M1:8）

3. 锛（M9:1）

0　　　4厘米

5. 铲（M9:2）　　6. 镰（M1:3）

图三　东坡岭战国墓出土原始瓷仿铜工具

二　随葬品特点

邱庄战国墓随葬品中有瓿形鼎，通高 13.6、口径 17.5 厘米，鼎口近盘形，束腰，腹略扁鼓，底近平，三瘦高足，足尖外撇，口径大于腹径。胎质灰白。内外均施釉，釉色青黄，玻璃质感强，胎釉结合好，局部有流釉现象，口沿内侧对称设置半环形立耳。带流罐，高 16.6、口径 15.3、底径 12.2 厘米，方唇，直口，短颈，宽肩，上腹部鼓圆，卜腹部斜收，小平底，肩部一侧置一扁圆形粗短流斜上翘，流口上侧切成长方形缺口，肩部另三侧各贴一铺首，铺首刻划较细致，灰黄色胎，通体施满釉，釉呈青黄色，脱釉和凝釉现象较严重，釉面不佳。① 瓿形鼎、盆形鼎、盖鼎均属于越式风格，瓿形鼎在亭子桥窑址中可找到其相应的标本 C 型鼎（T302⑤:16），盆形鼎、盖鼎亦可找

---

① 浙江省文物考古研究所编著：《古越瓷韵——浙江出土商周原始瓷集粹》，文物出版社，2010 年，193～194 页。

到相应标本①。

梁山战国墓随葬品中有提梁盉，通高 24.5、口径 8.5 厘米，直口，方唇，短颈，圆鼓腹，圜底近平，三兽蹄形足略高而外撇，肩部设有半环状龙形提梁，上有锯齿状扉棱，提梁一侧设圆粗的龙首状流，另一侧以一条纵向扉棱作龙尾，带盖，盖面平，周缘折直，顶立一大尾鸟作纽。整个器物造型饱满，灰白色胎，青黄色釉较佳，玻璃质感强，有凝釉现象，有三道凸棱将整个器物等分成上中下三部分。提梁盉属于水器，出土较多。亭子桥窑址出土标本为双流器（T202⑤：76）②应属于酒具一类。还有仿制生产工具的斧（长 8.5、宽 3.5、厚 2.1 厘米）、锸（长 9.9、宽 6.6、厚 2.8 厘米）、锛（长 11.5、宽 4.8、厚 4.4 厘米）③，规格比较大。其原始瓷小罐也见于亭子桥窑址标本 C 型小罐（T201⑤：18、19）

东坡岭战国墓出土的仿生产工具的原始瓷斧（17LDM1：7，通长 5.9、刃宽 3.4、通宽 2.6、厚 1.6 厘米）、锸（17LDM1：8，通长 7.7、刃宽 3、厚 1.2 厘米）、锛（17LDM1：4，通长 6.4、刃宽 2.6、通宽 2.6、厚 1.8 厘米），规格较梁山战国墓小。原始瓷瓿（M5：3），见于亭子桥窑址 T304③：7④，也见于绍兴祝家山 M1 出土的原始瓷罐（CZM1：11）⑤；原始瓷三足鉴（M2：1），见于亭子桥窑址 T302④：90⑥，唯器形略小一号，出土时内置一双耳罐（M2：2），和绍兴小家山 M17Q 出土的三足盘、匜一样⑦；原始瓷钵（M5：15）见于亭子桥窑址 T202①：8⑧；原始瓷深弧腹碗、盅式碗均见于绍兴祝家山 M1、小家山 M17Q。这批墓葬年代为战国早中期。

上述器物中，原始瓷斧、锸、锛、镰完全仿自青铜器工具，甗形鼎、盆形鼎、盖鼎，见于绍兴西施山出土的青铜盆形鼎、盖鼎，也见于淮阴高庄战国墓出土的青

---

① 浙江省文物考古研究所、德清县博物馆编著：《德清亭子桥——战国原始瓷窑址发掘报告》，文物出版社，2011 年，71 页。

② 浙江省文物考古研究所、德清县博物馆编著：《德清亭子桥——战国原始瓷窑址发掘报告》，文物出版社，2011 年，80 页。

③ 浙江省文物考古研究所编著：《古越瓷韵——浙江出土商周原始瓷集粹》，文物出版社，2010 年，195 ~ 197 页。

④ 浙江省文物考古研究所、德清县博物馆编著：《德清亭子桥——战国原始瓷窑址发掘报告》，文物出版社，2011 年，54 页。

⑤ 浙江省文物考古研究所、绍兴市文物考古研究所、绍兴市柯桥区文化发展中心等编著：《绍兴越墓》，文物出版社，2016 年，63 页。

⑥ 浙江省文物考古研究所、德清县博物馆编著：《德清亭子桥——战国原始瓷窑址发掘报告》，文物出版社，2011 年，59 页。

⑦ 浙江省文物考古研究所、绍兴市文物考古研究所、绍兴市柯桥区文化发展中心等编著：《绍兴越墓》，文物出版社，2016 年，86 ~ 87 页。

⑧ 浙江省文物考古研究所、德清县博物馆编著：《德清亭子桥——战国原始瓷窑址发掘报告》，文物出版社，2011 年，108 页。

铜盖鼎和丹徒谏壁粮山青铜盆形鼎，原始瓷提梁盉见于丹徒谏壁王家山出土的青铜盉①。

三　结语

从墓葬形制、随葬品特点来看，德清这三处战国墓时代大约在战国中期前后。其中东坡岭战国墓位于亭子桥窑址西北 1.4 千米处，原始瓷窑址群"几"字形核心分布区东北角，时间跨度由商代至战国，以战国时期窑址最为丰富，有 30 多处窑址围绕在其周边，其出土随葬品中原始瓷罐、盅式碗、瓿、鉴均可在窑址中找到，从墓葬形制和墓葬的地理位置推测，这批墓葬可能是原始瓷窑址中心区的一处非贵族墓葬区（窑工或窑场主？），是研究战国时期土坑墓与原始瓷窑址之间关系的实物资料。

原始瓷仿青铜器产品是原始瓷的主流产品，存在两个高峰阶段，但并不只局限于这两个阶段。这两个高峰阶段为西周晚期至春秋早中期，春秋末期至战国中期前后。②德清境内发现属于第一个高峰阶段的原始瓷窑址有火烧山窑址，墓葬有新市皇坟堆西周墓、三合塔山土墩墓。属于第二个高峰阶段的原始瓷窑址有亭子桥、胡堂庙、下漾山、弯头山等诸多战国窑址，墓葬现已发现的有东坡岭、梁山、邱庄战国墓三处。战国时期原始瓷仿铜礼乐器的数量和品种均达到了前所未有的程度，可分为越系统和仿中原系统，同时仿中原系统因素又存在不合周代礼制的成分，也包含了楚、徐的影响，同时还应包含吴的影响。③ 德清战国墓出土的盆形鼎、瓿形鼎、提梁盉，战国窑址出土的长颈镂孔瓶、勾鑃、錞于、镇、编钟标本，属于越系统。

---

①　王屹峰著：《中国南方原始瓷窑业研究》，中国书店，2010 年，216～226 页。
②　王屹峰著：《中国南方原始瓷窑业研究》，中国书店，2010 年，186 页。
③　王屹峰著：《中国南方原始瓷窑业研究》，中国书店，2010 年，226 页。

坑刀山窑址群出土陶瓷器的科技分析

——兼论闽浙赣商代原始瓷的两种制釉技术

周雪琪[1]　吕竑树[1]　羊泽林[2]　牛健哲[3]　崔剑锋[1]*

（1. 北京大学考古文博学院　2. 福建博物院　3. 中国国家博物馆）

一　前言

原始瓷的成功烧制是中国陶瓷史上的里程碑之一[1]，也是由陶到瓷这一转变发生的重要阶段。到商代，原始瓷器已广泛出现于我国多个省份，如浙江[2]、福建[3]、江西[4]、广东、安徽[5]、湖北[6]、河南[7]、山西[8]等。近年来，福建省泉州市永春与德化县发现有集中烧制原始瓷的几个窑址群，为研究原始瓷器烧造中心的分布及原始瓷手工业的发展提供了更多资料。其中，经过发掘的窑址主要有坑刀山、辽田尖山、苦寨坑三处（图一）。坑刀山窑址位于福建省泉州市永春县，经碳十四测定，是一处距今 3500 到 3000 年左右的商周遗址[9]，出土大量原始瓷，釉色透明、呈淡绿色，器形种类丰富。

---

* 通讯作者：崔剑锋，男，副教授，北京大学考古文博学院，邮件地址：cuijianfeng@ pku. edu. cn。

① 李家治主编：《中国科学技术史·陶瓷卷》，科学出版社，1998 年。

② 浙江省文物考古研究所、湖州市博物馆、德清县博物馆编著：《东苕溪流域夏商时期原始瓷窑址》，文物出版社，2015 年。

③ 羊泽林：《福建泉州辽田尖山、苦寨坑原始青瓷窑址》，《大众考古》2016 年第 11 期，12～13 页。

④ 江西省文物考古研究所、樟树市博物馆编著：《吴城 1973～2002 年考古发掘报告》，科学出版社，2005 年。江西省文物考古研究院、鹰潭市博物馆编著：《角山窑址——1983～2007 年考古发掘报告》，文物出版社，2017 年。

⑤ 郑建明著：《夏商原始瓷略论稿》，文物出版社，2015 年。

⑥ 湖北省文物考古研究所编著：《盘龙城——1963～1994 年考古发掘报告》，文物出版社，2001 年。

⑦ 河南省文物考古研究所编著：《郑州商城——1953～1985 年考古发掘报告》，文物出版社，2001 年。

⑧ 中国历史博物馆考古部、山西省考古研究所、垣曲县博物馆编著：《垣曲商城——1985～1986 年度勘察报告》，科学出版社，1996 年。

⑨ 羊泽林：《福建泉州辽田尖山、苦寨坑原始青瓷窑址》，《大众考古》2016 年第 11 期，12～13 页。

图一　我国重要商代原始瓷窑址地理位置示意图与福建地区窑址现场照片
（右图摘自羊泽林《永春苦寨坑原始青瓷窑址》）

另外，还发现有疑似垫具的窑业遗存及素胎陶器。德化辽田尖山、永春苦寨坑窑址与坑刀山窑址相距不远，年代稍早（距今 3770～3400 年），出土器物的胎釉质地及所揭露的窑炉形制相似。此外，附近还有许多未揭露的窑址和聚落遗址①，此处或为当时一处原始瓷的生产中心。

　　该窑群的发现与研究，不仅丰富了学界对商代原始瓷的技术水平的认识，更为了解原始瓷源流提供了新的参考。以坑刀山窑址的出土遗物为主要研究对象，纳入辽田尖山、苦寨坑窑址的标本作为福建地区代表，并将这一地区出土的原始瓷，与浙江东苕溪流域和江西清江、角山等地出土的原始瓷进行对比，初步讨论闽浙赣地区原始瓷的异同之处。这对研究南方地区几个原始瓷制造中心的相互关系，探讨原始瓷起源与发展，有重要意义。

二　样品

　　本文主要围绕 13 件于坑刀山窑址发掘过程中出土的标本（表一；彩版二一，1）展开，对于其中原始瓷的胎釉进行成分分析和显微结构研究，并测试垫具、软陶的元素组成。另外，还采集了一些来自附近窑址或遗址（如辽田尖山、苦寨坑、大垅等）的样品进行研究，包括陶瓷器残片、窑壁残块、制胎原料等。

---

① 羊泽林：《永春苦寨坑原始青瓷窑址》，《海峡教育研究》2017 年第 3 期，81～83 页。

表一　样品描述与出土单位

编号	样品	出土单位
测 1	灰陶（篮纹）	坑刀山窑址 Y1 火塘②
测 2	黄陶（锥刺纹＋篦划纹）	坑刀山窑址 Y1 火塘②
测 3	原始瓷（方格纹＋凸棱）	坑刀山窑址 Y1 火塘②
测 4	原始瓷	坑刀山窑址 Y1 火塘②
测 5	垫饼	坑刀山窑址 Y1 火塘②
测 6	垫饼	坑刀山窑址 Y1 火塘②
测 7	原始瓷（方格纹）	坑刀山窑址 Y1 火塘②
测 8	原始瓷（篮纹）	坑刀山窑址 Y2 火塘④
测 9	灰陶（方格纹）	坑刀山窑址 Y2 火塘④
测 10	灰陶（篮纹）	坑刀山窑址 Y2 火塘⑥
测 11	黄陶（篮纹）	坑刀山窑址 Y3 火塘⑧
测 12	原始瓷（篮纹）	坑刀山窑址 Y4 火塘①
测 13	原始瓷	坑刀山窑址 Y4 火塘①

通过对实物的观察发现，坑刀山出土的原始瓷器，胎质细腻的基本烧结成瓷，有些样本釉色莹润剔透。3、7 号样品于胎体的方格纹饰上施釉，纹饰凹陷处釉略堆积，透明呈青绿色，方格线处也有釉，色偏灰白，更多反映了胎体颜色。12、13 号样品釉层略有烧流起泡的现象，但基本保持了青绿的颜色。4 号样品外壁存在极薄的釉层，且有乳浊感。另有 1、2、9、10、11 号样品未施釉，为素胎陶器，外表面有纹饰，1、9、11 号样品烧结程度差，2、10 号样品则质地坚硬，敲击有清脆的瓷胎声响。11 号样品严重酥粉，基本处于生烧状态。5、6 号样品为垫饼，胎体坚硬致密。

三　实验方法

样品的分析测试都在北京大学考古文博学院科技考古实验室进行。样品成分分析主要采用 ED－XRF（能量色散型 X 射线荧光光谱仪）进行测试，型号为 Horiba 公司的 XGT－7000，能够进行无损分析。分析条件：Rh 靶；X 光管电压 30 千伏；信号采集时间 100 秒。

物相分析采用日本制造的奥林巴斯（OLYMPUS）XRD－Terra。2θ 在 $5° \sim 55°$ 之间，探测器类型为 1024×256 像素二维制冷电荷耦合器件（CCD），X 射线管电压为 30 千伏，功率为 10 瓦，分析时间 20 分钟。

取样进行切片,镶样,抛光。采用 SEM – EDS(电子扫描显微镜)对标本进行观察。显微镜为 HITACHI TM3030 台式扫描电镜,能谱型号为 BRUKER Quantac70。分析条件:15 千伏的加速电压,进行无标样测试,测试时长 70 秒。

四　结果

对于坑刀山出土的原始瓷、陶器、垫具、窑壁、可能的制胎原料进行成分分析,同时纳入辽田尖山、苦寨坑出土陶瓷器的部分数据进行对比。对坑刀山出土的几件原始瓷镶样,进行显微观察。

1. 成分分析

(1) 原始瓷釉层、胎体成分(表二、三)

表二　原始瓷釉主要氧化物百分含量(wt%)

	Na$_2$O	MgO	Al$_2$O$_3$	SiO$_2$	K$_2$O	CaO	TiO$_2$	Fe$_2$O$_3$
3 – 釉 1	2.26	1.42	17.77	61.88	2.30	11.33	0.49	2.54
3 – 釉 2	0.76	0.40	22.89	62.91	3.98	5.66	0.56	2.82
4 – 内釉 1	1.32	2.74	15.98	63.97	3.12	9.41	0.50	2.08
4 – 内釉 2	0.71	3.38	13.23	60.49	2.31	16.69	0.40	1.87
4 – 外釉 1	1.79	1.95	19.99	65.63	4.05	4.10	0.46	1.82
4 – 外釉 2	0.73	2.50	14.67	62.79	2.46	13.33	0.40	2.02
7 – 外釉	0.62	3.63	17.70	53.67	3.49	16.63	0.60	2.59
8 – 釉 1	0.76	0.92	21.16	64.49	3.84	5.61	0.65	2.17
8 – 釉 2	0.69	2.53	18.49	59.52	3.32	11.86	0.64	2.07
12 – 釉 1	0.64	3.04	14.93	53.54	2.26	19.10	0.92	2.61
12 – 釉 2	0.66	2.20	22.40	58.01	3.71	7.35	1.24	3.70
13 – 内釉	0.74	2.97	15.16	68.28	2.00	7.30	0.87	2.20
13 – 外釉	2.65	3.55	17.54	61.11	2.66	9.05	0.54	2.08

从釉层成分可知,同一个样品上有时釉层成分变化较大。其中,主要是 CaO 与 Al$_2$O$_3$ 的成分有变化。部分区域的釉层 CaO 含量较高(常大于7%),则 Al$_2$O$_3$ 含量往往低于20%。当 CaO 较低时,Al$_2$O$_3$ 往往高于20%,同时 K$_2$O 的百分含量略有升高。根据对样品表面的观察,釉面常呈现出两种质地,积釉或釉厚处颜色较绿,釉质清澈,釉薄处则呈灰白色,透明度低。CaO 等氧化物百分含量的高低可能与这两种釉质有关。

表三 瓷胎主要氧化物百分含量（wt%）

	Na$_2$O	MgO	Al$_2$O$_3$	SiO$_2$	K$_2$O	CaO	TiO$_2$	Fe$_2$O$_3$
3 – 截面胎	1.66	0.42	22.83	69.78	2.28	0.27	0.49	2.28
4 – 截面胎	0.93	0.49	16.28	77.02	2.87	0.42	0.32	1.67
7 – 内胎	0.63	0.57	27.85	65.93	2.11	0.16	0.55	2.19
8 – 内胎	0.65	1.21	26.77	66.42	2.18	0.23	0.50	2.03
12 – 截面胎	0.80	0.40	24.24	69.41	0.72	0.21	1.01	3.21
13 – 截面胎	1.34	0.40	23.46	69.79	0.90	0.19	1.14	2.77
13 – 内胎	0.64	0.72	28.60	64.43	1.76	0.37	0.91	2.57
坑刀山 – 采3 – 截面	1.80	1.08	18.98	72.98	2.87	0.21	0.31	1.74
坑刀山 – 采4 – 截面	1.61	0.90	22.15	70.50	2.04	0.20	0.42	2.16
苦寨坑 – 采5 – 截面	1.71	0.99	20.31	70.12	3.45	0.25	0.59	2.55
苦寨坑 – 采6 – 截面	1.67	0.80	21.55	68.86	3.52	0.42	0.69	2.47
辽田尖 – 采3 – 截面	1.86	–	17.81	73.92	3.23	0.41	0.60	2.10
辽田尖 – 采4 – 截面	1.34	1.76	27.37	61.03	3.55	0.23	0.40	4.30

据表三数据可发现，这批样品瓷胎成分浮动较大，主要是 Al$_2$O$_3$ 与 SiO$_2$ 两种氧化物的百分含量有一定的相对变化。大部分样品新鲜截面的 Al$_2$O$_3$ 较低，在16%至23%之间，同时 SiO$_2$ 含量较高，接近70%，为典型的瓷石胎质。但也有部分样品，从胎体新鲜截面的成分上看，含有较高的 Al$_2$O$_3$（24%以上）。几枚样品测试了未施釉的瓷胎内壁表面，发现表面 Al$_2$O$_3$ 含量明显较胎体新鲜截面的数据偏高，可能与埋藏过程中的变化有关，具体原因有待进一步分析。

（2）软陶、硬陶的胎体成分（表四）

表四 软陶、硬陶胎体主要氧化物的百分含量（wt%）

	Na$_2$O	MgO	Al$_2$O$_3$	SiO$_2$	K$_2$O	CaO	TiO$_2$	Fe$_2$O$_3$	备注
1 – 截面	0.80	0.42	24.07	70.56	0.89	0.13	0.56	2.57	软陶
1 – 内胎	0.62	1.47	27.95	66.54	1.53	0.14	0.32	1.41	
1 – 外胎	0.93	0.34	29.19	66.15	1.52	0.17	0.47	1.21	
2 – 截面	0.72	0.38	26.72	66.63	2.19	0.43	0.53	2.40	硬陶
2 – 内胎	0.80	0.32	30.69	63.07	2.64	0.30	0.47	1.71	
2 – 外胎	1.33	–	39.32	53.79	3.14	0.14	0.49	1.78	
9 – 内胎	0.59	1.54	30.72	62.33	0.71	0.06	1.06	2.99	软陶
9 – 外胎	0.54	0.53	36.00	57.97	0.46	0.05	1.27	3.18	
10 – 截面	0.70	0.37	26.86	63.88	1.49	1.02	1.19	4.51	硬陶

续表

	Na$_2$O	MgO	Al$_2$O$_3$	SiO$_2$	K$_2$O	CaO	TiO$_2$	Fe$_2$O$_3$	备注
10 – 内胎	0.51	0.89	32.28	60.07	0.97	0.05	1.12	4.03	
10 – 外胎	0.55	–	38.61	53.51	1.45	0.17	1.50	4.23	
11 – 截面	0.70	0.37	28.25	64.81	0.31	0.16	1.02	4.37	软陶
11 – 内胎	0.55	0.29	32.51	61.09	0.51	0.05	0.87	4.16	
11 – 外胎	0.00	–	34.99	60.79	0.27	0.04	0.90	3.01	
坑刀山 – 采2 – 截面	1.76	0.50	22.98	70.61	0.51	0.02	1.03	2.59	软陶
坑刀山 – 采2 – 表	1.46	0.49	27.08	65.89	1.22	0.18	0.40	3.24	
苦寨坑 – 采2 – 截面	1.49	0.90	25.75	66.99	1.92	0.22	0.55	2.10	硬陶
苦寨坑 – 采2 – 表	1.41	–	27.82	65.00	2.53	0.68	0.62	1.85	
苦寨坑 – 采3 – 截面	0.00	–	22.50	71.97	1.16	0.11	0.96	3.28	硬陶
苦寨坑 – 采3 – 表	1.59	–	23.88	67.88	2.98	0.37	0.67	2.18	
苦寨坑 – 采4 – 截面	1.35	2.06	24.83	59.97	3.06	4.44	0.79	3.48	硬陶
苦寨坑 – 采4 – 表	1.20	–	33.04	56.79	4.09	1.37	0.83	2.56	
辽田尖 – 采1 – 截面	1.74	0.53	19.09	72.33	3.20	0.34	0.54	2.20	硬陶
辽田尖 – 采1 – 表	1.49	–	25.70	63.96	3.63	1.62	0.56	2.65	
辽田尖 – 采2 – 截面	1.54	0.43	23.15	67.41	3.50	0.52	0.59	2.85	硬陶
辽田尖 – 采2 – 表	1.34	0.00	30.16	60.89	3.46	0.53	0.61	2.98	

　　根据表四，大部分陶器新鲜截面的 Al$_2$O$_3$ 含量都在 24% 以上，少部分处在 19% 至 23.15% 之间，表明大部分陶器所用胎土原料为高岭土。同时，可以观察到胎内外表面成分中 Al$_2$O$_3$ 的百分含量往往高于新鲜截面，这种情况，和上述原始瓷胎体情况类似，需要进一步研究。

　　（3）垫具、窑壁及附近采集原料的成分（表五~七）

　　如表五，垫具所采用的原料与陶器类似，既有高岭土（Al$_2$O$_3$ 大于 24%），又有瓷石（Al$_2$O$_3$ 小于 23%）。其中苦寨坑的一件垫具样品比较特殊（如图二），在它的两面均有一圆形的垫烧器物后遗留的使用痕迹。圆形内部颜色偏黄，Al$_2$O$_3$ 含量高于外部发灰的部分。同时，发灰部分的 K$_2$O 与 CaO 含量也略高。这可能是由于，在烧制的过程中，垫具暴露在外的部分与窑内钾蒸气、草木灰颗粒等产生反应，并且从结果上看，胎体烧结程度较高。而圆圈的内部则可能在埋

图二　苦寨坑垫具样品

藏过程中产生了一些变化，导致最终测得的 Al_2O_3 含量稍高。

表五　垫具主要氧化物的百分含量（wt%）

	Na_2O	MgO	Al_2O_3	SiO_2	K_2O	CaO	TiO_2	Fe_2O_3
5 - 截面	2.87	0.43	21.38	70.26	1.04	0.26	0.74	3.00
6 - 截面	0.74	0.39	26.15	66.61	2.05	0.28	0.69	3.09
6 - 外胎	0.55	1.65	29.42	60.46	3.61	0.48	0.85	2.99
坑刀山 - 采1 - 表	-	0.60	28.04	67.07	1.18	0.16	0.50	2.44
坑刀山 - 采1 - 截面	1.53	1.57	27.85	63.79	1.27	0.18	0.54	3.24
苦寨坑 - 采1 - 表	1.49	0.69	24.40	66.36	2.51	1.28	0.55	2.69
苦寨坑 - 采1 - 截面	1.83	0.52	19.04	73.65	2.08	0.17	0.54	2.15
苦寨坑 - 发掘 - 灰色外圈	1.57	0.79	20.71	65.87	3.99	2.98	0.75	3.20
苦寨坑 - 发掘 - 黄白内圆	1.51	1.29	23.53	64.85	3.12	1.97	0.86	2.85

表六　坑刀山窑址窑壁主要氧化物的百分含量（wt%）

	Na_2O	MgO	Al_2O_3	SiO_2	K_2O	CaO	TiO_2	Fe_2O_3
窑壁山体生土	1.51	-	25.98	65.37	2.34	0.14	0.24	4.40
窑壁山体生土	5.30	0.46	23.45	64.58	1.52	0.07	0.16	4.43
窑壁山体生土	1.53	0.43	26.49	64.35	2.67	0.14	0.24	4.06
窑壁烧结面	1.65	0.46	24.77	65.18	1.01	0.08	0.59	6.26
窑壁烧结面	1.75	0.00	23.48	66.88	0.33	0.05	0.50	7.01
窑壁烧结面	-	0.34	35.46	55.06	0.95	0.08	0.34	7.72

　　福建这几处窑址的窑炉均为在山体直接开挖的地穴式小龙窑，长 3~4 米，窑底坡度 4°~26°[①]。根据表六，可知山体生土与窑壁的 Al_2O_3 含量较高，耐火性较好，窑壁烧结为红烧土，从数据上看，Fe_2O_3 有所上升。

表七　附近所采集制胎原料主要氧化物的百分含量（wt%）

	Na_2O	MgO	Al_2O_3	SiO_2	K_2O	CaO	TiO_2	Fe_2O_3
瓷石	2.15	-	14.67	80.89	1.51	0.11	-	0.66
瓷石	-	-	15.43	82.42	1.33	0.18	-	0.65
瓷石	2.12	0.60	13.99	81.17	1.43	0.09	-	0.59
瓷土（坑刀山）	1.64	0.46	21.83	71.63	2.29	0.09	0.30	1.75

---

① 羊泽林：《福建泉州辽田尖山、苦寨坑原始青瓷窑址》，《大众考古》2016 年第 11 期，12、13 页。

续表

	Na$_2$O	MgO	Al$_2$O$_3$	SiO$_2$	K$_2$O	CaO	TiO$_2$	Fe$_2$O$_3$
瓷土（坑刀山）	1.68	0.70	21.44	72.45	2.11	0.09	–	1.51
瓷土（苦寨坑）	1.71	–	17.75	71.90	1.45	0.36	1.72	4.95
瓷土（苦寨坑）	2.01	–	15.90	77.61	1.81	0.08	0.22	2.37

从表七的数据中可以发现，瓷石采自窑址群所在的山体，含有 80% 以上的 SiO$_2$。坑刀山窑址所在的山体外表发红，挖开呈白色，经测试含有 21% 左右的 Al$_2$O$_3$，可能是瓷石风化后形成的土。苦寨坑窑址正对面就有一瓷土矿，Al$_2$O$_3$ 含量相对坑刀山附近的矿更低，但含有一定的 Fe$_2$O$_3$ 杂质。

（4）泥釉黑陶的泥釉成分

在采集标本的过程中，发现该地区似乎还生产少量泥釉黑陶，我们采集了部分标本，对其泥釉涂层进行分析，发现其 Fe$_2$O$_3$ 含量往往较高，有的标本（大垅 – 3）含有一定的 K$_2$O，分析结果参见表八。

表八　泥釉黑陶泥釉层主要氧化物的百分含量（wt%）

	Na$_2$O	MgO	Al$_2$O$_3$	SiO$_2$	K$_2$O	CaO	TiO$_2$	Fe$_2$O$_3$
大垅 – 1	1.58	2.23	21.67	61.14	3.60	1.81	0.77	6.94
大垅 – 2	1.49	2.42	30.75	53.14	2.94	0.86	0.87	7.42
大垅 – 3	0.65	0.99	23.67	59.52	6.06	1.16	0.82	7.03
苦寨坑	1.33	1.23	30.33	55.32	2.65	0.62	0.99	7.47
坑刀山	0.56	1.04	31.23	58.07	3.34	0.43	0.70	4.63

2. 显微观察

我们还挑选几件典型的原始瓷样品同时进行了光学显微镜和扫描电镜观察。结果如下。

（1）3 号样品

体视显微镜下，3 号样品网格纹凹陷处的灰白色釉与网格纹内积聚的青灰色釉呈现不同的质感，青灰色釉相对清澈透明，而灰白色釉有乳浊的质感（图三）。下面 7、8 号样品釉质类似。

（2）7 号样品

气泡密集处对应灰白色釉处，釉面平滑处对应青灰色釉处，有明显的成分差异（图四；表九）。

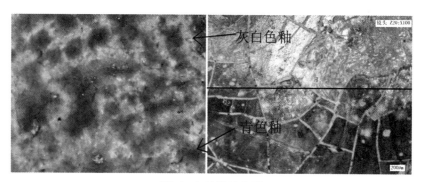

图三　3 号样品表面

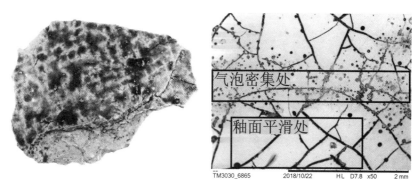

图四　7 号样品表面照片与电镜图像

表九　7 号样品表面能谱成分

	Na$_2$O	MgO	Al$_2$O$_3$	SiO$_2$	K$_2$O	CaO	Fe$_2$O$_3$	MnO$_2$	P$_2$O$_5$
气泡密集处	0.48	2.45	20.93	61.44	5.30	6.37	2.20	0.46	0.36
釉面平滑处	0.47	3.25	17.78	57.50	4.09	14.25	1.14	0.80	0.72

（3）8 号样品

薄釉处对应灰白色釉处，厚釉处对应青灰色釉，同样可以观察到以上两者在成分上的区别（图五；表一〇）。

表一〇　8 号样品截面能谱成分

	Na$_2$O	MgO	Al$_2$O$_3$	SiO$_2$	K$_2$O	CaO	Fe$_2$O$_3$	MnO$_2$	P$_2$O$_5$
釉层较厚处	0.18	2.72	18.23	57.87	2.51	14.96	1.39	0.96	1.19
釉层较薄处	0.29	1.10	20.32	67.28	5.65	6.06	1.56	0.57	－
临近薄釉层的胎	0.38	0.34	26.04	67.10	5.06	0.77	0.32		
样品胎体	0.12	0.25	25.00	70.22	2.37	0.46	1.31		

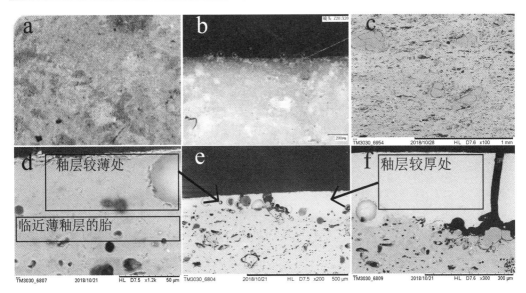

图五　8号样品表面与截面

a. 样品表面照片　b. 样品截面胎体光学显微图像　c. 样品截面胎体电镜图像　d. 样品截面胎釉电镜图像　e. 样品截面胎釉电镜图像　f. 样品截面胎釉电镜图像

（4）1号样品

1号样品为高铝软陶，电镜下可发现胎体明显分为两层，结合能谱分析，外层氧化铝高达36%以上，且存在大量棱角分明的大颗粒夹杂，显系人为添加。但内层土质细腻，烧结较好，且并无类似的夹杂物（图六；表一一）。

图六　1号样品截面电镜图像

表一一　1号样品截面能谱成分

	Al_2O_3	SiO_2	K_2O	Fe_2O_3
外部	36.04	60.02	0.51	3.43
内部	29.78	64.03	1.85	4.35

1 号样品为高铝软陶，电镜下可发现胎体明显分为两层，结合能谱分析，外层氧化铝高达 36% 以上，且存在大量棱角分明的大颗粒夹杂，显系人为添加。但内层土质细腻，烧结较好，且并无类似的夹杂物。

3. XRD 物相分析

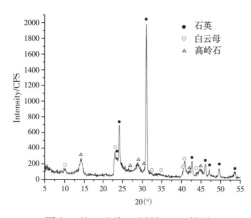 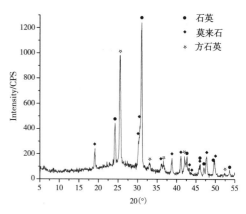

图七　坑刀山瓷土原料 XRD 结果　　　　图八　13 号原始青瓷样品胎体 XRD 结果

根据物相分析（图七、八），坑刀山瓷土原料中含有石英、白云母、高岭石，苦寨坑瓷土原料中含石英、云母、正长石，采集的瓷石中主要物相为石英，兼有少量白云母。原始瓷胎与垫具样品中含石英、方石英、莫来石，后面两者为高温物相，表明该标本的烧成温度至少在 1050℃ 以上。软陶则仅含莫来石，不含方石英，烧成温度应偏低。同时，物相结果也与成分分析结果相符，即坑刀山瓷土 Al_2O_3 含量略高，是由于含有少量高岭石，而苦寨坑瓷土几乎不含高岭石。方石英、莫来石可由高岭石在 1050℃ 下经一系列化学反应得到，所测试的这件坑刀山原始瓷新鲜截面的 Al_2O_3 达 23%，应是采用了这种含高岭石的原料。由于这批样本中也有含 Al_2O_3 较低（16%）的标本，推测使用的原料是较纯的瓷石。这一地区应有较多瓷石、高岭土伴生矿，并被当地先民普遍利用。

五　讨论

1. 出土陶瓷制品的胎釉成分特点

对坑刀山以及辽田尖山、苦寨坑出土陶瓷制品胎釉成分的特点分析结果表明：陶瓷制品中 Fe_2O_3 含量一般在 2%、3% 左右，部分达 4%。Al_2O_3 含量浮动大（16% ~ 30%），可能主要是原料本身差别所造成的。该地区有较纯的瓷石矿，也有风化为粉末状的以石英为主要成分的瓷土，还有高岭石与石英等矿物混合的瓷土。此外，器物的截面含铝量一般低于外表面，尤其是烧结程度差、易掉粉的软陶，内外差异比较显著。

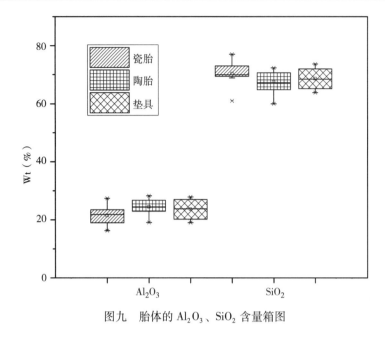

图九　胎体的 Al_2O_3、SiO_2 含量箱图

这种器壁内部与外部的成分区别有待进一步研究。

在胎料选择意识方面，从新鲜截面的成分上看，瓷胎普遍 Al_2O_3 含量偏低，SiO_2 偏高，而陶胎和垫具似乎 Al_2O_3 含量略高一些（图九）。上文提到，从附近采集原料的成分与物相分析结果看，不同地点的瓷土会有矿物组成上的细微差别，这种差别可能也会体现在不同种类的陶瓷制品上，具体原因还需要进一步的研究。

原始瓷釉一般以 CaO 为助熔剂，釉色明度较高，但往往在厚度和颜色上都不均匀。从能谱成分可知，青色釉区域高钙部分含 10% 以上的 CaO，3% 以下的 K_2O，常含有一定量的 MnO_2 与 P_2O_5（可参考能谱结果中 8 号样品的 MnO_2、P_2O_5 数据，均在 1% 左右），说明其原料可能为草木灰。这种釉通常出现在网格纹中央低洼处，釉层往往较厚。

灰白色釉的 CaO 含量降低，可视作一类钾、钙含量相当的"钙碱釉"（K_2O 和 CaO 含量均在 4% ~ 6% 左右），显微镜下能观察到大量的微小气泡，表面凹凸感强，具有乳浊质感。这类釉往往很薄，且 Al_2O_3 偏高，与胎体关系密切。此外，在釉层下方也能发现富钾区域，如在 8 号样品的钙碱釉下方存在高 K_2O 低 CaO 的组分（5% K_2O，67% SiO_2，26% 的 Al_2O_3）。这可能是因为，在草木灰釉制成的釉浆中，不溶物存在较多含钙颗粒，而液体部分则溶解了较多的钾离子[1]，坯体表面的空隙吸收了这些液体，所以

① Yin M.，Rehren T，Zheng J.，2011，The earliest high – fired glazed ceramics in China：the composition of the proto – porcelain from Zhejiang during the Shang and Zhou periods（c. 1700 – 221 BC），*Journal of Archaeological Science*，38（9）：2352 – 2365.

最终胎体与钙釉交界处 K_2O 含量偏高。薄釉（包括厚釉的靠近胎体部分）可能是由吸收了钾离子的坯体表面与钙质颗粒反应所形成，从而在成分上 K_2O 和 CaO 含量相当。以上仅为初步的猜想，具体机理还需要更多的研究来阐释。

在烧制技术方面，由于窑炉本身造于山体中，山体又位于瓷土矿附近，窑炉耐火度高，加上烧成温度偏低，所以这一地区窑炉内不见大量窑汗。若将其放入强氧化气氛下与1100℃左右加热重烧，自然冷却，出炉后釉面熔融、胎质发红。由于坑刀山的原始瓷一般为青釉、白胎，与氧化气氛重烧后的结果有显著区别，可认为这些产品应是在较强的还原气氛下烧成的。所以，这里的窑炉能够稳定地营造还原气氛，出土原始瓷的呈色一般为二价铁离子的青绿色。还原气氛强加上胎体 Fe_2O_3 含量低，德化－永春出土的原始瓷与浙江北部早期胎体发灰、釉发黄的原始瓷有一定区别。

2. 闽浙赣地区可能存在多个系统的"釉"

由上述分析可知，钙釉原始瓷是商代福建地区的重要产品。但同时，笔者也随发掘者采集了一些福建地区的泥釉产品（彩版二一，2），对闽浙赣地区的两种原始瓷釉系统进行初步的探讨。

吴隽先生认为，我国存在原始瓷釉的多元起源，即江西地区 Fe_2O_3、K_2O 含量偏高的原始瓷釉是由陶衣发展而来，浙江北部德清地区的钙釉原始瓷可能是受到"窑汗"的启发而产生的[1]。与泥釉黑陶以及江西的部分钾铁釉原始瓷相比，陶衣标本成分中 K_2O 是偏低的，但上述器物的施釉（陶衣）工艺比较类似，均为细腻的、覆盖胎体的薄层，但在配方上应有所差别。从现在的资料来看，浙北（如德清）、浙南（如江山），闽北（如蒲城、光泽）、闽中（如德化），赣东北（如角山）、赣中（如清江）均有泥釉黑陶或疑似此类器物的出土，且上述地区也有钙釉原始瓷出土。除了上述两类"釉"，江西牛城遗址还出土"米黄色釉"原始瓷，釉层 K_2O 含量较高（6%）但 Fe_2O_3 偏低（3%），被认为是由未淘洗的草木灰所配制[2]。另有学者认为鹰潭角山窑址出土的钾铁原始瓷釉原料主要是制瓷胎土，再加一定量竹叶灰[3]。至于江山出土泥釉黑陶，其泥釉原料则被认为可能是紫金土[4]，也可能是赭红土[5]之类的其他含铁黏土。

---

① 吴隽、张茂林、吴军明等：《中国陶瓷釉的多元化起源与初步发展探析》，《中国科学：技术科学》2011年第2期，223～228页。

② 和奇：《晚商时期清江盆地的陶器制作技术——以牛城遗址为中心》，北京大学硕士学位论文，2014年。

③ 金志斌：《部分商周遗址出土原始瓷及印纹硬陶的 ICP - AES 研究》，北京大学硕士学位论文，2009年。

④ 李家治主编：《中国科学技术史·陶瓷卷》，科学出版社，1998年。

⑤ 和奇在其硕士学位论文中发表了一组赭红土的数据，与泥釉的元素组成相近。

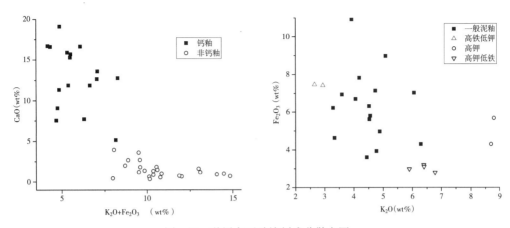

图一〇　釉层主要助熔剂成分散点图

a. 钙釉与泥釉的主要助熔剂散点图　b. 几种非钙釉涂层的主要助熔剂散点图

(其中钙釉数据包含本文测试得到的与摘自《东苕溪流域先秦时期原始瓷标本测试报告》的德清原始瓷数据，部分泥釉数据为笔者所测，部分摘自下列文献：《角山窑址——1983～2007年考古发掘报告》《中国科学技术史·陶瓷卷》《浙江江山泥釉黑陶及原始瓷的研究》《晚商时期清江盆地的陶器制作技术——以牛城遗址为中心》)

根据目前发表的图片资料、成分数据①及所得的部分实物样品，闽浙赣地区的原始瓷釉可分为青釉与泥釉两种类型：青釉一般以钙为助熔剂；泥釉一般以钾、铁元素为助熔剂，又可根据具体成分细分为几种类型，如德化地区出土两件高铁低钾的泥釉样品，角山有氧化钾含量高达8%的标本，牛城出土了高钾低铁的"米黄色釉"，暂归入非钙釉涂层的范畴，但实际上可能与草木灰釉关系密切（图一〇）。

总的来说，闽浙赣地区原始瓷釉在具体的工艺和配方上是可能存在多种类型的，其产生的原因、流传分布的状况还需要进一步研究。

六　结论

坑刀山窑址出土大量原始瓷标本，胎质细腻洁白。德化—永春窑址群位于瓷石成矿区域，丰富的自然资源是该地区原始瓷制胎技术产生与发展的重要前提。

坑刀山原始瓷器表面施钙釉，尽管釉色不均匀，但厚釉处翠绿、明亮，体现了当时原始瓷工匠高超的制瓷技术。结合坑刀山、辽田尖山、苦寨坑窑址的年代、出土遗物情况，可知这一地区在商代具有规模较大、持续时间较长的原始瓷窑业，是我国最早生产钙釉原始瓷的地区之一。

---

① 张斌、承焕生、李毓：《东苕溪流域先秦时期原始瓷标本测试报告》，见浙江省文物考古研究所编《原始瓷起源研究论文集》，文物出版社，2015年。

　　此外，在福建这一地区也采集到少量泥釉黑陶标本（彩版二一，2），结合前人的研究，可认为我国早期原始瓷釉系统首先可以分为青釉（钙釉）与泥釉（钾、铁釉）两种。经过与闽浙赣地区其他泥釉标本成分数据的对比，本文认为以钾、铁为主要助熔剂的泥釉还可细分为几种类型，可能与所采用的工艺或原料有关。今后还可深入研究上述类型的发展情况，为原始瓷釉的起源研究提供参考。

刻纹铜匜说晋吴

——兼谈东周刻纹铜匜的演变和传播

田建文

（山西省考古研究所）

刻纹铜匜是东周刻纹铜器的一类，叶小燕定义为"就是在极薄的器壁上用锐利的小刀刻出图像的青铜器"[1]，白云翔认为"鉴于镇江王家山、六合和仁及程桥等地发现的刻纹铜器均为春秋晚期，是迄今所见同类器中年代最早者，并且这三个地点在春秋晚期均属吴地，因此，刻纹铜器最初发生于春秋晚期的吴地，当大致无误"[2]。张广立、刘建国、林留根、宋玲平、李夏廷等对此也有研究。[3]

---

[1] 叶小燕：《东周刻纹铜器》，《考古》1983 年第 2 期。

[2] 白云翔：《辽宁东大杖子墓地出土的刻纹铜器及相关问题》，《李下蹊华——庆祝李伯谦先生八十华诞论文集》，科学出版社，2017 年，578 页。由于标题所限，河南辉县赵固村、河北三汲古城、怀来北辛堡、山东平度东岳石、江苏六合程桥等地点也出土刻纹铜器，没在正文中体现。介绍如下：
赵固村，M1：73 铜鉴（原报告图一三七、图一三八）（中国科学院考古研究所《辉县发掘报告》，科学出版社，1956 年）；三汲古城，M8101：4 狩猎纹铜鉴（原报告图三一），此外 M8105：5 狩猎蟠蛇纹铜罍（原报告图二八、图三〇）也是吴国的作品（河北省文物研究所《河北平山三汲古城调查与墓葬发掘》，《考古学集刊（5）》，1987 年）；北辛堡，M1：88、89 铜缶"两件形制基本相同"，M1：88 铜缶（原报告图五，1）（河北省文化局文物工作队《河北怀来北辛堡战国墓》，《考古》1966 年第 5 期）；东岳石，M16：60，残片，器形难辨，"刻有人形、鸟形、植物形、波浪形和三角形等纹饰"（中国科学院考古研究所山东发掘队《山东平度东岳石村新石器时代遗址与战国墓》，《考古》1962 年第 10 期）；程桥，"在翻上来的墓室填土中找到了一些碎铜片，其中五片有浅刻画纹。它们之间内容虽然有所不同，但是从画纹的风格、刻法以及铜片的厚度（均为 0.8 毫米）来看，却是完全一样的，因此，它们原来应该是同属一件器物的。这些画纹包括有茂盛的树木、张嘴竖耳的野兽、鼎旁亨刊的侍者和对饮的人物等场面（图一三）。根据这些内容与以往的考古发现对照，应该是一幅帶族燕饮狩猎图案的片断。"可能是刻纹铜鉴（江苏省文物管理委员会《江苏六合程桥东周墓》，《考古》1965 年第 3 期）。

[3] 张广立：《东周青铜器刻纹》，《考古与文物》1983 年第 1 期。刘建国：《春秋刻纹铜器初论》，《东南文化》1988 年第 5 期。林留根、施玉平：《试论东周刻纹铜器的起源及其分期》，《文物研究》总第 6 辑，1990 年。宋玲平：《东周青铜器叙事画像纹地域风格浅析》，《中原文物》2002 年第 2 期，"淮阴高庄 M1 所出的若干刻纹叙事画像纹，除少量宴饮场景及器内底的龙蛇装饰与吴越地区的刻纹叙事画像纹相似之外，还出现了吴越地区前所未有的神人怪兽形象，显示出浓郁的楚地风采。画面中的捕蛇、戏蛇、珥蛇人物形象千姿百态、丰富多样，具有强烈的神话巫术色彩。这些人物形象与曾侯乙墓内棺漆画中的神人形象相似。信阳长台关楚墓锦瑟彩绘和其他楚墓帛画也有巫师戏蛇场景。由此可见，淮阴高庄刻纹叙事画像纹中如此丰富多变的戏蛇场景，其内容、风格均不同于吴越地区其他刻纹铜器，可谓独树一帜，而与楚文化有着密切的关系。"李夏廷：《太原出土春秋吴国铜器及相关问题》，《上海文博论丛》2010 年第 3 期。

根据白云翔最新统计，外加山西潞城潞河 M7，共 19 个地点的墓葬和窖藏，有出土刻纹铜器的明确记录，另外还有故宫博物院 1960 年前后的一件铜鉴、洛阳市文物交流中心 1998 年的一件铜匜，属于征集来的不知所出地点。器形有匜、鉴、盘、奁、缶、匕、算形器、器盖等八种，以铜匜为多，计：1954 年湖南长沙黄泥坑 M5：2（原报告图二，2）①、山西长治分水岭 1955 年 M12（失号，原报告九四 B，5）②、1955 年涞水永乐村可能被破坏的墓葬③、1957～1959 年河北邯郸百家村 M57：25④、1958 年河南陕县后川 M2041：297（残）、M2042：8（原报告图五三）、M2144：7（原报告图五二）共 3 件⑤、1964 年长治分水岭 M79：8（原报告九九 B，1～3）、M84：93（原报告一〇一 B，2～4）⑥、1973 年南京六合和仁东周墓（图六）⑦、1977 年陕西凤翔高王寺铜器窖藏（原报告图版柒，4）⑧、1978 年江苏淮阴高庄战国墓 M1：0137（原报告图一七）、0138（原报告图一八）等 6 件⑨、1973～1975 年山东长岛王沟 M2：3（鎏金，原

---

① 湖南省博物馆：《长沙楚墓》，《考古学报》1959 年第 1 期。白云翔注，又据湖南省博物馆等《长沙楚墓》，文物出版社，2000 年，159～162 页，编号为 M186：2。

② 山西省考古研究所、山西博物院、长治市博物馆编著：《长治分水岭东周墓地》，文物出版社，2010 年。M84 其他刻纹铜器还有，M84：7 铜鉴（原报告图一〇一 C）、M84 出土青铜器残片（原报告图一〇一 D）。

③ 孟昭林：《河北省涞水县永乐村发现一批战国铜、陶器》，《文物参考资料》1955 年第 12 期。

④ 河北省文化局文物工作队：《河北邯郸百家村战国墓》，《考古》1962 年第 12 期。M57：25："极薄，已腐朽残破，俯视略似桃形。一端为方形流，另一端为铆制的环形纽。器内壁有线刻细纹，惜腐朽过甚，纹形难辨。"其他刻纹铜器还有，M3：75 铜匕（原报告图一九，6）。

⑤ 中国社会科学院考古研究所：《陕县东周秦汉墓》，科学出版社，1994 年。其他刻纹铜器还有，铜匕 2 件，M2124：50（图四六，1）、M2144：8（原报告无图，"匕面线刻双锯齿纹，惜以磨灭难辨"），和 M2040：76 铜鉴（原报告称为"盘"，图四九）。

⑥ 山西省考古研究所、山西博物院、长治市博物馆编著：《长治分水岭东周墓地》，文物出版社，2010 年。M84 其他刻纹铜器还有，M84：7 铜鉴（原报告图一〇一 C）、M84 出土青铜器残片（原报告图一〇一 D）。

⑦ 吴山菁：《江苏六合和仁东周墓》，《考古》1977 年第 5 期。

⑧ 韩伟、曹明檀：《陕西凤翔高王寺战国铜器窖藏》，《文物》1981 年第 1 期。

⑨ 淮阴市博物馆：《淮阴高庄战国墓》，《考古学报》1988 年第 2 期。刻纹铜匜，六件，均为残片，敛口、鼓腹、平底。器壁极薄，器表磨光并刻图案。M1：0137，只存铺首衔环及与之相连的一段器壁，"腹刻三圈绚索纹，将腹壁画面等分为三层：下层刻夔龙纹；中、上两层刻纹内容近似，主要刻山林及奔走于林间鸟兽，并刻有单头双身怪兽（图一七，原报告）。"M1：0138，仅存流及局部器壁。"流的前后有缺损，沿面刻绚索纹。流内底纵刻两条绚纹，横刻三条绚纹，将流底分成若干小区，其刻纹主要为马和鸟，下区内刻马形双身怪兽。近流处残留一人身鸟头怪物，肩扛九齿横木，头顶三鸟，不识寓意。腹壁残片仅存两片，刻在内壁，也以三条绚索纹为界，将画面分成四层：最上一层在口沿下，等距地刻一行树木；其余三层内刻纹内容较复杂，为山林间追逐嬉戏的马、鹿、狼、狐、兔、鸟等动物。山皆为台阶形山坡，顶部平坦。人物的形象各异，有执戈擒蛇的鸟头羽人，也有人头马身的怪物；有挽弓射猎的鸟头羽人，也有穿窄袖襦裙的耍蛇人（图一八，原报告）。其中有一兽，形象奇特，一条长尾分为九枝，或即《山海经》中所言之'九尾狐'。"其余四件仅存口沿及少量碎片，刻纹保存很少。其他刻纹铜器还有，M1：18 原始瓷熏炉铜熏盖（原报告图五，1），M1：3（原报告图一一）、M1：27（原报告图一二，1）、M1：48（原报告图一二，2）、M1：0144（原报告图一三，1、2）、M1：0145（原报告图一三，3、4）、M1：0146（原报告图一四）、M1：0147（原报告图一五）七件铜盘，M1：0149 铜鉴（原报告称为"盆"，图一六）、M1：114：1～4 铜算 4 件（原报告图一九～二四），M1：0153～0155 刻纹铜器残片（原报告图二五）。

报告图一二，6）①、1983 年山西潞城潞河 M7∶156（原报告图二〇）②、1985 年江苏镇江谏壁王家山东周墓采∶51（原报告图六）③、1988 年太原金胜赵卿墓 M251∶540（原报告图三一）④、1995 年山西定襄中霍 M1∶14（原报告图二一）⑤、辽宁建昌东大杖子 2000 年 M11∶2（原报告图四〇，6 和图四一）⑥、2003 年 M45∶40（原报告图八，3、4）⑦，此外 1998 年洛阳征集的一件⑧，共 25 件，其中涞水永乐村、邯郸百家村仅见报道，陕县后川 M2041∶297 残，凤翔高王寺仅有放在铜盘内的铜匜照片，淮阴高庄还有 4 件没有发表，这样只有 17 件可以供我们研究。还应说明，除铜匜外，各个地点出土其他类刻纹铜器，分别见该地点所做的注后，河南辉县赵固村、河北三汲古城、怀来北辛堡、山东平度东岳石、江苏六合程桥，见上页注②。

　　"刻纹铜器萌芽于春秋晚期，成熟并流行在战国早、中期"⑨，已成定论。然而，春秋结束和战国起始之年，长期以来是困扰学界进行深入研究的一个不大不小的问题，杨宽在《战国史》中罗列了四种⑩，即公元前 481 年、公元前 475 年、公元前 468 年、公元前 403 年，这还不算晋"哀公四年，赵襄子、韩康子、魏桓子共杀知伯，尽并其地"的公元前 453 年，从这一年起晋国公室已经名存实亡了。即便过去一般采用春秋是从公元前 770 至前 475 年，战国是从公元前 475 到前 221 年，但具体到考古学和东周各国的历史，每座墓葬的年代就难以十分清楚了，这也是张忠培先生所说的"考古学的局限性"。但，晋国和吴国通过刻纹铜匜与历史事件，可以使这一问题得到解决，而使这一问题得到解决的前提，是太原金胜 M251 的年代定位。

---

① 烟台市文物管理委员会：《山东长岛王沟东周墓》，《考古学报》1993 年第 1 期。其他刻纹铜器还有，M2∶1（原报告图一二，1～5）、M2∶3（原报告图一三）鎏金铜匜 2 件。

② 山西省考古研究所、山西省晋南地区文化局：《山西省潞城县潞河战国墓》，《文物》1986 年第 6 期。

③ 镇江博物馆：《江苏镇江谏壁王家山东周墓》，《文物》1987 年第 12 期。其他刻纹铜器还有，采∶52 铜鉴（原报告图八、九）、采∶36 铜盘（原报告图七）。

④ 山西省考古研究所、太原巾文物管理委员会编著：《太原晋国赵卿墓》，义物出版社，1996 年。铜匜，M251∶540，通高 11.2、口径 25.4×24 厘米，铜胎厚 0.8 毫米，重 0.33 千克。器身椭圆，带流，流的对应处有铺首衔环。敞口，腹壁内收，小平底。胎薄似纸，铜质差，易破碎。外表为素面，在器内侧线刻浅纹饰。流部饰三条鱼，两出一进。匜内纹饰分四层：第一层松柏；第二层内容丰富，正中有张满弦的弓，下面案几上置两个承弓箭的壶，两边二人正在向壶中投箭，身后六人或送箭，或举杯劝酒。右侧树林中立箭靶，树丛中一人正满弓射的；第三层一行数十人亦送箭、劝酒；第四层为水波纹，至匜底水中有群游的水蛇。此匜系锻压和镂刻而成的。

⑤ 李有成：《定襄县中霍村东周墓葬发掘报告》，《文物》1997 年第 5 期。

⑥ 辽宁省文物考古研究所、葫芦岛市博物馆、建昌县文物局：《辽宁建昌东大杖子墓地 2000 年发掘简报》，《文物》2015 年第 11 期。

⑦ 辽宁省文物考古研究所、葫芦岛市博物馆、建昌县文物管理所：《辽宁建昌东大杖子墓地 2003 年发掘简报》，《边疆考古研究》第 18 辑，科学出版社，2015 年。

⑧ 徐婵菲、姚智远：《浅释洛阳新获战国铜匜上的刻纹图案》，《中原文物》2007 年第 1 期。

⑨ 叶小燕：《东周刻纹铜器》，《考古》1983 年第 2 期。

⑩ 杨宽：《战国史》，上海人民出版社，1983 年。

一

1988 年，太原市西南郊金胜村西 300 米处发掘了一座大墓，即 M251，在 M251 的东北侧还附有车马坑。1992 年我确定金胜 M251 墓主为晋国卿大夫赵鞅赵简子①，其绝对年代不晚于赵鞅所卒之年的公元前 475 年，所以金胜 M251：540 这件刻纹铜匜（图一）的年代，肯定是公元前 475 年以前的。以此为时间坐标，晋文化中的另外 7 件刻纹铜匜的年代，就比较清楚了。

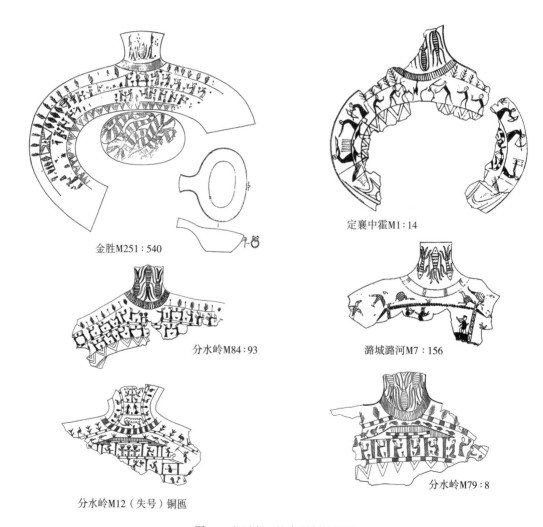

金胜M251：540

定襄中霍M1：14

分水岭M84：93

潞城潞河M7：156

分水岭M12（失号）铜匜

分水岭M79：8

图一　山西出土的东周刻纹铜匜

①　姑射：《太原金胜赵卿的墓主及年代》，《北方文物》1992 年第 1 期。

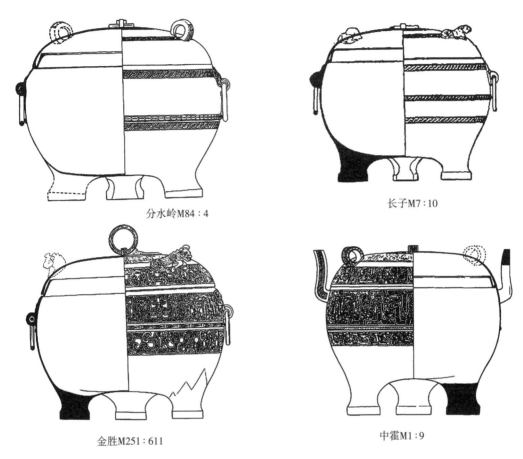

分水岭M84：4

长子M7：10

金胜M251：611

中霍M1：9

图二　山西出土的铜鬲形鼎

　　山西长治地区有分水岭 M12（失号）、M79：8、M84：93 和潞城潞河 M7：156 四件刻纹铜匜（图一），分水岭报告中将 M12 置于第二组，并说金胜 M251 稍早于第二组，但"地域上与分水岭也不远，文化上趋同，因此根据金胜村墓葬确定分水岭第二组墓葬为战国早期，也是比较合适的"①。但将 M84 置于第三组即战国中期，我们有不同看法。M84：4 是仅发表的一件铜鬲形鼎（原报告图一○一 B，1），这种形态的铜鼎还见于金胜 M251：611（原报告图九）、长子 M7（原报告图三，4）和定襄中霍 M1：9（原报告图七；本文图二）②，我曾指出长子（牛家坡）M7 年代约公元前 495 年～前 450年③，所以分水岭 M84 应该与金胜 M251 和长子 M7 同时。

　　分水岭 M79，原有三件铜鼎却不知所终，所发表的陶鼎、豆、壶、盘（原报告九九 C），

---

①　山西省考古研究所、山西博物院、长治博物馆编著：《长治分水岭东周墓地》，文物出版社，2010 年，375 页。

②　山西省考古研究所：《山西长子东周墓》，《考古学报》1984 年第 4 期。

③　姑射：《太原金胜赵卿的墓主及年代》，《北方文物》1992 年第 1 期。

与侯马平望古城 76M2、公共汽车公司 M1 相比（图三，此图没有公共汽车公司 M1：6 豆、M1：7 壶和平望古城 76M2：24 盆）①，组合基本相同，从 M79：26 陶鼎仿铜鼎风格犹在，与金胜 M251：633 等铜鼎相近（图四），但半环状顶盖捏手，后者有穿前者为盲穿，显得略晚。侯马平望古城 76M2、公共汽车公司 M1 是公元前 453 年～前 376 年的墓葬，可以作为分水岭 M79 的年代参考，我认为分水岭 M79 要在公元前 475 年到公元前 453 年之间。

潞河 M7，我们已经指出年代约公元前 540 年～前 495 年②。

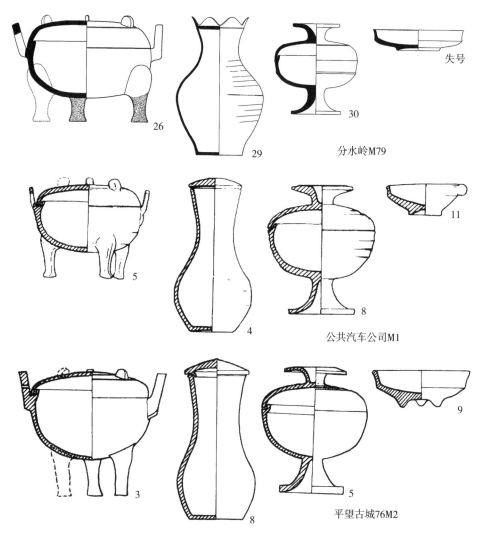

图三　分水岭 M79 和侯马两座墓葬出土的陶器

①　山西省考古研究所侯马工作站：《新田晋都古城》，《晋都新田》，山西人民出版社，1996 年。
②　姑射：《太原金胜赵卿的墓主及年代》，《北方文物》1992 年第 1 期。

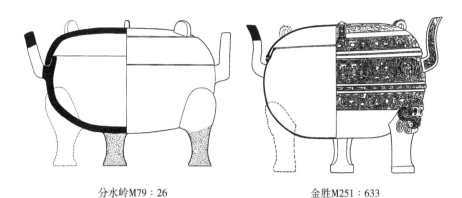

分水岭M79：26　　　　　　　　　　金胜M251：633

图四　分水岭 M79 陶鼎与金胜 M251 铜鼎比较

中霍 M1：14 铜匜，原报告将此墓年代定为"春秋晚期至战国早期"，从出土的鼎 4、豆 2（只有文字介绍）、壶 2 及甗、盘、匜等铜器看，都与金胜 M251 相同，如中霍 M1：9 铜鬲形鼎。

这样，分水岭 M12（失号）和 M84：93、潞城潞河 M7：156、中霍 M1：14、金胜 M251：540，这五件刻纹铜匜同时，而分水岭 M79：8 略晚。

河南陕县后川也属于晋文化，M2042：8 和 M2144：7（图五），原报告将 M2042 定为战国早期，M2144 可能略晚些，"或在战国早、中期之交"，M2041 与 M2042 是夫妇并穴合葬墓，也在这个时间段里。

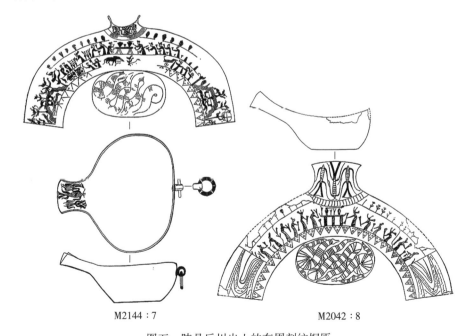

M2144：7　　　　　　　　　　　　M2042：8

图五　陕县后川出土的东周刻纹铜匜

我们总结晋文化中出土的八件刻纹铜匜，就会发现：七件流部为中间正两侧反或两侧正中间反的三条鱼，分水岭 M12（失号）是个个例，但也有流部有三个单元刻纹，上层刻一树两鸟，中层刻两条鱼（正），下层刻回首走兽；流下刻有台榭，台榭中人们在宴飨，台榭外有狩猎、战争场面，有飞鸟或在台榭上走动，底部为水蛇缠绕等图像。另外从复原的完整器看，刻纹铜匜与流对应的尾部都是铺首衔环。

这两点，应当是一个时代特征，时间就在公元前 475 年前后。

二

前引白云翔所说"刻纹铜器最初发生于春秋晚期的吴地"，而山西的八件刻纹铜匜年代都属于公元前 475 年前后，我们就要接着看这一时期的晋国和吴国。

赵鞅在晋定公十五年，即公元前 497 年当上了中军将佐，也就是晋国的执政卿，作为随从参加了公元前 482 年晋定公与吴王夫差"黄池之会"（今河南封丘西南），两位国君争执谁先歃血，《史记·晋世家》说"卒长吴"，《史记·吴太伯世家》却说"乃长晋定公"①。这都无所谓，他在这次活动中得到了吴国的厚赠，与之同时和稍晚的赵氏贵族大墓中出土吴国的铜器，有一部分就是此行获得的，因为当时诸侯之间贿赂是很时髦的。但晋吴通好，早在吴王寿梦时期就开始了，详细介绍如下：

公元前 584 年（晋景公十六年、吴王寿梦二年），晋景公迁都新田（今侯马）的第二年，晋国实行"联吴制楚"的策略，派巫臣出使吴国，并教会吴国车战，吴国拥有了先进的战术，不但背叛而且还攻打楚国，一时间楚国疲于奔命；

公元前 568 年（晋悼公五年、吴王寿梦十八年），"吴子使寿越如晋，辞不会于鸡泽之故，且请听诸侯之好．晋人将为之合诸侯，使鲁、卫先会吴，且告会期。"②

公元前 544 年（晋平公十四年、吴王馀祭四年），吴国季札（延陵季子）使晋，"适晋，说赵文子、韩宣子、魏献子，曰：'晋国其萃于三族乎！'说叔向。将行，谓叔向曰：'吾子勉之！君侈而多良，大夫皆富，政将在家。吾子好直，必思自免于难。'"③

公元前 550 年（晋平公八年、吴王诸樊十一年），"晋将嫁女于吴，齐侯使析归父媵之，以藩载栾盈及其士，纳诸曲沃。"④

---

① 《史记·晋世家》："定公与吴王夫差会黄池，争长，赵鞅时从，卒长吴。"《史记·吴太伯世家》："吴王与晋定公争长，吴王曰于周室我为长，晋定公曰于姬姓我为伯。赵鞅怒，将伐吴乃长晋定公。"
② 《左传·襄公五年》。
③ 《左传·襄公二十九年》，又《史记·晋世家》：平公"十四年，吴延陵季子来使，与赵文子、韩宣子、魏献子语，曰：晋国之政，卒归此三家矣。"
④ 《左传·襄公二十三年》。

"晋平公使叔向聘于吴，吴人拭舟以逆之，左五百人，右五百人；有绣衣而豹裘者，有锦衣而狐裘者。"[①] 叔向在公元前528年（晋昭公四年、吴王馀昧三年）晋国的邢侯和雍子争夺田时还见于记载，所以他出使吴国是完全有可能的。

公元前482年（晋定公三十年、吴王夫差十四年），"黄池之会"。

再看同一时期的吴国。吴王寿梦元年正是晋迁新田的公元前585年，他在公元前561年死后，头三个儿子诸樊（公元前560～前548年）、馀祭（公元前547～前531年）、馀昧（公元前530～前527年）相继成为"吴王"，馀昧死后其子"吴王僚"即位，阖闾是诸樊的儿子，他本是嫡系，心想本来应该是他做吴王，便暗地里招纳贤士，公元前515年吴王僚出兵伐楚取得胜利后班师回朝，庆功宴上阖闾派人刺杀了吴王僚，当上了吴王，也称"吴王光"，拜楚国旧臣伍子胥为相，齐国人孙武为将，与积怨已久的楚国打仗，五战五胜，攻克了楚国的国都，但他于公元前496年率军与越国交战时中箭不治身亡，临终前告诉儿子夫差不要忘记杀父之仇，果然第三年即公元前494年就打败越国，接着侵陈、攻鲁，开凿邗沟（长江、淮河之间的运河）、伐齐，吴王夫差十四年"黄池之会"上与晋定公争夺盟主。在公元前494年吃了败仗的越王勾践，"十年生聚，十年教训"，于公元前473年灭掉了吴国，不可一世的吴王夫差自杀身亡。

可见，吴国在吴王阖闾和吴王夫差时期，国力上升到空前绝后的巅峰，节点是公元前514～前473年，晋定公（公元前511～前475年）也正好处于这一时间范围内。

虽然晋国拥有中条山这样储量十分丰富的铜矿，和面积大、水平高、产量多的侯马铸铜遗址，也能铸造出宴乐、采桑、竞射、水陆攻战等图像的铜器，有的还使用了镶嵌工艺，但没有发现"在极薄的器壁上用锐利的小刀刻出图像的青铜器"，尽管题材相近，1994年杨林中曾指出过[②]。现在可以进一步阐述为，山西出土的八件刻纹铜匜，是通过聘问、会盟、婚嫁等渠道，由吴国流通到晋国来的。同时到晋国来的还有分水

---

① 刘向：《说苑·正谏》，卷九。

② 杨林中：《楚器、吴器在晋文化中的发现》，《汾河湾——丁村文化暨晋文化学术研讨会论文集》，山西高校联合出版社，1996年。"三类是由楔形短线构成的刻镂图案，江苏六合程桥、镇江谏壁王家山等东周墓有许多发现，多在匜、鉴器内，以匜流部是三鱼纹及匜、鉴腹内的水蛇缠绕、水蛇构成飞鸟及狩猎、宴飨图像为特色，人戴长翅高冠，这种图像与出产于侯马晋国铸铜遗址的铜豆、壶器面上的采桑、狩猎、宴飨等场面虽内容相近但表现风格判然有别，应是吴文化代表性因素。倘若晋器表现水陆攻战时有些是戴有沿瓜皮状帽者战胜戴长翅高冠者，后者有的被追杀、有的被生擒、有的被斩首，而与吴器表现的安逸、祥和场面有所不同。侯马晋国铸铜遗址有采桑陶范，人物形象也多但绝无戴长翅高冠者。山西潞城潞河M7是一座春秋晚期墓，出土一件铜匜便与王家山极为一致，M7中有一戴长翅高冠者一手执长矛，另一手提着一留短发者之首级，无头尸体横陈于前，此匜已碎为多片不能复原，因而战争的另一方不知何地之人。长治分水岭M12代约属战国早期晚段，也出有图像纹铜匜一件，风格同上。河北平山三汲古城M8101以晋文化为主体，年代可能要晚至战国早期，但一些春秋晚期的铜器，如铜鉴纹饰与王家山铜鉴几近相同，都有水蛇缠绕的底部及腹上部的飞鸟纹，战争场面也差不多，但两件铜鉴形态不同，M8101很可能是鲜虞之墓，鲜虞与晋关系密切，范氏之乱时与晋互有攻伐。"

岭 M84：7 铜鉴（原报告图一〇一 C）和另一件刻纹铜器（原报告图一〇一 D)[1]，清代同治年间代县蒙王村出土过"吴王夫差鉴"，1961 年万荣庙前墓地出土过两件吴国错金鸟书戈"王子于之用戈"[2]，1964 年原平峙峪赵家塔一座墓葬中出土一把铜剑[3]，上有"攻吾王光自乍（作）用剑"的铭文，吴王光就是吴王阖闾。此外，前引李夏廷的文章中介绍了金胜 M673 随葬 2 件"吴王夫差鉴"，M673：1 已经发表线图（原报告图一），M674 随葬盖鼎 3 件，"或为一套列鼎"，M674：3（原报告图二）鼎内隐约有"吴王"字样。此外，1930～1940 年河南辉县出土 3 件"吴王夫差鉴"。

可见，公元前 475 年前后，晋地和吴地，晋文化与吴文化之间的密切联系，通过铜器就可以反映出来。

三

吴地（吴国）发现的刻纹铜匜不如北方多，江苏镇江谏壁王家山东周墓采：51 和六合和仁东周墓所出，计有两件，另外还有淮阴高庄战国墓 M1：0137、0138 及长沙黄泥坑 M5：2（图六），但这三件并非吴国所有。

对比晋文化中发现的八件刻纹铜匜，只有谏壁王家山东周墓采：51、长沙黄泥坑 M5：2 与之相同，属于公元前 475 年前后。黄泥坑 M5 是楚墓，由吴国到长沙的传播路线要比到山西容易得多，这也是晋国实行"联吴制楚"的结果。

高庄战国墓出土刻纹铜器 20 余件，原报告"结语"中认为"高庄墓的年代可大致断在战国中期前后"，"高庄墓刻纹铜器用线刻法刻纹，且技法纯熟，刻纹主体已不是几何纹的重复图案的格局，而已进入了表现社会生活和自然景色，进行艺术创作的成熟阶段。这些都是刻纹铜器成熟时期的特征"。但对判断国别不够清晰，一方面说"如果我们前面把高庄墓定在战国中期前后的推论不误，那么，高庄墓则有可能是一座淮阴属楚后的墓葬。的确，高庄墓的某些出土物与战国楚器相似"，另一方面又说"高庄墓究竟是楚人墓，还是越人墓或徐人墓，有待于进一步研究"。其实，高庄 M1：0138 铜匜的刻纹图像，原报告描述的"马形双身怪兽"、"一人身鸟头怪物，肩扛九齿横木，头顶三鸟"、"执戈擒蛇的鸟头羽人，也有人头马身的怪物；有挽弓射猎的鸟头羽人，

① 山西省考古研究所、山西博物院、长治市博物馆编著：《长治分水岭东周墓地》，文物出版社，2010 年，288 页注，分水岭 M84 "另一份线图所绘的五件铜器残片可能不是铜鉴。"

② 张颔：《万荣出土错金鸟书戈铭文考释》，《文物》1962 年第 4、5 期。"假如州于为吴王馀昧之子的话，则此戈当是在王馀昧元年（公元前 530 年）至吴王僚（州于为王）元年（公元前 526 年）四年间所铸造的。假若如公羊传所说，州于为吴王寿梦庶子的话，则此戈当是在吴王寿梦（公元前 585 年）至吴王僚元年（公元前 526 年）五十多年内所铸造的。"

③ 戴尊德：《原平峙峪出土的东周铜器》，《文物》1972 年第 4 期。

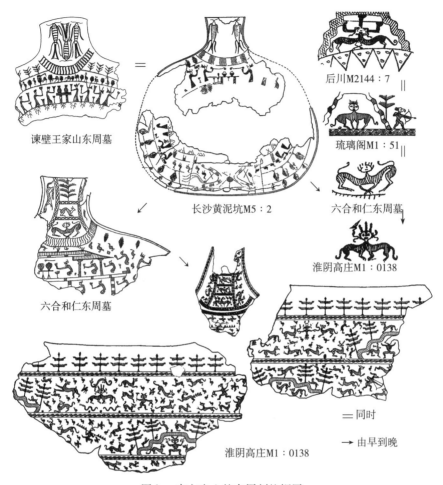

谏壁王家山东周墓

长沙黄泥坑M5：2

后川M2144：7

琉璃阁M1：51

六合和仁东周墓

六合和仁东周墓

淮阴高庄M1：0138

淮阴高庄M1：0138

＝同时

→ 由早到晚

图六　南方出土的东周刻纹铜匜

也有穿窄袖襦裙的耍蛇人"、"其中有一兽，形象奇特，一条长尾分为九枝，或即《山海经》中所言之'九尾狐'"中的"马形双身怪兽"、"人头马身的怪物"，六合和仁东周墓铜匜上也有这个图像，后者铜匜流部被两条菱形刻纹构成带状分为三单元，上层刻一枫，中层刻一奔跑的马或鹿类动物，下层刻人头马形双身"怪兽"，但流卜是台榭和宴飨刻纹，与晋文化中的八件刻纹铜匜，和谏壁王家山东周墓采：51、黄泥坑 M5：2相类似，只有马形双身"怪兽"是新出现的，这个图像也见于河南辉县琉璃阁 M1：51铜匜上（原报告图三一）①。从发表的一件铜鼎的耳、腹部有两周斜角"S形蝉纹"、足上兽面（原报告图版捌捌，1～3），与分水岭 M25：37 相近（原报告图九七 B，1），其他的铜三齿叉、戈柲帽、卷尾钩、编号为总 1587 的圆铜片当为当卢、总 1587 的圆铜片

────────────

① 郭宝钧：《山彪镇与琉璃阁》，科学出版社，1959 年。

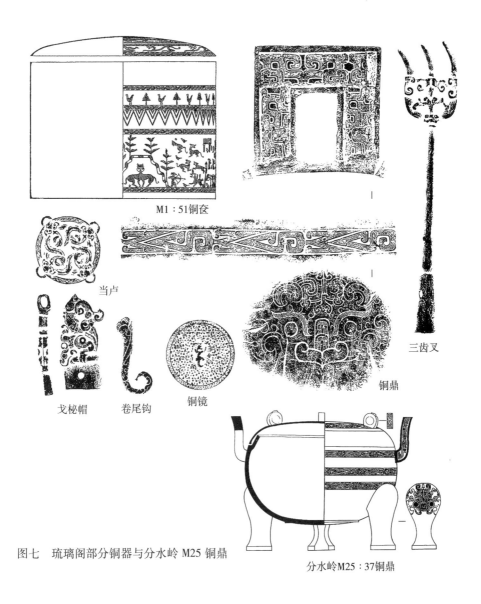

M1：51铜奁

当卢

戈柲帽　　卷尾钩　　铜镜

三齿叉

铜鼎

图七　琉璃阁部分铜器与分水岭 M25 铜鼎

分水岭M25：37铜鼎

当为散虺纹铜镜（原报告图版玖拾，1～5），分水岭 M25 约公元前 450 年～前 403 年①，可以作为年代参考（图七）。在我看来，从台榭、宴飨、"马形双身怪兽"、"人头马身的怪物"等图像排序来看，可以排为：

王家山东周墓采：51、黄泥坑 M5：2→和仁东周墓→高庄 M1：0138。为什么和仁东周墓会出现人头马形双身"怪兽"的图像？这种图像一直延续到晚期的高庄 M1？得

① 姑射：《太原金胜赵卿的墓主及年代》，《北方文物》1992 年第 1 期。

从高庄 M1 年代和墓主人归属来探究。但这两个问题学术界看法不一，有战国早期和中期、越人及楚人、徐人等不同认识。由于高庄 M1 有 10 多人殉葬和专设殉狗的腰坑，我十分赞成王厚宇《试谈淮阴高庄墓的时代、国别、族属》的意见[1]，"越国属下的淮夷人墓葬"、"出土的越族器物，可能直接来自越人的馈赠"，但他的"高庄墓断在战国中期前后略嫌偏晚，断在战国早中期较合理"，仍然是一个糊涂的概念。公元前 473 年，越王勾践成为继晋文公之后，周元王赐命的诸侯之"伯"[2]，冲进"春秋五霸"的行列，考古学文化面貌上出现了人头马形双身"怪兽"，标志着铜器刻纹技术由吴国转向越国。高庄 M1 从前引王厚宇的论证中，与江苏丹徒北山顶春秋墓、河南淅川下寺春秋楚墓、固始侯古堆一号墓、江苏吴县何山东周墓、江西靖安出土春秋徐国铜器、镇江谏壁王家山东周墓等相比较，都是春秋晚期到战国早期的，因为战国早期以后就不见"淮夷"的任何记载，所以高庄 M1 最晚也不会晚到战国中期的，更不会晚到勾践传至六代越王无彊时公元前 333 年的[3]，而只能是战国早期，也就是说和仁东周墓和高庄 M1，分别代表战国早期越国刻纹铜匜的早、晚段。

还有其余的四件铜匜，都与晋地发现的八件刻纹铜匜类似，也属于公元前 475 年前后，正是吴国巅峰时期，通过山东长岛王沟 M2：3（图八）和辽宁建昌东大杖子 2000 年 M11：2、2003 年 M45：40 这一线路，将刻纹铜匜传播到"环渤海地区"，而洛阳征集的一件则有可能原本是晋地晋国人的。

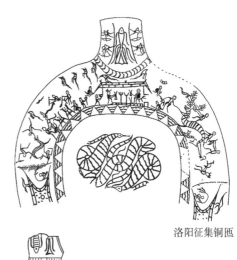

洛阳征集铜匜

长岛王沟M2：3

图八　其他东周刻纹铜匜

① 王厚宇：《试谈淮阴高庄墓的时代、国别、族属》，《考古》1991 年第 8 期。"在鲁南地区的夷人墓葬中，直到春秋战国时期仍有较多的殉人葬例。如莒南发掘的两座墓葬，每座各殉 10 人。沂水刘家店子发掘的二座墓葬，M1 殉 40 人左右。"

② 《史记·越王勾践世家》："勾践已平吴，乃以兵北渡淮，与齐、晋诸侯会于徐州，致贡于周。周元王使人赐勾践胙，命为伯。勾践已去，渡淮南，以淮上地与楚，归吴所侵宋地于宋，与鲁泗东方百里。当是时，越兵横行于江、淮东，诸侯毕贺，号称霸王。"

③ 《史记·越王勾践世家》："王无彊时，越兴师北伐齐，西伐楚，与中国争强。当楚威王之时，越北伐齐，齐威王使人说越王曰……于是越遂释齐而伐楚。楚威王兴兵而伐之，大败越，杀王无彊，尽取故吴地至浙江，北破齐于徐州。而越以此散，诸族子争立，或为王，或为君，滨于江南海上，服朝于楚。"

四

在公元前 475 年前后，伴随着刻纹铜匜，晋地也出现了图像纹饰的铜器，但不是刻纹而是在器物上直接铸造的纹饰，有的在凹槽内填充其他有色金属或矿物质，如山西万荣庙前 61M1：32 鸟纹壶（原报告图七，3）①、潞城潞河 M7：139 动物纹圆壶盖（原报告图一一，2）②、襄汾大张出土竞射采桑纹铜壶（原报告图一）③、浑源李峪蟠螭动物纹盘、兽足龟鱼纹盘、鸟兽龙纹壶、镶嵌狩猎纹豆④、金胜 M251：561（原报告图二三 A、B）⑤、成都百花潭出土宴乐采桑纹铜壶（原报告图版贰）⑥、河北邯郸百家村 M2141：6 铜壶（原报告图三三，2、3）⑦、河南汲县山彪镇 M1：28（原报告图版贰拾、肆柒、肆捌；肆玖，1、2）、M1：56（原报告图版拾玖和图十～十二）水陆攻战纹铜鉴⑧、辉县琉璃阁 M56：21 铜壶、M59：23 狩猎纹铜壶、M75：308 和 M76：85 铜壶、M76：84 小猎壶（原报告图版玖壹、玖叁、壹零贰，2、壹零叁＋壹零肆，2、壹零肆，4）⑨、山东长岛王沟 M10：29 等错铜铜壶 2 件（原报告图一〇，7）⑩、台湾所藏琉璃阁狩猎纹壶⑪、人物纹壶盖⑫、洛阳金村出土的错金银铜镜⑬、凤翔高王寺镶嵌射宴纹铜壶（原报告图版陆，3、4）⑭、河北平山三汲古城 M8101：2 狩猎宴乐纹铜

① 山西省考古研究所：《万荣庙前东周墓葬发掘收获》，《三晋考古》第一辑，山西人民出版社，1994 年。
② 山西省考古研究所、山西省晋南地区文化局：《山西省潞城县潞河战国墓》，《文物》1986 年第 6 期。
③ 山西省考古研究所侯马工作站：《三件战国文物介绍》，《文物季刊》1996 年第 3 期。
④ 转引自李夏廷等《晋国青铜艺术图鉴》（原报告图五四、五六、五七、六一），文物出版社，2009 年。
⑤ 山西省考古研究所、太原市文物管理委员会编著：《太原晋国赵卿墓》，文物出版社，1996 年。铜匜，M251：540，通高 11.2、口径 25.4×24 厘米，铜胎厚 0.8 毫米，重 0.33 公斤。器身椭圆，带流，流的对应处有铺首衔环。敞口，腹壁内收，小平底。胎薄似纸，铜质差，易破碎。外表为素面，在器内侧线刻浅纹饰。流部饰三条鱼，两出一进。匜内纹饰分四层：第一层松柏；第二层内容丰富，正中有张满弦的弓，下面案几上置两个承放弓箭的壶，两边二人正在向壶中投箭，身后六人或送箭，或举杯劝酒。右侧树林中立箭靶，树丛中一人正满弓射的；第三层一行数十人亦送箭、劝酒；第四层为水波纹，至匜底水中有群游的水蛇。此匜系锻压和镂刻而成的。
⑥ 四川省博物馆：《成都百花潭中学十号墓发掘记》，《文物》1976 年第 3 期。
⑦ 郭宝钧《山彪镇与琉璃阁》，科学出版社，1959 年。
⑧ 郭宝钧《山彪镇与琉璃阁》，科学出版社，1959 年。又 M1：56 见（46）图四七、序号 579，1、2。
⑨ 郭宝钧《山彪镇与琉璃阁》，科学出版社，1959 年。
⑩ 烟台市文物管理委员会《山东长岛王沟东周墓》《考古学报》1993 年第 1 期。其他刻纹铜器还有，M2：1（原报告图一二，1～5）、M2：3（原报告图一三）鎏金铜鉴 2 件。
⑪ 李夏廷：《晋国青铜艺术图鉴》，文物出版社，2009 年，序号 586，1、2。
⑫ 李夏廷：《晋国青铜艺术图鉴》，文物出版社，2009 年，序号 590。
⑬ 李夏廷：《晋国青铜艺术图鉴》，文物出版社，2009 年，图二七。
⑭ 韩伟、曹明檀：《陕西凤翔高王寺战国铜器窖藏》，《文物》1981 年第 1 期。

盖豆（原报告图二七，7；图二九）①，山西省考古研究所藏水陆攻战纹方壶（原报告二~五）等②。

　　还有国内外博物馆收藏的，上海博物馆宴乐纹壶③、故宫博物院宴乐纹壶和动物纹圆壶④，美国弗吉尼亚诺福克博物馆藏雁鱼纹铜壶⑤、华盛顿弗利尔美术馆藏的车马猎纹铜鉴⑥和狩猎纹壶⑦、旧金山亚洲艺术博物馆动物纹圆壶⑧和狩猎纹壶⑨、华盛顿赛克勒博物馆藏动物纹圆壶⑩、哈佛大学赛克勒博物馆藏鸟纹壶⑪、洛杉矶高柄小方壶⑫、巴尔的摩 waltersartgallery（沃尔特艺术画廊）藏人物动物纹盖豆⑬、波士顿艺术博物馆宴乐及狩猎纹舟⑭、旧金山亚洲艺术博物馆高柄小方壶⑮，法国巴黎私家藏狩猎纹壶⑯、东京国立博物馆采桑狩猎纹壶⑰、日本一件收藏地不详攻战狩猎纹壶⑱，只有记录收藏地不详的狩猎纹壶等⑲。

　　这么多的铜器图像，在晋国晚期都城新田的侯马铸铜遗址都有发现⑳，ⅡT9F30∶26 人物纹陶范（原报告图一〇二，7），78HPG1③∶1 鱼蛙纹陶范（原报告图一四六，2），ⅡT47H419∶1、ⅡT15②∶6、ⅡT15②∶7 鱼纹陶范（原报告图一四六，1、3、4），ⅡT31F13∶16 动物纹镜范（原报告八九，2），和 2003 年没有正式发表的牛纹、鹿纹、鸟纹陶范㉑。今天我们看到的侯马铸铜遗址，就是当时晋国国家所有的铸铜作坊，图像内容竟然与吴国的很相近，反映出晋、吴两地间的文化交流是不争的事实。

　　我同意白云翔的"刻纹铜器最初发生于春秋晚期的吴地"，因为到目前为止，吴地

① 河北省文物研究所：《河北平山三汲古城调查与墓葬发掘》，《考古学集刊（5）》，中国社会科学出版社，1987 年。
② 山西省考古研究所侯马工作站：《三件战国文物介绍》，《文物季刊》1996 年第 3 期。
③ 李夏廷：《晋国青铜艺术图鉴》，文物出版社，2009 年，序号 575，1、2。
④ 李夏廷：《晋国青铜艺术图鉴》，文物出版社，2009 年，序号 576、455。
⑤ 李夏廷：《晋国青铜艺术图鉴》，文物出版社，2009 年，序号 444.1、2。
⑥ 李夏廷：《晋国青铜艺术图鉴》，文物出版社，2009 年，序号 449.1、2。
⑦ 李夏廷：《晋国青铜艺术图鉴》，文物出版社，2009 年，序号 584。
⑧ 李夏廷：《晋国青铜艺术图鉴》，文物出版社，2009 年，序号 456。
⑨ 李夏廷：《晋国青铜艺术图鉴》，文物出版社，2009 年，序号 588，1、2。
⑩ 李夏廷：《晋国青铜艺术图鉴》，文物出版社，2009 年，序号 459。
⑪ 李夏廷：《晋国青铜艺术图鉴》，文物出版社，2009 年，序号 461，1、2。
⑫ 李夏廷：《晋国青铜艺术图鉴》，文物出版社，2009 年，序号 523，1、2。
⑬ 李夏廷：《晋国青铜艺术图鉴》，文物出版社，2009 年，序号 578，1、2。
⑭ 李夏廷：《晋国青铜艺术图鉴》，文物出版社，2009 年，序号 581。
⑮ 李夏廷：《晋国青铜艺术图鉴》，文物出版社，2009 年，序号 582，1、2。
⑯ 李夏廷：《晋国青铜艺术图鉴》，文物出版社，2009 年，序号 585，1、2。
⑰ 李夏廷：《晋国青铜艺术图鉴》，文物出版社，2009 年，序号 589，1、2。
⑱ 李夏廷：《晋国青铜艺术图鉴》，文物出版社，2009 年，序号 577。
⑲ 李夏廷：《晋国青铜艺术图鉴》，文物出版社，2009 年，序号 587，1、2。
⑳ 山西省考古研究所：《侯马铸铜遗址》，文物出版社，1993 年。
㉑ 李夏廷：《晋国青铜艺术图鉴》，文物出版社，2009 年，序号 457，1、2；458∶1、2；464。

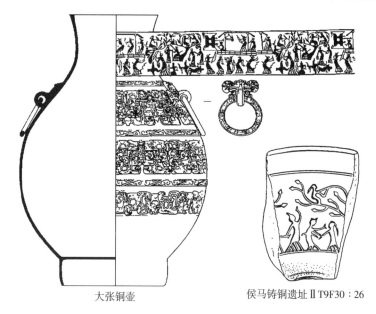

大张铜壶　　　　　　　　　侯马铸铜遗址 Ⅱ T9F30：26

图九　大张铜壶与侯马铸铜遗址人物纹陶范

还没有发现一例"采桑纹"。这种纹饰是"表现士大夫们与妙龄女子会于桑林，即桑间濮上之行"①，尽管没有《诗经·鄘风·桑中》的"美孟姜矣""美孟弋矣""美孟庸矣"，于是"期我乎桑中"，但有《诗经·唐风·鸨羽》有"肃肃鸨行，集于苞桑，王事靡盬，不能蓻稻粱"之句，不管"苞桑"是指桑树之本，还是根深蒂固或是丛生的桑树，晋地种植桑树是毫无疑问的。因为蚕桑业在晋地由来已久，仰韶时代西阴文化夏县西阴村半个蚕茧②，绛县横水倗国墓地 M1 的"荒帷"等两周墓葬中的丝织品大量发现③，公元前 653 年晋国和居住在吕梁山南部的狄人在"采桑"打过一仗④，都有"采桑"这个地名了，所以"采桑纹"是晋地的典型图像，桑林之会也是当时人的时尚。襄汾大张出土竞射采桑纹铜壶，器表纹饰共分四层，第一层为竞射采桑纹，就是这种时尚的描写；其下三层为晋式铜器中的典型纹饰龙纹和蟠螭纹，侯马铸铜遗址 Ⅱ T9F30：26 人物纹陶范就是铸造大张铜壶的嫌疑范（图九）。而大张铜壶上的龙纹和蟠螭纹，在金胜 M251 的铜器上大量出现，侯马铸铜遗址 Ⅱ T9F30 发表了鼎、壶、编钟等陶范 204 块，纹饰主要有蟠螭纹、龙纹、凤纹、虎纹、云纹、兽面纹、人形纹、牛纹、绚索纹等，这些陶范皆有参与了金胜 M251 大多数铜器的可能，也就

---

① 　山西省考古研究所侯马工作站：《三件战国文物介绍》，《文物季刊》1996 年第 3 期。

② 　李济：《西阴村史前的遗存》，清华学校研究院丛书第三种，1927 年。

③ 　山西省考古研究所运城市文化站、绛县文化局：《山西绛县横水西周墓发掘简报》，《文物》2006 年第 8 期。

④ 　《左传·僖公八年》："夏，狄伐晋，报采桑之役也。"

是说吴地的刻纹图像和工艺传播到晋地，影响到了使用侯马铸铜遗址ⅡT9F30 的晋国铜匠们。

这些晋国铜匠们，是传承了曲沃北赵晋侯墓地西周晚期 M64 出土的铜匜形盘①、闻喜上郭村春秋早期 1974M51：3（原报告十一，1）② 和 1976M6：9（原报告图八，4）铜盘③、侯马上马墓地春秋中期 M13 蟠龙纹方壶（原报告图版叁，5）④、万荣庙前春秋中期 58M1：33 虺蛇纹方壶（原报告图四，1）的铸造工艺⑤，当吴地的刻纹图像和工艺传播到晋地时，一方面传承蟠螭纹、采桑纹、龙纹、凤纹等传统铜器纹饰和以往既有的铸造技术，吸收了宴乐、竞射、水陆攻战等图像题材，融合出了以上所列的晋地图像纹饰铜器，另一方面变吴地的器内刻纹为器外铸造，器类上变吴地的铜匜、鉴等为晋地的铜壶、鉴、豆等，这是一种创新。

总之，吴地的刻纹铜器传播到晋地，遵循着张忠培先生提出的"传承、吸收、融合、创新"这一既是考古学文化也是所有文化的演进规律⑥，最后实现了铸造图像的工艺创新，成为晋文化中一项不可忽视的因素。

再回过头来再看吴国，如果江苏丹徒北山顶春秋墓是原报告中认为的"吴王馀昧"⑦、"墓葬的绝对年代应为公元前 527 年或稍后"的话，没有一件刻纹铜器，此时这种工艺在吴国也尚未出现。吴王馀昧死后其子"吴王僚"即位，不久阖闾派人刺杀了吴王僚，取而代之成为"吴王光"，只有到吴王光和吴王夫差手里，时间是公元前 514～前 473 年，刻纹铜器才开始出现并传播到晋地。

附记：

2014 年 1 月 1 日 18：35，张忠培先生给我打来电话，说："任何事物都是时间和空间相结合的存在，没有了时间和空间，一切都无从谈起，也就不存在了。所以考古学研究在确定坐标点以后，再上下左右去比较，这就是考古学的方法论。"以后又多次训

① 曲沃北赵晋侯墓地 M64 出土的铜匜形盘，陈列在晋国博物馆展厅内。这件铜盘，圈足，四人背后手抬着，龙头状流，左、右，犀侧有三条小龙前爪紧扣盘沿面向盘内，盘内中心卧一青蛙，朝向左侧小龙正在鸣叫，青蛙一周是游动的鱼。
② 朱华：《闻喜上郭村古墓群试掘》，《三晋考古》第一辑，山西人民出版社，1994 年。M51：5 铜盘，盘中心是一条蟠龙，下腹部有 13 条鱼在游动。
③ 山西省考古研究所：《1976 年闻喜上郭村周代墓葬清理记》，《三晋考古》第一辑，山西人民出版社，1994 年。76M6：9 铜盘，"器内壁有 6 条方向一致的宽线阴刻鱼纹"，从照片（原报告图版捌，5）中可见是铸造而不是"阴刻"的。
④ 王克林：《山西侯马上马村东周墓葬》，《考古》1963 年第 5 期。
⑤ 山西省考古研究所：《万荣庙前东周墓葬发掘收获》，《三晋考古》第一辑，山西人民出版社，1994 年。
⑥ 张忠培：《文化杂交：广州的过去与未来》，《南方文物》2012 年第 2 期。
⑦ 江苏省丹徒考古队：《江苏丹徒北山顶春秋墓发掘报告》，《东南文化》1988 年第 3、4 期合刊。

练我确定一个准确的时间点，使我受益匪浅。但无以报答之前，他于 2017 年 7 月 5 日离开了他所热爱的考古事业和敬重他的考古人，独自远行了。

东周刻纹铜匜已出土 25 件，本文就是在确定太原金胜 M251 下限在公元前 475 年之后，由此研究全部得出的结论。写作之时，先生的音容笑貌历历在目声声在耳，仿佛他依然关心关注着我。

谨以此文，深切怀念敬爱的张忠培先生！

湖南出土青铜四羊方尊与常宁方尊研究

——再论商代青铜器南北关系

苏荣誉[1]　吴小燕[2]　袁　鑫[2]

（1. 中国科学院自然科学史研究所　2. 湖南省博物馆）

中国青铜礼器滥觞于二里头文化，根据考古学家的研究，[①] 后经商早期（约 1600 ~ 1400BC）和中期（约 1400 ~1250BC）的勃兴，至晚商的殷墟时期（约 1250 ~1046BC）臻于鼎盛。铸造工艺上，泥范块范法体系发展完备，附件普遍分铸铸接并设计出特殊的结构以使铸接牢固，或者以活块模、活块铸型使装饰突出；垫片开始较多使用以支撑悬芯并保证器壁厚度，乃至采用芯撑使器物的某些部分中空以减少厚度变化，降低铸件的废品倾向；普遍采用模、范合作纹铸造高浮雕纹饰，并较多铸造铭文。这些工艺的应用，形成器类众多、造型庄重、装饰华美、纹饰繁丽的局面，纹饰以三重花纹为突出，而器壁较之前厚度大为增加，说明当时青铜材料相当充裕。

当然，这些精美的器物具有高度的象征性，几乎都出自墓葬。考古表明，墓葬所出土青铜器的多寡与精美程度，和墓主身份密切相关。

据《古本竹书纪年》，自盘庚迁殷至周武王灭商，传八代十二王，积 273 年，并为殷墟所出甲骨证明言之有本。1934 ~1935 年在安阳西北冈发现的王陵区，面积达 11 万平方米，王陵全被盗掘无一幸免。从 M1004 墓道残存的一件牛鼎和一件鹿鼎看，[②] 它们的确体现了最高技术和艺术水平。

1976 年发掘的妇好墓，墓主妇好是武丁的一个配偶，或因未葬入王陵区幸免于盗掘，成为迄今所知唯一完整的王室墓。虽限于身份，墓葬规模较小，但随葬品十分丰厚，青铜礼器多达 196 件，重逾一吨半，可分若干组，其中不乏若偶方彝、三联甗、鸮尊、司母辛方鼎类重器和稀见器物。它们材质控制较严格，多种分铸法并用，铸造

①　杨锡章、高炜主编：《中国考古学·夏商卷》，中国社会科学出版社，2003 年，188、254、294 页。
②　梁思永、高去寻：《侯家庄第五本：第 1004 号大墓》，史语所，1970 年，图版 30。李济、万家保：《殷墟出土青铜鼎形器之研究》，史语所，1970 年，图版 29 ~30。

工艺精湛,① 且有些特别器物出自南方迁入的铸工之手②。据此可以遐想王陵随葬青铜器的精美与宏大。

一　四羊方尊

1938 年，农民在湖南宁乡月山铺转耳仑掘出一件青铜器，出土时为若干碎片，后经修复成为四羊方尊，通高 586、口边长 524 毫米，重 34.5 千克。修复时，局部缺失部分另行补配。四羊方尊先收藏在湖南省博物馆，1959 年调藏入中国历史博物馆（现中国国家博物馆）。1963 年，高至喜先生赴宁乡考察商代青铜器出土地点和商代遗址，也核查了四羊方尊出土地点，找到当年掘获器物的农民姜景舒家，确认出土自转耳仑，并在姜家还看到一块尊口沿残片，长 100、宽 80、厚 3 ~ 10 毫米,③ 另有一只残断的羊角。这两件残片于 1977 年入藏湖南省博物馆。④

1. 造型与风格

四羊方尊属大口折肩尊，但自口至圈足的截面为方形。方尊尖沿，厚方唇，束颈，宽肩，鼓腹，高圈足。沿四角和四壁的中心布设四道长条形扉棱，扉棱两侧密布短横和钩形相间的阴线，目的使其具有透空效果。扉棱在尊口下出长檐（彩版二二，1）。沿口修补的一块，当属别类材质（彩版二二，2），即是湖南省博物馆征集到口沿残片（彩版二二，3 - 1 ~ 3 - 3）的补配。

尊颈部几乎铺满纹饰，由根部纹带和四壁与四角的蕉叶纹构成。四壁中间的扉棱在颈根部没有下探到纹带下栏而至于纹带中间，使得纹带在四面下边有长的云纹，其上是以壁中扉棱为对称对置的夔纹而构成兽面纹。夔纹除眼珠圆突外，水平长伸的身、回卷的大角、上翘的尾和下垂的足均以云纹平铺。纹带上栏沿扉棱均匀生出八片蕉叶纹，以扉棱为对称，自内向外排布云雷纹、云纹、云雷纹和云纹。蕉叶根部较宽，排满纹带上栏，向上收束，至于唇下（彩版二二，4 - 1、4 - 2）。

尊肩较宽，下斜，满布附饰和纹饰，也就中断了八道扉棱。肩四角饰高昂的圆雕

① 中国社会科学院考古研究所：《殷墟妇好墓》，文物出版社，1980 年，15 ~ 100 页。

② 苏荣誉：《安阳殷墟青铜技术渊源的商代南方因素——以铸铆结构为案例的初步探讨兼及泉屋博物馆所藏凤柱斝的年代和属性》，见泉屋博古馆、九州国立博物馆编《泉屋透赏：泉屋博古馆青铜器透射扫描解析》，科学出版社，2015 年，352 ~ 386 页。

③ 高至喜：《湖南宁乡黄材发现商代铜器和遗址》，《考古》1963 年第 12 期，646 ~ 648 页。关于四羊方尊的尺寸，通高一说 586 毫米，如熊建华《湖南商周青铜器研究》（岳麓书社，2013 年，83 ~ 84 页）；另一说 583 毫米，见《中国青铜器全集》（4 卷第 115 器）和傅聚良《商代青铜重器之乡——湖南宁乡考古记事》（《故宫文物月刊》1993 年第 5 期，93 页）。

④ 周文丽等：《四羊方尊口沿和羊角残片科学研究》，《湖南省博物馆馆刊》第十三辑，岳麓书社，2017 年，583 ~ 591 页。

羊首，肩面饰四条蟠龙，顺时针分布。龙身高浮雕，呈 S 形自肩四面的中间向左延伸，在角处后折，尾端向下回勾并与左侧面龙颈相对，龙身饰五路鳞片纹，身前似设两足，并以细云雷纹衬地（彩版二三，1－1）。高浮雕龙的颈直接向前，并在肩沿外设圆雕龙首。龙首面呈心形，三角形尖吻外翘，一对"臣"字形眼中，眼珠圆突，吻上和眼下饰云纹，眉骨粗而突，额饰菱形纹，额后勾云纹，并在两侧竖起较大的柱形角，角顶略平，中间的外侧饰两道阴弦纹，下段勾双线锯齿纹（彩版二三，1－2、1－3）。

　　鼓腹与高圈足一体是这件尊的最大特色。四只羊向四角站立构成尊腹，腹壁外弧，其中间的扉棱将四羊区隔并结合为一体。羊首自然高耸并远超过肩面，羊嘴微张（彩版二三，2－1）。羊首面饰多道云纹，鼻两边有月牙形下凹。一对"臣"字眼中高高突出管状眼珠，眼珠中间为半球形下凹。羊首两侧水平伸出三角形尖耳，周缘饰突出的圆点纹。额饰双线勾菱形，后布两道云纹，并在两侧生出一对大角。角外向下弧弯 300 度余，角尖外翘，角面棱鼓，两面饰鳞纹（彩版二三，2－2）。羊颈短粗，饰多道鳞纹，下颏纵向布一段勾牙式扉棱，最后的一只勾较大，向前卷曲并透空，当为羊胡子。腹部再饰一段长条式扉棱，两侧交替勾 I、L 阴线，下端向外勾起。一只羊角明显是修复时接的（彩版二三，3－1），当是湖南省博物馆所征集羊角的补配。原始的羊角质地紧密，黑光油亮，两面饰水波鳞纹；中空，泥芯居中，表面有若干气孔（彩版二三，3－2、3－3）。

　　尊腹上宽下收，由四只羊腹构成，羊腹向两侧壁延伸至四壁中间，并在鳞纹后饰鸟纹，以细密云雷纹衬地。鸟向四角，振翅欲飞。小头，喙短粗，圆眼，大冠高耸，大尾上翘。腹壁中间的长条形扉棱和颈部的一致，自龙首下垂，端部向外勾起，与羊胸扉棱一致，鸟足则下垂搭在半浮雕羊腿上（彩版二三，4）。

　　腹下接高圈足，圈足壁斜直外撇，四角与四面中间饰与颈部相同的扉棱。自羊腹垂下的两腿，以半圆雕形式踏在圈足底沿，羊蹄较大，底沿突出，羊腿饰细密云纹。羊腿与角扉棱间填饰云雷纹，圈足四壁中间扉棱两侧饰倒立夔纹，以细密云雷纹为地。

　　四羊尊造型匀称，结构精巧，平铺的细密的夔纹、云纹和云雷纹，衬托圆雕的羊首、半浮雕羊身、腿和蟠龙，富有层次。器表满布黑灰色致密底锈，增加了其厚重感。

　　2. 铸造工艺

　　四羊方尊以其优美瑰丽的造型、精良的品质著称于世，它的材料和铸造工艺有不少讨论，然样品难得，关于材质的分析只两见：高至喜先生率先发表铜 76.96%、锡 21.27%、铅 0.12%。[①] 此后，湖南省博物馆与中国科学院自然科学史研究所合作研究

────────────

① 高至喜：《"商文化不过长江"辨——从考古发现看湖南的商代文化》，《求索》1981 年第 2 期，107～112 页。惜文章没有说明取样部位和分析方法，估计来自口沿残片。

馆藏商周青铜器，由周文丽等对口沿和羊角残片样品，经扫描电子显微镜和能谱仪（SEM – EDS）分析，材质分别是铜 75.9% 和 80.9%、锡 19.5% 和 19.1%、铅 4.6% 和未测出。口沿残片的金相组织为 α 树枝晶和 α + 网状共析体，有铅颗粒弥散其中（彩版二三，5 – 1）。羊角的金相组织中几乎看不到铅颗粒，但有较多气孔和缩孔（彩版二三，5 – 2）。[①]

铸造技术专家凌业勤（1918 ~ 2001 年）先生，曾指出湖南出土的四羊方尊是失蜡铸件，[②] 化学家和化学史家张子高（1886 ~ 1976 年）也持同样看法。[③]

随着古代铸铜遗址的发现和对古代青铜铸造工艺研究的深入，青铜分铸铸接工艺被揭示出来，便提出四羊方尊肩部的龙首后铸、而羊首的角和耳先铸的说法。[④] 凌业勤等先生再次考察了四羊方尊的铸造工艺，发现了大量分铸痕迹，推测"最先铸成卷曲的羊角，嵌入羊头铸型内，铸成带角的羊头；整个羊头和龙头同时嵌进尊体的铸型内"铸接而成。[⑤] 但没有给出证据。艺术史家贝格立（Robert W. Bagley）先生认为，四羊方尊具有典型的地方风格，肩上的四个龙头是后铸的，但羊角和耳则都是先铸的。

凌业勤先生没有给出羊角和羊头先铸的证据，但如同贝格立所观察到的，羊角先铸的痕迹明确，羊头包络了角根（彩版二三，2 – 2），确认羊角先铸。湖南省博物馆征集的一件羊角，清楚说明其中空，泥芯尚存。泥芯颜色砖红色和灰色，颗粒较为粗大，多孔，初步判断其主要材质为粉砂，和殷墟及侯马出土铸型一致。[⑥]

一羊首的一角显然属修复后配件，当是后来发现羊角残断所致。羊角品质坚实，黝黑光亮，中空，其中泥芯仍存（彩版二三，3 – 2、3 – 3）。但羊首分铸（无论后铸抑或先铸）的证据阙如，暂不能支持。华觉明先生认为四羊方尊沿扉棱分型，并分作颈、腹、圈足三段，用二十四块范加腹、圈足泥芯和盖范计二十七块组成。羊角和龙头均

---

① 周文丽等：《四羊方尊口沿和羊角残片科学研究》，《湖南省博物馆馆刊》第十三辑，2017 年，583 ~ 591 页。

② 凌业勤：《中国古代铸造技术的初步探讨》，《机械工程学报》9 卷 2 期，1961 年，40 ~ 41 页。

③ 张子高指出："……如著名的四羊方尊，现经考古学家考证是殷代器物，其精美的花纹，复杂的造型，令人赞叹，这样的器物，如果用陶范是不可能铸成的，唯一可能的是熔模法。之所以称为熔模法是因为内模不一定是蜡质做的，有可能是牛、羊的油脂，在凝硬时做内模，浇注铜汁时即行熔化，原理和现在的失蜡法一样"，见张子高《中国化学史稿·古代之部》，科学出版社，1964 年，21 页。

④ 湖北省博物馆：《盘龙城商代二里岗期的青铜器》，《文物》1976 年第 2 期，37 页；河南省博物馆：《河南三门峡市上村岭出土的几件战国铜器》，《文物》1976 年第 3 期，54、11 页。Robert Bagley, 1980, *The Zhengzhou Phase* (*The Erligang Period*), p. 99, pp. 105 – 106, p. 21, pp. 25 – 126. Robert Bagley, 1987, *Shang Ritual Bronzes in the Arthur M. Sackler Collections*, p. 42.

⑤ 凌业勤等：《中国古代传统铸造技术》，科学技术文献出版社，1987 年，29、125 ~ 128 页。

⑥ James B. Stoltman, Zhanwei Yue, Zhichun Jing, *et al.*, 2017, New insights into the composition and microstructure of ceramic artifacts associated with the production of Chinese bronzes at Yinxu, the last capital of the Shang dynasty, *Archaeological Research in Asia*, pp. 1 – 13. 王全玉、苏荣誉、黄珊：《侯马白店出土铸铜泥模范的初步研究》，亚洲铸造技术史学会年会，2019 年 8 月 23 ~ 26 日：西安。

先铸，铸造腹时铸接它们。[①] 但分三段和龙头先铸尚缺依据，参照龙虎尊，龙头应后铸，而尊四范应自口沿贯至圈足，但每范中应嵌六块纹饰范才构成完整铸型。八只羊角先铸，并在铸造尊体时与之铸接，同时在龙颈部铸出接榫，最后分别铸四只龙头于其上。

　　口沿残片上有部分云雷纹，显微照片显示出纹线粗糙（彩版二二，3－3），通过微痕分析，确认为典型铸态形貌，凹槽底面平整，侧面有断续且方向一致的加工痕迹，表面经过打磨，局部纹线缺失（彩版二四，1），说明充型能力不充分。据以构建的纹饰三维模型（彩版二四，2），可进行局部测量，纹线凹槽深度在 0.35～0.50 毫米之间（彩版二四，3）。[②] 可见四羊方尊的铸接和铸造质量虽称上乘，但从纹饰看，与传出湖南的双羊尊接近，[③] 工艺的精细程度较之殷墟出土的精品，还稍逊一筹。

二　常宁方尊

　　湖南省博物馆收藏的一件方尊（藏品号39196），拣选自长沙废铜仓库，据其来源推断方尊出土自湖南衡阳常宁，[④] 故称之为常宁方尊。此器原残损严重，后经修复完整，肩部四角圆雕伏兽系修复者参考相关材料后补配。折肩上四牺首装饰，仅残存一个，余三个系修复。

　　此尊为一件大口折肩尊，侈口，尖沿，厚方唇（彩版二五，1－1、1－2）。通高540、口径 342×344、圈足 223×188 毫米，重约 15 千克。[⑤]

　　1. 风格

　　尊截面颇方，且腹部甚于圈足，八道长条形扉棱分别设在四角和四面中间，也在口沿下出长檐，长达24毫米（彩版二五，2－1）；扉棱略宽，两侧相间阴勾 I、L 线，颈部依扉棱布八组浮雕夔形蕉叶纹。夔形蕉叶纹倒置，两两成对，均散列，长圆形眼珠突出，中间有阴短横线，眼上有粗的勾眉，再上为开口向扉棱的大 C 形角，眼下 T 形弧弯的身，中腰出歧（彩版二五，2－2、2－3）。与容庚划分的第二类蕉叶饕餮纹相同，[⑥] 身躯部分与夔出入较大。

---

① 华觉明：《失蜡法在中国的起源和发展》，见《中国冶铸史论集》，文物出版社，1986 年，228 页。

② 周文丽等：《四羊方尊口沿和羊角残片科学研究》，《湖南省博物馆馆刊》第十三辑，2017 年，583～591 页。

③ 廣川守、深井純：《高精細画像を利用した双羊尊文様の研究》，《根津美術館紀要此君》第八号，2016 年，79～91 页。

④ 熊建华：《湖南商周青铜器研究》，岳麓书社，2013 年，84～86 页。

⑤ 湖南省博物馆：《湖南省博物馆新发现的几件铜器》，《文物》1966 年第 4 期，1～2 页，图版 1～2。熊建华：《湖南商周青铜器研究》，岳麓书社，2013 年，84～86 页。

⑥ 容庚：《商周彝器通考》，上海人民出版社重排本，2008 年，82 页。

尊颈根部饰兽面纹带，每面一兽面纹依其中的扉棱对称展开，扉棱两侧有圆突鼻翼，两侧嘴角深咧，也有圆突。兽面窄，其上一对小眼眼珠圆突，窄面横伸为兽身，身后下折向前伸足，足后横大距；身上竖后折并回勾成尾，转折处出歧。一对开口向下的C形大角与兽面分开对置扉棱两侧。兽面为浮雕形式，细密云雷纹衬底，但角、身和嘴上饰细密云雷纹，属于典型的三层花。这样的纹饰类型遍及全器。

肩斜平，饰一周浅浮雕象纹带。象身窄条形横伸，圆眼珠突出，粗壮的长鼻向下前伸，鼻头微翘。头顶有扇形大耳，肩下有牙形足，脊和臀上出歧，后腿向前弧弯，似鸟足，粗壮尾自臀垂下再锐折向后。每面两象纹相对，中间置圆雕牺首。牺首搁置在纹带中间，嘴略长并伸出尖沿，面上有两周锯齿形阴线，嘴头微翘。一对"臣"字眼中眼珠突出，面上勾云纹。额饰菱形纹，而后竖起一对片状角，前面平并勾饰云纹，背后微凸（彩版二五，3）。

腹壁斜直微微弧鼓，扉棱如之。纹饰由下面主兽面纹带与其上的夔纹带组成。夔纹带每面四只相同夔纹，以中间扉棱对称，一边一顺两个。夔纹属于勾喙式，大喙顶出歧，头小眼小，脑后有勾冠，前肢粗壮向前平伸，翘距，身向后平伸并上折，未前卷回勾，身相对细弱，下出二岐。主兽面纹带宽大且为高浮雕型，散列式，以中间的扉棱对称展开。扉棱下端两侧有圆突形鼻翼，鼻梁宽平且直，中间向两侧出歧，将下段的鼻与上段的冠饰区分，冠饰近乎方牌形。鼻头两侧浮雕G形，勾出深咧的嘴角，转角处有圆突。兽面纹眼，但有长圆形突出的眼珠，中间有阴横线；眼外有开口向内的C形耳，上有横勾的眉，最上为开口向下C形大角。兽面两侧填饰浮雕形上咧的抽象夔纹，头断开成C形，条形身竖起侧向外出歧（彩版二五，4）。

尊底近平，外底有阳线网格纹；下以高圈足相承，圈足壁斜直外撇，内壁平光（彩版二六，1-1、1-2）。圈足顶部四面中间各有一不规则形状的四边形透孔。四面纹饰结构与腹部相近，上边的夔纹带每面两夔纹，但脑后的飘冠略大。下面的主兽面纹上窄下宽，除兽角近乎S形外，余同。但作为填纹的抽象夔纹变短，高度只有腹部之半，但依然是断开的散列式。

常宁方尊虽然残缺较多，但三层花的纹饰类型，以及纹饰线条流畅、清晰较之四羊方尊为胜，与殷墟早期的精品青铜器相同。其散列式兽面纹、鼻翼和嘴角的圆突，可能还具有南方风格类型的渊源。

2. 铸造工艺

尊经过大面积修复，许多铸造痕迹消失或不全，特别是肩部牺首和尖角的兽饰。扉棱中间的纵向铸造披缝明显（彩版二六，2-1），肩部圆雕牺首明确分铸，叠压在纹带上（彩版二六，2-2），应该属于榫接式后铸，现行铸造的尊在肩部有凸榫，便于牺首铸接。四角兽饰也应分铸后铸，可参见下文。腹壁的X光片，颈部未见垫片痕迹但下腹回折处设置有垫片（彩版二六，3-1），但排布不甚规则，一侧面可见两个，两侧面似乎各一，另一面还未见，底部确使用了三枚垫片（彩版二六，3-2）。

腹壁的 X 光片表现出器壁薄厚控制很好，壁厚一致，纹饰浮凸在器表。主纹（兽面和夔纹）浮雕式，除蕉叶夔纹的角外，其夔纹和腹部、圈足夔纹突起高度一致，冶铸突出。兽面纹情形相若，只是眼珠和翘起的角突出。总之，表现出高度的铸型工艺水平和技巧，较之四羊方尊略胜一筹。X 光片中很少有铸造缺陷，可见到的缺陷如口沿下的气孔，且有集中倾向（彩版二五，2-4）

对于这件尊，高至喜和张欣如先生指出，和泉屋博古馆藏方尊造型一致，[①] 林巳奈夫认为属于西周早期，[②] 朱凤瀚认为其年代为殷墟二期二段至三期一段。[③] 熊建华指出与殷墟郭家庄 M160 出土方尊一致，但肩部牺首换为象首。[④] 但 M160 出土的一对亚址方尊，腹四角长条形扉棱在开头和纹带间出歧，年代应略晚于常宁方尊。

三　四羊方尊的属性与年代

四羊方尊是偶然出土之品，没有伴随物，也是孤品，对其属性的认识只能从其本身探求。以下从早期大口折肩尊风格的发展演变、羊尊以及它们独特的工艺现象来探讨。

1. 早期大口折肩尊

大口折肩尊是二里岗时期出现的青铜器，来源可能与原始瓷尊有关。大口敞侈，束颈下出肩，鼓腹下接圈足。在郑州商城和黄陂盘龙城均曾发现多件大口折肩尊，均是圆形截面，方形截面显然出现较晚，但并非主流。在商晚期中段，无肩或小弧肩的筒形尊开始出现，大口折肩尊减少，以至在商晚期晚段式微，终被筒形尊所取代。事实上，筒形尊也就是截面方形的一类，也属弱枝，可以视为大口折肩方尊的余绪。

装饰较为原始的大口折肩尊出现于洋县张村，除颈部和圈足各饰两周凸弦纹外别无纹饰，但圈足壁外撇，底沿外有很矮的裙（彩版二七，1-1），尺寸相对较矮，通高245 毫米，年代被定在殷墟时期，[⑤] 但依据不强。类似风格的尊还见于望城高砂脊墓出土的尊，但足更外撇，且形更小（彩版二七，1-2），通高 112 毫米，年代被确定为商

①　湖南省博物馆：《湖南省博物馆新发现的几件铜器》，《文物》1966 年第 4 期，1、2 页。
②　林巳奈夫：《殷周青铜器综览第一卷：殷周时代青铜器的研究》，广濑熏雄等译，上海古籍出版社，2017年，220 页。林氏同时指出四羊方尊的年代也是如此。
③　朱凤瀚：《湖南出土商代后期青铜器探讨》，《湖南省博物馆馆刊》第四辑，岳麓书社，2007 年。
④　熊建华：《湖南商周青铜器研究》，岳麓书社，2013 年，84～86 页。
⑤　曹玮主编：《汉中出土商代青铜器》，巴蜀书社，2006 年，64～65、16、17 页。

晚期甚至晚至西周,①　同样缺乏严密论证。

1974 年偃师塔庄出土一件大口折肩尊,颈部饰两周突弦纹,肩面为细线云雷纹带,内外以圆圈纹镶边。腹部饰与肩面同样的兽面纹带,差别在于腹部兽面有长圆形突出的眼珠而肩部无。圈足顶一周凸弦纹穿过三个均布的"十"字形透孔(彩版二七,2－1),通高 250、口径 200 毫米,属商代早期。同样类型的尊出土于黄陂盘龙城杨家湾,两件尊 M7∶6 和 YWH6∶20 的风格与偃师塔庄尊无二(彩版二七,2－2),虽然发掘报告将之分别划为六、七两期。② 加拿大多伦多的皇家安大略博物馆(Royal Ontario Museum)收藏的一件大口折肩尊形体瘦高,通高 349 毫米,颈饰三道突弦纹,肩饰夔纹带,腹饰兽面纹带。高圈足顶均布三个圆形透孔,两周突弦纹穿过。③ 这些尊的年代都应属于商早期。

郑州商城先后出土四件大口折肩尊,人民公园墓葬出土的一件 C7Y0861,通高 337、口径 280 毫米。造型和纹饰与偃师塔庄尊一致,但肩部均布三个浮雕牺首并伸出肩沿,肩和腹部的纹带线条变宽,但却无圆圈纹镶边(彩版二八,1－1)。向阳回族食品厂窖藏出土两件尊 XSH1∶3 和 SHH1∶4 造型相同,虽然肩和腹部纹饰线条属于细线,与塔庄尊接近,但牺首较人民公园尊牺首大且浮凸高(彩版二八,1－2),尊 XSH1∶3 通高 370、口径 320 毫米。这三尊可以认为是二里岗上层一期的典型器。

郑州人民公园出土的另一件大口折肩尊 C7Y0890,不仅肩部的牺首增高,下颌叠压了部分上腹的圆圈纹,还相间装饰了较宽的勾云形扉棱,腹部纹带不仅变宽,设在纹饰组界的勾云形扉棱与之相垮,风格与肩部一致,上腹高而下腹矮,而且圈足也装饰兽面纹带(彩版二八,1－3)。这种立体、满花装饰是二里岗上层的新创。朱凤瀚先生定其年代属二里岗上层二期偏晚。④

1957 年农民在阜南月儿河发现了八件青铜器,尊两件,龙虎尊是其中之一(彩版二八,2－1)。通高 505、口径 450 毫米。⑤ 其颈部饰三道凸弦纹,肩纹带由三组半浮雕龙纹和浅浮雕夔纹组成,龙身呈半浮雕状顺时针方向蜿蜒,尾部回勾,饰阴线勾连三

---

① 湖南省文物考古研究所等:《湖南望城县高砂脊商周遗址的发掘》,《考古》2001 年第 4 期,39、41～43页。向桃初:《湘江流域商周青铜文化研究》,线装书局,2008 年,271 页。

② 秦文生、张锴生编《中原文化大典·文物典·青铜器》,中州古籍出版社,2008 年,127 页。王绣主编《洛阳文物精粹》,河南美术出版社,2001 年,12、13 页。湖北省文物考古研究所:《盘龙城:1963～1994 年度考古发掘报告》,文物出版社,2001 年,252、281 页,图 168.3～5、211。

③ Chinese Art in the Royal Ontario Museum, Toronto: Royal Ontario Museum, 1972, p. 83.《中国青铜器全集》第1 卷,图 108。

④ 河南省文物考古研究所:《郑州商城——1953～1985 年考古发掘报告》,文物出版社,2001 年,516、815页,图 548、549,图版 225.2、226.1－2。人民公园器编号为 C7∶豫 0861,本文以"Y"代"豫"并连写。朱凤瀚:《中国青铜器综论》,上海古籍出版社,2009 年,178 页。

⑤ 葛介屏:《安徽阜南发现殷商时期的青铜器》,《文物》1959 年第 1 期,封二。

角纹；圆雕龙首伸出肩沿，双目圆睁，双角高耸，饰一道阴线弦纹和两道阴线锯齿纹（彩版二八，2－2）。腹部均布三道勾云式高且宽的透空扉棱置于龙首下，两扉棱间有一圆雕虎首含着半蹲的人的头，头后分别向两侧对称地伸展高浮雕颈部和躯体，前爪向前平伸，后腿曲蹬，尾粗壮有力而稍回卷，虎—人两侧填饰兽面纹。圈足壁直略外斜，顶部均布三个不规则"十"字透空，一条凸弦纹穿过，其下饰三组兽面纹组成的纹带。此尊圆雕虎头和龙头、半圆雕龙身和虎身、高浮雕人和兽面纹，与宽大透空扉棱构成华丽的立体装饰。腹部纹饰半圆雕和高浮雕，尊内壁相应地下凹（彩版二八，2－3），使器壁厚度一致。

龙虎尊的造型和纹饰虽然有些因素可在二里岗青铜器中找到渊源，如勾云式扉棱，但以动物为器物的主要装饰，将圆雕龙、虎头结合在半圆雕或高浮雕龙身和虎身上，大概以此尊为早，因与早商青铜器判然有别，可以认为是南方青铜器风格形成的代表性器物。龙头和虎头均后铸成型，铸接在龙、虎颈部，究竟是怎样的结构，有待 CT 扫描确定。

特别值得讨论的是壁厚一致工艺。收缩是金属凝固的特性，而凝固是有一定的顺序的，后凝固的地方要给先凝固处补缩，若不能补充金属液，则会导致浇不足缺陷或热裂。这一工艺应该是二里岗的发明，可以上溯到郑州商城、黄陂盘龙城和城固苏村各出土的一件青铜罍，腹部高浮雕的兽面纹，内壁相应下凹。因兽面纹小而局促，且突出不高，内壁的下凹很小。既是如此，要求范纹纹饰较深外，还要求芯要突出，且组合定位准确，否则会形成铸造缺陷。然而，龙虎尊内壁大面积下凹且深竣，其泥芯非常复杂，与范的定位必成问题，解决之道只能是范和芯来自同一模。自模翻范较易，自模翻芯须先由模翻制芯盒（母范），再由芯盒（母范）翻制芯。可称之为模—芯合作纹。[①] 广汉三星堆器物坑出土的一件龙虎尊，明显模仿月儿河龙虎尊而做，虽然龙头和虎头后铸，但器壁纹饰的浮雕很浅，内壁没有下凹，属于南方风格晚期模仿早期的产品，铸造于中商晚期和中商与晚商之交或略晚。

使器壁厚度一致的工艺，石志廉先生称之为"使用内范花纹凸出的做法"，尊应晚丁郑州白家庄，相当于殷墟一期，[②] 即中商晚期。施劲松先生认为月儿河龙虎尊纹饰属陈公柔和张长寿先生《殷周青铜器上兽面纹的断代研究》中 II5 式，"是二里岗时期最流行的"，而三星堆龙虎尊纹饰"相当于殷墟早期"，前者年代为商中期而后者与之相

① 苏荣誉、杨夏薇、李钟天：《阜南月儿河龙虎尊研究——兼论南方风格商代青铜器的渊源》，《艺术史研究》第十九辑，2017 年，1~43 页。

② 石志廉：《谈谈龙虎尊的几个问题》，《文物》1972 年第 11 期，64~66 页。郭宝钧：《商周铜器群综合研究》，文物出版社，1981 年，32 页。

近或稍晚。也指出其纹饰的南方性而不见于中原。①

　　龙虎尊肩部的龙形饰和四羊方尊相较，除龙身有饰鳞纹和三角雷纹的差别外，如出一辙，工艺一致，二者年代应相近。

　　1971年岳阳费家河发现一尊（彩版二九，1），通高565、口径520毫米，重19.5千克，现藏湖南省博物馆。熊传薪先生认为此器出自窖藏，据造型和纹饰推断年代为商晚期。② 长颈上饰三道突弦纹，斜肩面中饰浅浮雕夔纹带，其上相间均布三片状伏卧鸟（彩版二九，2）和三圆雕牺首，牺首一对大角斜向后伸，额上竖一片状鸟形冠（彩版二九，3）。尊腹部均置三道勾牙形扉棱，三高浮雕散列式无耳兽面纹置其间。尊下腹弧收出微圜底，高圈足承器。圈足顶均布三个横置的四边形大透孔，相应布三道勾牙式扉棱。扉棱饰半散裂式连体兽面纹，两侧填饰变体夔纹。兽面纹各器官中间勾以云雷纹、端头往往有圆突，整个纹饰都以云雷纹衬地。

　　肩部的圆雕牺首有明显的分铸痕迹，并叠压在肩面，说明牺首后铸。牺首冠饰中间有清楚的纵向披缝，延伸向兽角之间，并通过了鼻中心及于下颏，说明牺首是沿冠饰对开分型。一牺首鼻翼破裂，露出其中的泥芯。在器内壁，与牺首相应部位的肩沿之下，均可见长方形（横置）突块，犹若一贴片，四周或有青铜漫溢，其下是与腹部突起冠饰相应的内壁下凹，表明在铸造器腹时，于牺首位置的肩沿下设计了工艺孔，贴片若铆块以强化牺首与腹壁的结合（彩版二九，4）。后铸牺首时，在肩沿组合其铸型，浇注的青铜通过工艺孔注入长方形凸块型腔。因此，尊肩牺首的铸接形式当属铸铆接。③ 需要强调的是，尊腹部和圈足的高浮雕兽面纹及夔纹，在圈足内壁有相应的下凹，为镜像无底纹散裂式兽面纹，宽度和下凹深度与腹表相应。圈足除兽面耳外，凸起部位也相应凹下（彩版二九，5），傅举良先生早已指出这一特点④。说明尊在艺术设计上追求装饰立体化，而实现其的工艺则是强调壁厚一致。廉海萍女士和谭德睿先生在讨论湖南商周青铜器时，特别注意到这一现象，并指出垫片"颈部两周"、肩部和底部也有。⑤ 圈足底沿上有三突起，当是浇道痕迹。器身有多处铸造缺陷以及补缀。

① 施劲松：《论带虎食人母题的商周青铜器》，《考古》1998年第3期，57~58页。
② 熊传薪：《湖南新发现的青铜器》，《文物资料丛刊（5）》，文物出版社，1981年，103页。
③ 华觉明、冯富根、王振江等：《妇好墓青铜器群铸造技术的研究》，《考古学集刊（1）》，中国社会科学出版社，1981年，262~263页。苏荣誉：《安阳殷墟青铜技术渊源的商代南方因素——以铸铆结构为案例的初步探讨兼及泉屋博古馆所藏凤柱斝的年代和属性》，见泉屋博古馆、国立九州博物馆编《泉屋透赏：泉屋博古馆青铜器透射扫描解析》，科学出版社，2015年，352~386页。
④ 傅举良：《谈湖南出土的商代青铜器》，《考古与文物》2001年第1期，45页。
⑤ 廉海萍、谭德睿：《湖南出土商周青铜器制作技术初探》，《湖南省博物馆馆刊》第五辑，2008年，141页。

关于此尊，王恩田先生将之归为湖南青铜器的甲群，年代在殷墟三、四期。内田纯子划分的"华中型"Ⅳ式，和向桃初先生均认为其年代在殷墟Ⅲ、Ⅳ期。[①] 这些明显是殷墟中心说的推演，忽视了这类大口折肩尊所具有的早于殷墟的造型、纹饰和附饰以及形成它们的工艺因素，和华容东山大口折肩尊虽造型有出入，整体风格与装饰具有高度的一致性。事实上，折肩尊的风格与工艺，与六安淠河、江陵八姑台、枣阳新店、城固苏村、广汉三星堆以及巫山李家滩出土的多件大口折肩尊一致，均是中商时期南方铸铜作坊同一时段铸造之器，也是龙虎尊工艺的继承。[②]

2. 双羊尊

和四羊方尊风格一致的两件双羊尊，分别藏在伦敦大英博物馆和东京根津美术馆，它们风格一致，堪为一对。造型均是两具肥羊相背而立合为一体，中间竖起尊口，以两羊前足承器。尊的造型高度对称，两羊造型和纹饰相同，但局部有出入。

大英博物馆（The British Museum）藏双羊尊（编号：1936.1118.1；彩版三〇，1－1、1－2），通高432、宽390毫米，重10.66千克，双羊各有一耳残断。原系希腊商人猷氏（George A. Eumorfopoulos，1863～1939）旧藏，叶慈（W. Perceval Yetts，1878～1957）编著的图录将其指认为牺尊，年代定为周。[③] 1936年大英博物馆购藏后，艺术史家华生（William Watson，1917～2007）定其年代为商，后罗森（Jessica Rawson）沿袭此说，还指出羊角应先铸，其风格不同于安阳，同样造型的器物也不见于中原，与之同形器见诸根津美术馆的收藏和湖南出土的四羊方尊，推测此器可能出自湖南。[④]

尊口平，截面近乎圆形（彩版三〇，2－1），厚唇，颈部微束，饰两周凸弦纹。颈两侧为昂起的羊头，十分具象。羊口微张，上颌前端勾出月牙形鼻孔，面部满饰云纹，大眼，眼珠呈半球形突起，额饰菱形线，两侧向外弧弯一对大角，角稍回转

① 王恩田：《湖南出土商周铜器与殷人南迁》，载《中国考古学会第七次年会论文集（1989）》，文物出版社，1992年。引自熊健华编《湖南出土殷商西周青铜器》，岳麓书社，2007年，278、282页。难波纯子：《华中型青铜彝器的发达》，向桃初译，《南方文物》2000年第3期，30、44页。向桃初：《湘江流域商周青铜文化研究》，线装书局，2008年，271页。

② 苏荣誉、李健毛：《华容大口折肩青铜尊研究——兼及挂饰管形牺首饰诸器》（上），《美术研究》2016第6期，42－52页；（下），《美术研究》2017年第1期，45～50页。

③ W. Perceval Yetts, 1929, *The George Eumorfopoulos Collection; Catalogue of the Chinese and Corean Bronzes, Sculpture, Jades, Jewellery and Miscellaneous Objects*, Vol. One, Bronzes: Ritual and Other Vessels, Weapons, Etc., London: Ernest Benn Ltd, p. 54, pl. 8, pl. 9. A12. 王全玉、裴嚴華：《長江中流域で製作された青铜器三個に関する技法の検証：二つ双羊尊と瓿》，《根津美術館紀要此君》第八号，2016年，39～58页。多种著录的尺寸与之有出入。

④ William Watson, 1961, *China before The Han Dynasty*, London: Thames and Hudson, pl. 14, p. 254. Jessica Rawson, 1987, *Chinese Bronzes*, Art and Ritual, London: The British Museum, No. 13, pp. 69－70.

向前翘起，角前面起脊，水波纹沿脊排布。角下向两侧张双耳，甚小，三角形，耳蜗向外。下颏中间垂向前勾的片状胡须（彩版三〇，2-2），颈部和羊身规则地平铺鳞片纹。羊胯上以鳞片构成龙纹，头向腿，身蜷曲；腹下垂片状向足的勾。尊颈下前后侧设一凸台，上饰兽面，以云纹勾鼻、脸、眉、冠，两眼珠半球形圆突如羊眼，一对高浮雕大角竖在眉骨上，角饰螺线纹，与之凸起相应的内壁，可见相应下凹（见彩版三〇，2-1），说明壁厚保持一致。尊外底和足端近平，足截面为槽形，外底中心有一挂环（彩版三〇，1-3），当是所悬铃失却孑遗。王全玉分析器足和羊头，成分接近。[①]

X射线CT图表现出器壁厚度均匀，羊角先铸。一羊头内嘴后设有一弧面挡板，中间有一垫片（彩版三〇，2-3），另一羊头无，可以认为它们的铸型出自不同的工匠。扫描也揭示出羊尊每侧有四枚、肩部有三枚（彩版三〇，3-1）、底部有四枚垫片（彩版三〇，3-2）。[②] 至于铸型工艺，经王全玉博士仔细分析，尊腹铸型沿两羊中心对开分型，两侧有纵贯羊首垂及下腹的铸造披缝，她还发现两羊腹中线位置也有披缝，说明每块范由相等的两片构成。[③]

根津美术馆双羊尊（彩版三一，1-1）是根津嘉一郎（1860~1940）于1934年购自山中商会，[④] 初定其年代为周，或许出自梅原末治（1893~1983）氏，[⑤] 反映了自北宋后绝大多数金石学家对异形无铭青铜器的认识，艺术史家 Mario Bussagli 也沿用此说。[⑥] 直到1975年，考古学家樋口隆康（1919~2015）将双羊尊年代确定为商晚期，并指出很可能铸于华南。[⑦]

通常这件双羊尊被认为与大英博物馆双羊尊成对，造型和风格高度一致，腹内残

① Wang Quanyu, Sascha Priewe, A Technical Study of the Double-ram Zun Ancient Chinese Bronze Vessel in the British Museum，陈光祖主编《金玉交辉：商周考古、艺术与文化论文集》，史语所，2013年，257~282页。

② 荒木臣纪、宫田将宽：《二つの双羊尊：エックス線CT撮影と画像解析について》，《根津美术馆纪要此君》第八号，2016年，25~38页。

③ 王全玉、裴严华：《長江中流域ご製作された青銅器三個に関する技法の検証：二つ双羊尊と瓿》，《根津美术馆纪要此君》第八号，2016年，39~58页。在早先的研究中，她认为双阳尊属于对开分型，且铸型自足根分上下段。Wang Quanyu, Sascha Priewe, A Technical Study of the Double-ram Zun Ancient Chinese Bronze Vessel in the British Museum，陈光祖主编《金玉交辉：商周考古、艺术与文化论文集》，史语所，2013年，257~282页。

④ 多比罗菜美子：《根津美术馆蔵双羊尊について：購人の経緯を中心に》，《根津美术馆纪要此君》第八号，2016年，19~24页。据该馆清册，尊与其他五件同时购自山中商会，尊条下："六月卅日　五一四三周铜饕餮双羊犠尊 金五万圆也，店"，说明当时断代为周代器物。

⑤ 根津美术馆编《青山庄清赏·古铜器篇》，便利堂，1942年。梅原末治：《日本集储支那古铜精华》，中山商会，1959年。

⑥ Mario Bussagli, 1966, Chinese Bronzes, London：Paul Hamlyn, pp. 60, 62.

⑦ 樋口隆康：《商周の銅器》，根津美术馆，1975年。

存泥芯，与颈内、足内泥芯一致。① 细究起来，差异之处有如下数端：

A，羊不张口，下颌无胡须，显得头小而颈曲；突出的眼珠中间凹下（彩版三一，1－2），或许原本镶嵌有玉石之类，类似的眼珠也见于传出石门的一件提梁卣的兽面纹。②

B，颈部与腹部相贯处不起凸台，兽面直接平铺，宽吻前伸，两侧嘴角深咧，露出三角形排牙，一对大"臣"字眼即为兽面，眼珠圆突，其中同样有管状凹陷，与羊眼一致。额上平铺一对角，水平向两侧展开，角尖上翘，微微回勾。角、吻和嘴角以略宽线条勾云纹，以细密圆角雷纹衬地。因兽面纹属平铺式，内壁自然平光。

C，腹下无垂勾，肩部纹饰为蛇纹，在肩部盘曲两周后以直角S形垂向腿，后昂首吐信。

D，底部中间无挂铃环，但可见垫片；一足端部透空（彩版三一，1－3）。

X光CT扫描明显表现出，根津双羊尊结构较之大英双羊尊为简单，缺陷也较多，口和颈部有许多气孔（彩版三一，1－4）。羊角明显先铸，四只耳中三只有修复焊接痕迹，另一只插入羊头（彩版三一，1－5），说明羊耳和羊角一样先铸成型，再与羊头铸接的。羊头表现出属于实心（彩版三一，1－6），颇为特殊。垫片仅在底部可见三枚（彩版三一，1－3），其他部分垫片设置和大英尊一致，但根津尊残缺较多，有些垫片早年脱落，后经焊补，在CT图上表现为白色块，颈部和肩部都有（彩版三一，1－4）。③ 铸造披缝信息和大英双羊尊有所不同，按照三船温尚先生的分析，属对开分型，颈部羊头方向披缝明显，凸弦纹上可见明显的上下错范痕迹，并从口沿通过羊头贯至腹下，底范明确，但在底范与腹下另有一块弓形范（彩版三一，2－1）。但王全玉和裴严华认为根津尊腹部铸型四分，两侧中间有垂直的铸造披缝。④

三船温尚先生对比了两件双羊尊，确定二者工艺共同大前提下，指出了其中的差异，一个明显的事实是根津尊简朴，壁厚变化不大，在1.7～4.4毫米间，内壁平滑；大英尊华丽，外表起伏较大，内壁相应凹陷较多，壁厚变化也大，在1.4～4.5毫米之间（彩版三一，2－2）。⑤ 事实上，两件羊尊还有诸多其他共同点，如均曾破损经多处

① 荒木臣纪、富田将宽：《二つの双羊尊：エックス線CT撮影と画像解析について》，《根津美術館紀要此君》第八号，2016年，25～38页。

② 苏荣誉、傅聚良、吴小燕等：《石门卣初探》，《湖南省博物馆馆刊》第十二辑，2016年，46～59页。

③ 荒木臣纪、宫田将宽：《二つの双羊尊：エックス線CT撮影と画像解析について》，《根津美術館紀要此君》第八号，2016年，25～38页。

④ 三船温尚：《根津美術館・大英博物館の二つの双羊尊の鋳造技術とその比較》，《根津美術館紀要此君》第八号，2016年，59～77页。王全玉、裴嚴華：《長江中流域ご製作された青銅器三個に関する技法の検証：二つ双羊尊と瓿》，《根津美術館紀要此君》第八号，2016年，39～58页。

⑤ 三船温尚：《根津美術館・大英博物館の二つの双羊尊の鋳造技術とその比較》，《根津美術館紀要此君》第八号，2016年，59～77页。但此文不认同羊角先铸，却以为采用了组合模，而且模可能为蜡或油脂类混合物。

修复，甚至各有一只羊角折断后经修复，等等。

综合造型、纹饰这些风格因素和工艺特征，可以认为两件双羊尊是成对制作的，若非大英尊肖山羊而根津尊肖绵羊，或可猜测两件器物的差异在乎雄雌。根据这二尊的造型和工艺，可进一步推测出自师徒或师兄弟之手。大英尊华丽并体现出更多南方风格特征，如圆雕动物造型、浮雕装饰内壁下凹等等，[①] 且大英博物馆藏双羊尊下颏的胡须与四羊方尊的酷似，其后未见再现，故此可以认为它们年代一致。如此，四羊方尊的羊首应浑铸，至于是否如双羊尊颈部有"隔板"，有赖 CT 扫描确定。根津尊的南方因素相对较少，但因与大英尊的密切关系，可知南方作坊铸造青铜器的品类更加丰富和多样，不仅铸造具有典型南方风格器，也铸造具有部分南方风格器，甚至铸造和中原风格一致的器物，只是现在还没能将后者辨识出来。此外，大英双羊尊底悬铃，当是最早的实例。

3. 妇好墓大口折肩尊

殷墟早期的大口折肩尊，应以妇好墓出土的为代表，该墓出土一件妇好方尊 M5∶792 和两件一对后毞母癸方尊 M5∶806 和 M5∶868。

妇好方尊通高 430 毫米，截面为长方形，口 355×330 毫米，体形相对敦矮，重 25.15 千克，壁厚较大；底部铸铭"妇好"。[②] 其结构近乎四羊方尊而装饰近乎长宁方尊（彩版三二，1-1）。也饰八道长条形扉棱、颈、肩、腹和圈足分别饰平铺夔形蕉叶纹+浅浮雕夔纹、浅浮雕夔纹、浮雕兽面纹、浮雕兽面纹。肩部纹带中间饰圆雕牺首，四角饰圆雕板状鸟兽。牺首压在纹带上，面呈弧三角形，宽吻，"臣"字眼中眼珠突出，中有坑点，眼外有 C 形耳，额中饰菱形阴线，头上直竖板状开口向下的 G 形大角，外缘有较薄的飞边，角尖向外翘出。四角的板状圆雕鸟兽作伏卧状，斜视下方。粗短的勾喙表明为猛禽，大圆眼如鸮，一对尖耳竖在头顶，头、耳、颈、前胸以鳞纹示羽毛。四片长羽构成硕大双翅，贴身而翅尖翘起。腹壁近乎斜直，饰浮雕型散列式无身兽面纹。鼻翼圆突，突出的扁球形眼珠中有坑点，无眼眶却有短弯眉；外有尖叶形耳，上有开口向下的 G 形大角，占这个兽面五分之二强，角有低的外缘，角尖回转翘出。兽面两侧填倒竖的浮雕夔纹。兽面和夔纹的高浮雕和浅浮雕上均饰细云纹，云雷纹衬地。腹下收束出平底，高圈足承器。圈足顶端的四面中部各有一个长方形透孔，四面

---

① 苏荣誉：《安阳殷墟青铜技术渊源的商代南方因素——以铸铆结构为案例的初步探讨兼及泉屋博古馆所藏凤柱斝的年代和属性》，泉屋博古馆、九州国立博物馆编《泉屋透赏》，科学出版社，2015 年，352～386 页。Wang Quanyu, Sascha Priewe, A Technical Study of the Double - ram Zun Ancient Chinese Bronze Vessel in the British Museum, 陈光祖主编《金玉交辉：商周考古、艺术与文化论文集》，史语所，2013 年，257～282 页。王全玉、裴巖華：《長江中流域ご製作された青銅器三個に関する技法の検証：二つ双羊尊と瓿》，《根津美術館紀要此君》第八号，2016 年，39～58 页。

② 中国社会科学院考古研究所：《殷墟妇好墓》，文物出版社，1980 年，53、55 页。

饰半散列式高浮雕兽面纹，嘴角可见一对獠牙，阴线勾出"臣"字眼眶，一对开口向下的 C 形大角，角尖不外翘。

妇好方尊铸形规整，扉棱两侧的 I、T 阴线勾勒基本对称。出土时，肩部的附饰或完全脱落或部分脱落，并可见接榫，说明附饰后铸在肩的接榫上。[①]

后㚟母方尊两件一对，造型和装饰一致。尊 M5：806 通高 556、口 375×370 毫米，重约 31 千克，附饰与纹饰与妇好方尊接近，造型更近于常宁方尊（彩版三二，1 – 2）。但颈部饰典型浮雕式蕉叶纹肩，角以长条扉棱代替了圆雕伏卧鸟兽，肩纹带以圆雕牺首为兽头展开双身兽，双身呈 S 形在兽头两侧以浮雕型展开，尾向上回卷。牺首宽吻前端的三角形鼻头翘起，吻端平光，兽嘴伸出肩沿，两侧出小耳，额中饰菱形阴线，头顶一对 S 形片状大角，形象如虺，尾侧伸微翘。腹壁较直，四面饰高浮雕散列式兽面纹，大虺角蜷曲成 G 形，头有圆突，开口向下，尾外翘。平底，圈足较高，壁斜直外撇，其顶端四面中部均有"十"字形透孔，四面饰与腹部相近的兽面纹，但眉梢稍低，内底中央铸铭两行四字"司㚟母癸"。[②] 常宁方尊风格与之更接近。其铸造工艺和妇好方尊相同，牺首后铸于肩而尊体由四块范和一块腹芯、一块圈足芯组成，每块范中各嵌两块在颈部、两块在腹部、两块在圈足，均以四面中心的扉棱为对称，这些扉棱中间的披缝即是所嵌范块的接缝。铸造工艺与常宁方尊一致，常宁方尊年代，应该与后㚟母方尊同时。

自二里岗时期的大口折肩尊素面无纹到肩、腹饰在纹带、肩部饰浅浮雕牺首，牺首的变化在增大增高，腹部纹带变宽甚至分段，圈足出现带状纹饰，后期在肩部和腹部分型面设置勾云形扉棱，装饰立体化。发展到中商早期，圆雕形龙、虎头装饰尊，纹饰半圆雕或高浮雕，而器内壁相应下凹，逐步确立了南方风格，而浮雕勾云形扉棱或者以片状鸟代替，扉棱变长成为勾牙形，肩部牺首变大变得华丽，以铸铆式后铸于肩部。但颈部只饰凸弦纹。

在南方，将动物造型与方形器结合创造了四羊方尊，装饰格局也发生了改变。附饰上的改变，首先是扉棱从勾牙式演变为长条形，并在方尊口下出檐，或许受到了某类建筑的启发；其次，将扉棱或片状扉棱在方尊上替换为圆雕板状鸟兽，将中商时期普遍使用的高浮雕牺首改为圆雕牺首，整个牺首各自在肩部纹带之上。在纹饰上，首先颈部一改沿用许久的凸弦纹为蕉叶纹，并成为殷墟时期大口折肩尊的基本形式；其

① 华觉明、冯富根、王振江等：《妇好墓青铜器群铸造技术的研究》，《考古学集刊（1）》，中国社会科学出版社，1981 年，262、263 页。又见《华觉明自选集》，大象出版社，2017 年，127、128 页。此文讨论方罍 M5：791 肩部鸟饰，不符方罍编号，据图推知为方尊 M5：792。

② 中国社会科学院考古研究所：《殷墟妇好墓》，文物出版社，1980 年，55、56 页。郑振香、陈志达：《殷墟底下瑰宝：河南安阳妇好墓》（中国文物考古之美 2），文物出版社，1994 年，第 25 号。

次，由于高浮雕纹饰的采用，发展出地纹，形成了三层花纹的纹饰结构，成为殷墟早期风格的核心；再次，散列式兽面纹（包括散列式夔纹）的普及，影响了殷墟青铜器纹饰结构。此外，四羊方尊腹部与圈足纹饰的贯通，应该源自南方的动物形器，而改造了自二里岗期形成的水平纹带，使得纹饰内涵更丰富，器物整体性更强。因此，殷墟时期觚的出现及其多上下贯通的纹饰类型，应是四羊方尊风格的承转。

很明显，四羊方尊属于典型南方风格青铜器，年代在商中期，很可能是商中期晚段，晚于岳阳费家河尊而早于妇好墓方尊。双羊尊的年代与四羊方尊同时，也是中商晚期。如此，大英双羊尊底部悬铃，即是迄今所知最早的实例。这类附饰在西周时期较多，往往先铸成型，浇铸器体时完成铸接。

四　常宁方尊与殷墟方尊

前文分析，常宁方尊和后蒌母方尊同属殷墟早期器。与之相同和相近的方尊，无论是考古发掘还是传世者有多件。按照肩部附饰，约可分为妇好方尊型：肩部饰牺首和鸟兽，常宁方尊属于这型，另有一类以圆雕象首代替鸟兽；后蒌母方尊型：肩部中间饰牺首、四角饰扉棱。

1. 牺首——板状鸟兽形

1959 年，河南新乡出土一件方尊，通高 454、口边长 346 毫米。[①] 这件尊的特别之处是口沿上犹若置一方框，故口内壁上段笔直，并向下弧折（彩版三二，2 - 1）。尊外几乎满布纹饰，分颈、肩、腹和圈足四重纹带，饰浅浮雕蕉叶、夔纹和夔纹 + 散列式兽面纹，仅兽面纹眼珠和角尖突出，全部纹饰均以细密云雷纹衬地。腹部散列兽面纹，大虺角成 C 形，开口向下，虽浅浮雕式，外缘也有低一层的飞边；圈足的兽面纹，和后蒌母方尊肩牺首之角一样，大虺角曲成 S 形，而肩部牺首两侧同样展开双身夔纹也和后蒌母方尊一样，铸造工艺也应相同。年代和产地应该一致。

2000 年末到次年初，安阳花园村东亚长墓出土方尊 M54：84，通高 519、口径 339 × 366、圈足底 212 × 242 毫米，重 27. 3 千克，尊颈外铸铭"亚长"（彩版三二，2 - 2）。年代不晚于殷墟二期，相当于祖庚、祖甲时代。[②] 亚长方尊肩部鸟兽造型近于妇好方尊而颈略长，圆雕牺首则团在一起，形矮且面目模糊，可见一对大角浮凸在额头。铜锡

---

① 《河南出土商周青铜器》（一），文物出版社，1981 年，第 368 号，《中国青铜器全集》第 4 卷，图 116。

② 中国社会科学院考古研究所：《安阳殷墟花园庄东地商代墓葬》，科学出版社，2007 年，58、117、222、231 页，图 92，拓片 14，彩版 15。中国社会科学院考古研究所、安阳市文物考古研究所编《殷墟新出土青铜器》，云南人民出版社，2008 年，156、157 页。但亚长方尊的纹饰拓片将肩牺首竖立起来，易与妇好方尊等混淆。

铅三元合金材质，X 光透射成像表现出底部有三枚垫片。①

　　传世的这类型方尊，以东京泉屋博古馆、大阪藤田美术馆和东京出光美术馆的收藏最具代表性。泉屋博古馆方尊纹饰基本属于浅浮雕。肩部纹带为象纹，腹部和圈足纹饰均是窄夔纹带下宽散列式兽面纹带，兽面纹大觚角均是 S 形，腹部兽面两侧填散列式变形夔纹，圈足则只填一变形夔首（彩版三三，1－1）。肩上居中的圆雕牺首与后母方尊颇相似，铸造工艺也完全一致，但泉屋方尊的造型、纹饰构图，线条疏密均匀细致，更胜一筹。

　　大阪藤田美术馆收藏一件青铜方尊，通高 524 毫米，一说菊地荣一于明治四十二三年间（1909～1910）购自四川，1940 年之前为藤田氏收藏。② 但从其所配鎏金硬木雕座看，器当出自清宫。据张子宁先生研究，小恭亲王溥伟（1880～1936）为助清宣统帝溥仪复辟而筹集军饷，将除书画以外的大多数古玩器物于 1912 年三月间卖给日本古董商山中商会主山中定次郎。③ 这件方尊应是清宫流出的铜器之一。该尊在风格上非常接近常宁方尊，以至肩部纹带同为浅浮雕象纹，圆雕牺首则更近于妇好方尊，尤其是觚蜷曲成 C 形的角。小的出入在于腹、圈足兽面纹，兽角均是觚式，觚蜷曲张口，大角竖起；圈足兽面有尖叶形耳，两兽面两侧填饰的竖立夔纹完整（彩版三三，1－2）。圈足底沿宽窄不一，当是浇道设置之处，外底四角尚残存些许圈足泥芯。肩部八个圆雕附饰分铸。方尊的 X 光片表现出器壁厚度的高度均匀性，垫片的使用合理，反映出高超的铸型工艺技巧，颇具王器之风。④

　　东京出光美术馆收藏一件方尊较矮，通高 262 毫米。⑤ 造型近于亚长方尊。颈、肩、腹和圈足纹饰均平铺，但既有细密云雷地纹，兽面等也勾相应纹饰，为三重花纹的平面化形式（彩版三三，1－3）。肩中间饰圆雕牺首，吻翘起伸出肩沿之外，额后竖

---

①　中国社会科学院考古研究所：《安阳殷墟花园庄东地商代墓葬》，科学出版社，2007 年。附表七"ICP 检测 M54 青铜器合金成分"（277 页），但没有说明取样部位，其结果与 X 射线荧光光谱分析出入较大（附表八"XRF 检测 M54 青铜器合金成分"，277 页）。附表九"M54 出土青铜礼器金相组织"（278 页），附表五"M54 出土青铜器 X 射线透视分析表"（268 页）。附录四，刘煜、胡东波、杨宪伟《M54 以及花东小墓出土青铜器的 X 射线透视分析》，301～304 页。

②　《藤田美术馆所藏艺术图录·美术篇》，法人财团藤田美术馆，1954 年，第 77 号。《藤田美术馆名品图录》，藤田美术馆，1972 年，第 92 号。前图录说明有菊地荣一氏明治末购自四川，后图录则为"传明治末出自四川"。但梅原末治的著录忽略了其来源，称之为"牺首四禽饕餮觚纹方尊"，见梅原末治编《日本蒐储支那古铜菁华》第二卷，山中商会，1960 年，第 132 号。《宗器宝绘——藤田美术馆藏中国古代艺术珍品》，纽约：Christie's，180 页。

③　张子宁：《藤田美术馆旧藏〈石渠宝笈〉著录古画六卷》，见《宗器宝绘——藤田美术馆藏中国古代艺术珍品》，纽约：Christie's，68 页。

④　苏荣誉、童凌骜：《藤田美术馆商代青铜器与殷墟王器蠡测》，见《宗器宝绘——藤田美术馆藏中国古代艺术珍品》，New York：Christie's 2017。

⑤　《悠久の美：唐物茶陶から青铜器すで》，公益财团法人出光美術館，平成二十四年（2012），81 页。

起一对片形大角，肩部纹带在牺首两侧平铺 S 形象纹。肩角的板状圆雕鸟兽近乎妇好方尊，但嘴头高翘。其长条形扉棱，在腹部随纹饰分上面夔纹带、下面兽面纹带而相应分段，但起首均出高鳍，是扉棱演变的新形式。尊肩的圆雕牺首、尖角的圆雕鸟兽虽然保留了殷墟早期如妇好方尊的形式，但纹饰的平面化、颈部变高、扉棱新式，均是较晚的演变，此尊年代当在殷墟中期。至于尊纹饰中的细砂是否为填纹工艺的处理，① 有待研究。

早年卢芹斋（C. T. Loo）收藏一件祈册宣方尊，高 385 毫米，陈梦家曾著录，认为其年代在殷或西周初，和泉屋博古馆尊相似。② 这件尊同饰八道直条形扉棱，状态若木板；颈、腹和圈足平铺蕉叶纹和夔纹带 + 散列式兽面纹，虽有细密雷纹衬地，但蕉叶纹、夔纹和兽面纹均以较宽线表现，宽线上并无细线，说明纹饰风格是两重花纹。从图片底色和宽线一致发白，或许可以推测这个器表均经过涂色处理。这祈册宣方尊的纹饰和附饰构成也较为特别，腹和圈足兽面纹散列较碎，角不大，明显是虺蜷曲成 S 形，填饰的变形夔纹，虽在两角却也散开。肩部纹带看不清楚，四角饰圆雕伏卧鸟，喙为锥形，两角锥形竖起，均与其他尊不同（彩版三三，1－4）。从形式看，此尊纹饰别致，年代或属殷墟中期晚段，晚于出光方尊。③

2. 牺首——象首类

1990 年，安阳郭家庄出土两件一对亚址方尊，考古学家推断墓葬年代为殷墟三期偏晚阶段，墓主可能是一位较高级别的武将。亚址方尊 M160：152 通高 439、口 328 × 330、圈足边长 214、壁厚 5～8 毫米，重 21.4 千克，内底铸铭“亚址”④。扉棱较宽，在口下出檐长达 30 毫米，出檐部分最宽，两侧阴勾云纹。腹部扉棱上段出两鳍，分别对应起首和两纹带区隔，圈足扉棱上矮下高，也是新的变化。平斜肩饰窄夔纹带，四角饰圆雕象首而四面中间饰圆雕牺首。象首有竖起的 S 形鼻，方形截面，鼻下两侧向前龇出尖锥形长牙，面上有一对“臣”字形眼，两侧侧张一对小耳，额上竖起一对宽大的虺状板状角，向外侧身再向下回卷。牺首口大若鳄，露出三角形排牙。一对小耳侧张，一对小眼眼珠圆突。额中饰菱形，头顶向上竖起一对掌形大角，尖叶形五指分开，掌内有大眼珠形圆突。腹上有夔纹带，下布散列式兽面纹，两侧填竖起的抽象散列夔纹，圈足纹饰结构与之相同（彩版三三，2－1）。出土时四角和四面中间均有圆柱

---

① 苏荣誉：《商周青铜器的填纹——一种被忽视的工艺》，“青铜器、金文与齐鲁文化学术研讨会”，2018.10.19－20；潍坊。

② 陈梦家：《美国所藏中国铜器集录》，金城出版社重排本，2016 年，A406。

③ 林巳奈夫则认为这两件尊年代一致，为殷后期 III 段。林巳奈夫：《殷周青铜器综览第一卷：殷周时代青铜器的研究》，广濑熏雄等译，上海古籍出版社，2017 年，219 页。

④ 中国社会科学院考古研究所安阳工作队：《安阳郭家庄 160 号墓》，《考古》1991 年第 5 期，390、391、481 页。

形凸榫，四角的圆雕象首和四面中间的圆雕牺首均脱落，表明原本插在凸榫之上。这对亚址方尊的造型、纹饰和铸造工艺与妇好方尊相同，但腹部扉棱开头和中间出歧，应较之略晚，或在殷墟早期晚段。

1997 年发掘的鹿邑长子口墓，葬俗和器物反映出墓主长子口与商王室和东夷集团均有较密切关系，发掘者推断墓葬年代为不晚于成王的西周初期，墓主可能为东夷后裔，被商王册封在鹿邑一带，后又为周人所封的方国国君。该墓出土两件一对长子口方尊，其中 M1：125 通高 378、口边 228、壁厚 3.5 毫米，重 8.03 千克，腹内壁铸铭"长子口"（彩版三三，2 – 2）。[①] 很明显，尊体高挑，且圈足下起高裙，体现了从大口折肩尊过渡到筒形尊的趋势。虽然也有八道扉棱，但扉棱较高，有强烈的木片感觉，不仅两侧阴勾云纹，腹部扉棱开头和上部出双歧，圈足扉棱底端出鳍，完全改变了殷墟时期的长条形风格。颈部的蕉叶纹和腹部与圈足的兽面纹均浅浮雕，且有细密云雷纹地，但兽面上各器官几乎没有纹线，整体风格在从三重花纹向两重花纹完成过渡的阶段，这和扉棱的变化相吻合。肩部的圆雕牺首两尖叶形小耳侧张，双柱形角斜竖，颇为独特，或有较早风气；肩部的圆雕象首则没有长伸的象牙，失去亚址方尊的具象；牺首和象首均以长颈叠在肩中和肩角，具有西周早期风味。但圆雕象首饰后期不见，长子口方尊若非西周初期仿古制作，应当是商晚期安阳铸铜作坊的产品，体现了许多殷墟较早因素，但晚期也新出现了诸多现象。如此，带长颈的动物头饰，可以追溯到殷墟晚期。

传世的四件亚醜方尊与亚址尊有诸多联系。这四件中，一件亚醜诸姤方尊收藏在北京故宫博物院，"台北故宫博物院"有三件，一件同为亚醜诸姤尊，另两件铭亚醜，姑且称之为亚醜方尊 A 和亚醜方尊 B。四件尊造型高度一致，铭文共同，属于同一家族。这四件尊可能都是清宫旧藏，造型十分规矩周正，满布浅浮雕纹饰和浮雕纹饰，以细密云雷纹衬地，制作精良，保存良好，是殷墟早期繁盛青铜工业的明证。

北京故宫博物院收藏一件亚醜诸姤方尊，原系清宫旧藏，通高 455、口宽 380 毫米，重 21.5 千克，口面铸铭两行九字"亚醜诸姤以太子尊彝"。[②] 其造型和纹饰与亚址方尊高度一致，甚至腹部扉棱出二鳍都一样，只是铭文位置不同（彩版三四，1）。亚醜方尊铭文在口面，颇为别致。这件方尊的造型、纹饰乃至铸造工艺与亚址方尊高度，可以视为同一组工匠的作品。

"台北故宫博物院"藏亚醜诸姤方尊（编号昆 172 – 23），通高 457、口边长 337 毫

① 河南省文物考古研究所、周口市文化局编：《鹿邑太清宫长子口墓》，中州古籍出版社，2000 年，5 ~ 18、199 ~ 211、96、97 页，图 82、83，彩版 46。
② 故宫博物院：《故宫青铜器》，紫禁城出版社，1999 年，109 页。

米，含木座重22.6千克，原系清宫旧藏，著录于《西清古鉴》，称"周诸婝尊"①。除口径略小于北京故宫亚醜诸婝方尊外，几乎与之全同，可以认为属于一对，仅腹部兽面纹的角微有差别，此尊非夔形（彩版三四，2）。有图录指出这件尊风格与安阳郭家庄出土的亚址尊近，并发表X光成像，指出器体气孔甚多，垫片排布在颈部蕉叶纹间空处和器底，在腹中两纹带间隐约有垫片。②

同藏的亚醜方尊A（编号JW2447－38）和B（编号潜22）为大小不同的一对，B大于A，通高分别391和453、口径299×295与336×338、足径170×163与230×226毫米，各重11.78与18.71千克。③ 其造型、附饰和纹饰与"台北故宫博物院"亚醜诸婝方尊一致，但尊A（彩版三四，3）"亚醜"两字铭亦在口面，笔画纤细且不够流畅，犹若经过錾刻；其圈足内泥芯犹存，底部有补块。X光片表明垫片设置在颈部蕉叶纹间空白处，底部三枚垫片和亚长方尊相类。尊B（彩版三四，4）"亚醜"两字铭铸在器底，笔画甚浅，四枚垫片环绕而布。

四件亚醜尊造型一律、纹饰雷同、风格高度一致，铸造工艺相同，与亚址方尊如出一手，应是同一时期向同组工匠订制的作品，年代当在殷墟早期晚段。

3. 牺首——扉棱型

1999年，在安阳发掘刘家庄北墓发掘出两件一对亚鼎方尊，考古学家根据墓葬所出陶器类型，认为墓葬年代在殷墟四期偏晚，属于帝辛时期。但同出的某些铜器年代属于殷墟三期，墓主可能是担任一定武职的殷高级贵族。④ 尊M1046：23通高294、足高86、口长196、底部长126、壁厚2～4毫米，重3.65千克，造型近于忻册宜方尊，颈部蕉叶纹、腹和圈足夔纹带＋兽面纹俱平铺，纹线较细，但有云雷纹地，因此属于双层花纹风格，腹部的扉棱也出两鳍，与亚址方尊相近，但装饰化倾向更近于木片。最大的不同在于肩部，没有圆雕牺首和鸟兽，只有与八道扉棱相应的短扉棱，但角扉棱高，两面有阴勾纹饰，意在使扉棱成为C形，但均未透空（彩版三五，1）。相应的，因为没有了圆雕附饰，铸造工艺变得颇为简便，四块范与腹芯、圈足芯组成铸型。每块范中嵌入两块颈范、两块肩范、两块腹范和两块圈足范，均以四面中间的扉棱对称布置，这些扉棱中间的披缝即是相应范块的接缝。从亚鼎方尊可窥知殷墟晚期青铜器风格和技术的变化，至少在安阳开始发生了。至于铸铜遗址中如何表现，有待新的研究。

---

① 清高宗敕编《西清古鉴》卷八页三五，清乾隆二十年（1755）内府刻本。
② 陈芳妹：《故宫商代青铜礼器图录》，"台北故宫博物院"，1998年，512～521页。《殷周金文集成》5935。
③ 陈芳妹：《故宫商代青铜礼器图录》，"台北故宫博物院"，1998年，522～535页。
④ 中国社会科学院考古研究所安阳工作队：《安阳殷墟刘家庄北1046号墓》，《考古学集刊（15）》，文物出版社，2004年，359～390页。

华盛顿弗里尔艺术馆（The Freer Gallery of Art, Smithsonian）收藏的一件方尊（彩版三五，2），通高353、口边长276毫米，重7.4千克。造型近乎亚𪘏方尊但肩、腹更宽，装饰也略多。八道扉棱较窄，两侧均有 I、L、T 阴线勾勒，但未在口下出檐，除肩角扉棱外，颈、腹和圈足扉棱的中部都有突歧。器表满纹饰，均平铺，并以细密云雷纹衬地。颈部饰夔形蕉叶纹和夔纹，肩部饰夔纹，腹部饰对鸟纹，圈足饰对夔纹，这些纹饰均浅浮雕，大约突起地纹一线高，但纹饰上勾线，属于平面化的三层花纹，且肩和圈足纹带上下勾 T 形带镶边。肩四角短扉棱与颈、腹扉棱一致，纹带中间的牺首近乎半圆雕形，较矮，若上颌扣在肩面，鼻头与肩沿齐，两眼向上圆睁，额饰菱形，两侧一对大角浮凸盘曲。尊底沿有裙台，扉棱上铸造披缝明显，被确定为沿角四分铸型。牺首也明显分铸，肩沿下的窄素带上可见两个垫片，其年代被定为西周早期。①

商周之际的鹿邑长子口墓出土的方尊，形态瘦高，处在向筒形尊的过渡阶段，而安阳花园庄东地出土的一件方尊 M54：84，肩中部的牺首的形和高矮与之相仿，将其年代定为殷墟晚期较为适宜。如此，鸟纹当然应出现在殷墟时期，鸟纹的演变容重新讨论。

五　结语

结束讨论前，考察一件西周早期的荣子方尊，通高277、口径230毫米，底铸铭"荣子做宝尊彝"（彩版三五，3）。据传出自洛阳，属西周早期，藏于横滨白鹤美术馆。② 这件尊口圆体方作筒形，在颈中部由方转圆。尖沿方唇，周身有八道长条形扉棱，两侧勾云纹，只有四角的扉棱在口下出檐，另在四面中间的扉棱只装饰方形截面部分。圆颈部分饰八组对夔蕉叶纹，但只四组在扉棱下，另四组与之相间。蕉叶纹下，由圆转方，饰窄鸟纹带，每面两鸟相对中心扉棱而立。其下出很窄的台，应是肩退化所致。肩下为腹，八道扉棱均出双鳍，四面饰相同的兽面纹，其角为虺式，无目有边，身饰云纹，呈 C 形开口向下。圈足与腹主界面尺寸相若而窄，下面外撇并出立裙和底沿。圈足纹带为华丽的对鸟纹，以细目云雷纹衬地。

这是完成了转变方尊形式，上下尺度一致，方圆合一，为典型西周初期风格。

此外，上海博物馆藏癸𢦦古方尊，通高218、口径210毫米，器内底部铸铭"癸𢦦古作旅"（彩版三五，4）。圆口、折肩、方腹、方圈足，器四隅扉棱勾曲突兀，长出器体，口沿下颈部饰蝉形兽纹，下饰相对而立的凤鸟纹，突出的肩部饰交尾双头龙纹，

①　John A. Pope etc., 1967, *The Freer Chinese Bronzes*, volume I, Catalogue, Washington DC.：Smithsonian Institution, pp. 104－109.

②　中村純一編：《白鶴英華》（白鶴美術館名品図録），白鶴美術館，昭和 53 年（1978），32～33 页。

肩部四隅圆雕四只长鼻象首形兽首，象眼圆睁，象牙上翘，头顶龙形方折角，象鼻分岔勾曲，融于扉棱之中，其特征相当于西周早期，但时代较前述更早，可见西周早期对殷墟早中期风格的模仿。

　　对而比之，前述弗利尔方尊年代断在殷墟晚期较适宜，甚或早于亚𪊽方尊。长子口尊属于殷墟中期偏晚或中晚期之交，忻册㝬方尊属于殷墟中期晚段，出光方鼎属于殷墟中期。亚址和亚醜方鼎属于殷墟早期晚段，亚长和后𪊽母方尊年代可在殷墟期中段，而新乡、长宁泉屋、藤田方尊或略早，妇好方尊年代当在殷墟早段，它们都是安阳铸铜作坊的产品。四羊方尊年代在中商晚期，那是南方铸铜作坊的产品。

浙江发现的几件徐舒青铜器

俞珊瑛

浙江出土的徐舒青铜器，主要见于绍兴坡塘 M306。该墓出土有鼎、甗、盉、罍、炉、尊、方座形器、豆、盆、盒等 17 件青铜器，其中不仅有小炉、汤鼎等带铭的徐器，还有牺首鼎、甗形盉等明显带有舒器特色的器类，为越墓中所不见，但与江苏邳州九女墩三号墩所出器物相近，应为徐人入浙后的遗存①。另外，2003年绍兴塔山还出土一件青铜甬钟，合瓦形，圆柱形甬，上有旋、干，钲部 36 枚，鼓部正、反两面共有 50 字鸟虫书铭文，为春秋晚期的徐国青铜器②。绍兴城南狗头山南麓出土配儿句鑃 2 件，两栾刻有铭文共 60 余字，过去认为是吴器，据乐游考证为徐器③。

此外，浙江各县（市）的博物馆藏品中，也有零散的徐舒青铜器发现，多数未经报道，其中燕鋬匜、附耳平盖鼎、炭炉、牺首鼎等较为重要，叙述如下。

1. 燕鋬匜

20 世纪 90 年代绍兴市柯桥区马鞍镇市桥村采集，现藏绍兴博物馆。瓢形，长槽流，三蹄足，燕尾鋬。口下饰一周卷云纹、细鳞纹，鋬饰卷云纹。腹部、流口、尾部多有残损。通高 15.5 厘米，口径 22.5 厘米（彩版三六，1）④。

同类器多见于皖南地区。繁昌县孙村窑上出土 1 件，深腹，短槽流，流口下有齿状突，口下饰一周窃曲纹，鋬饰云雷纹⑤。芜湖县韩墩村出土 1 件，形制与繁昌匜相同，口下饰一周窃曲纹，流口下间一卷云纹，鋬饰云雷纹，外缘一周鳞纹⑥。以上二器

---

① 曹锦炎：《绍兴坡塘出土徐器铭文及其相关问题》，《文物》1984 年第 1 期。郑小炉：《试论徐和群舒青铜器——兼论徐、舒与吴越的融合》，《文物春秋》2003 年第 5 期。
② 曹锦炎：《自铎铭文考释》，《文物》2004 年第 2 期。
③ 绍兴市文管会：《绍兴发现两件钩鑃》，《考古》1983 年第 4 期。乐游：《配儿钩鑃铭文新考》，《中国国家博物馆馆刊》2014 年第 5 期。
④ 资料由绍兴博物馆提供。
⑤ 安徽大学、安徽省文物考古研究所：《皖南商周青铜器》，文物出版社，2006 年，图 37。
⑥ 安徽大学、安徽省文物考古研究所：《皖南商周青铜器》，文物出版社，2006 年，图 38。

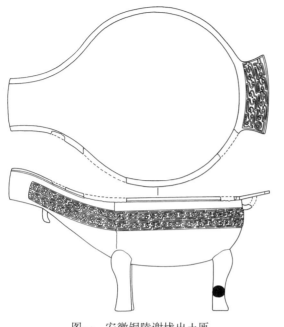

图一　安徽铜陵谢垅出土匜

的年代都不晚于西周晚期。芜湖市出土1件，腹稍浅，长槽流，口下饰一周夔龙纹，右侧间一蟾蜍纹，鋬饰雷纹①。当涂县当阳乡出土1件，形制与芜湖匜相同，口下饰一周云雷纹②。谢垅出土1件，口下饰一周夔纹，鋬饰夔纹，年代在两周之际（图一）③。也见于宁镇区。江宁陶吴④、南京市板桥镇⑤出土的2件，形制皆与繁昌匜相同，年代不晚于西周晚期。以上，绍兴匜腹较浅、长槽流的特征，与谢垅匜等相同，年代也应不晚于春秋早期。

春秋早期以后，燕尾鋬三足匜在江淮和鲁南地区也有发现。安徽天长潭井村出土1件，形制与谢垅匜相近，唯流口稍短⑥。宿州平山村出土1件，形制也相同，年代在春秋早期⑦。山东沂水刘家店子春秋墓M1出土1件，口微敛，腹微鼓，圜底，半筒状流，曲缘，燕尾鋬。流下没有齿状凸起，腹部饰蟠螭纹，蹄足上饰兽面纹。年代在春秋中期⑧。沂水纪王崮春秋墓出土1件，形制同于上器，纹饰不一，口沿及鋬上饰龙纹及鸟纹，流下饰鳞纹，腹部饰倒三角纹，内填鸟纹、龙纹，流下三角纹内填鳞纹（彩版三六，2）⑨。此外滕州薛国故城⑩、平邑蔡庄⑪等皆有同类器出土。

①　安徽大学、安徽省文物考古研究所：《皖南商周青铜器》，文物出版社，2006年，图67。
②　安徽大学、安徽省文物考古研究所：《皖南商周青铜器》，文物出版社，2006年，图68。
③　张国茂：《安徽铜陵谢垅春秋铜器窖藏清理简报》，《东南文化》1990年第4期。张爱冰：《铜陵谢垅出土青铜器的年代及其相关问题》，《东南文化》2009年第6期。
④　李蔚然：《南京发现周代铜器》，《考古》1960年第6期。
⑤　南京市博物馆藏。
⑥　安徽博物院：《江淮群舒青铜器》，安徽美术出版社，2013年，125页。
⑦　李国梁：《安徽宿县谢芦村出土周代青铜器》，《文物》1991年第11期。
⑧　山东省文物考古研究所、沂水县文物管理站：《山东沂水刘家店子春秋墓发掘简报》，《文物》1984年第9期。简报未给出图像，见山东博物馆展品。
⑨　山东省文物考古研究所等：《山东沂水纪王崮春秋墓》，《考古》2013年第7期。山东省文物考古研究所等：《沂水纪王崮春秋墓出土文物集萃》，文物出版社，2016年，图版23。
⑩　山东博物馆展品。
⑪　李常松：《平邑蔡庄出土一批青铜器》，《考古》1986年第4期。

这类燕鋬三足匜主要在皖南宁镇区流行，与江北和中原地区普遍流行的龙鋬匜有别，属于两个不同的系统①。从年代上来看，皖南地区出土燕鋬匜较早，江、浙次之，山东地区较晚，推断燕鋬匜首先在皖南地区出现，此后向周边扩散，至迟到春秋中期已到达鲁南地区。燕鋬三足匜是群舒出土铜匜的两种主要形式之一，也是群舒文化的代表性器类②。

2. 附耳平盖鼎

2件，绍兴地区出土，现藏绍兴市柯桥区博物馆。形制相同，大小不一。长方形附耳，子母口，平盖有直裙，深鼓腹，圜底，三兽蹄形足。盖中置一环形纽，周设等距三个矩形捉手。盖面饰一周夔纹，矩形捉手外侧饰夔纹，口下也饰一周夔纹。其一，通高35厘米，口径29.5厘米（彩版三六，3）。其二，通高42.5厘米，口径36厘米（彩版三六，4）③。

附耳平盖鼎也见于皖南地区。如铜陵谢垅窖藏出土的1件，形制与绍兴鼎相同，纹饰不一，盖面饰一周夔纹，盖的折边直裙饰一周勾连云纹，口下饰一周夔纹、弦纹、乳丁纹（彩版三六，5）④。郎溪十字铺出土的1件，形制同于谢垅鼎，口下饰一周夔纹⑤。江淮地区则在多个地点出土，舒城河口出土2件，盖中置扁条形环纽，捉手上饰雷纹，盖面饰一周窃曲纹，口下饰一周夔龙纹⑥。肥西磨墩子出土1件，形制、纹饰皆同于河口鼎⑦。舒城春秋塘出土1件，失盖，形制、纹饰也与河口鼎相同⑧。舒城凤凰嘴出土2件，盖上有铜棍横贯盖纽与鼎耳，盖面饰一周窃曲纹，口下饰一周夔纹⑨。

以上附耳平盖鼎在江淮地区多次被发现，年代在西周晚期至春秋早期，为周代群舒文化遗存之代表性器类。绍兴出土的同类器，显然与江淮地区的影响有关，其年代也应不晚于春秋早期。

3. 炭炉

1986年诸暨次坞镇上河村溪滩出土，现藏诸暨博物馆。广口，平沿，弧腹，圜底，底部有四个方形、一个三角形镂孔。上腹部附一对铺首衔环耳，下腹部铸两个环形把手，内贯链条。圈足作八个兽足环列状。口沿饰一周细密的顾首龙纹，器腹满饰

① 张爱冰：《皖南沿长江地区周代铜器研究》，《考古学报》2013年第4期。
② 王庆光：《群舒文化比较的分析——以江淮与山东南部地区材料为中心》，安徽大学硕士学位论文，2015年，59、60页。
③ 资料由绍兴市柯桥区博物馆提供。
④ 张国茂：《安徽铜陵谢垅春秋铜器窖藏清理简报》，《东南文化》1990年第4期。
⑤ 安徽大学、安徽省文物考古研究所：《皖南商周青铜器》，文物出版社，2006年，158、159页，图97。
⑥ 安徽省文物考古所、舒城县文物管理所：《安徽舒城县河口春秋墓》，《文物》1990年第6期。
⑦ 安徽大学等：《安徽江淮地区商周青铜器》，文物出版社，2014年，第120页，图88。
⑧ 舒城县文物管理所藏。
⑨ 安徽省文化局文物工作队：《安徽舒城出土的铜器》，《考古》1964年第10期。

蟠虺纹。通高 16 厘米，口径 38 厘米，底径 32 厘米（彩版三七，1）①。

这类下置环列状支柱的圆盘式炉，在春秋时期的徐国得到广泛的运用。江西靖安出土的一件徐令尹者旨炉，直口，折沿，弧腹，平底，肩部有两个对称的环链状附耳。圈足上置 10 个兽首衔环状支柱，上承盘体。盘身满饰蟠虺纹，圈足、支柱上均饰绳纹。内底刻 18 字铭文，自名"卢（炉）盘"。年代在春秋中晚期（彩版三七，2）②。浙江绍兴坡塘 M306 出土的 1 件小圆炉，形制也相近，颈部稍内收，弧腹，圈足为五条蟠螭纹倒立于圆环之上。腹部饰一周蟠虺纹、三角纹。炉底刻 10 字铭文，自名"少炉"。为春秋晚期的徐国青铜器③。江苏邳州九女墩三号墩徐墓出土 1 件炉盘，直口，折沿，斜折腹，平底。盘口沿两面各饰一爬虎，肩附环链状附耳。底座长方形，上置 24 个小支柱，上承盘体。颈、肩部饰蟠虺纹。年代为春秋晚期④。

以上炉盘在徐文化墓葬中多次被发现，年代在春秋中晚期，为徐国青铜器的代表性器类。其中绍兴坡塘 M306 炉的尺寸很小，可能是"弄器"之属，作小型熏炉之用。而诸暨炉盘的底部有五个镂孔，显然也不是烤炉，应是取暖用具，即炭炉。考古出土的炭炉，多有与漏铲同出的，如故宫博物院收藏有一套河南新郑出土的炭炉和漏铲，其中炉盘的盘身较浅，附耳有长条提链；簸箕形铲身三面开有方形与菱形孔，出土时放在炉盘内，证明是一套器具⑤。更为完备的当属湖北随县曾侯乙墓出土的一套炭炉，出土时炉盘内置箕和漏铲各一件，三器皆铸有"曾侯乙作時用終"铭文，其中炉盘用于烧炭，箕盛木炭或炭灰，漏铲（底有 53 个菱形孔）则用来筛炭，三器关系、用途明确（彩版三七，3－1、3－2）⑥。诸暨炭炉可能借用了漏铲多面开孔的设计，其盘底的漏孔可漏灰、通风，使用方便、科学。

4. 牺首鼎

1 件，绍兴西施山遗址出土，现藏绍兴博物馆。圆腹，一侧作兽首状，兽首上有双角和凸起的双目，无流口，另一侧附一伏虎为尾。附耳，折沿，垂腹，腹壁较直，底近平，三矮蹄足。器身饰菱形云雷纹，中间一道凸棱。附耳饰云雷纹，蹄足上部饰兽首。通高 17.2 厘米，口径 16.3 厘米（彩版三八，1）⑦。

---

① 浙江省博物馆：《越魂：历久弥新的民族精神》，浙江人民美术出版社，2004 年，75 页。图片由诸暨博物馆提供。

② 江西省历史博物馆、靖安县文化馆：《江西靖安出土春秋徐国青铜器》，《文物》1980 年第 8 期。

③ 浙江省文物管理委员会、浙江省文物考古所、绍兴地区文化局等：《绍兴 306 号战国墓发掘简报》，《文物》1984 年第 1 期。李零：《入山与出塞》，文物出版社，2004 年，251 页。

④ 孔令远、陈永清：《江苏邳州市九女墩三号墩的发掘》，《考古》2005 年第 5 期。

⑤ 故宫博物院：《故宫青铜器》，紫禁城出版社，1999 年，292 页，图版 290、291。

⑥ 《中国青铜器全集》第 10 卷 145 号，文物出版社，1998 年。

⑦ 绍兴博物馆：《走进大越——纪念绍兴建城 2500 年》，上海人民美术出版社，2014 年，314、315 页。图片由绍兴博物馆提供。

　　牺首鼎多见于安徽江淮地区，共发现 6 件。舒城凤凰嘴出土 1 件，形制与芜湖鼎相同，角饰云雷纹，双目镶嵌绿松石圆珠，盖饰一周勾连云雷纹，器身饰一周夔纹，二前足之上饰凸起的蟠龙，龙身饰鳞纹。舒城五里①、庐江三塘②出土的 2 件，形制皆与凤凰嘴鼎相同。怀宁金拱出土 1 件，兽嘴两侧有隆起的圆包，角饰鳞纹，兽尾卷曲，器身饰一周夔纹③。庐江岳庙出土 1 件，盖饰一周窃曲纹，角饰鳞纹和雷纹，耳饰窃曲纹，器身饰一周夔纹（彩版三八，2）④。舒城河口出土 1 件，兽嘴两侧有齿状凸起，尾饰扉棱，器身饰一周夔纹，附耳饰小圆点纹、弦纹⑤。皖南地区也有发现，安徽芜湖柳春园出土 1 件，有盖，盖上置环纽，附耳残，三高蹄足。器身饰一周夔纹，前足之上饰凸起的蟠龙，龙身饰鳞纹，尾饰扉棱⑥。

　　春秋晚期以后也见于江苏、浙江等地。江苏邳州九女墩三号墩出土 1 件，曲口，深腹，二附耳，底较平，三蹄形矮足。腹部前一牺首，双目圆凸，头上竖对角，后有脊棱做尾。角上饰卷曲纹、三角纹，颈腹交界处饰一周绳纹，器身饰蟠虺纹⑦。淮阴高庄战国墓出土 1 件，形制与九女墩鼎基本相同，唯足更低矮⑧。绍兴 M306 出土 1 件，残甚，只余几块碎片。腹部前一牺首，双目圆凸，头上竖对角。角上饰云雷纹，器身饰一周蟠虺纹，下饰一周垂叶三角纹⑨。

　　综上，绍兴牺首鼎腹部较浅、蹄足低矮的特征，与邳州九女墩、淮阴高庄墓出土牺首鼎相同，其年代可定在春秋晚期至战国早中期。

　　牺首鼎的基本形制为圆腹一侧作兽首状，无流口，另一侧有脊棱做尾，垂腹，附耳，三蹄足，牺首一般有双角和凸起的双目。多与附耳平盖鼎、曲柄盉伴出，族群渊源明确。流行的年代在西周晚期至春秋早期，流行区域在江淮的舒城、庐江、怀宁这一狭小地带⑩。绍兴 M306、九女墩三号墩等徐人墓葬出土的牺首鼎，在器物特征上与舒器有一定的差别，因此这类器物应是徐人和群舒地区的特征性器物⑪。

① 安徽大学、安徽省社会科学院、安徽省文物考古研究所：《安徽江淮地区商周青铜器》，文物出版社，2014 年，第 143 页，图 109。
② 安徽大学、安徽省社会科学院、安徽省文物考古研究所：《安徽江淮地区商周青铜器》，文物出版社，2014 年，第 145 页，图 111。
③ 怀宁县文物管理所：《安徽怀宁县出土春秋青铜器》，《文物》1983 年第 11 期。
④ 马道阔：《安徽省庐江县出土春秋青铜器——兼谈南淮夷文化》，《东南文化》1990 年第 1 期。
⑤ 安徽省文物考古研究所、舒城县文物管理所：《安徽舒城河口春秋墓》，《文物》1990 年第 6 期。
⑥ 《皖南商周青铜器》，第 176、177 页，图 108。
⑦ 孔令远、陈永清：《江苏邳州市九女墩三号墩的发掘》，《考古》2005 年第 5 期。
⑧ 淮安市博物馆：《淮阴高庄战国墓》，文物出版社，2009 年，70、71 页。
⑨ 浙江省文物管理委员会、浙江省文物考古所、绍兴地区文化局等：《绍兴 306 号战国墓发掘简报》，《文物》1984 年第 1 期。
⑩ 张爱冰：《皖南沿长江地区周代铜器研究》，《考古学报》2013 年第 4 期。
⑪ 郑小炉：《试论徐和群舒青铜器——兼论徐、舒与吴越的融合》，《文物春秋》2003 年第 5 期。

　　就以上徐舒青铜器的年代来看，舒器在前，器类和数量都不多，如绍兴燕蓥匜、附耳平盖鼎等，年代在春秋早期前后；徐器在后，器类丰富，并出现成组的青铜器群，年代主要在春秋晚期前后。

　　舒，偃姓。建有舒、舒鸠、舒蓼、龙舒、舒鲍等小国，统称之为"群舒"。群舒疆域在今安徽江淮之间，大别山以东、淮水以南、长江以北一带。文献记载群舒在春秋时期先后灭于楚，其后去向不详。考古发现则证实了群舒南下的情况。历年来皖南沿长江地区出土众多周代铜器，年代框架为：西周晚期有汤家山组、孙村组、韩墩组、正兴组、汪村组，春秋早期有谢坝组、柳春园组、十字铺组，春秋中期有钟鸣组、墩上组，春秋晚期有龙岗组。经与江淮、宁镇及中原地区的比较分析，皖南沿长江地区周代铜器格局基本清晰。邹厚本主张皖南沿长江地区正是南淮夷分布的范围①；李伯谦认为宁镇与皖南两地铜器在数量、组合以及形制、花纹特点上并不完全相同②；张敏提出皖南南部与太湖地区同属于越文化区，北部偏东与宁镇地区同属于吴文化区，偏西属于楚赣文化区，而与之一江之隔的江淮平原则为群舒文化区③。张爱冰据此认为皖南沿长江地区周代铜器更多地接受了中原和江淮地区的影响，可以说明西周春秋时期江淮群舒族群和文化的向南迁播，群舒的地域，不止于大江以北，兼及皖南池州、铜陵、芜湖、宣城和马鞍山等④。而群舒青铜器在浙江绍兴地区的发现，说明群舒文化的影响也已深入到越国腹地。这不仅为群舒青铜器的研究提供了新资料，也为深入探讨群舒的去向作了补充说明。

　　徐，嬴姓。徐国本是淮水流域的一个大国，史书上称之为"徐戎"，其故地在今江苏省泗水一带。由于周人的压迫，徐人逐渐南移。春秋晚期，徐国已沦为淮泗间小国，慑于楚、齐、吴三大国之间，备受交侵之苦。《左传》成公至昭公年间，徐国数次被迫骑墙吴楚之间，既有徐吴联姻及吴季子挂剑徐君之事，也有楚扣留徐国君臣，挟徐伐吴之时。徐国最终在公元前512年被吴所灭。关于徐国遗民的去向，文献和考古资料揭示的至少有三：一是徐王章羽与少数"迩臣"奔楚。《春秋·昭公三十一年》载："冬十有二月，吴灭徐，徐子章羽奔楚。"楚城夷，使徐子处之。杜预注："夷，城父也。"即今安徽亳州城父镇。

　　二是部分南下越地。徐人南逃的情况早期文献虽然没有记载，但在唐代以来的地方志上多有反映，如浙江宁波、舟山、衢州等各地皆有许多有关徐偃王的传说与遗迹等⑤。

① 邹厚本：《序》，安徽大学、安徽省文物考古研究所：《皖南商周青铜器》，文物出版社，2006年。
② 李伯谦：《序》，安徽大学、安徽省文物考古研究所：《皖南商周青铜器》，文物出版社，2006年。
③ 张敏：《读〈皖南商周青铜器〉有感》，《中国文物报》2017年4月11日第4版。
④ 张爱冰：《皖南沿长江地区周代铜器研究》，《考古学报》2013年第4期。
⑤ 曹锦炎：《浙江出土商周青铜器初论》，《东南文化》1989年第6期。郑小炉：《试论徐和群舒青铜器——兼论徐、舒与吴越的融合》，《文物春秋》2003年第5期。

就考古资料来看，南下徐人的活动范围主要在浙江南部及江西北部。浙江南部包括绍兴坡塘 M306 等在内的众多徐国青铜器的发现，都是徐人势力深入浙江境内的明证。江西北部的高安县曾出土 3 件带有"徐王义楚"铭文的铜觯，同出有 9 件铎、1 件"徐王□又"觯；靖安县出土有"徐王义楚"盨盘和"徐令尹者旨型"炉等青铜器。郭沫若曾推测"盖古之吴越，其地望似与春秋中叶以后有别……又徐人乃由山东、江苏、安徽接境处被周人压迫而南下，且入于江西北部者，则春秋初年之江浙殆犹徐土者，亦未可知也"①。

三是为吴所得。《左传·哀十年传》有率舟师伐齐的吴大夫徐承，从族氏看或即为受吴国重用的徐国贵族。考古资料上，前文配儿句镶的器主也应为依附吴王室的徐国贵族，其铭文云"壮于戎功且武"，说明器主参与吴国对外战争、立有军功；而"毕恭畏忌""不敢戏豫"之语则透露出器主依附外族时诚惶诚恐的气息。此外江苏丹徒北山顶春秋墓也出土有徐器次□缶盖，以及甚六镈与纽钟、甚六之妻鼎。甚六等器的国别学术界有舒和徐两种观点，笔者认同后一种观点。从甚六之妻鼎铭"以伐四方、以从攻吴王"句的语气，可知器主也是被吴国控制的徐国贵族②。

综上所述，包括燕鋬匜、附耳平盖鼎、炭炉、牺首鼎等徐舒青铜器在浙江地区的新发现，不仅为徐舒青铜器的研究提供了新资料，也为深入探讨徐、舒的去向作了补充说明，值得关注。

---

① 郭沫若：《杂说林钟、句镶、钲、铎》，《殷周青铜器铭文研究》，科学出版社，1961 年，82~96 页。
② 孔令远：《徐国青铜器群综合研究》，花木兰文化出版社，2016 年，70、71 页。

越国的王者之剑

娄　烈

（绍兴博物馆）

越王剑是中国古代兵器中的一个传奇，这个传奇与一个东夷方国的兴衰故事一起流传了两千多年。春秋战国时期，世居于今浙东地区的于越民族迅速崛起，并以会稽（今浙江绍兴）为中心建立了国家，即越国。据相关史料记载，越国自允常时拓土始大并称王，其子句践继王位后，在与强邻吴国的较量中一度受挫，为了振兴越国，实现大邦之梦，句践与他的大臣们实施了二十年的生聚教训和勤耕备战复兴方略，其中，为铸造高质量的青铜剑投入了大量精力，终于打造出技术领先、工艺精湛的越剑，其越王剑最负盛名，被誉为"百兵之王"。如今，这些越王剑被陆续发现并为多家博物馆和爱好者收藏，在此，我们就来盘点一下这些越国的"王者之剑"。

（一）越王者旨剑

北京博华文盛文化艺术公司收藏越王者旨剑1把，具体尺寸不详，剑身修长挺拔，菱形薄剑格两面刻鸟虫书铭文"戉（越）王者（诸）旨（稽），戉（越）王者（诸）旨（稽）"和"自乍（作）用僉（剑），自乍（作）用僉（剑）"。圆管状剑柄有缠緱，扁平圆剑首的底面边圈刻鸟虫书铭文"戉（越）王者（诸）旨（稽），自乍（作）用僉（剑），以战虞（吴）人"。"者旨"是"诸稽"的简笔字，越王之氏（按古代男子称氏，女子称姓的习俗，越王为彭姓诸稽氏），董珊先生据此铭文认为，"以战吴人"表明铸此剑时为吴越争战期间，这个时期只有允常和句践两代，而现有的句践剑均有其名，故推测为允常剑。但从该剑的整体风格来看，在越王剑系列中出现较晚，似乎不像允常和句践时期的剑。

允常，也称元常，夫镡之子，在位时间不详，卒于公元前497年。史料记载允常"拓土始大，称王"，越国应该是从允常开始崛起强大，他是一位非常勤奋的君王，关于越国铸剑的神奇故事也始于他。

（二）越王之子句践剑

从相关资料中查到的越王之子句践剑有 2 把，民国时期由福建人黄浚收藏，剑的尺寸无记录，两剑均为宽格箍茎剑，其中一把还是复合剑，复合剑即剑身的中脊部分和从刃部分是用不同配比的合金铸造，因此色泽不同，故也称双色剑或嵌脊剑。相传该剑出土于安徽寿县。另一把于 1945 年被美国哈佛大学赛克勒美术馆收藏。宽格两面有鸟虫书铭文："戉（越）王，戉（越）王"和"之子，台（句）戋（践）"，两剑铭文一阳文，一阴文，然而内容相同。剑铭中没有直接称越王，可能是句践尚未继王位之前所铸。

（三）越王句践剑

越王句践剑仅此一把（彩版三九，1），1965 年湖北江陵望山 1 号墓出土，湖北省博物馆收藏。该剑全长 55.6 厘米，身宽 4.6 厘米，柄长 8.4 厘米，重 857.4 克。剑身纵轴起脊，两侧从刃至剑锋腰部略作弧收后再汇聚成锋尖，锋刃犀利，剑身一面近格处刻两行鸟虫书铭文："邙（越）王欱（句）淺（践），自乍（作）用鐱（剑）"，剑身两面通饰黑色菱格纹。宽剑格呈倒"凹"字形，两面分别铸饰变体兽面纹，并镶嵌绿松石和蓝色琉璃，圆柱状直柄遗有两道界箍痕迹，圆盘形剑首，底面作 11 道同心圆圈，间距最小的仅 0.2 毫米。

句践，也称菼执，越王允常之子。公元前 496 至前 465 年在位。句践是越国崛起中最重要的一代国王，越国由弱小到强盛经历了无数磨难，其中，"卧薪尝胆"和"十年生聚，十年教训"的故事已家喻户晓。然而，伴随句践开疆拓土、称霸中原的这柄宝剑怎么会在湖北的楚墓中出土？怎么会在地下埋藏了两千多年后依旧完好如新呢？出土时曾有工作人员做了一个测试，剑刃在一叠皮纸上一划即被穿破 20 多层，让人赞叹不已。该剑出土后引来了无数人的目光，不仅是因为它制作精美，更是因为它身上所藏的许多谜团，最让人们关注的就是越王句践剑的不朽之谜和越剑楚出之谜。

其实，越王句践剑出土时并不是完全没有生锈，只是生锈的程度很轻微，肉眼不易辨别。还有认为表面的黑色菱纹是硫化物处理，但检测表明是金属锡，实际上硫化铜不是致密物质，涂在青铜上也无法形成保护膜。真正减缓锈蚀的原因是合金中的高含铜量（铜约 82%、锡约 16%）以及精工铸造，更重要的是所处的环境，该墓深埋地下数米，一椁两棺，层层相套，四周用厚厚的白膏泥填塞，使整个墓室变成了一个封闭的空间，与氧气隔绝，再是墓葬长期浸泡在 PH 值为中性的地下水中，使随葬的剑处于一个稳定的保护环境中。

关于越剑楚出则有多种说法，一说是楚灭越后的战利品，墓主邵滑（或邵固）

为楚贵族，因灭越有功而获楚王赏赐越王句践剑，死后随葬于墓。另说是楚昭王曾娶越王句践之女为妃，句践以珍贵宝剑作嫁女之器而流入楚国。但也有可能是越国内乱时，王室成员携剑投奔楚国后失落在楚国。真正原因有待更多资料的发现来印证。

（四）越王者旨於睗剑

越王者旨於睗剑大约有 21 把，浙江的省博物馆 2 把、绍兴博物馆 1 把、绍兴柯桥区博物馆 1 把，北京的中国国家博物馆 1 把、故宫博物院 2 把、民间 1 把，上海博物馆 2 把，江苏的苏州博物馆 1 把、苏州民间 2 把、徐州民间 1 把，湖北荆州博物馆 1 把，安徽寿县博物馆 1 把，河南漯河民间 1 把，台湾高雄民间 1 把，香港民间 2 把，澳门民间 1 把。剑的制式大多为宽格箍茎剑，其中，绍兴博物馆的一把剑柄扁平，无箍无首，比较特别。剑格两面铸刻鸟虫书铭文，铭文中通常有"戉王者旨於睗"字样。"者旨"即"诸稽"为越王之氏，"於睗"则为名，即"与夷"的同音通假字。

浙江省博物馆收藏的越王者旨於睗剑（彩版三九，2），全长 52.4 厘米，身宽 4.1 厘米。剑身光亮，纵中起脊，两侧从刃在近剑锋处略作弧曲后倾收于锋尖，非常锋利，宽剑格两面铸刻双勾鸟虫书铭文："戉（越）王，戉（越）王"和"者（诸）旨（稽），於睗"，字间镶嵌绿松石片，脱落处可见红色黏合材料的痕迹。圆柱形剑柄带饰纹双箍，剑柄缠黑色丝緱，圆盘形剑首。该剑附有完整的剑鞘，剑鞘用两条木片黏合而成，外用丝线缠缚加固，再髹以黑漆。经专家鉴定，这些丝织物应由越国生产，因此，对研究浙江古代丝织品的发展史也有很高的学术价值。该剑是 1995 年时任上海博物馆馆长的马承源先生在香港一家古玩店发现，据传出土于浙江境内，于是，马先生竭力推荐浙江省博物馆征集收藏，最后在浙江省政府的支持下，由杭州钢铁集团出资征集，随后移交浙博，终于使流失海外的越王剑回归故里。

者旨於睗，也称与夷、鼫与、鹿郢等，越王句践之子。公元前 464 至前 459 年在位。他在位时间虽较短，但在越王句践灭吴期间，是越九大夫之一的诸稽郢。

（五）越王不寿剑

目前明确带不寿铭文的剑仅有 1 把（彩版三九，3），由台湾台北龚先生所藏。该剑全长 69 厘米，身宽 4.6 厘米。剑身特别修长，是所有越王剑中最长者，剑脊挺拔，长锋犀利，宽剑格两面凸铸鸟虫书铭文："戉（越）不寿，王不寿"和"自用僉（剑），乍（作）用僉（剑）"，寿字写法如同两个"叵"字一正一反上下叠加。圆柱形剑柄带双箍，并保存了完整的缠緱，剑首呈圆盘形。此剑同样附有剑鞘，剑鞘为木质，外层缠绕丝织物。吴镇烽先生却认为此剑的铭文是伪造的。

不寿，也称盲姑，越王於睗之子，越王句践之孙。公元前458至前449年在位。越王不寿剑的出现对研究越王世系有着重要意义，据传，当时句践灭吴后一时无力对付其他诸侯国，只能将部分吴地分让于楚、宋等国，句践临终时告诫子孙，夫霸者之后难以久立，其慎之哉。故於睗和不寿在位期间的越国比较沉寂，史料记载不多，而且对不寿记载不一致，如《竹书纪年》《史记》里的越王世系中有不寿一代的记载，但在《越绝书》《吴越春秋》中没有记载不寿这一代，因此，学术界一直存有疑问，越王不寿剑证实了越王不寿的存在。

（六）越王亓北剑

越王亓北剑现已发现有6把，分别在浙江绍兴民间1把、北京民间1把、上海博物馆1把、江苏苏州民间1把、安徽博物院1把、海南省博物馆1把。剑的制式皆为宽格箍茎剑，但铭文的书写排列方式和设置部位与上几代越王剑有所不同，剑格铭文首次出现竖写横排形式，剑首底面也有了竖写环列的铭文，字数也相应增多了，铭文基本用错金错银。最关键的是剑铭中的"越王亓北古"究竟是哪位越王？马承源先生认为，"亓北古"是"盲姑"的缓读近音字，即越王不寿。曹锦炎先生则怀疑可能是越王无彊，而"亓北古"应是"亓北"，"古"字是排列中凑字数的装饰字，不表达字义。如果从剑的风格来看，不寿下一代是越王州句，他的铭文剑多达30把，却没有一把类似于亓北剑的风格。这种风格的剑要到州句下一代的越王不光，即旨殹剑中才出现，州句与不光之间没有其他越王，所以怀疑亓北是不光以后的某位越王，无彊是其中之一，不过至今未见过确认的无彊剑。

2008年国家文物局从海外征购了一把越王亓北剑（彩版三九，4），此剑全长65.2厘米，身宽5厘米，为宽格箍茎复合剑。该剑的宽格两面有竖写横排的错金鸟虫书铭文："戉（越）王亓北古，戉（越）王亓北古"和"自乍（作）元用之，自乍（作）元用之"。圆柱形剑柄带双箍，圆盘形剑首，剑首底面竖写环列错金鸟虫书铭文："佳（唯）戉（越）王亓北自乍（作）元之用之僉（剑）"。海南省博物馆收藏。

（七）越州句剑

根据资料，越州句剑共2把，1把藏于台湾民间，1把藏于澳门民间。曹锦炎先生描述，该两剑均为残缺的铜格铁剑，现仅存铜剑格部分，宽剑格的两面凸铸鸟虫书铭文："戉（越）州ㄐ（句），戉（越）州ㄐ（句）"和"自乍（作）用僉（剑），自乍（作）用僉（剑）"。两剑铭文相同，都未见王字，故认为是州句在继承王位之前所铸的剑。

州句，也称翁、朱句，越王不寿之子，越王句践之曾孙。公元前448至前412年在位。越王州句处在越国势力最强盛时期，他继承了曾祖父的霸业和开拓精神，是一位有所作为的君王，在位37年间先后灭滕、灭郯、战楚、削莒，武功显赫。从目前发现的越王剑中以越王州句的铭文剑最多，证明了这位君王英勇好武和其时的国势强盛。

（八）越王州句剑

越王州句剑约有29把，其中，浙江省博物馆2把、柯桥区博物馆1把、绍兴民间1把、杭州民间1把，北京的中国国家博物馆1把、民间1把，上海博物馆3把，江苏的苏州博物馆1把、苏州民间1把、常州民间1把、徐州民间1把，湖北的荆州博物馆1把、荆门市博物馆1把、秭归屈原纪念馆1把，湖南的省博物馆1把、长沙民间1把，广西桂林民间1把，台湾的"台北故宫博物院"1把、台北民间1把，香港中文大学文物馆1把，澳门民间1把，美国哈佛大学赛克勒美术馆2把，法国赛尔诺什博物馆1把，瑞典人卡尔贝克收藏1把，另有1把未查获明确去向。剑的制式都是宽格箍茎剑，其中有少数复合剑、菱格纹剑、大波纹剑，铭文大多铸刻在宽格两面，也有两把铭文是在剑身一面并错金。

浙江省博物馆收藏的越王州句剑（彩版三九，5），全长56.7厘米，身宽4.5厘米。剑身光洁，锋锐刃利，剑身通体饰双股大波纹，波纹起伏交织，内填错落有致的小兽面纹，剑身一面下半部有两行错金鸟虫书铭文："戉（越）王州句"和"自乍（作）用僉（剑）"。宽剑格两面铸饰变体兽面纹并镶嵌绿松石片，圆柱状直柄上留有两道箍痕，圆盘状剑首底面铸数道同心圆圈。此剑有保存完好的剑鞘和剑匣，剑鞘长49厘米，木质，上宽下窄，通体髹黑漆，绘饰三段红色图案：两端为变体龙纹，中段是一手持钺一手操蛇的神人画像；剑匣长68厘米，宽8厘米，高9.5厘米，木胎，盖面鼓起，外饰红漆卷云纹。浙江省博物馆藏的另一把越王州句剑仅存剑格。

台湾台北龚先生收藏的越王州句剑（彩版三九，6），传浙江出土。剑全长53.5厘米，身宽5厘米，柄长9厘米，重745克。为复合剑，嵌脊线分明，形制规正，宽剑格两面铸刻鸟虫书铭文："戉（越）州句，王州句"和"之用僉（剑）唯，余土利邗"，铭文有细线纹衬底。圆柱形剑柄带双箍，箍面饰纹嵌绿松石，圆盘状剑首。剑铭中的"邗"即商周时期的干国（今江苏泗洪县临淮一带），是吴、越北上中原的要地，吴灭干国后北上称霸，越灭吴后为避免再与他国纠缠而伤元气，越王句践将干国之地让给楚国，后来自己只好从东海水路北上琅琊，直至越王州句时才收复干国之地，该剑铭或为记述此事。"利"字是有利、有益之意。也有认为是"困"字，可近音通假为"委"并读作"卷"，大意为收取相连疆土。与此铭文相同的还有绍兴柯桥区博物馆和中国国家博物馆收藏的两把越王州句剑。

（九）越王嗣旨不光剑

越王嗣旨不光剑约有 8 把，浙江的绍兴博物馆 1 把、绍兴民间 1 把、镇海民间 1 把，上海博物馆 2 把，湖北荆州博物馆 1 把，台湾"台北故宫博物院" 1 把，瑞典人卡尔贝克收藏 1 把。剑的制式均为薄格直柄剑，其中也有复合剑。铭文在薄格两面和剑首底面边圈，鸟虫书字错金或错金错银相间，剑铭中的"越王嗣"是表明尚未即位的越王继承人的身份，"旨不光"是"者旨不光"的省略，即诸稽不光，因此，这类剑应是不光处于王储期间所铸。

绍兴博物馆收藏的越王嗣旨不光剑（彩版四〇，1），全长 67.3 厘米，身宽 4.5 厘米，柄长 9.3 厘米，首径 4.3 厘米。剑身修长，纵中起脊，近剑锋段的两侧从刃略弧收，菱形薄格，剑格两面有鸟虫书铭文："戉（越）王，戉（越）王"，字错金，"台（嗣）不光，旨（稽）不光"，字错银。圆管状剑柄，扁平圆剑首，剑首底面边圈鸟虫书铭文："戉（越）自□（菖?）戉（越）自□（虞?）戉（越）自□（以?）戉（越）自□（卬?）"，字错金错银间隔。据董珊先生考释，菖可读茅，虞可读吴，以可读琊，卬可读莒，意为越据茅山取吴地，越据琅琊取莒地。

上海博物馆收藏越王嗣旨不光剑（彩版四〇，2），全长 65.6 厘米，身宽 4.9 厘米。为复合剑，剑身修长，嵌脊线清晰规正，剑锋中腰段的两侧从刃略弧收成凹曲线，菱形薄格，剑格两面错金鸟虫书铭文："戉（越）王，戉（越）王"，和"台（嗣）旨（稽）不光，自乍（作）用剑（剑）"，圆柱形直柄，圆盘状剑首。

不光，也称翳、不扬，越王州句之子，越王句践之玄孙。公元前 411 至前 376 年在位。不光处在越国由强盛到逐渐走向式微的转折时期，他继位后的前期越国依然强大，曾伐齐、灭缯，与中原强国抗衡。但在列国之间的长期博弈中，越国既受外部势力挤压，又有吴地不稳定的困扰，种种危机使越国开始出现向南退缩的迹象，公元前 379 年，越国将国都从琅琊回迁吴地，不久又发生宫廷内乱，越王不光被太子诸咎所弑，随后又接连发生弑君事件，使越国内部元气大伤，显现出衰落征兆。

（一〇）越王旨殹剑

越王旨殹剑有 5 把，分别是浙江绍兴民间 1 把、湖南益阳市文物处 1 把、台湾高雄民间 2 把、日本人盐冶金雄原收藏 1 把（2017 年已由西泠拍卖）。剑的制式有宽格箍茎剑和薄格直柄剑两种。宽格箍茎剑铭文：Ⅰ式剑格两面各 10 个字，竖写横排，字错金错银间隔，剑首竖写环列 10 个字，字错金错银间隔；Ⅱ式剑格两面各 4 个字，横写横排，字错金，剑首无字。薄格直柄剑铭文：剑格一面 4 个字，另一面七八个字，横写横排，字错金，剑首竖写环列 12 字，错金错银间隔。书体皆鸟虫书。铭文中的"旨殿"与"旨不光"为同一人。

绍兴民间收藏的越王旨殹剑（彩版四〇，3），全长 56.8 厘米，身宽 4.8 厘米，柄长 9 厘米，首径 4 厘米。剑身纵轴起脊棱，剑锋腰部略收入，宽剑格两面竖写横排鸟虫书铭文："戉（越）王旨（稽）殹（殹）古，戉（越）王旨（稽）殹（殹）古"和"自乍（作）用僉（剑）古，自乍（作）用僉（剑）古"，字错金错银间隔。圆柱形剑柄带双箍，圆盘状剑首，剑首底面竖写环列鸟虫书铭文："戉（越）王旨（稽）殹（殹）自乍（作）用僉（剑）隹（唯）古"，字错金错银间隔。

（一一）越王者旨不光剑

越王者旨不光剑有 2 把，浙江绍兴博物馆 1 把、江苏无锡民间 1 把。剑的制式为薄格直柄剑，铭文分别在剑格两面和剑首底面，错金错银鸟虫书，字体笔画结构比前面的越王剑铭文略有简化，其中一剑无剑首。剑铭中的"者旨不光"即"诸稽不光"，与"者旨於赐"一样，为一氏一名对应。

绍兴博物馆收藏的越王者旨不光剑（彩版四〇，4），全长 51.4 厘米，身宽 4.5 厘米，柄长 9 厘米。剑身前半部分略收狭，后半部分宽度均等，锋刃尖利，菱形薄格，剑格两面错金鸟虫书铭文："戉（越）王，戉（越）"和"者（诸）旨（稽）不光，自乍（作）用僉（剑）"，笔画细如发丝，字迹清晰流畅。中空圆管状剑柄，原剑首或为其他材质（如玉质），可插装，现已缺失。剑的青铜质地甚佳。

（一二）越王不光剑

越王不光剑已发现的约有 15 把，分别收藏于浙江的绍兴博物馆 1 把、绍兴柯桥区博物馆 1 把、绍兴民间 1 把，北京的中国国家博物馆 1 把、故宫博物院 2 把，上海博物馆 3 把，湖北荆州博物馆 1 把，河南省文物考古研究所 3 把、漯河民间 1 把，台湾史语所 1 把。剑的制式皆为薄格直柄剑，铭文在剑格两面及剑首底面边圈，剑格铭文横写横排，剑首铭文竖写环列，鸟虫书错金错银。

绍兴博物馆收藏的越王不光剑（彩版四〇，5）：全长 59.5 厘米，身宽 4.7 厘米，柄长 9.2 厘米，首径 4.3 厘米。剑身纵轴起棱脊，腰部靠近前锋段的两侧略弧收，菱形薄格，剑格两面鸟虫书铭文："戉（越）王，戉（越）王"，字错金错银间隔；"不光，不光"，字错银。圆管状剑柄，扁平圆形剑首。剑首底面边圈共 12 个鸟虫书铭文无考释，4 字错金，8 字错银，一金二银间隔。

上海博物馆收藏的越王不光剑（彩版四〇，6）：全长 57 厘米，身宽 4.8 厘米，首径 5 厘米。剑身较瘦狭，纵中起脊，两侧从刃缓缓聚向剑锋并在锋腰部略凹曲弧收，菱形薄格，剑格两面有错银鸟虫书铭文："戉（越）王，戉（越）王"和"不光，不光"。圆柱状直柄较细，扁平圆形剑首，剑首底面边圈有错银鸟虫书铭文共 12 字，重文 6 字，字体佶屈难辨。

（一三）越王者句剑

从资料查到的越王者句剑 1 把，中国国家博物馆收藏，剑的具体情况不甚清楚，仅见倒"凹"字形剑格拓本，宽剑格两面有鸟虫书铭文："戉（越）者句（咎），王者句（咎）"和"自乍（作）用僉（剑），自乍（作）用僉（剑）"。据董珊先生考释，这里的"者句"可以读作"诸咎"，故推定为王者诸咎剑。

诸咎，越王不光之子，越王句践来孙（五世孙）。公元前 376 年七月至十月在位。越王不光之弟豫为了篡权，企图谋害太子诸咎，诸咎起兵包围王宫，弑其父王不光，赶走叔父豫，自己即位越王，但仅仅 4 个月被大夫粤所杀，粤逃跑后，国内一片混乱，吴人趁机立错枝为君，插手越国政事。第二年，越大夫寺区平乱，废黜错枝，拥立无余之为国君。

（一四）者差其余剑

者差其余剑目前只发现 1 把（彩版四〇，7），由苏州博物馆收藏，剑全长 39.8 厘米，身宽 3.7，重 375 克。剑身较狭短，平脊斜从，剑身前半部明显收狭直至锋尖，锋部尖锐，剑身一面下半部的平脊上阴刻一行铭文："者（诸）差其余择吉金铸甬（用）僉（剑）"，铭文笔画的凹槽内有黑色不明涂料，剑身通饰菱形暗格纹。宽剑格两面饰兽面纹并镶嵌绿松石片，圆柱形剑柄上置两道凸箍，圆盘状剑首。该剑铭中的"者差其余"即"诸稽差其余"，应是诸咎被杀后即位的越王无余之。另外，铭文字体有了变化，已基本不见鸟首形。

者差其余，也称无余之、初无余、莽安，越王诸咎之子，越王句践晜孙（六世孙）。公元前 375 至前 364 年在位。者差其余处在越国内乱时期，他的前两任越王（不光、诸咎）在一年内先后被杀，他在大夫寺区平乱后当上越王，十二年后，寺区之弟思（或忠）想要控制政权，杀害了无余之，在持久的内乱中他也未逃脱被杀的命运。

（一五）其他越王剑

其他越王剑大约 6 把，浙江绍兴民间 1 把，湖南省博物馆 1 把，广东广州博物馆 1 把，河南的省博物院 1 把、周口市博物馆 1 把，香港民间 1 把。绍兴一把为宽格剑，剑格两面有双勾铭文："王，王"和"之戉（越），右戉（越）"，字体方正，不作鸟首装饰。湖南一把是 1983 年湘潭一中校园出土，宽格剑，剑身一面近格处刻两行共 4 个鸟虫书铭文："王乍（作），之君"。广州一把是 1956 年中山大学容庚教授捐赠，剑全长

55 厘米，宽格箍茎剑，剑格两面铸刻双勾鸟虫书铭文："戊（越）王，戊（越）王"和"戊（越）王，戊（越）王"。河南两把都是 1979 年淮阳县平粮台出土。一把全长 59.9 厘米，另一把全长 57.9 厘米，均为薄格直柄剑，剑格两面和剑首底面边圈皆有错金错银鸟虫书铭文，剑格一面都有"戊（越）王，戊（越）王"铭文，其余未释读。香港一把为宽格短剑，剑身一面下半部分刻两行共 4 个鸟虫书铭文："自乍（作），王用"，颇具越剑风格。

结束语

商周时期的青铜剑相对比较短小，原因可能是一方面受青铜材质的冶炼技术限制，另一方面是剑多用于防身自卫，不作为战场上的主要兵器。然而，吴越地区是水乡泽国，不能像中原那样可以利用战车和戈矛等长兵器作战，丛林沼泽中更适宜短兵相接，于是选择了剑这种便于携带和格斗的兵器。因此，青铜剑就这样被吴、越两国广泛开发使用，从而形成风尚，被其他诸侯国效仿。

目前从资料中收集到的 101 把越王剑，可以单独成为一个系列，仔细研究其中的一些演变，也可作为其他越剑的比照。史料记载，越国铸剑的历史大约从越王允常开始一直到越国衰落，青铜越剑的辉煌阶段也是越国百年的鼎盛时期。越王剑中最出类拔萃的无疑是 1965 年湖北江陵出土的那柄越王句践剑，浙江省博物馆收藏的越王者旨於赐剑和越王州句剑也是有代表性的越王剑。从历代越王剑中我们可以看到：

1. 越王剑的制式

在州句及州句以前都是宽格箍茎剑，剑格呈倒"凹"字形，宽格两斜面饰变形兽面纹或铭文，圆柱形实心剑柄带双箍，剑首似圆盘状，底面内凹并作同心圆圈或铭文。从不光开始出现薄格直柄剑，剑格呈菱形，薄格两面铭文，圆管状剑柄无箍，柄有实心、半实心和中空三种，上端略细于下端，扁平圆剑首平底中空，宽边圈铭文。此后，宽格箍茎剑和薄格直柄剑一直并存，薄格直柄剑居多。者差其余剑为宽格箍茎平脊剑，仅此一把。

2. 越王剑的工艺

越王剑在工艺上有独到之处，剑身上半部两侧略作弧凹曲线，既显美观，更利于连续刺杀，可增强杀伤力。有一种复合剑，剑身中脊部分与从刃部分是分两次合范浇铸而成，从截面可以看到两次合铸的接槽，穿插结合非常紧密，通过这种复合铸造工艺，使剑身有两种不同配比的金属，中脊部分含铜量高，具有较大韧性，从刃部分铜锡合金，加强了坚硬度，从而达到青铜长剑既锋利又不易折断的目的，这种技术大约在西周晚期的越剑中已出现。此外，剑身上的纹饰也格外令人注目，特别是越王句践剑通体的黑色菱格纹，曾以为是一种特殊的防锈保护处理，事实上只是用锡填嵌而成的纹饰，仅起装饰作用。其他越王剑中也有通体饰纹的，如浙博的越王州句剑通体饰交织大波纹，非常典雅美观，但这种剑总量不多。宽格箍茎剑的剑柄通常在近剑首一段有焊接痕，说明剑首是分铸组装的，剑格和柄箍也能组装，不过有的剑格、剑柄和柄箍的范线能连成一致，或这部分为整体浇铸。越王剑还会在剑格两面铸刻精美的铭文或纹饰，并镶嵌绿松石与蓝色琉璃薄片。有不少圆盘状剑首，在内凹的底面饰密集同心圆圈，圈壁规整，薄如纸张，同心圆之间再饰细密的地纹。关于未能完整保存下来的州句铁剑，虽说当时开采铁矿石和冶炼远比青铜困难得多，但可以相信越国有这种领先技术。另外，与剑相关的配套附件——缑、剑鞘和剑匣也值得一提，这些丝织物和漆木器都能代表越国的先进工艺和工匠精神。

3. 越王剑的铭文

剑铭通常铸刻在剑身一面的下部或剑格两面及剑首底面，铭文方式有阳铸、阴刻、双勾、错金错银这几种。鸟虫书字体有繁有简，从不光剑开始出现简笔鸟虫书，到者差其余剑的铭文已失去了鸟虫书特色，接近普通金文，说明越国北上后与中原交流增多，在中原文化长期影响下慢慢被融合。剑铭中的鸟虫书经常会出现文字顺序颠倒、字体正反不一、笔画有增有减、甚至写错字等失误，这可能与工匠不识字有关，还有一种现象是为了排列美观凑字数，任意加字或减字，再是因为文字量少或用越地方言，导致通假字、假借字较多，这都会给释读带来困惑。越王剑的铭文除了表明器主身份外，也包含了一些其他信息，能补充或印证史料不足，对研究越国史有着一定意义。再从书法角度来说，鸟虫书乃是一种生动、古朴、典雅的古文字，当时的使用范围也不仅限于越国，鸟虫书本身装饰性很强，加上双勾铸刻、错金错银的精湛工艺，让越王剑更加出色，真正成为兵器中的艺术品。

参考书目：

曹锦炎、吴毅强编著：《鸟虫书字汇》，上海辞书出版社，2014 年。

曹锦炎著：《鸟虫书通考》，上海辞书出版社，2014 年。

曹锦炎著：《吴越历史与考古论丛》，文物出版社，2007 年。

董珊著：《吴越题铭研究》，科学出版社，2014 年。

施谢捷编著：《吴越文字汇编》，江苏教育出版社，1998 年。

孟文镛著：《越国史稿》，中国社会科学出版社，2010 年。

刘亦冰著：《句践家世》，北京出版社，2004 年。

苏州博物馆编：《大邦之梦·吴越楚青铜器》，上海古籍出版社，2017 年。

一类带有特殊纹饰的铜戈

陈小三

（山西大学）

西周早期中原地区的铜戈除了延续了晚商以来常见的铜戈类型之外，出现了很多造型新颖、纹饰特殊的铜戈，反映出西周王朝建立之后，在兵器革新方面的尝试①。本文主要讨论的一类援末附加有特殊夔纹的铜戈，也是西周早期新出现的类型。从构图方式来看，这些铜戈援末的夔纹，一部分是用窄的条带构图，一部分用细阳线构图。这些夔纹，均带有溜圆的眼睛，上、下颌张开，且分别向两个方向翻卷，个别夔纹的头部见有花冠。这种夔纹的式样，与中原地区常见的夔纹并不相同，其文化渊源应该不在传统意义上的中原地区。探讨这类纹饰的渊源，对于认识西周早期兵器中反映的区域间文化交流，具有积极的意义。

先看带有窄条带夔纹的铜戈，有如下几例：

扶风召李的一座西周早期墓葬中，出有一件戈，残长 13.6 厘米（图一，1、6）。②

洛阳北窑西周早期 M141 和 M51 各出土一件戈。M141 出土的戈（M141∶5），通长 25.9 厘米（图一，2、7），"援基上的夔纹采用分铸法，然后焊接上去的"。M51 出土的戈（M51∶5），援末的夔纹略微简化，残长 9.8 厘米（图一，5、10）。③

随州叶家山墓地西周早期大墓 M28 中出土一件戈（M28∶60），残长 25.2 厘米（图一，3、8）。④ 此外，笔者在参观叶家山墓地整理现场时，M111 中出土的兵器数量庞大，其中有多件铜戈的援末部带有这种夔纹。

周原姚家墓地 M23 出土一件戈（M23∶8），残长 19 厘米，年代相当于西周中期

---

① 参看井中伟《早期中国青铜戈·戟研究》，科学出版社，2011 年，96～101 页。

② 吴镇烽、尚志儒：《陕西扶风县召李村一号周墓清理简报》，《文物》1976 年第 6 期。曹玮主编：《周原出土青铜器》七，巴蜀书社，2005 年，1338～1339 页。

③ 洛阳市文物工作队：《洛阳北窑西周墓》，文物出版社，1999 年。

④ 湖北省文物考古研究所、随州市博物馆：《湖北随州叶家山 M28 发掘报告》，《江汉考古》2013 年第 4 期。

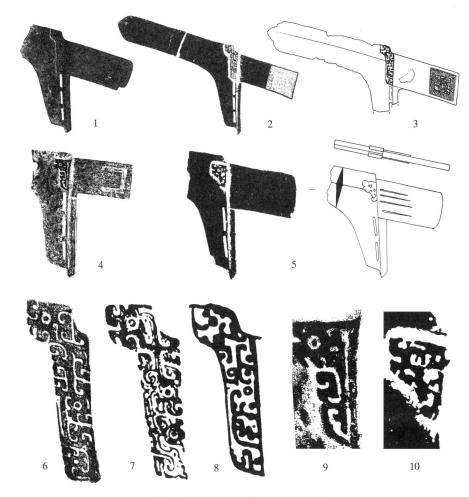

图一　带有宽平条带状夔纹的铜戈

1、6. 扶风召李　2、7. 洛阳北窑墓地 M141：5　3、8. 随州叶家山墓地 M28：60

4、9. 周原姚家墓地 M23：8　5、10. 洛阳北窑墓地 M51：5（6～10. 铜戈局部纹饰）

（图一，4、9）。[①]

带有细阳线夔纹的铜戈，有如下几例：

晋南地区的绛县横水墓地西周中期大墓 M2002 中发现两件形制极为接近的铜戈（M2002：45、49），分别长 26.2、24.5 厘米（图二，1、6；2、7）。[②]

河南南部的平顶山应国墓地西周中期大墓 M86 中出土一件戈（M86：65），残长

①　陕西省考古研究院、北京大学考古文博学院、宝鸡市周原博物馆：《周原遗址东部边缘——2012 年度田野考古报告》，上海古籍出版社，2018 年，167～169 页。

②　山西省考古研究所、临汾市文物局、翼城县文化旅游局等：《山西翼城大河口西周墓地 2002 号墓发掘》，《考古学报》2018 年第 2 期。

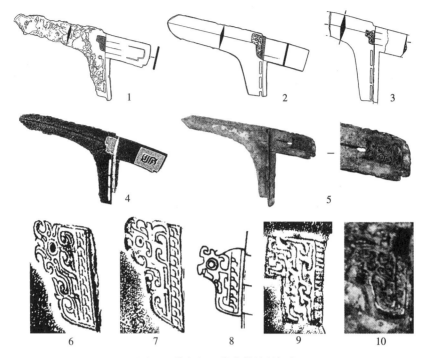

图二　带有细凸线式夔纹的铜戈

1、6；2、7. 翼城大河口墓地 M2002∶45、49　3、8. 平顶山应国墓地 M86∶65　4、9. 博罗横岭
山墓地 M182∶2　5、10. 三门峡虢国墓地 M2011∶288（6～10. 铜戈局部纹饰）

13.7 厘米（图二，3、8）。①

　　广东省东南部的博罗横岭山墓地 M182 中也出土一件戈（M182∶2），通长 27.6 厘米，年代相当于西周中晚期（图二，4、9）。②

　　陕晋豫交界的三门峡虢国墓地春秋初期大墓 M2011 中也发现一件这种形制的铜戈（M2011∶288），通长 20.9 厘米（图二，5、10）。③

　　除了纹饰特别之外，上述两类铜戈在形制上也与中原地区明显不同，它们胡部的穿孔较长，且穿孔间的间距很小；而中原地区胡部带穿的戈，穿孔一般不像上述几件戈的穿孔那么长，而且穿孔之间的间距也比较大。

　　上述两类带有这种装饰的铜戈虽然从西周早期延续到了春秋初期，但发现数量少，分布地域却又极广。从分布地域来看，北方地区的关中、晋南、陕晋豫交界以及洛阳

---

① 河南省文物考古研究所、平顶山市文物管理局：《平顶山应国墓地（Ⅰ）》，大象出版社，2012 年，454～455 页。

② 广东省文物考古研究所：《博罗横岭山》，科学出版社，2005 年，140～141 页。

③ 河南省文物考古研究所、三门峡市文物工作队：《三门峡虢国墓地》（第一卷），文物出版社，1999 年。虢国博物馆：《虢国墓地出土青铜器》（一），科学出版社，2018 年，110 页。

图三　带有特殊夔纹的器物举例

1. 扶风齐镇鼎　2. 平顶山应国墓地 M48：2 鼎　3. 屯溪 M3：11 鼎

地区都有零星发现，在河南南部到湖北北部也能见到，甚至远到广东博罗横岭山墓地
也发现有这种类型的铜戈。目前以随州叶家山墓地中所见的数量最多①。上述这类带有
特殊夔纹铜戈的文化渊源究竟在哪一个地区？由于数量较少，地域分散，难以得出明
确的结论，但是如果和目前见到的带有相似风格夔纹的青铜器进行比较，结论相对明
确，它们出现的地域应该在长江中游地区。

　　在讨论周代前期长江中下游青铜器对中原地区的影响中，笔者首先通过中原及南
方地区所见的带有一种形式活泼的夔纹（眼睛溜圆、上下颌翻卷、头部带有花冠等）
的铜器进行系联，认为这种夔纹的风格乃至带有这种纹饰带的铜鼎的分范方式，都与
中原地区的差异明显，而且从形制上来看，这些鼎也具有一些自身的特点。又根据在
湖南望城高砂脊墓地出上的铜鼎指出，这些器物形制及纹饰上的渊源，主要应该在长
江中游地区。②上述铜戈，援末的夔纹风格，显然与之前讨论过的那种特殊的夔纹（参
看图三③）构图一致，只是形式略微变化；而且它们的出土的地点：关中、晋南、陕晋

---

① 笔者 2018 年底到随州参观，其中 M111 中出土了很多这种类型的戈。

② 陈小三：《长江中下游周代前期青铜器对中原地区的影响》，《考古学报》2017 年第 2 期。

③ 图三中的三件铜器，分别采自：曹玮主编《周原出土青铜器》第 6 册，巴蜀书社，2005 年；河南省文物
考古研究所、平顶山市文物管理局《平顶山应国墓地（Ⅰ）》（下），大象出版社，2012 年；李国梁主编
《屯溪土墩墓发掘报告》，安徽人民出版社，2006 年。

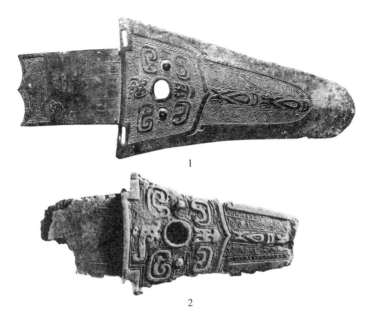

图四　洪洞坊堆铜戈（1）与湖南省博藏戈（2）比较

豫交界、河南中南部的平顶山，乃至广东博罗地区，恰恰也都出土过带有长江中下游地区风格的铜器。因此，从纹饰特征和分布地域来看，这类铜戈明显与长江中游地区有密切的关系。

　　在晋南洪洞坊堆墓地发现的一件戈，援上部平直，下刃略微内凹，本部饰分解式的兽面纹，中央有一个圆形的穿孔。兽面纹的四周，用类似 F 形的纹饰勾边（图四，1）。在圆形穿孔的正上方，有一个小夔纹。这个小夔纹，头部带花冠，卷曲的身躯则高度省略。① 用这种 F 形纹饰勾边，是具有长江中下游风格铜器的一个特点，如平顶山应国墓地 M85 出土长江中下游风格铜盉（M85：15）的器盖乃至器身的纹饰带，均用这种 F 形的纹饰钩边；而且在这件盉的裆部，也有用身躯极为省减的夔纹作为补白。② 另外在一件具有长江中下游风格铜尊的肩部，也见有用这种头戴花冠、身躯高度省减的夔纹补白的现象。③ 因此，从上述两点来看，这件戈与长江中游有关。与坊堆戈最为接近的是湖南省博物馆收藏有一件援本部纹饰基本完整的残戈，该戈援本也饰分解式

---

　① 解希恭：《山西洪赵县永凝东堡出土的铜器》，《文物参考资料》1957 年第 8 期。本文所用图片采自：山西博物院编《争锋：晋楚文明》，山西人民出版社，2018 年，192 页。

　② 河南省文物考古研究所、平顶山文物管理局：《平顶山应国墓地 I》，大象出版社，2012 年。陈小三：《平顶山应国墓地新见铜盉与吴越地区西周铜器断代》，《考古》2015 年第 5 期。

　③ 林巳奈夫：《关于长江中下游青铜器的若干问题》，《吴越地区青铜器研究论文集》，两木出版社，1997 年，图三。

兽面纹，援前部为边缘也有类似 F 形纹饰勾边的现象，纹饰整体布局与坊堆戈极为接近①（图四，1），只是两件戈圆孔正上方的纹饰略有不同。用 F 形纹饰勾边的现象，在上述图二带有细凸线式夔纹的翼城大河口两件戈、平顶山应国墓地一件铜戈上，也有用 F 形纹饰勾边的现象。这种 F 形纹饰与这类形式活泼的夔纹经常伴出，由此也可以反证它们均是长江中游地区的一种原生纹饰。

还需要指出的是，坊堆墓地的这件铜戈，在内部末端为两个连弧形下凹（图四，1），与中原地区流行的内部末端平直或圆折的特征不同。内部末端带有弧形下凹的铜戈，见于 1980 年发现的彭县竹瓦街铜器窖藏第 16 号戈②、洛阳北窑西周墓地 M155：13－6 铜戈③。三件戈的纹饰布局基本接近，尤其是北窑墓地铜戈的纹饰特征，与中原地区典型的三层花纹饰差别较大，并非中原本地特征。这种内部末端带凹弧的戈，也应是长江流域铜戈的一种形制特征。

除了上述铜戈之外，在这里附带讨论一件与长江中游地区有关的刀子。在山西临汾庞杜村清理的周初墓葬 M2，曾出土一件形制特别的刀子，刀首的部分是由上述分析过的，带有长江中下游风格的夔纹组成的，而且刀柄部也带有这种纹饰（图五）。在湖南望城高砂脊 M1 出土的一件器柄④（图六），该柄部末端的造型及纹饰与庞杜 M2 刀子的末端极为接近，均是眼睛溜圆、上下颌翻卷、头部带有花冠的夔纹。很明显，庞杜 M2 这件戈，也应是与长江中游地区有关的一件器物。

晋南地区有一组地名与鄂东、豫西地区的地名重合，于薇先生认为这种现象应是存在人群迁徙的结果⑤。临汾庞杜墓地的两座周初铜器墓中出土的多件铜器上带有"息＋亲称＋日名"的铭文。学界熟知，晚商时期大量带有族氏铭文"息"的铜器，主要出自信阳罗山天湖墓地⑥，庞杜墓地大量带"息"字铭文铜器的出现，可能和周初的徙民有关。

① 湖南省博物馆：《湖南省文物图集》，湖南人民出版社，1964 年，9 页。为了方便与洪洞坊堆铜戈比较，本文利用 Photoshop 软件对湖南省博藏铜戈进行了水平翻转。
② 四川省博物馆、彭县文化馆：《四川彭县西周窖藏铜器》，《考古》1981 年第 6 期。
③ 洛阳市文物工作队：《洛阳北窑西周墓》，文物出版社，1999 年，96 页。
④ 熊建华：《湖南商周青铜器研究》，岳麓书社，2013 年。该书将这件标本编号为 M1：37，据《湖南省望城县高砂脊商周遗址的发掘》（《考古》2001 年第 4 期），熊书图 164：3 分别是两件刀身和两件刀柄，其中右侧刀身，原简报编号为 M1：37。
⑤ 于薇：《晋南与鄂东豫西地区两周时期的地名重名现象》，《古代文明》第 12 卷，上海古籍出版社，2018 年。
⑥ 信阳地区文管会等：《河南省罗山县蟒张商代墓地第一次发掘简报》，《考古》1981 年第 2 期。信阳地区文管会等：《罗山县蟒张后李商代墓地第二次发掘简报》，《中原文物》1981 年第 4 期。信阳地区文管会等：《罗山县蟒张后李商代墓地第三次发掘简报》，《中原文物》1988 年第 1 期；信阳地区文管会等：《罗山县天湖商周墓地》，《考古学报》1986 年第 2 期。

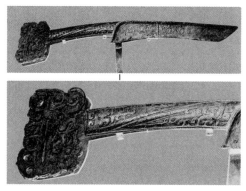

图五　临汾庞杜墓地铜刀　　　　　　　图六　望城高砂脊 M1 器柄

从上述铜戈、刀子的纹饰及造型特点以及分布地域来看，它们均是具有长江中下游风格的器物，这些器物的识别对于讨论西周时期南北方文化交流具有积极的意义。希望日后的铜器检测分析中，能结合铜器的文化属性开展相关的工作，注意这些特殊的器物，分析它们的合金成分是否特殊，这对于认识北方地区发现的具有长江中游风格铜器的产地、南北方铜器生产技术的交流都有积极意义。

附记：

本文为国家社科基金重大项目"山西翼城大河口西周墓地考古发现与综合研究"（17ZD218）的阶段成果。

试论环太湖地区出土石戈

毛 波

（长兴县博物馆）

环太湖地区①是中华文明起源和发展的重要地区。历年来该地区出土了一批颇具特点的石戈。本文介绍其中部分石戈②，可分为 A、B、C、D 四型。

一 A 型、B 型石戈

（一）A 型

一般援、内不分界；多有一穿，部分有两穿；内后缘多斜直；多磨制光滑。可分 3 式③。

Ⅰ式：5 件。长条形，援锋钝尖或弧形。

海宁 531，采集，通长 19.8 厘米④（图一，1）。

海宁 532，采集，援中部残，有两穿，通长 26.8 厘米⑤（图一，2）。

余杭吴山采集 1 件，通长 21.9 厘米⑥（图一，3）。

余杭瓶窑镇北湖圣堂采集 1 件，通长 22.5 厘米⑦（图一，4）。

无锡许巷村遗址采集 1 件，通长 26.2 厘米⑧（图一，5）。

Ⅱ式：3 件。器形宽短，援锋钝尖或弧形。

---

① 本文所指环太湖地区包括杭州湾地区。
② 笔者另文介绍环太湖地区出土石戈中数量最大的一型石戈。
③ A 型石戈所分 3 式仅具区别形制的意义。
④ 该戈相关资料由海宁市博物馆提供。
⑤ 该戈相关资料由海宁市博物馆提供。
⑥ 该戈相关资料由余杭博物馆提供。
⑦ 中国江南水乡文化博物馆：《考古余杭——先秦时期》，西泠印社出版社，2013 年，27 页。
⑧ 江苏省文物工作队：《江苏无锡许巷村新石器时代遗址》，《考古》1961 年第 8 期。

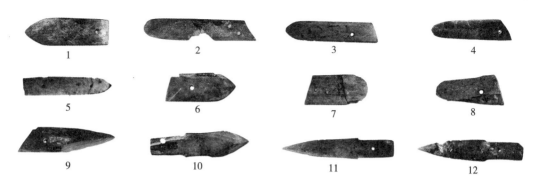

图一 环太湖地区 A、B 型石戈

1. 海宁 531 2. 海宁 532 3. 余杭吴山戈 4. 余杭圣堂戈 5. 无锡许巷村遗址戈 6. 长兴 574 7. 海宁 530 8. 余杭良渚戈 9. 长兴 579 10. 长兴 578 11. 余杭戈 12. 永康戈（1~5 为 A I 式，6~8 为 A II 式，9 为 A III 式，10~12 为 B 型）

长兴 574，长兴港出土，内上缘略低于援上缘，通长 19 厘米① （图一，6）。

海宁 530，采集，有两穿，通长 17 厘米② （图一，7）。

余杭良渚采集 1 件，通长 15.2 厘米③ （图一，8）。

III式：1 件。援锋尖锐。

长兴 579，长兴港采集，长 19.2 厘米④ （图一，9）。

（二）B 型

3 件。援、内间以略出肩分界，援锋尖锐。内上一穿。

长兴 578，洪山港出土。通长 15 厘米⑤ （图一，10）。

余杭采集 1 件，通长 38.2 厘米⑥ （图一，11）。

永康出土 1 件，通长 38 厘米⑦ （图一，12）。

（三）A 型、B 型的年代

A、B 型石戈皆为采集。A 型的形制总体上与粤东、闽南的浮滨文化石戈中的援、

---

① 长兴县博物馆藏品资料。
② 该戈相关资料由海宁市博物馆提供。
③ 该戈相关资料由良渚博物院提供。
④ 长兴县博物馆藏品资料。
⑤ 长兴县博物馆藏品资料。
⑥ 该戈相关资料由余杭博物馆提供。
⑦ 永康市政协文史资料委员会、永康市文物管理委员会合编：《永康文物图录》，浙出书临（93）004 号，24 页。永康市位于浙江省中部，不属环太湖地区，但处于浮滨文化区与环太湖地区的中间地带，故将此戈列于此。

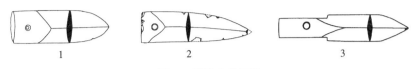

图二　浮滨文化石戈

1. 虎林山遗址 M5：12　2. 虎林山遗址 T4435①：1　3. 虎林山遗址 T2618③：26（1、2、3 图片分别采
自福建博物院等编《虎林山遗址》34、9、9 页，海潮摄影艺术出版社，2003 年）

内不分界的一类石戈较为相似①（图二，1、2）。浮滨文化的类似石戈发现数量大，分布广，而太湖地区发现的此类石戈数量较少。B 型似戈又似矛。其中长兴 578 戈与福建虎林山遗址 T2618③：26 戈②（图二，3）形制颇为相似③。综合 A、B 型考虑，两型石戈很可能受到浮滨文化石戈的影响④，其年代也应与浮滨文化的年代大致相当，约在商代中晚期至西周早期⑤，大致相当于环太湖地区的马桥文化晚期—后马桥文化时期。AⅠ、AⅡ式的援锋形制明显不具实用性。B 型中的余杭、永康石戈偏长而又异常尖锐，实用的可能性不大。AⅢ式和 B 型中的长兴 578 戈或有一定的实用性。

二　C 型石戈

C 型

援略呈三角形，援、内以出肩分界。可分 2 式。

Ⅰ式：4 件。援窄长，援本有两穿或一穿。

海宁 606，采集，援本上、下端各有一穿，援、内交界处似肩又似阑，残长 16 厘米⑥（图三，1）。

杭县长明桥出土 1 件，援本下端有一穿，通长 22.8 厘米⑦（图三，2）。

---

①　浮滨文化石戈（包括援、内不分界类）中的相当部分，其中脊极具特点，中脊至援后部向两侧斜出，两脊线斜直抵上下缘。笔者特意仔细观察长兴博物馆所藏属 AⅡ式的长兴 574 戈，其中脊微隆无明显脊线，肉眼不易观察，但笔者用手反复抚摸中脊部位，确认与浮滨文化石戈极具特色的中脊相似。属 AⅢ式的长兴 579 戈无中脊；其余本文所列 A 型石戈仅据照片观察无有中脊似浮滨文化石戈者。

②　福建博物院等编：《虎林山遗址》，海潮摄影艺术出版社，2003 年，9 页。

③　与长兴 578 戈或 B 型石戈类似的浮滨文化石戈目前仅见于虎林山遗址出土有两件。

④　中原地区的商代也出土有少量援、内不分界的玉戈。浮滨文化石戈与中原地区玉戈有密切关系（参见曾凡《关于福建与中原商周文化的关系问题——从出土的石戈谈起》，《中国考古学会第四次年会论文集（1983）》，文物出版社，1985 年）。我们认为环太湖地区 A 型石戈与中原类似玉戈更可能是间接关系。

⑤　关于浮滨文化的年代，学者一般认为大致在商代中晚期至西周前期。参见：陈兆善《试论浮滨文化》，《南方文物》1996 年第 4 期；邱立诚《再论浮滨文化》，《粤地考古求索——邱立诚论文选集》，科学出版社，2008 年；李伯谦《关于岭南地区何时开始铸造青铜器的再讨论》，《考古》2008 年第 8 期。

⑥　该戈相关资料由海宁市博物馆提供。

⑦　施昕更：《良渚——杭县第二区黑陶文化遗址初步报告》，浙江省教育厅出版，1938 年，36 页。

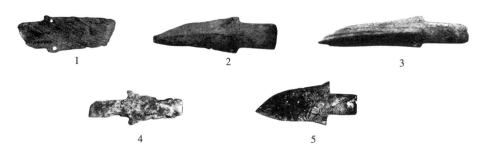

图三　环太湖地区 C 型石戈

1. 海宁 606　2. 杭县长明桥戈　3. 安吉递铺戈　4. 安吉芝里遗址戈　5. 德清武康戈

图四　环太湖地区出土的三角援戈

1. 长兴 16 号铜戈　2. 湖州三角援铜戈　3. 湖州瓢山窑址出土原始瓷戈（1 图片采自毛波《长兴出土的青铜戈与镞》,《东方博物》第四十九辑。2 图片采自浙江省博物馆编《越魂：历久弥新的民族精神》, 浙江人民美术出版社, 2004 年, 152、153 页; 3 图片采自浙江省文物考古研究所等《东苕溪流域夏商时期原始瓷窑址》, 文物出版社, 2015 年, 44 页）

　　安吉递铺采集 1 件, 援本下端有一穿, 通长 32 厘米①（图三, 3）。

　　安吉芝里遗址上层出土 1 件, 内下缘有凹缺②（图三, 4）。

　　Ⅱ式：1 件。援宽阔, 内上有一穿。

　　德清武康出土 1 件, 通长 25 厘米③（图三, 5）。

　　4 件 CⅠ式石戈总体形制略似窄长三角援铜戈。环太湖地区的长兴曾出土过形制相似的铜戈（图四, 1）, C 型石戈可能仿自类似铜戈。有学者研究, 三角援铜戈最早见于湖北黄陂盘龙城遗址, 年代为二里岗上层二期④。环太湖地区出土的 CⅠ式石戈及类似铜戈正与盘龙城遗址所出的最早三角援戈（图五, 1、2）相似, 可能受到后者的影响。CⅡ式的援部更接近援身宽阔的三角援铜戈。环太湖地区的湖州也出土过此类三

①　安吉县博物馆：《安吉文物精华》, 文物出版社, 2003 年, 15 页。
②　王宁远等：《安吉芝里遗址》,《浙江考古新纪元》, 科学出版社, 2009 年。
③　德清县博物馆：《德清博物馆文物珍藏》, 西泠印社出版社, 2010 年, 36 页。
④　井中伟：《关于三角援铜戈起源问题的新认识》,《边疆考古研究》第 4 辑, 科学出版社, 2006 年, 76～82 页。又见井中伟：《早期中国青铜戈·戟研究》, 科学出版社, 2011 年, 48、49 页。

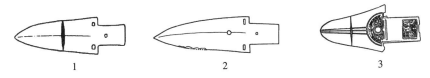

图五　盘龙城和殷墟西区出土的三角援铜戈
1. 盘龙城 PYWM11：39　2. 盘龙城 89HPCYM1：3　3. 殷墟西区 M279：1

角援铜戈和原始瓷戈（图四，2、3）。援身宽阔的三角援铜戈流行于商代晚期和西周早期，以汉中和关中地区出土最多①。湖州出土三角援铜戈的形制和纹饰与殷墟西区 M279：1 戈②（图五，3）最为接近。我们推测环太湖地区出土的 C 型石戈和类似铜戈的年代大致为商代中晚期至西周早期，约相当于马桥文化晚期至后马桥文化时期；C Ⅰ式或早于 C Ⅱ式。据其形制，C Ⅰ式或有实用性，C Ⅱ式应为礼器。

三　D 型石戈

D 型

2 件。援锋弧尖，内略窄于援，内中部有一穿，内后缘呈内弧的弯钩状，磨制精细。

余杭径山镇潘板俞家堰出土 1 件，通长 28.4 厘米③（图六，1）。

余杭街道东门码头采集 1 件，援本交界处一侧有钽牙 2 枚，附近另有一穿，通长 31.1 厘米④（图六，2）。

图六　环太湖地区 D 型石戈
1. 余杭俞家堰戈　2. 余杭东门码头戈

---

① 参见沈融《试论三角援青铜戈》，《文物》1993 年第 3 期。井中伟：《关于三角援铜戈起源问题的新认识》，《边疆考古研究》第 4 辑，科学出版社，2006 年，76～82 页。战国时期的巴蜀地区也出土有较多的此类铜戈。

② 中国社会科学院考古研究所安阳工作队：《1969～1977 年殷墟西区墓葬发掘报告》，《考古学报》1979 年第 1 期。

③ 中国江南水乡文化博物馆：《考古余杭：先秦时期》，西泠印社出版社，2013 年，26 页。

④ 杭州市园林文物局：《杭州文物精萃》，人民美术出版社，2001 年，120 页。

图七　类似 D 型石戈的石、铜器

1. 马桥遗址石戚（ⅡH210：3）　2. 福建漳浦石璋　3. 湖州袁家汇铜戈（慈溪博物馆藏）4. 福建南安大盈铜戈

　　两件 D 型石戈形制独特，周边地区与之形制相对较为接近的石器有马桥遗址出土的一件石戚①（图七，1）、福建漳浦出土的一件石璋②（图七，2），铜器有湖州吴兴袁家汇出土的一件铜戈③（图七，3）及福建南安大盈出土的Ⅰ式铜戈④（图七，4）。马桥遗址石戚出于遗址ⅡH210，其所在层位被分在遗址的后期4段，相当于商代前期⑤。曾凡先生认为漳浦石璋属于浮滨文化⑥。袁家汇铜戈的年代，曹锦炎先生定为商代⑦。大盈Ⅰ式铜戈的年代，学者多定在商代晚期至西周⑧。D 型石戈明显较马桥遗址石戚更为成熟，年代应靠后。我们推测 D 型石戈的年代，大致与浮滨文化相当，约在商代晚期至西周早期，约相当于马桥文化晚期至后马桥文化时期。D 型石戈似戚又似璋，其中一件还有鉏牙，应为具有鲜明地方特色的礼器。

三　结语

　　本文介绍了环太湖地区出土的四型石戈，并就其与周边地区类似玉（石）戈、铜戈的关系进行了探讨，推定这四型石戈的年代约在马桥文化晚期至后马桥文化时期。戈是中国先秦时代的重要器物，从环太湖地区出土的这四型石戈，我们可窥商周时期环太湖地区与中原、长江中游、南方等地的文化交流。最后需要说明的是，

① 上海市文物管理委员会编著：《马桥——1993～1997 年发掘报告》，上海书画出版社，2002 年，255 页。
② 曾凡：《关于福建和香港所出牙璋的探讨》，《南中国及邻近地区古文化研究》，香港中文大学出版社，1994 年。此器最初发表时称为"石戈"，见于曾凡《福建漳浦新石器时代遗址调查》，《考古》1959 年第 6 期。
③ 浙江省博物馆：《越地宝藏》，文物出版社，2018 年，113 页。
④ 庄锦清、林华东：《福建南安大盈出土青铜器》，《考古》1977 年第 3 期。
⑤ 上海市文物管理委员会编著：《马桥——1993～1997 年发掘报告》，上海书画出版社，2002 年，83、298 页。
⑥ 曾凡：《关于福建和香港所出牙璋的探讨》，《南中国及邻近地区古文化研究》，香港中文大学出版社，1994 年。
⑦ 曹锦炎：《浙江出土商周青铜器初论》，《东南文化》1989 年第 6 期。
⑧ 南安大盈Ⅰ式铜戈的年代，简报定为西周至春秋；陈存洗、杨琮先生定为西周（陈存洗、杨琮：《福建青铜文化初探》，《考古学报》1990 年第 4 期）；吴春明先生定为商代晚期（吴春明：《晋江、九龙江与韩江流域早期古文化的初步序列》，《中国东南土著民族历史与文化的考古学观察》，厦门大学出版社，1999 年）。

本文所用材料大多为采集，科学发掘材料太少，使得本文对环太湖地区出土这四型石戈的认识带有一定的局限性，希望今后有更多的科学发掘出土石戈来证实或修正本文的观点。

附记：

　　本文资料收集过程中得到海宁市博物馆姚飞悦、余杭区博物馆吕芹、良渚博物院骆晓红等老师的帮助，特此致谢。

绍兴出土玉石兵器的调查与初步研究

刘　侃　吴丝禾

（绍兴市文物考古研究所）

东周时期的中国社会正处于大变革之中，诸侯对峙，兼并战争连绵不断，各地文化互相竞争，共同繁荣。历史上著名的越王勾践"十年生聚，十年教训"，灭吴雪耻，兴邦复国的故事，就发生在这一时期的绍兴。对于诸侯王来说，战争的胜利可以带来新的土地、臣民和财富，如果失败，则会国破家亡，祖庙绝祀，自己也将沦为臣掳。故而，周礼有云"国之大事，在祀与戎"。在当时，许多问题依靠征战来解决，军事力量的强弱，成为决定国家生死存亡的主要因素，而兵器装备的精良与否，对于战争的胜负至关重要。

我国历史上曾有"吴戈越剑"的说法，越国兵器在青铜文化中占据非常突出的地位，特别是青铜剑在当时已闻名于诸侯。《越绝书》中有楚王曾请欧冶子、干将作三铁剑，"晋郑王闻而求之，不得，兴师围楚之城，三年不解"[①]。为得越剑而兴师动众，也说明了先进兵器对于国家的重要性。书中还记载："昔者，越王勾践有宝剑五，闻于天下。"越国有欧冶子这样的铸剑大师，还有善于剑术的越女、相剑名家薛烛等一大批优秀人才，其铸造技术远远超出列国。越国先进的兵器和尚武的传统，是成就勾践称霸中原、彰显王者之气的重要因素，越剑也成为各国争相掠夺的稀世珍宝。于越是一个骁勇善战的民族，"越"者"戈"也，本就是一种武器，由此亦可见越地兵器之重要地位。

绍兴在东周时期曾是越国故都，遗留有丰富的越国物质文化，玉石兵器作为具有越地特色的一种兵器形式，毫无疑问有着重要的意义。但一直以来，由于材料的零散、信息的缺乏，鲜有学者对越国玉石兵器做系统的梳理和探讨。目前所见，仅有张敏在《越国玉器的等级研究》一文中系统地梳理了考古所见的越国玉器，并就越国玉兵器提出"玉兵器见于印山大墓及其他被盗的越王墓，是越国王室玉器"的观点；杨秀侃在其博士学位论文《吴越玉器研究》中指出："越国贵族对于青铜剑的喜爱……因此选择了具有象征功能的玉剑格、玉剑首随葬。"本文通过文物调查和文献查阅，整合考古材

---

①　（东汉）袁康、吴平：《越绝书》，上海古籍出版社，1985年。

料、馆藏品以及部分流散于民间的文物，力求尽可能多地展现越地东周玉石兵器的风采，同时对相关问题进行讨论，以期引起更多专家学者们的关注和重视。

一 资料概述及分析

通过相关调查及查阅文献资料，目前所见绍兴出土的东周时期主要玉石兵器种类有戈、矛、剑、镞等。需要说明的是，本文中所指"玉石"，依据"石之美者为玉"，采取广义的概念，将叶蜡石制品也纳入玉石的范畴。从外形看，这些玉石兵器完全仿制春秋晚期越国青铜兵器，多数使用本地所产叶蜡石，表面刻有云雷纹和越王剑铭，制作精美。虽然这些玉石兵器不具备实用功能，但其在形制上与实用的青铜兵器一致，故本文在类型分析时，仍依据兵器的功能和安柲使用方式，将其分为短兵器、长兵器和射远器。其中，剑属于短兵器，不安柲；矛和戈属于长兵器，安柲使用，一般配有镦；射远器仅有镞一种。

（一）短兵器——剑

短兵器是指较短的手持格斗兵器，一般单手使用，多用于不成规模的零散格斗。绍兴地区所见东周时期玉石兵器中，短兵器仅有剑一种。

《释名·释兵》中记载"剑，检也，所以防检非常也。又其在身拱时敛在臂内也。其旁鼻曰镡，镡，寻也，带所贯寻也。其末曰锋，锋末之言也。"《说文解字》中记载"剑，人所带兵也。"可见剑是一种随身携带以刺击为主的手握短柄格斗兵器。越国铸剑技术在古代中国处于领先地位，春秋战国时期青铜剑的尺寸在不断变长，一般超过50厘米，剑之侧刃不是平直的，全剑最宽处约在距剑格 2/3 处，刃呈弧线内收，中间起脊，断面呈棱形，近锋处再次外凸内收成剑锋，更加凸显出剑之直刺的功能，是这一时期中国式青铜剑在形体上所独有的特征。吴越铸剑工艺，之后为楚国所承袭。越国土墩墓出土的玉石剑是春秋以后出现的一类玉石兵器，本文收集玉石剑 7 件，其中 1 件为考古发掘出土品，6 件为私人博物馆藏品。

（1）玉石剑① （图一）

春秋晚期。1997 年绍兴兰亭镇里木栅村印山越王

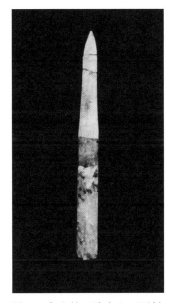

图一　印山越王陵出土玉石剑

---

① 浙江省文物考古研究所、绍兴县文物保护管理局：《印山越王陵》，文物出版社，2002 年。

陵（大型木椁墓）出土，标本编号 M1：6，玉剑残长
42.4、宽 3.2～4.2、厚 0.8 厘米。素面。出土时已断为
五段，散乱分布于独木棺北侧，其中一段剑锋仍插在剑
鞘内。玉质比较坚硬，颜色灰褐色，断面可见一颗颗闪
亮的石英沙砾。玉剑形制与青铜剑相似，前端略窄，锋
尖锐，未见剑格和剑首。剑鞘为木质，外表缠绕丝线，
整体髹黑漆。现收藏于柯桥区博物馆。

　　（2）"越王"铭玉石剑①（图二）

　　6 件。长 41.8～49 厘米。战国。均为绍兴地区出
土，现藏会稽金石博物馆。其中 5 件为厚格宽纵式越剑，
中脊隆起，两纵宽平，刃线精细，没有使用痕迹；厚格
作倒"凹"字形，刻"戉（越）王、戉（越）王，者
（诸）旨（稽）於睗"或"戉（越）王州屮（句）、戉
（越）王州屮（句）"，或"戉（越）王王王，戉（越）
王、戉（越）王"。剑茎带两道圆箍，圆盘状剑首，中
心内凹，一般作同心圆，内填饰叶脉纹、细席纹，也有
光素无纹者。越王"者旨於睗"即"诸稽於睗"，也就

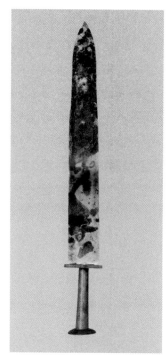

图二　"越王"铭玉石剑

是勾践之子鼫与，公元前 464 年至公元前 459 年，在位 6 年。"州句"，越王名，《越绝
书》《吴越春秋》作"翁"，为勾践之曾孙，功绩煊赫，公元前 448 年至公元前 412 年
在位，时间甚长。另一件越王不光玉石剑，铭文在薄格上，"王戉（越）不、王戉
（越）不；王戉（越）不、王戉（越）不"。对向排列，正背浅刻 12 字，重文 9 字，
平脊薄格，剑身、剑格与剑茎及首分三段制作可以拆装，有黏合痕迹，制造工艺高超。

　　通过整理和分析可知，同期越地出土的玉石剑，总体小于青铜剑，一般长度 41.8～
49 厘米，未见超过 50 厘米的玉石剑，形制完全仿照青铜器，有两种形式，一种为厚格
宽纵式玉石剑，不同之处是剑格一边刻兽面纹，有的嵌绿松石，另一边刻鸟虫书；剑
茎带双箍，剑首浅刻同心圆，饰有叶脉纹或细席纹等；还有一种是薄格石剑，剑格两
面均刻鸟虫书，剑茎往往不带箍，剑首素面，内弧。

　　（二）长兵器——矛与戈

　　长兵器是指较长的手持格斗兵器。长兵器与短兵器并没有严格的尺寸标准，一般
将等于身长或超过身长，多用双手操持的冷兵器列为长兵器，《周礼·考工记》云：

---

　　①　绍兴博物馆：《走近大越——纪念绍兴建城 2500 年》，上海人民美术出版社，2014 年。

"长兵无过三其身，过三其身，弗能用也。"东周时期绍兴地区所见玉石兵器中矛和戈属于安柲使用的长兵器。

1. 矛

《释名·释兵》："矛，冒也，刃下冒矜也。下头曰鐏，鐏，入地也。松柲长三尺，其矜宜轻，以松作之也。松，速松也，前刺之言也。"矛的金文形象为"β"，像头带尖锋的长柄武器，柄上有扣环，利于手握。据此可知矛是一种尖锋长柄的刺杀武器。东周时期绍兴的玉石矛最早见于印山王陵，其后又陆续有所出土，本文共收集36件。

（1）玉石矛[①]（图三）

春秋晚期。出土于绍兴印山越国王陵，标本编号 M1：5，残长 20、宽 4 厘米。已断为三段，散见于矛柲的两侧。矛身素面无纹，锋、刃及下部略残，整体为扁薄的柳叶形，正面中脊凸起，背面有一条竖向凹弧形血槽，截面呈较扁的菱形，矛身下部内收略变窄，有一个对穿的小圆孔，背面凹槽与对穿圆孔可能与安装木柄有关。同时出土的矛柲，一端尖锥状，另一端残断，残长 112 厘米，上下等粗，约 2.4 厘米，外表缠绕（宽约 3 毫米）藤条或竹篾，再髹以黑漆。现收藏于柯桥区博物馆。

（2）越王玉石矛[②]（图四）

战国。1958 年绍兴漓渚义桥出土。王士伦先生曾在《考古》1965 年第 5 期发表《记浙江发现的铜铙、釉陶钟和越王石矛》予以介绍。这是绍兴首次发现玉石兵器。该玉石矛长 21.8、宽 4.5 厘米，呈柳叶状，刃内弧，两面通体浅刻勾连云雷纹，铭文在

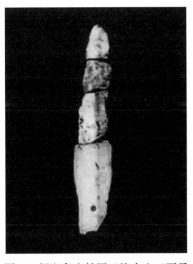 

图三　绍兴印山越国王陵出土玉石矛　　图四　绍兴漓渚义桥出土越王玉石矛

①　浙江省文物考古研究所、绍兴县文物保护管理局：《印山越王陵》，文物出版社，2002 年。
②　王士伦：《记浙江发现的铜铙，釉陶钟和越王石矛》，《考古》1965 年第 5 期。

矛身正面中脊两侧纹饰之中，浅刻 6 字，重文 4 字，为"戉（越）、戉（越）、戉（越）、戉（越）、王、王"。铭文实为"越王"二字，矛之中部断裂，可复原。现收藏于浙江省博物馆。

（3）越王句玉石矛①

战国。1972 年绍兴平水镇上灶村出土。矛残长 17 厘米，前锋残缺，铭文在矛身正面中脊两侧，现存 4 字，因上部残缺，失去 2 铭文，但据文义仍可补出，应为二"戉"字，全铭"戉（越）、丩（句）、王、戉（越）、丩（句）、王"。应读作"越王句"，即"越王州句"之省句，系鸟虫书，属常见越王州句剑上铭文节录，字体刻划并不是很正规，缺笔少横。背面光素无纹，骹部刻三角蝉纹，饰勾连云雷纹，前端有一长方形穿。现藏于绍兴博物馆。

（4）越王不光玉石矛②（图五）

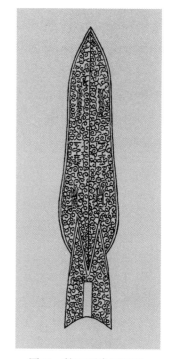

战国。1997 年 8 月出土于绍兴城东皋埠镇上蒋村凤凰山土坑竖穴木椁墓中。该墓出土文物 100 余件，按质地可分为石器、青铜器、陶瓷器、玉器和漆木器等五类。其中，越王不光玉石矛通体浅刻勾连云雷纹，铭文刻在中脊两侧的纹饰中，浅刻 6 字，重文 2 字，即"戉（越）王不，戉（越）王光"。铭文采用左右行对称排列，越王"不光"二字分属两侧，与越王剑格铭文排列方式相同，除去重文，实为"越王不光"。其矛长 23.2、宽 4.8 厘米，矛尖锋利，中起脊，两侧刃部微内收，骹短，端口呈弧形，纹饰布局紧密匀称，饱满和谐。据《史记·越王勾践世家》记载，越王不光即越王不扬，就是越王翳，是勾践后的第四代越王，公元前 412 年至公元前 376 年在位。该玉石矛收藏于柯桥区博物馆。

（5）"越王"铭玉石矛③（图六）

31 件。战国。出土于绍兴地区，现收藏于会稽金石博物馆。矛长 20.5 ~ 26.2 厘米，矛身两叶微内弧，隆脊凸棱，骹作扁圆状，带穿，銎口作凹弧形，饰勾连云雷

图五　越王不光玉石矛

纹，有"戉王、戉王"鸟篆铭文，部分矛带一蛙形小装饰，非常有特色。矛镦长 8.4 ~ 21 厘米，饰有蝉纹和勾连云雷纹，顶端作三棱状。

---

①　绍兴县文物保护管理所：《文物珍品》，《绍兴县文物志》，浙江古籍出版社，2002 年。

②　蔡晓黎、沈光霖：《浙江绍兴凤凰山战国木椁墓》，《文物》2002 年第 2 期。

③　绍兴博物馆：《走近大越——纪念绍兴建城 2500 年》，上海人民美术出版社，2014 年。

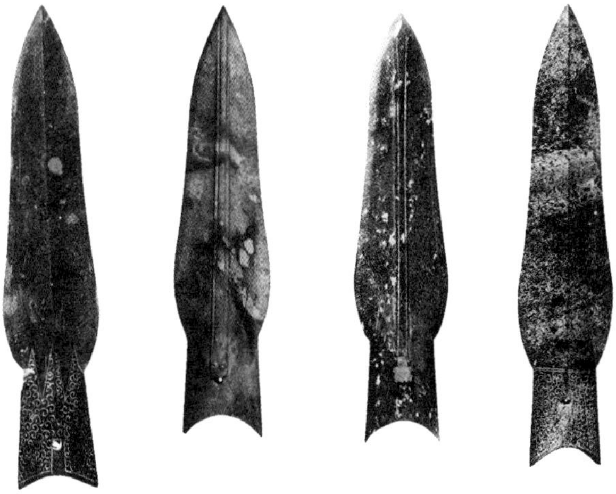

图六　“越王”铭玉石矛

绍兴地区东周时期的玉石矛与玉石戈情况相近，它发现的时间比较早，1958 年在漓渚义桥首次发现“越王石矛”。当时没有引起同行关注，大家确认是仪仗用器或冥器，也有学者认为是青铜器制范时使用的内模。根据考古发现，证明这类石矛制品是完全模仿青铜器，专为越国贵族墓所用，制作考究，刻划精细，玉石矛一般长 20. 5 ~ 26. 2 厘米，矛身两叶微内弧，隆脊凸棱，有的贯穿骹，銎口作凹弧形，骹为扁圆形，有的带直棱线，通体饰云雷纹，也有浅刻菱形格加横线纹，有“越王”鸟虫书，比较有特色的是部分玉石矛的穿孔上装饰一对小蛙，用相同石材制作，形象逼真，可以活动，但很小，出土时不注意往往会遗失，多数出土的玉石矛不见这一装饰件。和玉石戈一样，有的玉石矛配有圆柱形镦，形状、大小、纹饰相同。出土玉石矛多于玉石戈，其形制变化不是太大。从考古发掘的情况看，使用时间从春秋晚期一直延伸到战国，总体形制变化接近青铜矛的变化，多出土于越国贵族土墩墓或木椁墓之中。在铭文上不仅出现了“州句”“不光”等鸟虫书，也出现了“剑”的铭文，语句前后颠倒，有时文字呈现反刻，经常有缺笔少横现象，文字草率。玉石矛、玉石戈节录或缺刻越国青铜剑铭文，说明这样做法主要起到装饰作用，文字没有多大实际意义，人名也不是具体所指，是此类玉石兵器的特有现象，也是它们最显著的特点，相信玉石兵器制作年代距离越王“不光”“州句”时期不会太远。

2. 戈

《释名·释兵》中记载“戈，句戟也。戈，过也，所刺擣则决过，所钩引则制之弗得过也。”而“戈”的甲骨文写法为“[illegible]”，表示手握戈柄，据此不难看出戈应当是一种有钩刃的长柄战具。参照《周礼·考工记》当中关于青铜戈头的记载：“戈广二寸，内倍之，胡三之，援四之。”可知戈头主要由“内”“胡”“援”等部分构成。此外，玉戈上援内相交之处突起的部位称之为阑，内上的穿孔称之为穿。戈是具有推杀、割杀、勾杀、啄杀多种功能的白刃兵器，后来与矛组成戟，既能直刺、扎挑，又能勾、啄，进一步拓展戈的格斗功能，是步兵、骑兵必备的利器。戈是中国古代最具民族特色的一种兵器，在世界范围内，是我们最早发现和使用的武器之一。绍兴地区的东周时期玉石戈形制较为多样，本文收集 17 件，均为馆藏品。

（1）镂孔玉戈① （图七）

战国。出土于绍兴柯桥区平水镇，现收藏于绍兴博物馆。戈长 23 厘米，阑部宽 7厘米，厚 0.5 厘米。玉质鸡骨白色，以透雕龙蛇凤组成主体纹饰，援部为三龙一蛇，由二个隔阑分成三区，戈刃间作边框；龙形有俯视和侧面两种形态，龙身卷曲呈 S 形，阑上饰云纹；直内透雕龙凤同体，盘曲状，内外缘由凸起边廓线，增加图案立体感，龙身中间有双脊线，全身间刻云纹、S 纹、斜方格纹等。刃部刻有双线水波纹，间以云纹。玉戈采用镂空、透雕技术，工艺精美，形象逼真，是越地玉器中罕见的仪仗用具，作为礼器代表了越国贵族身份等级。

图七　绍兴柯桥区平水镇出土镂孔玉戈

（2）"越王"铭玉石戈② （图八）

16 件。战国。出土于绍兴地区，现藏会稽金石博物馆。全长 16～17.9 厘米，阑长9～10.5 厘米，铭文一般在胡部，有"戉（越）丩（句）僉（剑）王"或"戉（越）王，戉（越）"。用的是越王州句剑的铭文，"州句"未必是器主自称，鸟虫书铭文主要起装饰作用，戈铭称"剑"就是最好的证据。玉石戈长援宽胡式，前锋尖锐，呈长三角形，上下援线较直，中脊隆起，近阑处有三个窄长形穿孔，表面打磨光滑，内有一横穿，并刻饰勾连云雷纹。有些内和戈体分段制作，也常有黏合痕迹，镦长 9.8～12.2 厘米，直径 1.9～2.2 厘米，刻蝉纹、勾连云雷纹，顶端作三棱状。

我国最早的青铜戈发现于偃师二里头遗址③，那时，青铜戈曲内无阑，直援有中脊，刃锋锐利，用合范铸制而成，在曲内上装饰有云纹，通长 32.5 厘米，充分体现了

---

①　绍兴博物馆：《走近大越——纪念绍兴建城 2500 年》，上海人民美术出版社，2014 年。

②　绍兴博物馆：《走近大越——纪念绍兴建城 2500 年》，上海人民美术出版社，2014 年。

③　中国科学院考古研究所二里头工作队：《偃师二里头遗址新发现的铜器和玉器》，《考古》1976 年第 4 期。

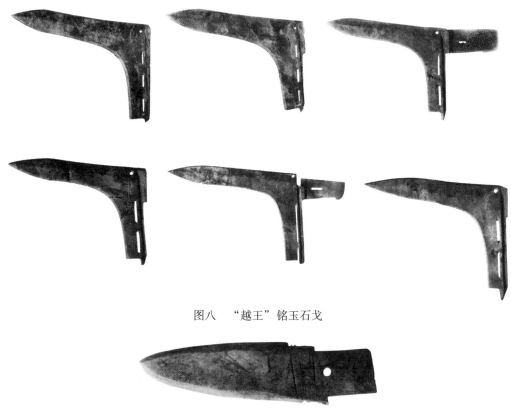

图八　"越王"铭玉石戈

图九　柯桥区漓渚镇九板桥出土的商代玉戈

早期青铜戈的原始形态。绍兴最早的戈发现于 2010 年，是柯桥区漓渚镇九板桥出土的商代玉戈（图九），一起出土的还有玉圭，显然是作为礼器使用。该玉戈色浅，呈土黄色，近似鸡骨白，质地上乘；戈缘较宽，为长条三角形，上下边刃，有阑刻划细弦纹，带锯齿状扉棱，直内宽而短，有一单孔圆穿。戈长 24.5 厘米，器物雕琢规整，晶莹剔透，表现出比较成熟的打磨抛光技术和钻孔工艺。作为礼器，玉戈、玉圭是贵重的符信，被广泛用作"朝觐礼见"，是表明身份等级的瑞玉及祭祀盟誓的仪仗用具，多为地位尊贵者所执用，或王者所独有。嵊州曾出土一件西周石戈[1]，全长 29.5 厘米，戈体扁阔，援部呈长三角形，中间起缓脊，双面刃，下刃略弧，阑部两端突出，上下各有一圆穿，长方形直内，后缘作斜边，黑褐色石质，刃缘略损，不像实际使用痕迹，磨制精细光滑，应该也是礼器。这两件绍兴地区出土的玉石戈，让我们清楚地看到了早期兵器的形制、用途和发展变化的过程，也让我们了解到越国贵族对玉石兵器情有独

① 绍兴博物馆：《走近大越——纪念绍兴建城 2500 年》，上海人民美术出版社，2014 年。

钟。绍兴大量实用青铜戈的出土，主要集中在春秋战国时期，遗址和墓葬均有所发现，像市区西施山遗址、上蒋乡凤凰山木椁墓等，年代有早晚之分，形式变化也有所不同。但本文收集的玉石戈形制基本相同，戈一般长度在 12.8～20.7 厘米之间，多为长援宽胡式，前锋尖锐，呈长三角形，上下援线较直，中脊隆起，胡较宽，近阑处有二窄长形穿孔和一圆形穿孔，内带穿，其长短不一，石质有青白或灰褐色，打磨光滑，制作考究精细，颇具玉质感。表面刻有"越王"等鸟篆铭文，三四字不等，形制和大小变化不是很大，只是有些玉石戈把内与本体分开来制作，再合二为一，内往往饰勾连云雷纹。有时伴出圆柱形镦配件，镦头作三棱状，饰蝉纹、云雷纹，一边有内凹的圆榫卯，用于安装柲，组合成一件完整的戈。但令人遗憾的是，这些玉石戈来源于私人藏家之手，出土时不少考古信息均已丢失。

（三）射远器——镞

射远器是指远程攻击的兵器，东周时期绍兴地区所见玉石兵器中射远器仅有镞一种。《释名释兵》："矢，指也，言其所指向迅疾也；又谓之箭，箭，前进也。"《说文解字》中对"镞"的解释为"利也。从金族声。"以上两书均认为镞应当是一种具备攻击性的兵器。本文收集玉石镞 70 件，其中 2 件为考古发掘出土品，68 件为私人博物馆馆藏品。

（1）玉镞①（图一〇）

2 件。春秋晚期，出土于绍兴印山越国王陵，分别存放于独木棺南侧和北侧，现收藏于柯桥区博物馆。玉质细腻无杂质，色白，两件形制完全不同，一为三棱形镞 M1：3，残长 4.9、宽 0.8 厘米，镞锋残缺，中脊截面呈圆形，边侧伸出三条扁薄的凸棱作为镞之刃部，两侧下端无翼，脊下有铤呈尖锥状，实心，截面圆形。另一件为双翼式镞 M1：9，长 4.1、宽 1.7 厘米，出土的一侧翼稍残，镞锋尖圆，中脊截面圆形微鼓，双翼扁薄，翼侧边较直，底端基本与关相平，铤为实心圆柱体，底端平直。

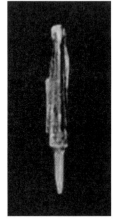

图一〇　绍兴印山越国王陵出土玉镞

① 浙江省文物考古研究所、绍兴县文物保护管理局：《印山越王陵》，文物出版社，2002 年。

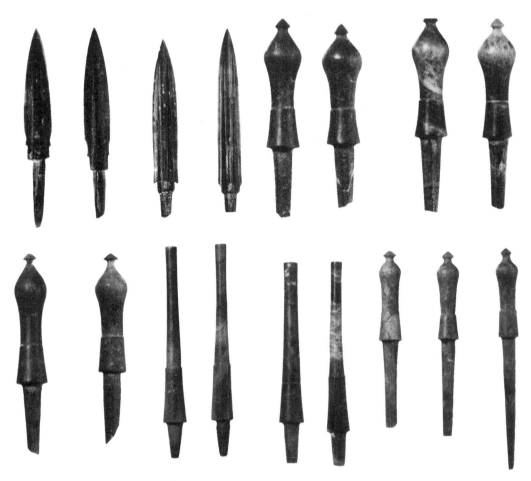

图一一　绍兴地区出土玉石镞

（2）玉石镞①（图一一）

68件。战国。出土于绍兴地区，现收藏于会稽金石博物馆。玉石镞长4.6～7.6厘米，完全仿青铜兵器箭镞。其基本形制有三种，一是三棱镞，锥体状，由三条凸起的棱刃前聚成锋，有的带血槽，窄翼锋利，细圆短铤，增强了穿透力，又具有较强的杀伤性。圆形镞有二种，一种为弧柱形束腰，带圆锥形短锋，主体圆鼓，铤呈多边形，有长有短；另一种圆形镞，无锋平头，细长圆柱形，中部略内弧。这是一种练习用箭镞，或者礼仪用箭镞，形式与青铜镞一样变化不大，用途也基本相同。这种非实战用镞春秋晚期前后比较常见，即所谓"志矢"者，说的就是这种圆形镞。

_____

① 绍兴博物馆：《走近大越——纪念绍兴建城2500年》，上海人民美术出版社，2014年。

二　相关问题的探讨

（一）纹饰特点及工艺特征

早期越墓出土的玉石兵器，外表多为素面，部分有一些简单的线条，春秋晚期绍兴印山越王陵出土的玉石剑、玉镞、玉石矛均是光素无纹，打磨精致，穿孔技术已经相当娴熟与高超，特别体现在同出的微型绿松石珠上，直径只有 1 毫米左右，竟然钻有圆孔，真是让人叫绝！战国初期的玉石兵器上大量出现勾连云雷纹、菱形格加横线纹，浅刻，线条很细，石剑格上有"越王者旨於赐""越王州句""越王不光"铭，鸟虫书，剑首多刻成同心圆，饰叶脉纹、细席纹。玉石剑完整者首、茎、身、格齐全，用整块石材雕刻而成，制作难度相当大，也有分开制作，组装成整把玉石剑的。更有精细者剑格、剑首镶嵌绿松石、玛瑙、白玉等。玉石矛、玉石戈上所刻文字大多用的是剑铭，往往缺笔少横，语序颠倒，文字反刻，纯粹起到装饰作用，有点像越王不光时期青铜剑上错金银鸟虫书，有异曲同工的技艺。玉石矛骹部穿孔上装饰的小蛙，仅在部分玉石矛上发现这一现象。与绍兴博物馆藏的暗菱纹青铜矛进行比对，在脊之尾端穿的位置，正好饰一双角兽首。西施山遗址出土的春秋青铜矛上也有同样装饰。玉石矛形式完全仿青铜矛，将兽首改成小石蛙，形成了很强的地域特色。

绍兴出土的玉石兵器继承了传统冶玉方法，综合了研磨、切削、勾线、阴刻、阳线、浮雕、钻孔、抛光等多种技法，特别是挖地、钻孔技术已经相当成熟，比同期出土的玉兵器简洁，尚未大量使用镂空透雕这一装饰手法，外形更接近于实用青铜器，装饰上有一些小小的变化，凸显出奇巧和细腻相结合，工艺极其精湛，可以称得上登峰造极。

（二）绍兴出土玉石兵器的用途

关于用途，首先应当关注出土状况，这一方面科学发掘出土的印山王陵玉石矛 M1∶5（图一二）为我们提供了较多信息，该矛与矛柲同时出土，矛柲外缠绕藤条或竹篾，再髹以黑漆[1]，可见是安柲之后再精心装饰然后陪葬的；其次来看器物造型，如前文所述，很多矛、戈配有镦，且有用于安柲的穿孔，造型上则力求与青铜兵器一致；再次，其玉石原料的选择也能够为其用途提供佐证，选择叶蜡石一类硬度低的玉石原料就决

---

[1]　浙江省文物考古研究所、绍兴县文物保护管理局：《印山越王陵》，文物出版社，2002 年。

定了其易加工和不实用；最后，通过仔细观察器物，我们还在部分玉石兵器上发现有人为折断的痕迹，印山越王陵出土玉石剑 M1：6、玉石矛 M1：5 均是这样的情况，以玉石剑 M1：6（图一三）为例，出土时已断为五段，断面呈扁菱形。此种现象也见于上述部分本文收集的器物中。这些截面多呈低角度斜面，一般在 21°~56°角之间，不属于自然断裂范围，特别是较薄的玉石戈更加明显，这样断面的形成必须借助工具才能做到，应当是葬俗礼制的需要。

综上，可以说这类玉石兵器装饰精美但不实用，往往追求与青铜兵器的高度形似，部分还由于特殊的需要被人为截断，应当是在陪葬时使用的青铜兵器替代品。

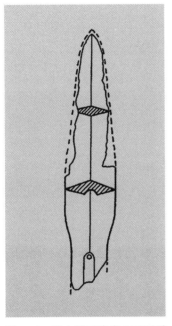 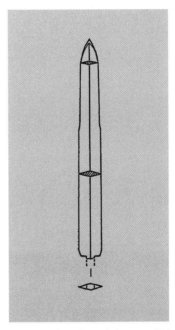

图一二　印山越王陵出土玉石矛　　　图一三　印山越王陵出土玉石剑
　　　　　（M1：5）　　　　　　　　　　　　（M1：6）

（二）绍兴出土玉石兵器的地域特色

在整理和分析东周时期绍兴出土玉石兵器的基础上，本文进一步梳理了东周时期其他区域考古发掘所见玉石兵器，力求通过同时期不同地区出土器物的横向比较得出绍兴出土玉石兵器的地域性特征。这一时期，从全国范围来看，玉石兵器数量并不多，目前所见能与绍兴出土玉石兵器做系统比较的，仅有戈一种器形，除去暂时缺乏图片资料和残损较为严重无法辨别器形的，本文共收集 13 件东周时期玉石戈，现整理如下（见表一）。

表一　东周时期出土玉石戈一览表

出土地点	器物编号	尺寸（厘米）	图片或线图
山西侯马市盟誓遗址①	不明	不明	
山西侯马市虒祁墓地②	M2303：2	长17	
山东沂水刘家店子春秋墓③	M1：146	通长46 内宽6.2	
山东沂水县纪王崮春秋墓	M1：54	长15.3 宽4.6 厚0.37	
山东沂水县纪王崮春秋墓	M1：163	长26.9 宽7 厚0.8	
山东沂水县纪王崮春秋墓④	M1：164	长24.6 宽6.4 厚0.8	
河南洛阳市润阳广场 C1M9950 号东周墓葬	C1M9950：1	长28.3 援宽5.9 厚0.7	
河南洛阳市润阳广场 C1M9950 号东周墓葬⑤	C1M9950：5	长12.9 援宽2.1 厚0.4	
河南南阳万家园 M199 春秋墓发掘简报⑥	M199：45	长30 援宽6.9 内厚0.7	

① 陶正刚、王克林：《侯马东周盟誓遗址》，《文物》1972 年第 4 期。
② 山西省考古研究所侯马工作站：《山西侯马市虒祁墓地的发掘》，《考古》2002 年第 4 期。
③ 山东省文物考古研究所、沂水县文物管理站：《山东沂水刘家店子春秋墓发掘简报》，《文物》1984 年第 9 期。
④ 山东省文物考古研究所、临沂市文物考古队、沂水县博物馆：《山东沂水县纪王崮春秋墓》，《考古》2013 年第 7 期。
⑤ 洛阳市文物工作队：《河南洛阳市润阳广场 C1M9950 号东周墓葬的发掘》，《考古》2009 年第 12 期。
⑥ 南阳市文物考古研究所：《河南南阳万家园 M199 春秋墓发掘简报》，《江汉考古》2015 年第 5 期。

续表

出土地点	器物编号	尺寸（厘米）	图片或线图
河南平顶山应国墓地八号墓	M8：98	残长 29.5 宽 7 厚约 0.4	
河南平顶山应国墓地八号墓①	M8：93	长 25.1 宽 5.7 厚 0.3	
河南洛阳市西工区 M8832 号东周墓②	M8832：43	长 22 宽 2～3	
河南安阳市王古道村东周墓葬③	M1：15	长 16.9 宽 2.9	

上述这些东周时期玉石戈的出土地点集中在黄河中下游的山东、山西、河南三省，其形制具有很大的一致性，内部宽，没有胡，部分无阑。这种形制与夏商时期黄河流域为中心区域的玉戈非常接近，而与同时期的青铜戈相去甚远。以河南平顶山应国墓地八号墓所出为例，该墓葬中同时出土了青铜戈（图一四）和玉戈（图一五），青铜戈均有木柲残迹或遗痕，形制上锋呈三角形，援下垂胡，胡部长短不一，内、援之间有凸棱形阑，阑侧有三个条形穿孔，其形状不一，内皆为直内，近长方形；而玉戈偏锋呈三角形，内部有扉棱装饰，没有胡，也不见安柲痕迹。二者差异较大，青铜戈显然是实用兵器，而玉戈则是夏商以来礼兵器的一种延续。

综上，我们不难发现，东周时期黄河流域的玉戈具有以下两大特征：第一，与同时期的实用青铜兵器形制、用途均有很大的差异；第二，在形制上更为接近夏商时期的玉戈，其中很大一部分应当是夏商遗物。

图一四　河南平顶山应国墓地八号墓
　　　　出土青铜戈（M8：82）

图一五　河南平顶山应国墓地八号墓
　　　　出土玉戈（M8：98）

---

① 河南省文物考古研究所、平顶山市文物管理局：《河南平顶山应国墓地八号墓发掘简报》，《华夏考古》2007 年第 1 期。

② 洛阳市文物工作队：《洛阳市文物工作队》，《考古》2011 年第 9 期。

③ 安阳市文物考古研究所：《河南安阳市王古道村东周墓葬发掘报告》，《华夏考古》2008 年第 1 期。

再来对比东周时期绍兴出土玉戈,我们就能发现其地域性特征:第一,在形制上绍兴出土玉戈高度形似青铜兵器,而与夏商以来中原地区流行的玉戈相去甚远;第二,在使用上,绍兴出土玉戈,与黄河流域的青铜兵器一样,更多的可能是安柲随葬。

这样的比较也能为绍兴出土玉兵器的源流提供一些线索,即东周时期越地出现的玉兵器与黄河流域同时期的玉兵器有着根本上的差异,应当来自不同的源流。

（四）绍兴出土玉石兵器的源流

目前所知,最早的玉石兵器可以上溯至新石器时代。就浙江地区来说,良渚文化中的玉钺是最早出现的玉石兵器。良渚文化与东周时期相距三千余年,虽然在地理位置上属于东周时期越国的范围,但良渚文化的玉石兵器仅有玉钺,应当是一种从石斧脱胎而来的象征军事和权利的礼器;而东周的越国玉石兵器虽然也不是实用品,但器形模仿青铜器,造型与青铜器极为接近,可以说是东周时期青铜兵器的仿制品。显然,越国玉石兵器有自身的演变传承过程。

前文已述,绍兴出土玉石兵器,由于其独特的地域性,与中原地区夏商以来的玉兵器有着根本性的区别,其源流也绝非夏商以来的玉石兵器。

笔者以为越地玉石兵器是受到了中原文化的影响,在青铜兵器传入越地之后,受本土文化、环境、原材料来源等各方面因素的影响,而产生的一种独具越地特色的器物。

在战争频繁的东周时期,青铜资源作为兵器制作原材料是极为珍贵的。越国偏居东南,青铜资源匮乏,同时在中原文化的影响下也产生了对随葬品更多的追求,仿青铜礼器而制作的原始瓷礼器就是最好的例证,玉石兵器正是在这样的环境下应运而生。

（五）相关器物的讨论

笔者在梳理东周玉石兵器的过程中,发现了两件值得注意的器物。其一是苏州浒关真山大墓出土的一件残损玉戈 D9M1:18（图一六）,该器援、内、下齿残缺,青灰色,有酱色斑,双面刃,阑部有榫可嵌入秘中,胡部二穿,残长 6.54、宽 5.25、厚 0.45 厘米①。这件玉戈虽然残损严重,但从剩余部分的形制来看,与本文收集的上述越地玉石戈非常相似,可以说是具有越国文化因素的。在真山大墓的发掘简报中,发掘者将其定位为吴王墓葬。笔者以为,这件残损玉戈的线索或能为真山大墓的文化归属提供一些新的信息。

图一六　苏州浒关真山大墓
出土玉戈

① 苏州博物馆:《江苏苏州浒墅关真山大墓的发掘》,《文物》1996 年第 2 期。

其二是赣东北边缘的玉山双明地区曾出土的玉
剑、玉镦。这两件器物同出于 M1，剑 Ml：1（图一
七），黑色间夹透光玉质，系一玉剑的前锋部分，磨
制精细，脊、从清晰，刃薄锋利，尖端一侧略残，
后部断裂面特别平整，似经磨修，残长 10.2 厘米。
镦 M1：2，青灰色，圆柱形，下部微收，顶部钻凿一
圆形卯孔，供器柄榫合，尾端切削成三尖角形，器表
刻划蕉叶纹，内填勾云纹，器长 10 厘米①。这两件器
物在形制上具有越地玉石兵器的特征，并且该玉剑
"后部断裂面特别平整，似经磨修"，也与前文所述
越地人工截断玉石兵器作为陪葬器物的习俗相一致。
这一区域在东周时期曾在越国影响的势力范围之内，
应当可以说，属于越墓的可能性很大。

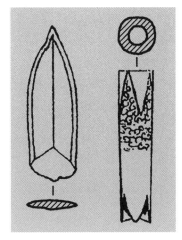

图一七　玉山双明出土
玉剑、玉镦

（六）绍兴出土玉石兵器的重要地位

一方面，《左传》有云"国之大事，在祀与戎"，玉石兵器直接反映越国先民对
待军事活动的态度以及当时的用玉习俗。其对于认识越国贵族墓的形制与规模、埋
葬特点与风俗、随葬器物组合等情况有着十分重要的价值与意义，是越文化考古的
重要成果。如此众多玉石兵器在越地被发现，表明绍兴及周边地区在春秋战国时
期是越国的重要区域，是越人政治经济文化中心，更是越文化兴盛与衰亡的历史
见证。

另一方面，越地玉石兵器是继绍兴越国墓葬中发现原始瓷、印纹陶、青铜器后，
又一种非常有特色的器物。它的发现或为我们界定越国文化影响范围提供线索，如位
于赣东北边缘的玉山双明地区出土的玉剑、玉镦和苏州真山大墓出土的玉戈，都为越
国文化影响范围提供了更多信息。

总之，绍兴出土的玉石兵器如同一面镜子，映射出东周时期绍兴地区玉石工艺
的灿烂光芒，它不但对研究我国玉石雕刻史、艺术史有着重要价值，而且为越国文
化的研究提供了实物佐证，更从另一角度证实了越国重耕战的事实。时至今日，诸
侯争霸的硝烟早已散去，越国故都也在历史变迁中一次又一次改造拓展，唯有这些
玉石兵器，历经了两千余年的岁月依旧精美如初，默默地诉说着曾经"三千越甲可
吞吴"的辉煌。

_____

① 江西省文物考古研究所、玉山县博物馆：《玉山双明地区考古调查与试掘》，《南方文物》1994 年第 3 期。

殷墟南区布局研究

孔德铭　于　浩

（安阳市文物考古研究所）

殷墟南区主要是指殷墟保护范围（1961 年殷墟被公布为全国重点文物保护单位时划定的范围）之外的殷墟南部、东南部、西南部的大片区域。特别是随着 20 世纪八九十年代，安阳市文物考古研究所（原安阳市文物工作队）配合城市建设，在殷墟南部保护范围之外的地区又发现大量的殷墟时期的遗址、墓葬等，使得殷墟遗址的范围逐步向南扩展，殷墟南区逐渐被重视起来。随着近年来殷墟南区考古不断开展，殷墟南区的范围、布局、文化内涵基本清楚，该区域是殷墟遗址重要的组成部分，对研究殷墟都邑布局具有重要的意义。

一　殷墟南区概念的提出

殷墟南区概念的提出始于 20 世纪 90 年代，当时是狭义上的殷墟南区概念，主要是指殷墟保护范围之外，刘家庄村、徐家桥村等发现殷墟时期遗址的南部区域。经过近 20 余年的发掘，特别是 2004 年之后的发掘，则形成了广义上的殷墟南区的概念。广义上的殷墟南区，是指距小屯宫殿宗庙区东南、南部、西南部直线距离 1.7 千米至 3.2 千米之间，东西直线距离约 4.2 千米，总面积约 6 平方千米的这样一大片的区域。具体来看，东起北关区的北厂街"榕树湾"小区（原安阳机床厂）、博地苑小区、老安阳卷烟厂西南角一线，西至殷都区梅东路两侧的戚家庄、老六家庄一线，东西一线长约 4.2 千米；北部边沿，东起文源街北约 150 米文源绿岛小区北墙，向西北方向至梅东路与安钢大道交叉口，南部边沿，至文峰大道南约 110 米，东起文峰大道与和平路交叉口，西至梅东路与文峰大道交叉口，南北总长约 1.1 千米，该区域总面积约 6 千米。自 2004 年以来，安阳市文物考古研究所配合城市建设，在此区域内发现了大量的、非常密集的商代遗址和墓葬群，其中既有大规模的族邑聚落（四合院式房基），也有大量房基、灰坑、窖穴、祭祀遗址、灰沟等遗迹。

通过发掘，我们基本上了解了这一区域内殷墟遗址的布局、文化内涵和分布范围，解决了殷墟南区遗址边界问题，为殷墟都城布局研究提供了重要的资料。

二 殷墟南区文化遗址的内涵、分布区域与概况

从近些年的考古发现来看，殷墟南区的文化遗址，自东向西，主要集中分布了榕树湾博地苑片区、郭家东南片区、任家庄南地片区、刘家庄片区、徐家桥片区、老六家庄西南片区和戚家庄东部片区等。这些片区的文化遗址主要以居住遗址、墓葬、灰坑、祭祀遗址、道路、车马坑（马坑）等形式存在，时代、文化内涵大体与殷墟其他地区遗址相近，是殷墟作为都邑的重要组成部分，也是古代城市低密度化的范例之一。殷墟南区与殷墟其他中心遗址一起，共同构成一个完整的殷墟都邑——大邑商。

（一）殷墟东偏南片区的文化遗址（榕树湾博地苑片区）

榕树湾博地苑片区主要是以商代墓葬、灰坑为主，是殷墟遗址发现的最东部边界。2007 年安阳市文物考古研究所配合"榕树湾"小区建设，在距殷墟宫殿宗庙区 2.5 千米之外的这一区域内，发现商代墓葬 2 座。其中 M1 是一座中小型贵族墓，墓室面积 5.7 平方米，保存完整，出土一大批青铜礼器，包括鼎、瓯、爵、瓢、觯、卣、尊、罍、罍，又有铜扣木壶 1 件，青铜兵器戈、矛、钺，青铜工具锛、凿，青铜弓形器及陶器等共计 50 余件（组）。在青铜鼎、尊、瓯、爵等器物上有铭文"𖾆""荷丁""𖾆"，其中瓯上铭文应为"荷丁"二字。[①] 该小区 M6 位于 M1 东南约 100 米，是一座小型墓葬，但墓内出土有铅鼎、铜瓯、铜爵及部分陶器。铅礼器常见殷墟晚期，数量较为。两座墓的时代均为殷墟四期。

博地苑小区位于榕树湾小区的南部，原机床厂内。2007 年配合小区建设，在小区内发现少量商代晚期灰坑和商代晚期墓葬 6 座。六座墓均为小型土坑竖穴墓，其中 M17 为一座小型贵族墓葬，出土有青铜瓯、爵、戈、矛及玉石残片等，其中青铜爵上有铭文"𖾆"，不识。从出土器物判断，该墓葬为殷墟三期。博地苑和榕树湾小区发现的商代晚期灰坑和墓葬，皆属殷墟三、四期，且分布较为稀疏，表明殷墟晚期，殷墟都邑范围逐步向东扩展。[②]

---

① 安阳市文物考古研究所：《河南安阳市榕树湾一号商墓》，《考古》2009 年第 5 期。
② 安阳市文物考古研究所：《安阳殷墟徐家桥郭家庄商代墓葬》，科学出版社，2011 年。

（二）郭家庄东南片区殷墟时期文化遗址

郭家庄北部、西部、西南部原为殷墟的核心区域之一。郭家庄东南则是近期考古新发现的殷墟遗址的密集区域之一，是殷墟遗址重要的组成部分。

1. 文源绿岛小区商代遗址和墓葬

2005～2006年，在郭家庄东南文源绿岛小区建设中，发现有商代的灰坑、27座墓葬及1座狗、人、牛共殉的祭祀坑。综合分析，其时代属于殷墟文化的二至四期。除被盗墓葬外，有5座墓随葬有青铜礼器，出土有一批青铜礼器、兵器、工具及玉石器等。其中M5随葬器物共计63件，包括青铜器40件，青铜礼器有9件，计有大圆鼎1件、小圆鼎3件、大型瓿1件、觚1件、爵1件、罍1件，箕形器1件，是非常重要的一座墓葬。该墓出土的3号铜鼎、爵的鋬内及箕形器的柄上均有铭文"箙""箙箙"，"箙"字应是族徽的标志，箙是跟随武丁出兵征战的一名武官，深受武丁的信任，在征伐战争中担任重要角色。[1] 特别是在该批墓葬中出现了随葬青铜工具的现象，表明这批墓葬的主人可能与木作手工业有关。而在6号基槽内还发现一个狗、人、牛埋葬在一起的祭礼坑，较为少见，具有较重要的研究价值。

从郭家庄东南文源绿岛小区商代遗址和墓葬的发掘情况来看，这里是商代晚期一处重要的聚落区和墓地，它与1982～1995年中国社会科学院考古研究所安阳工作队发掘的郭家庄西南、南地等遗址和墓葬，应属同一个商代文化遗址区。其中文源绿岛M5和郭家庄M26还随葬有相同铭文的青铜器，墓葬形制、器物组合、器物形制等也有相似性。这片文化遗址，时代从殷墟二期偏晚阶段开始，一直延续到殷墟四期，时间跨度长，建筑基址、祭祀坑、灰坑、窖穴、道路等遗迹内容丰富，墓葬排列密集，是殷墟时期居葬合一聚落遗址的典型代表。它的发现与发掘为殷墟文化研究、商代金文研究、殷墟范围布局划定等提供了新的资料。

2. 赛格金地城市广场商代遗址和墓葬

遗址位于安阳市文源大道与铁西路交叉西北角，文源绿岛的南侧。2006年7月至9月，在此区域内发现商代房基1处、灰坑2处、墓葬11座、车马坑1座、马坑2座，出土器物有青铜礼器、乐器、兵器、生活器皿、玉器、骨器及陶器等。其中M13保存完整，出土青铜器、玉器、石器、蚌器、陶器等共计30余件，青铜礼器有鼎1件、觯1件、卣1件、爵2件、觚2件、提梁卣1件、斝1件、簋1件等，青铜兵器有矛、戈、镞，青铜工具有锛、凿、削，青铜弓形器1件。M13出土的鼎、爵、斝上还铸有铭文"保父癸""保父辛"和"保父"等。"保"族应发端于商代晚期的殷

---

① 安阳市文物考古研究所：《河南安阳市殷墟郭家庄东南五号商代墓葬》，《考古》2008年第8期。

墟，即今天郭家庄东南一带，在西周时期该族的两支分别迁徙到今天的洛阳和山东等地。

赛格金地城市广场 A、B 座住宅小区殷墟时期的墓葬，主要集中在殷墟三、四期，具体来看属于殷墟三期有 6 座，属于殷墟四期有 3 座。这表明商代晚期，特别是殷墟三、四期，都城的人口逐渐增多，遗址范围不断扩大。[①]

3. "物华公寓"商代文化遗址

"物华公寓"小区位于郭家庄东，2007 年在此共清理商代文化遗址（房基、灰坑、窖穴、水井、铸铜遗址）200 余平方米，清理商代晚期墓葬 32 座，出土了一批殷墟时期的青铜器、玉石器、陶器等。该墓葬中出现一批有壁龛的墓葬，在殷墟墓葬中非常少见。其中 M18 有殉人 4 个，属较重要的贵族墓葬。此外，在 H3 中发现有极少量的陶范，可能与附近的铸铜遗址有关。该区域发现的墓葬主要为殷墟三、四期，以四期为主，是商代晚期一处重要的族墓地和居住区域。[②]

（三）刘家庄片区殷墟时期文化遗址

刘家庄及其周边的殷墟时期文化遗址，距离殷墟遗址的核心区宫殿宗庙遗址最近，与该区域其他殷墟核心区的遗址联为一体。这一区域的主要文化遗址有：1985 年发掘的刘家庄村南（小屯村正南约 2 千米）商代文化遗址和"享""夕""史"等族墓葬群[③]；1983～1996 年发掘的刘家庄村北商代文化遗址（房基、道路、水井、灰坑、窖穴等）和"举"族墓葬群[④]；1999 年发掘的刘家庄北"同乐小区"南区商代遗址和"乡"族墓葬群；2000 年之后又在该区域进行过大规模的考古勘探与发掘。

刘家庄村北区域：2009～2010 年发掘的刘家庄村北"宜家苑"小区商代居住基址和"启""爻""戈""鬲"等族墓葬群[⑤]；2012 年发掘的刘家庄村东北苗圃南地"盛世名郡"小区商代居住基址及中小型族墓葬群；2015 年发掘的刘家庄村西北安阳二中商代居住、道路、灰坑基址和族墓葬群；2016～2017 年发掘的刘家庄村北铁四路商代文化遗址（房基、灰坑、窖穴、道路、水井）和"宁"族墓葬群。[⑥]

2014 年 3 月至 4 月，安阳市文物考古所配合安阳市第二中学教学楼、宿舍、餐厅改扩建项目，共清理商代房址 1 处、灰坑 9 处、商代墓葬 47 座。墓葬多遭早期盗扰，

---

① 安阳市文物考古研究所：《安阳殷墟徐家桥郭家庄商代墓葬》，科学出版社，2011 年。
② 安阳市文物考古研究所：《安阳殷墟徐家桥郭家庄商代墓葬》，科学出版社，2011 年。
③ 安阳市博物馆：《安阳铁西刘家庄南殷代墓葬发掘简报》，《中原文物》1996 年第 3 期。
④ 安阳市文物工作队：《1983～1986 年安阳市刘家庄殷代墓葬发掘简报》，《华夏考古》1992 年第 2 期。
⑤ 安阳市文物考古研究所：《河南安阳刘家庄北地商代遗址墓葬 2009～2010 年发掘简报》，《文物》2017 年第 6 期。
⑥ 资料现存安阳市文物考古研究所。

出土器物 60 余件，根据质地可分为铜器、陶器、蚌石器。其中 M29 方向 350°，系南北向长方形竖穴土圹墓，墓口距地表 2.2 米，口长 2.86、宽 1.3~1.4 米，总深 7.5 米。墓内出土有铜觚、铜爵各 1 件，头骨的东西两侧各出有 1 件铜戈，填土中出有陶觚、陶爵、陶簋各 1 件，从陶觚、爵的特征看为殷墟三期。从大的区域看安阳市第二中学位于新修订的殷墟保护区范围南边缘，与 2009~2010 年发掘的刘家庄村北宜家苑小区同属一个规模较大的聚落。①

刘家庄村南：1985 年刘家庄南地配合基础建设发现商代墓葬 62 座、汉代墓葬 2 座。20 世纪 90 年代，在工贸中心一带还清理有商代的房基、灰坑、墓葬和车马坑。2013 年 9 月至 2014 年 8 月，安阳市文物考古研究所配合丹尼斯殷都区店建设工程，对位于中州路与文峰大道交叉口东南角该项目占地范围内的商代遗址与墓葬进行了发掘。此次共计发掘商代遗址面积 200 平方米，清理商代灰坑及窖穴 9 处、商代墓葬 28 座及汉代、唐宋时期墓葬 55 座。墓葬多遭早期盗扰，出土各类器物 100 余件。其中商代铜礼器 5 件，有铜觚 2 件、铜爵 2 件、铜鼎 1 件。其中 M8 除出土有青铜觚、爵、戈外，还随葬磨石 2 件，表明墓主人应与铸铜有关，或者是铸铜工匠的首领。该区域与任家庄村南地"新都汇"商代晚期铸铜遗址仅一墙之隔，总体上应属于同一个大型的商代晚期的遗址。

2013 年 11 月至 12 月，安阳市文物考古研究对位于安阳市文峰大道与中州路交叉口西南角"熙城都汇"商住小区基建范围内的遗迹进行了考古发掘，共发掘商代祭祀遗址 1 处、商代墓葬 39 座。发掘出土有青铜觚、爵、铙、戈，玉戈、玉饰品和陶罐、鬲、豆、簋等器物。此次发掘的商代祭祀遗址，位于基槽东部，呈长方形，东西长 3.80、南北宽 3 米，上层为一个半地穴式房基，残深 0.36 米，西北角有一灶，南边偏西有两个灶，房基下面有一个长 2.70、宽 1.40 米的土圹，有腰坑和生土二层台，腰坑内有狗架，二层台上南、北、西各有一个殉人，均为少年，中间为一牛头，有红陶罐、灰陶罐和觚、爵等器物。该遗址形制如墓葬，但无墓主人骨架，应为一祭祀遗址。遗址内出土的陶觚爵形制较小，属殷墟四期。"熙城都汇"商住小区与任家庄村南地"新都汇"商代晚期铸铜遗址相距约 200 米，中间即是丹尼斯殷都区店商代遗址。这一区域总体都位于文峰大道南侧，东西相距较近，从发现的商代遗迹来看，应该属于同一个大型的商代晚期的文化遗址，是殷墟遗址的重要组成部分。

（四）任家庄东南片区殷墟时期文化遗址

以任家庄东南、南地为中心的区域主要有：2000 年在铁路医院发掘有商代大墓，

---

① 资料现存安阳市文物考古研究所。

2013 年安阳第五人民医院（铁路医院）内发现有商代灰坑、墓葬、车马坑，2016 年文源片区发现有商代灰坑、牛祭坑等遗址。特别是 2016 年 6 月至 2017 年 9 月，安阳市文物考古研究所配合安阳市殷都区文峰大道南侧"新都汇"商住小区建设项目，新发现一个商代晚期大型铸铜遗址。此次发掘，按殷墟遗址大地坐标系统，统一布探方编号，发掘面积超过 5000 平方米，共清理商代灰坑、窖穴 120 余处，商代房基 2 座，商代墓葬 63 座，遗址内出土商代陶范 3000 余块，墓葬内出土青铜器、玉石器、陶器等各类器物 100 余件（套）。任家庄南地商代晚期铸铜遗址，是近期殷墟考古的重要发现之一，该铸铜遗址的发现与发掘，为殷墟南区布局研究和中国古代冶铸技术发展史研究等提供了十分重要的资料。①

（五）徐家桥村片区殷墟时期文化遗址

主要有：1992～1996 年在徐家桥村北发掘了商代文化遗址（房基 3 座、灰坑）及族墓葬群②，2001～2002 年在徐家桥村北发现了大型族邑居住基址和族墓葬群③，2004 年 11 月～2005 年 4 月在徐家桥村西发掘了商代居住基址（3 座房基）及"冉""戈"族墓地④，2010 年徐家桥西北"文源名居"小区发现了商代灰坑及中小型商代墓葬群并 2 座带墓道的较大型墓葬⑤。

（六）戚家庄村东、老六家庄周边片区

1. 戚家庄村东墓地

1982～1984 年，安阳市博物馆配合安钢生活小区建设，在戚家庄东南地钻探面积近 7 万平方米，发掘殷墟时期墓葬 197 座，发掘遗址面积 100 平方米。这批墓葬被盗扰的较少，共发现随葬青铜礼器的墓 9 座，青铜礼器组合完整。269 号墓形制较大，出土器物最多，种类也最为丰富，是这批墓葬的代表。269 号墓位于殷墟戚家庄东南，1984 年 11 月发掘，墓口距地表深 3.45 米，南北长 3.03 米，东西宽 1.53 米，方向 196°。墓内随葬品极为丰富，共出土青铜器、陶器、玉器、骨器、石器等各类器物 73 件，其中青铜器 58 件、陶器 5 件、玉器 6 件、骨器 3 件、石器 1 件。青铜礼器包括鼎 4 件、甗 1 件、簋 1 件、瓿 1 件、尊 1 件、觚 3 件、爵 3 件、方彝 1 件、斝 1 件、卣 1 件、觯 1

① 安阳市文物考古研究所：《河南安阳市任家庄南地商代晚期铸铜遗址 2016～2017 年发掘简报》，《中原文物》2018 年第 5 期。
② 安阳市文物工作队：《安阳徐家桥村殷代遗址发掘报告》，《华夏考古》1997 年第 2 期。
③ 孟宪武、李贵昌：《殷墟四合院式建筑考察》，《中原文物》，2004 年第 5 期。其他资料现存安阳市文物考古研究所。
④ 安阳市文物考古研究所：《安阳殷墟徐家桥郭家庄商代墓葬》，科学出版社，2011 年。
⑤ 资料现存安阳市文物考古研究所。

件、斗 1 件等，青铜兵器有钺 2 件、矛 10 件、戈 10 件、大刀 2 件，青铜生产工具有斧、锛、凿、削，青铜乐器有铙 3 件，其他的有弓形器 1 件。青铜礼器皆制作精美，纹饰华丽，数量丰富，多数青铜器上铸有铭文"爰"，其他的则铸有铭文"子""长"等。269 号墓是殷墟周边地区考古最重要的发现之一。墓葬属于殷墟文化三期，根据墓内出土大量带"爰"铭文的铜器，推测墓主人族氏应是"爰"，其身份应是商代高、中级贵族。

此外，在发掘的 197 座殷墟时期的墓葬中，保存完好的有 150 座，可分期的墓中，二期 7 座、三期 11 座、四期 101 座。随葬青铜礼器的墓 9 座，出土带青铜铭文的青铜器共计 43 件，不同的铭文 9 种，包括"宁箙""钺箙""爰"等。在这一带，除殷墟时期的墓葬外，还发现有大量的这一时期的建筑基址、灰坑、窖穴等文化遗存，说明殷墟晚期这一区域人口比较密集。铜器上"宁箙""钺箙""爰"等铭文，都是殷墟时期的家族族徽标志，戚家庄村东这一带的家族墓地，应该是这些族徽所代表的家族墓地。①

2. 大华商贸城商代遗址和墓葬

安阳市大华商贸城位于文峰大道西段南侧，老六家庄南部和东南部。2006 年 6 至 8 月，安阳市文物考古研究所对占地范围内已探明的遗迹进行了考古发掘工作。此次发掘分东、西两区进行，总计发掘面积 3000 平方米，殷墟早期文化遗址揭露面积约 400 平方米。发现有：

商代祭祀遗址。商代祭祀遗址位于西区 T10 内，已发掘的建筑遗迹东西长约 25 米（东部不到边），南北约 15 米，中间一排柱洞。遗址中间高，两边向外逐步降低，夯土中间厚，两侧薄，夯土最厚处约 0.5 米。中间叠压墓葬 10 座，南侧有墓葬 7 座，北侧墓葬 1 座。这批基址下的墓葬皆南北向，均为小型土坑竖穴墓，长 2.0、宽 0.8 米左右。我们推测此建筑基址应是商代晚期的祭祀遗址。

商代窖穴。共发现 2 处，位于西区。J1，地表下 3.3 米开口，平面呈不规则的圆形，竖井状，底平。南北 1.85、东西 1.74、深 2.2 米，壁加工一般，略显粗糙。窖穴内填花土，红土中杂黄土块，未夯打，较松散，出土了商代灰陶、红陶器残片，器形上看多为陶鬲、陶罐等。

墓葬。此次发掘的商代墓葬较少，均为商代小型墓葬，计 20 余座，且零散分布，多被盗扰，出土器物极少，只有叠压在祭祀遗址下的墓葬保存相对完整。

M38，方向 353°。为长方竖穴形土圹墓。口长 1.88、宽 0.48、深 0.8 米，墓壁极不规则。没有发现葬具，骨架一具，保存一般，头北面东，俯身直肢，左上肢放于盆骨下，右上肢的小臂不见。为青年男性。

---

① 安阳市文物考古研究所：《安阳殷墟——戚家庄东商代墓地发掘报告》，中州古籍出版社，2015 年。

M39，方向195°。为长方竖穴形土圹墓。口长1.8、宽0.7、深1.2米，墓壁粗糙，墓底留有生土台。没有葬具，骨架一具，保存一般，仰身屈肢。头南面西，头骨压碎，双手放于身下。为一青年男性。

M24，方向176°。为长方竖穴形土圹墓。口长1.9、宽0.6、深1.3米，墓壁粗糙。没有葬具，骨架一具，保存差，头南面西，俯身直肢，双手交叉放于腹部。为青年男性。右侧股骨外出有铜戈1件。

大华商贸城是殷墟南区又一重要的考古发现之一，特别是西区发现的大型商代晚期祭祀遗址，具有重要的价值。这一处商代祭祀遗址，是在墓葬上面夯筑成高台，夯土台下墓葬东西成排有规律性分布，墓葬大小基本相同，基本上无随葬品，表明墓主人身份较低，可能是祭祀用的人牲。根据发掘情况，初步判断这应是一处商代专门用于祭祀的遗存。但由于缺乏相关的资料，该处祭祀遗址的性质尚待进一步研究。大华商贸城商代房基、祭祀遗址、窖穴、灰坑及墓葬的发现，表明商代晚期殷都范围随着城市的发展不断扩大。这一重要遗址的发现与发掘，为研究殷墟的范围、该文化遗址内容与分布、族邑聚落与迁徙等提供了新的资料。①

3. 老六家庄南"老干部活动中心"商代遗址和墓葬

位于梅东路和文峰中路交叉口东南角，遗址内发现商代的房基、灰坑和小型商代墓葬，是目前发现商代遗址和墓葬的最西南区域。②

（七）梅园庄东南、王裕口村南片区

1. 20世纪90年代梅园庄东南发掘有商代车马坑

2. 2006年在王裕口村南村民自建楼发现有商代遗址和墓葬

3. 2013年在凤仪芙蓉园小区发现有商代遗址和墓葬

（八）梅园庄西北、老刘庄（安钢厂区）片区

这一区域目前为安钢主厂区，近年来配合安钢厂区建设发现了一大批商代遗址和墓葬。

1. 2005年安钢120转炉附属工程商代大墓及车马坑

2005年春，安阳市文物工作队和中国社会科学院考古研究所安阳工作站，联合对安钢120转炉附属工程工地进行了考古发掘，共发掘商代大墓3座，其中一座为带两条墓道的大墓，另外两座为带一条墓道的大墓，其中一条墓道长20余米。在大墓前面和

---

① 安阳市文物考古研究所：《安阳殷墟徐家桥郭家庄商代墓葬》，科学出版社，2011年。
② 安阳市文物考古研究所：《安阳殷墟徐家桥郭家庄商代墓葬》，科学出版社，2011年。

右侧共发现车马坑 10 座，其中右侧一排 5 座车马坑，排列整齐，是殷墟考古的第一次发现。在 05AGM3 的马车上随葬有一把青铜短剑，制作精致，较为罕见，剑体较短，中脊凸起明显，尖呈舌状，剑柄较直，末端镂空，剑身与剑柄相接处上下出阑，剑柄饰数条重环纹，通长 33、身长 12、身宽 4.1、脊厚 1.3 厘米，重 370 克。此次发掘的 M11 平面呈"中"字形，墓室上口长 7.5、宽 5.0 米，斜坡式墓道长 30、宽 2～2.4 米，坡度 40°，墓室北置台阶式短墓道。墓底距地表 11.5 米。该墓被盗严重，仅有少量遗物，可复原的有陶罐、蚌饰、海贝、铜镞、骨锥，残存有椁底板。但在墓室北部二层台上发现了 3 条骨片，其中 1 条为骨栖，长 26.5、最宽处 2.3 厘米，骨面呈黄褐色。有绿松石镶嵌的文字 16 个，下部残，部分绿松石脱落。这种以绿松石镶嵌成文字的表现形式在殷墟极为罕见。①

2. 2002 年安钢原料厂考古发掘殷墟时期制骨作坊遗迹及商代墓葬等

（九）范家庄周边片区

1. 范家庄东北地洹河西岸一带商代遗址与墓葬

2005 年 5 月，配合安钢输水管线工程，安阳市文物考古研究所在范家庄东北地洹河西岸一带发掘商代窖穴、灰坑等共计 100 平方米，发掘商代墓葬 5 座，出土了少量的玉石器和陶器等器物。②

2. 范家庄村西商代遗址

2016 年，配合安钢第二原料厂建设，在范家庄村西发掘商代灰坑、窖穴、水井等遗址约 2000 平方米。③

三　殷墟南区遗址文化内涵及其他

从殷墟南区考古发掘来看，这一区域内商代文化遗址分布密集，遗址文化内容十分丰富，为殷墟遗址的时代序列、范围布局、遗址种类、整体风貌研究提供了十分丰富的资料，对于殷墟历史、科学价值等研究具有重要的意义。

（一）居住基址

主要有北徐家桥大型四合院建筑遗址、徐家桥村东南商代建筑遗址、宜家苑小区

① 国家文物局主编：《2005 中国重要考古发现》，文物出版社，2006 年。另见中国社会科学院考古研究所编著：《商王朝文物集粹：甲骨·青铜·玉器》，科学出版社，2013 年。
② 安阳市文物考古研究所：《安阳殷墟徐家桥郭家庄商代墓葬》，科学出版社，2011 年。
③ 资料现存安阳市文物考古研究所。

商代建筑遗址、安阳二中商代建筑遗址、安阳赛格金地小区商代建筑遗址、老六家庄东南商代建筑基址、任家庄南地商代建筑基址、王裕口村南地商代建筑基址、物华公寓商代建筑基址等。

（二）祭祀遗址、祭祀坑

主要有文源绿岛小区祭祀坑（牛、人、狗）、任家庄东南文源片区棚户区牛祭坑、大化商贸城商代大型祭祀遗址等。

（三）灰坑、窖穴、水井等

在上述区域内基本上都发现有大量的商代灰坑、窖穴、水井，这些遗址基本上和墓葬联为一体，无明显的区域分隔。

（四）手工业遗址

除任家庄南地发现一处大型铸铜遗址，面积超过5000平方米外，北徐家桥大型四合院区域内还应存有一个玉石制作遗址，在郭家东南存在一个木作手工业遗址，在安钢焦化厂区附近存在一个制骨作坊遗址等。

（五）墓葬、车马坑、马坑

1. 较大的墓葬

在上述区域内均发现大量殷墟时期中小型的墓葬，其中较为重要的有榕树湾小区M1、文源绿岛小区M5、宜家苑小区M33等保存完整的中小型墓葬。带有墓道的较大型墓葬，有安钢120转炉三座"中"字形大墓。文源名郡发现的两座带一条墓道的墓葬、盛世名郡小区发现一座带墓道墓葬和和平路与文峰大道交叉口发现的一座带墓道的墓葬。

2. 小型墓葬

在上述各片区中发现的殷墟小型墓葬，总数量不下1000座。

3. 车马坑、马坑

主要有梅园庄东南车马坑、工贸中心车马坑、赛格金地车马坑和马坑、第七人民医院马坑等。

殷墟南区遗址内涵十分丰富，包括大型居住遗址、大型铸铜遗址、大型祭祀遗址、道路、灰坑、房基、中小型墓葬、小型祭祀坑、车马坑、马坑等。

四　殷墟南区布局、范围的新认识

从考古发现来看，殷墟南区聚落分布是以片状分布为主体，分布较为密集，但聚落大小不一，中间有一定空白区域，也发现有部分片区与片区之间相连的道路。这里既有北徐家桥北、刘家庄村北宜家苑小区等大型族邑聚落，也有小型的范围较小的聚落，各聚落遗址内文化遗址和墓葬叠压在一起。从考古发掘的情况来看，部分聚落遗址有较明显的区域性、功能性化分，反映了殷都区域内低密度城市化布局的实际情况。

　　根据考古发现，上述这些聚落也同殷墟核心区域的聚落一样，应该是以从事铸铜、制骨、玉石制作、木作等某种手工业生产为主的聚落区，各聚落"生产、居住与埋葬"三位一体，与其他聚落之间既有空间方面的道路、水路相连，也有生产、生活、人群、婚姻等社会关系方面的联系，但各自又大都相对独立，反映了殷墟都邑内手工业的兴盛和社会关系、社会生产的基本形态。殷墟南区聚落遗址与殷墟核心区域的宫殿宗庙遗址、大型聚落遗址等紧密联系，构成一个完整的"大邑商"的布局。

"中国南方先秦考古学术研讨会"纪要

游晓蕾　谢西营　张　森　张馨月
（浙江省文物考古研究所）

1978 年，在江西庐山召开了"江南地区印纹陶问题学术讨论会"，相关专家对该地区以印纹陶为特色的先秦时期考古学文化进行了深入的探讨，极大地推动了该地区先秦考古研究。此后的 40 年来，中国南方地区先秦考古工作，在城址、聚落、墓葬、原始瓷、青铜器及青铜冶铸等的发现及研究上，都取得了令人瞩目的成绩。

为总结 40 年来中国南方地区先秦考古研究成果，进一步深入推动该地区先秦考古学文化及相关问题的研究，探讨该地区先秦考古的发展方向，2018 年 11 月 29 日至 30 日，"中国南方先秦考古学术研讨会"暨"锁匙——先秦印纹硬陶·原始瓷器特展"在杭州南宋官窑博物馆举行开幕式。本次研讨会由中国考古学会夏商考古专业委员会、中国考古学会两周考古专业委员会、浙江省文物局主办，浙江省文物考古研究所、杭州南宋官窑博物馆承办。来自北京大学、中国社会科学院考古研究所、中国科学院、吉林大学、香港中文大学、山西大学、厦门大学、四川大学、山东大学、南京大学、南京师范大学、上海大学、复旦大学、湖南大学岳麓书院、安徽大学、重庆师范大学等高校，以及河南、山西、山东、湖南、安徽、江苏、上海、福建、江西、贵州、广东、广西、四川、浙江等省、市、县考古院所和博物馆的 130 余名与会代表参加了研讨会，其中 54 名学者发表了演讲。

研讨会围绕中国南方先秦考古新发现，考古学文化研究，区域历史和文化研究，原始瓷、印纹陶、青铜器、玉石器等物质文化研究等主题进行探讨和交流。研讨会由徐天进、徐良高、许宏、宋建、陈杰、宫希成、李岩、张强禄、王结华、曹锦炎、张爱冰等学者分别主持。

一　中国南方地区先秦考古回顾、思考与展望

曹军首先介绍江苏的环境与历史、商周时期地域文化框架，回顾自 20 世纪 30 年代开始的江苏商周考古工作历程；然后分区介绍近年来商周考古的重要发现和相关研究，

包括徐州焦庄、邳州梁王城、沭阳万北、泗洪赵庄、南京西街等遗址,高淳夏家塘、金坛薛埠、溧阳上兴等土墩墓,阖闾城、木渎古城等城址;最后对江苏考古工作进行反思与展望,提出要明确课题意识,深入多学科综合研究,将考古发掘、研究与大遗址保护紧密结合,积极开展公众考古。

黄昊德首先回顾浙江的商周考古工作,重点介绍了近年来绍兴越国王陵及贵族墓调查与勘探、安吉古城大遗址考古、湖州毗山遗址、余杭小古城遗址、瓷之源课题、衢州庙山尖土墩墓、浙南飞云江流域调查等商周考古的新收获。梳理并钩稽浙江商周时期的重要线索,对浙江地区今后的先秦考古工作进行展望。同时,他认为南方地区是吴越与百越文化的分布区域,以印纹陶与原始瓷为特色,区域特征明显,到秦汉时期,随着中原文化的强势渗透,南方地区逐步纳入中原王朝的统治。今后,要加强南方地区,特别是江、浙、沪、闽、赣、粤、皖南地区的区域考古合作,探讨南方地区由多元走向一统的过程。

黄运明首先介绍福建闽江下游及闽北地区发现的商周时期考古遗迹遗物及其考古学文化,随后介绍福建新石器时代晚期印纹陶起源的新材料——南山遗址,探讨距今 4000~3500 年黑衣陶和彩陶的分布、黄土仑文化的来源、闽江下游史前文化谱系等问题,对闽江下游商周时期考古学文化序列进行了重建。

二 中国南方先秦考古新发现及研究

近年来,南方各地先秦考古新发现层出不穷,除了单个遗址、墓葬的发掘,城址、大遗址、地理单元区域的调查和发掘工作也在稳步推进。诸位学者不仅从细处着手,对发现的遗迹现象进行分析研究,也以广阔的视野,探讨各种新发现所反映的文化内涵、格局及在时空中的联系和交流。

牛煜龙分享了近年来江苏苏州木渎古城周边区域调查成果,介绍了周边墓葬的分布情况和重要遗迹以及金刚山土墩墓的发掘情况,在此基础上对石室土墩墓的构筑方法、石料来源和搬运、碎物葬及土墩墓"一室多墓"和"多次利用"等问题进行探讨。

于成龙以江苏金坛牯牛墩为例,通过发掘过程中发现的放射线、草包泥、大墩小墩等现象,探讨土墩墓的命名、建造方法、发掘方法等问题。

余金玲介绍了浙江衢州庙山尖土墩墓的发掘情况,该墓虽多次被盗,仍出土了铜器、玉器、陶瓷器等随葬品。庙山尖土墩墓墓葬规模巨大,形制极具特色,是迄今浙江省已发现的西周时期规模最大、等级最高的土墩墓;墓底平铺鹅卵石、墓坑外侧坡面铺砌鹅卵石的营建方式十分独特;两面坡"人"字形的木结构墓室为国内目前已发现的年代最早的"人"字形墓室,为绍兴印山越王陵的"人"字形墓室结构找到了渊源，具有重要的时代意义；土墩墓中发现大量青铜器和玉器，在浙江省已发掘的土墩墓中十分罕见；大量随葬的青铜构件具有与中原地区不同的风格面貌，体现了显著的本土特色，为当地商周时期历史、经济、社会、文化的研究提供了极具价值的宝贵资料。

田正标介绍了浙江安吉古城及周边相关遗存的调查、勘探、发掘情况，着重介绍了安吉古城中心城址、外围遗址以及龙山、笔架山、上马山墓群的发掘收获，认为外围遗址围绕中心城址，遗址性质和功能各异，既有特殊功能的夯土台基，又有大型聚落和非居住功能的小型城址，各墓群分布相对独立，遗址、墓群时代与中心城址的不同时段相对应。

闫凯凯介绍了近年来在浙江湖州昆山遗址进行的一系列考古工作以及麻雀田地点的发掘情况，提出麻雀田区域应是晚商时期重要的居住区，存在高规格的建筑；围绕昆山山体，存在着一处由龙溪港、铁店河及其支流河汊组成的封闭式聚落，沿河道内侧分布的土筑高台，是遗址的中心分布区。

罗汝鹏介绍了2015年底以来浙江余杭小古城遗址城墙解剖和城址内外的勘探情况，认为小古城遗址是马桥文化时期的城址，商代江南社会文明模式的转变可能与中原文明南下有关，随着商文化的南下，马桥等文化的发展为越文化的创立奠定了基础。

仲召兵介绍了近年来在浙南地区进行的一些先秦考古工作，包括江山山崖尾遗址、缙云陇东遗址的发掘，飞云江流域的调查及试掘等，提出金衢盆地以南地区与闽北赣东地区联系密切，基本没有参与龙山化、中原化的过程；好川文化与肩头弄类型之间有缺环；起源于南方的印纹硬陶不断向太湖地区渗透，成为促成马桥文化的一支重要力量。

杨金东介绍了浙江浦阳江下游地区商周时期的遗址、城址、窑址、墓葬等遗存，认为该地区地理位置显要，是商周时期于越人的主要活动地区之一，是古代文化交流、传播的主要通道之一，对研究于越族群的居住形态、生业结构、族群迁徙、文化交流具有十分重要的意义。

王结华介绍了近十年来浙江宁波地区发现的商周文化时期的遗址、制盐遗址群、石室土墩墓群的情况，以及句章故城的具体位置、城址范围、建废年代、码头遗存等发现。他认为，近十年来不同类型商周文化遗存的新发现，表明这一时期宁波地区的居民已从低山缓坡、低矮台地向沿海岛屿和开阔的冲积平原扩散，为重新认识当时的聚落分布与人口状况等提供了新的素材和新的视角；大榭岛上东周时期制盐遗址群的发现，表明当时人们的生产生活已开始摆脱单一的传统农耕方式，以制盐为代表的手工业活动已具备了一定规模，区域经济已发展到了一定程度，社会生产已经有了比较明确的协作分工；春秋战国时期句章故城的出现，形成了真正意义上的地域中心，这为嗣后经济社会的发展奠定了基础；秦汉以来，政归一统，开始在这里设县置治，宁波自此被正式纳入到中原王朝的版图，开启了融入全国的历史进程。

李博介绍了广东河源东源大顶山墓地发现的墓葬及遗物，认为是商周时期的墓地，为研究东江流域先秦考古学文化谱系、广东商周时期社会与历史发展进程、岭南与周边地区考古学文化交流与人群迁徙等课题提供了重要材料。

陈小春介绍了安徽泾县七星墩遗址的发掘情况，包含良渚晚期、西周晚至春秋时期和唐代文化堆积及遗迹遗物，首次发现多个土墩形成的遗址群，为对该区新石器末期和先秦时期文化面貌的研究提供重要资料，为寻求吴文化的来源提供线索。

盛伟介绍了 2017 年以来湖南石门宝塔遗址发现的商时期遗迹和遗物，认为年代集中在二里岗下层时期至殷墟二、三期，是澧水下游地区地方性文化遗存，以此可以构建澧水流域商时期文化发展的完整序列；提出澧水流域遗存在殷墟早期和西周早期发生过两次扩散现象并讨论二者差异。

陈苇介绍了近年来四川安宁河谷地区的考古调查、发掘工作，认为发掘收获构建起川西南及其周邻地区新石器时代晚期至春秋战国时期的时空框架和谱系关系，奠定该区域命名考古学文化的基础；为横断山脉东南地区的考古学文化传播、族群交流和"边地半月形文化传播带"及气候环境研究提供了新的材料。

三　聚落及考古学文化研究

许宏梳理了吴越文化地区的春秋战国时期城邑的分布，对木渎古城（群）和阖闾城进一步分析，认为迄今为止，尚不能确认吴、越大型围垣都邑的存在。他推测，缺乏与中原类似的大型都邑，恰是地处水乡环境、具有独特社会结构的吴、越城邑的一个显著特色；以一两座小城为中心组成的遗址群，才是周代吴越都邑的一般形态。

宋建回顾了马桥文化命名 40 年以来的研究历程和成果，对其命名、探源、遗存分布与自然环境、印纹陶、（原始）瓷的起源和产地等问题进行反思。提出文化命名必须慎重；在马桥文化探源方面，要完善方法论、运用更多的技术手段，更应该做系统的思考。遗存分布与自然环境研究应该关注分布于不同地域的文化遗存同环境的相互关系。要处理好科技方法、技术与考古研究的关系，科技考古要以考古学科为主导，以考古问题决定研究目标和研究对象。印纹陶、（原始）瓷的起源和产地问题与马桥文化的起源问题关系密切，太湖南部的东苕溪地区是马桥文化的核心分布区，也是研究印纹陶（原始）瓷的重点区域，今后要以中心聚落研究为抓手，并与相关聚落形态研究相结合，在东苕溪地区全方位研究马桥文化。

陈杰反思以往对马桥文化的定位，结合近年来在原始瓷的生产与消费、青铜器、玉器、城址等方面的研究，提出从社会生产、器用制度、聚落结构等层面进行思考；认为未来工作应该关注中心性聚落。

张强禄介绍了广东增城浮扶岭 M511 的情况，并与东周至西汉初闽浙粤发现的贵族墓葬进行比较，认为 M511 的源头指向宁绍平原和杭嘉湖平原，在文化和族群迁徙的影响下，闽越、南越贵族的丧葬理念随时代变化而变化；随后梳理珠三角、粤东、粤西出土的"米"字纹陶器，认为两广的"米"字纹陶器是南越、西瓯共同认可的典型陶器，"米"字纹陶器结合墓葬形制等研究有助于印证和补充行政区划研究。

徐峰根据江苏武进淹城的形制，结合新发表的报告，认为淹城建于西周晚期，主要使用于西周晚期和春秋早期；淹城形制不适宜大规模人群日常居住与活动，考古未发现较多生活遗迹，因此，推测淹城遗址并非日常居住之地，而极可能是一处礼制性场所；淹城三城三河形如辟雍、玉璧，实际上正是对天的模拟，淹城功能应为辟雍礼制性建筑，这与吴国崇周礼的文化习俗相合；淹城为研究吴国的礼仪文化提供了重要资料。

陈琴介绍了先秦时期粤东闽南文化格局的变迁，对浮滨文化墓葬规格、随葬品进行分析，根据香港和环珠江口其他地区发现的包含浮滨文化特征的遗址和器物，探讨浮滨文化要素在环珠江口地区的交流。

孔德铭根据安阳殷墟南区考古发现，认为该区是以手工业生产为主的聚落区，既相对独立又有一定联系，反映了殷墟都邑内手工业的兴盛和社会关系、社会生产的基本的形态。殷墟南区聚落遗址与殷墟核心区域的宫殿宗庙遗址、大型聚落遗址等紧密联系，构成一个完整的"大邑商"的布局。

四　区域历史和文化的发展、演变、交流研究

张敏首先通过文献梳理，提出春战之际吴越两国崛起可能与实行"官工业"有关；其次通过相关遗址和城址研究，认为吴国具有完整矿冶产业链，陶瓷业是越国最重要的"官工业"；最后对比吴越两国的官营手工业，总结冶炼和陶瓷分别奠定了吴越发展的经济基础。

徐良高从文献文本角度分析吴国历史的记载与演变，从考古角度解读分析宁镇地区西周时期文化遗存的性质和早期吴国新定位、吴文化历史再发现的关系，提出历史文献记载具有主观建构性，考古学研究本质上是对考古发现的解读与对历史过程的建构，考古学研究应该追求解读与建构的合理性，文献与考古发现之间的关系是解读模式与解读对象的关系，以考古学来重写历史最终必须以考古材料为依托，考古发现是

重构吴国历史叙述的基础和核心，没有终极的历史解读与建构，历史随不同时代与不同个人而不断被解读与重构等几点启示。

张合荣介绍了滇东黔西地区先秦时期考古遗存的分布及年代框架，讨论了百越系族群北上、氐羌系先民南下、巴蜀文化南传、滇文明东扩、外来文化因素土著化等问题，认为滇东北到黔西北受氐羌系和巴蜀文化影响较大，黔西南山地主要受百越文化的影响，曲靖盆地受滇文明影响最强烈。

曹峻详细梳理了茅山以东的环太湖及宁绍平原一带东周时期高等级土墩墓，并进行比较研究，认为于越贵族墓葬形制既有土著内涵也有外来因素，春秋晚期到战国早期，本地文化因素持续强势，战国早期以后外来文化因素有较多的增长，战国中期楚灭越以后，越文化才被周、楚文化大范围融合。

赵东升通过分析赣鄱地区夏商周时期考古学文化格局的变化，探讨中原王朝对统治策略的变迁和影响，认为二里头文化的扩张为夏末商初地方统一奠定了基础，商王朝统治促使赣鄱地区东部诞生了真正的区域文化以及手工业生产中心，西周王朝加强了中原礼制的渗透，加快了赣鄱地区的中原化进程。

吴桐认为东南沿海地区自然环境差异较小，区域内的墓葬、信仰、习俗等方面具有相似性，构成了东部沿海半月形文化传播带的存在，该文化传播带肇始于公元前6000年前后，在公元前3000之后基本成型，但是区域内南北差异明显，影响了其被纳入中华一体进程的时间和方式。

五　物质文化遗存研究

包括陶瓷器、青铜器、玉石器、盐业等的发现、形制、工艺、年代及其所反映的文化发展、演变、交流等。

（一）印纹陶、原始瓷器等的发现和工艺、形制等研究

羊泽林介绍了近年来福建辽田尖山、苦寨坑和坑刀山三处原始瓷窑址的考古收获，探讨产品的制作、装烧工艺、烧成温度、年代、产品分布和流通，认为距今3800～3700年使用龙窑开始烧制，原始青瓷与印纹硬陶产品同窑烧造，福建是我国原始青瓷起源地之一。

周雪琪以福建坑刀山窑址为中心，对闽浙赣出土的商时期原始瓷进行科学分析，认为坑刀山窑址中，不同器物胎料选择的倾向不同；闽浙赣三地原始瓷胎料类似，具体含量略有区别，均存在钙釉和陶衣两种系统，草木灰釉存在差别。

郑建明通过对比战国和秦汉原始瓷的胎釉特征、分布区域和器形，认为秦汉原始

瓷的施釉技术沿袭了战国原始瓷的发展，以器物群为代表的文化则发生了巨大的变化。

杨宁波介绍了以聚落考古理念发掘湖南大浦汉晋墓葬和窑址的收获，首次相对完整揭示出一处以墓葬为中心的聚落；认为几座龙窑有继承关系，展现了湘江中游地区从印纹硬陶向青瓷的独立发展过程，但具有相当的原始性。

岳占伟回顾了殷墟白陶的出土情况，通过复原实验，基本掌握了殷墟白陶的制作工艺和烧制技术，发现陶窑的结构直接影响窑室温度，白陶变色与接触到火焰紧密相关，认为殷墟白陶应该是放在匣钵内烧制完成的。

（二）印纹陶、原始瓷器等反映的文化发展、演变、交流研究

李岩结合广东地区的编年线索，梳理了自新石器晚期至秦统一南越国，各个阶段印纹陶及原始瓷遗存的情况，指出不同的历史时期，广东的几何印纹陶作用不同；广东在印纹陶和原始瓷的发展线条中不可或缺，至少在西周中期成为古南越族的标志，并以此标志了中国南部边疆。

李珍根据广西地区几何印纹陶的发现与分布、纹饰与器形，将之分为新石器时代末期到商周、西周晚期至春秋战国早期、战国中晚期至秦汉三期，总结特征；对源流进行探讨，认为广西是我国陶器的发源地之一，出现时间早，但发展缓慢，几何印纹陶出现时间晚，其产生和发展受广东和湖南的影响。

周广明在拍打技术体系视野下，对印纹硬陶进行分期和分区，认为印纹硬陶产生于新石器晚期，衰退于战国秦汉，可分为鄱阳湖、赣江到北江，太湖流域到珠三角一带，洞庭湖、湘江到西江流域和江淮一带四区，不同区域之间既有共性又有个性，江西吴城遗址是长江以南最早跨入文明门槛的地区之一。

付琳分别梳理闽江流域及邻近地区和台湾岛几何形印纹陶的发展脉络，认为闽江流域几何形印纹陶的发生和繁荣早于台湾岛；台湾岛西海岸几何形印纹陶的发生和繁荣早于东海岸；几何形印纹陶逐渐被原始瓷器、釉陶器和成熟瓷器所替代，闽江流域约在公元前后完成了这一更替过程，台湾土著文化因地处孤岛，在汉人大量进入以前手制的几何形印纹陶仍能持续发展。

（三）铜器及相关遗址的发现和工艺、原料等研究

何汉生介绍了江苏镇江孙家村遗址铸铜相关的遗存和大港吴国遗址群各台型遗址勘探情况，认为大港遗址群年代为西周早期至春秋晚期，是吴国较为重要的一个地区，可能与吴（宜）国早期都邑城邑有关，并一直延续使用至吴国灭亡。

崔涛根据近年来江西瑞昌铜岭遗址的调查、勘探和试掘情况，发现铜岭铜矿遗址以商代早中期、春秋中晚期至战国早期、宋代三个阶段遗存为主；有商代中期、春秋

晚期至战国早期两个生产高峰，分别由商人和楚国控制开采。

苏荣誉通过对 9 件青铜盏的分析，提出这些盏的透空捉手（耳、足）由失蜡法铸造，具有相同的风格和铸造工艺，时代为春秋晚期；由于集中出现在汉水—淮河流域，认为此地是失蜡铸件的重要产地；失蜡铸件少的一个原因当是掌握此工艺的铸工有限；刻铭为铜器流传提供便利，但也混淆了产地。

黎海超介绍用考古分类体系结合铜器原料分类体系来讨论铜器生产来源问题的研究思路；以四川成都星河路东周墓葬进行个案研究，以金沙、三星堆祭祀坑等进行整合研究，认为早商时期成都平原可能已开始铜器生产；晚商时期存在以三星堆祭祀坑为代表的外来背景铜器和以金牛、青羊地点为代表的本土铜器；西周时期金沙遗址铜器显示的"衰落"状态是本土铜器生产脉络的直系发展；东周开始直至历史时期成都平原的铜器主要原料较一致；巴、蜀铜器可从原料上区分开。

（四）铜器形制、纹饰、年代及其所反映的文化发展、演变、交流等研究

田建文梳理了晋、吴地区刻纹铜匜的研究和存世状况，认为反映了公元前 475 年前后的时代特征，反映出晋、吴文化交流密切；探讨刻纹铜器在晋、吴的传播，认为晋国传承既有的铸造技术和纹饰，也吸收吴国的装饰及器类。

陈小三根据锻造和刻纹技术重新推测刻纹铜器出现的时间；根据民族学材料和刻划工艺等线索，讨论纹饰多出现于内壁的原因；认为刻纹铜器起源地不一定在吴地，但春秋晚期到战国早期北方地区的多数刻纹铜器与吴地有密切联系。

张爱冰介绍了江淮和皖南沿长江地区牺首鼎的出土情况，认为牺首鼎流行年代为西周晚期和春秋早期；分布区域为淮河以南、大别山以东、巢湖以西，南及皖南沿长江地区；形态是中原、淮河上游、沂沭河流域文化因素与江淮本土传统的融合与创新；以牺首鼎、曲柄盉等器形组合为主体内涵的青铜文化，为江淮群舒族群所创造。

井中伟梳理了西周春秋时期扉耳铜剑的发展演变脉络、起源研究、空间分布，认为扉耳铜剑可能最初产生于古越地，年代为西周早期，春秋时期随着吴越争霸扩大流通范围，源头可以追溯到盘龙城出土的"铜铍"；铜铍出现时间最早不过两周之际，盘龙城"铜铍"的定名不妥当。

高成林对近年来东南地区出土的三段式铜尊和原始瓷尊进行类型学研究，探讨分布区域和年代，提出是东南地区居民受中原西周文化两种类型铜尊的启发而制造的；三段式尊早晚形制变化较小的原因可能是西周中期以后东南地区与中原交往中断；向外传播可能与春秋晚期吴越势力的相继北上东扩有关。

唐锦琼梳理了苏州、上海和嘉兴部分区域出土的青铜器，提出从地域上看苏州周边地区出土较集中，其余地区分布零散，彰显苏州的中心地位；时代主体在战国，

与苏州的建城史有密切的联系；可分为楚系和土著系，两种文化势力此消彼长与该区域的历史进程相合；出现时代晚、数量和类型少，可能与本地特殊的丧葬方式有关。

俞珊瑛把绍兴 M306 出土青铜器与周边青铜文化器物进行对比研究，认为多数器物具有春秋晚期或较晚时期的风格，墓主是越国高层贵族中的徐人；根据春秋战国之际越墓中发现大量的仿铜陶质与原始瓷礼器中包含较多江淮文化因素，认为春秋末期徐人迁居越国是越国器用制度演变的一个重要外因。

娄烈介绍目前所发现的越国王者之剑，认为越王剑的制式从宽格箍茎剑发展为宽格箍茎剑和薄格直柄剑并存；复合剑工艺大约在西周晚期已出现；铭文的演变说明越国北上后与中原交流增多，在中原文化长期影响下慢慢被融合。

袁艳玲梳理了东周时期吴越地区常见 S 形纹饰的铜器和原始瓷礼器，推测这种纹饰的器物铸造地在东南；对楚地高级别贵族和低等级贵族用器进行对比研究，指出 S 形纹制作难度较低，楚地 S 形纹的出现可能与"吴师入郢"的历史现象有关。

(五) 玉石兵器研究

吴丝禾对绍兴地区出土的东周时期剑、矛、戈、镞等玉石兵器进行概述和分析，指出越地玉石兵器是受中原文化影响而产生的，独具越地特色，是陪葬时使用的青铜兵器替代品，为越国文化研究提供佐证，也证实了越国重耕战的事实。

毛波对环太湖地区出土的石戈进行类型学研究，重点分析 A 型石戈，认为是环太湖地区石戈的主流，由农具—武器—礼器的演变从一个侧面反映太湖地区的文明发展进程；太湖地区出土各型石戈的年代约在马桥文化到后马桥文化时期，可窥夏商时期太湖地区与中原、长江中游、南方等地的文化交流。

(六) 盐业考古发现研究

雷少介绍了大榭和马岙盐业遗址群的调查发掘情况，探讨工艺流程和生产性质；粗略勾勒出舟山群岛青铜时代盐业遗存的发展序列，初步复原工艺流程，基本确认越国盐业生产的历史事实与性质、规模；并指出目前盐业遗存研究在发展序列、工艺流程和历史研究等方面存在不足，对未来的研究提出新展望。

最后，李伯谦先生在闭幕式上进行总结发言。

他首先谈了对此次研讨会的感想，认为这是一次中国南方先秦考古的盛会，规模大、参与地区多、研讨内容广泛；考古新发现多，层出不穷，令人印象深刻；发掘方法讲究，走向精细化；通过发掘还能提出认识和见解，比过去有很大的改进；分析逐步地细化，标志学术研究的前进；研究视野开阔，一些研究紧扣考古中国课题进行系统探讨，具有重要意义；科技手段运用做得好，但在方法论、科技手段上还可以进一步提高；科学严谨，注重对比研究和大范围的交流联系。此外，年轻的研究者增多，体现了中国考古学的飞速前进。

在肯定收获和成绩的基础上，他也提出了建议：一、要重视考古学最基础的地层学、类型学研究方法，不能丢；二、抓住苗头抓住重点不放手，重点遗址要进行持续工作，才能解决问题；三、加强不同规模和范围的学术交流，互相启发；四、注重年轻人的培养，促进人才成长。

中国南方先秦考古学术研讨会 开幕式合影留念
锁匙—先秦印纹硬陶·原始瓷器特展

2018.11.29 临西

参会人员合影

1. 佛冈大旺田M1出土圈底釜、鼎

2. 横岭M41：1-3

3. 横岭M46：2

横岭类型器形与纹饰

1. 横岭M43：1　2. 横岭M43：1底部　3. 横岭M44：4底部　4. 横岭M32：2领部纹饰特征　5. 吕田狮象　6. 宝镜湾H14：02
7. 宝镜湾T10③B：1　8. 横岭M16：2梯格和附加堆纹　9. 横岭M10：2底部　10. 绞纹编1　11. 绞纹编2

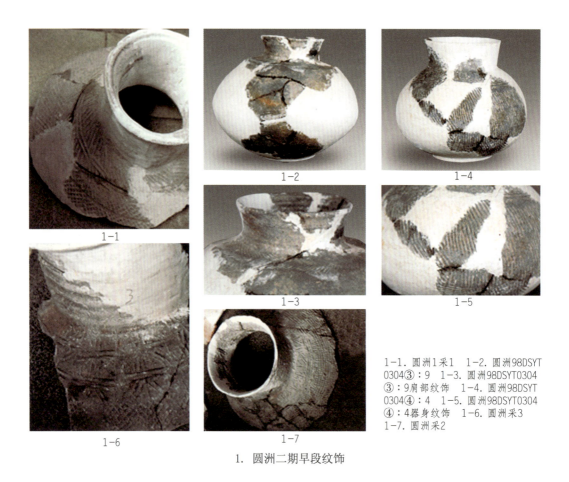

1-1

1-2

1-3

1-4

1-5

1-6

1-7

1-1. 圆洲1采1 1-2. 圆洲98DSYT
0304③：9 1-3. 圆洲98DSYT0304
③：9肩部纹饰 1-4. 圆洲98DSYT
0304④：4 1-5. 圆洲98DSYT0304
④：4器身纹饰 1-6. 圆洲采3
1-7. 圆洲采2

1. 圆洲二期早段纹饰

2. 河源上塘岭M1器物

M2：1　　　　　　　M2：4　　　　　　　M2：12

M2：5　　　　　　　M2：2　　　　　　　M2：11

M2：6　　　　　　　M2：13　　　　　　M2：14

M2：7　　　　　　　　　　　M2：8

浮滨文化之塔仔金山M2器物组合

1.朱家山遗址出土商周时期刻槽盆

鱼山遗址Ⅰ期发掘场景

鱼山遗址Ⅱ期发掘区航拍及
商周遗迹平面分布

2.鱼山遗址发掘区

青铜鎒

青铜镞

青铜斧

青铜凿

陶提梁罐

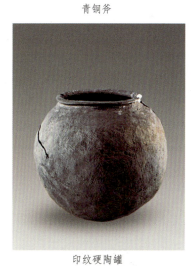

印纹硬陶罐

原始瓷豆

原始瓷盂

原始瓷盅式碗

鱼山遗址部分出土遗物

大榭遗址Ⅰ、Ⅱ期发掘区航拍

大榭遗址东周时期灰坑
（H68）

大榭遗址东周时期灰坑
（H74）坑底陶片堆积

大榭遗址出土东周时期
遗物

大榭遗址东周时期遗迹与遗物

方墩遗址东周时期制盐废弃物堆积

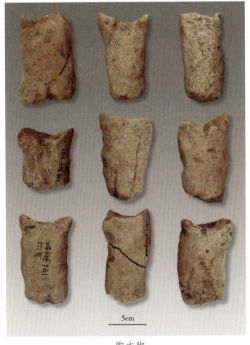

陶支脚

印纹硬陶

方墩遗址东周时期制盐遗迹与遗物

孙家墩遗址东周时期制盐废弃物堆积

5cm

陶盘

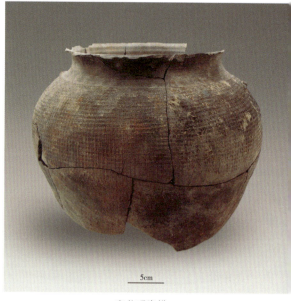

5cm

印纹硬陶罐

孙家墩遗址东周时期制盐遗迹与遗物

下王渡遗址商周时期房址（F7）

下王渡遗址商周时期水井（J1）

陶拍

石镞

下王渡遗址商周时期遗迹与遗物

姚家山遗址发掘现场

姚家山遗址商周时期墓葬（M4）

砺石

石犁

磨石

石纺轮

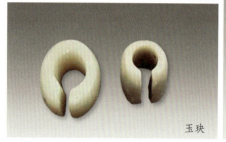

玉玦

陶豆

姚家山遗址商周时期遗迹与遗物

石锛、石斧、石凿

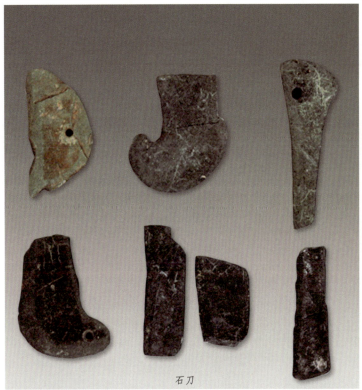

石刀

石箭头

石英

姚家山遗址商周时期遗物

1. 印纹硬陶坛

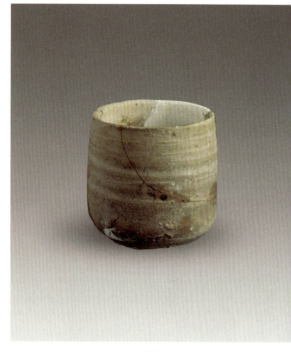

2. 原始瓷杯

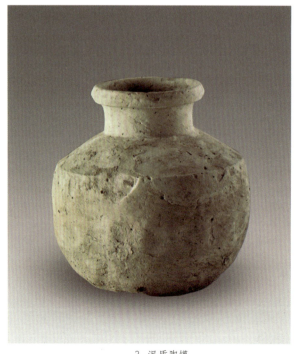

3. 泥质陶罐

4. 筒瓦

句章故城出土战国时期遗物

瓷杯

陶镇

陶纺轮

陶瑗

陶角形器

陶角形器

陶瑗

乌玉桥土墩石室墓M1及其出土遗物

1. 上水岙土墩石室墓

M17　　　　　　　　　　　　　　　　M21

M25　　　　　　　　　　　　　　　　M26

2. 南岙土墩石室墓群

1. 甗形鼎

4. 盖鼎

2. 盆形鼎

5. 提梁盉

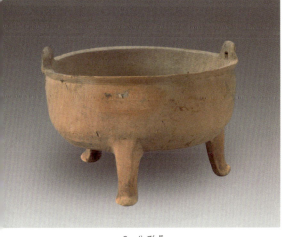

3. 盆形鼎

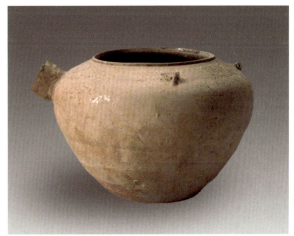

6. 带流罐

邱庄战国墓出土原始瓷礼器

1. 提梁盉（梁山）

2. 铲（东坡岭M9：2）

3. 锛（东坡岭M9：1）

4. 斧、锸、锛（梁山）

5. 斧、锛、锸、镰（东坡岭M1：7、4、8、3）

梁山、东坡岭战国墓出土原始瓷器

1. M7器物组合

2. 原始瓷鉴、双系罐出土状态

3. 原始瓷双系罐（M2：2）

4. 原始瓷双系罐（M5：2）

5. 硬陶角形器（M10：1~4）

东坡岭战国墓出土原始瓷器及硬陶器

1. 鱼篓尊（M1：1）

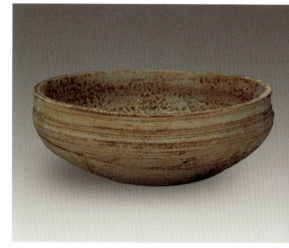

2. 平底鉴（M1：2）

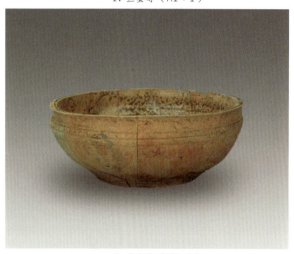

3. 平底鉴（M5：1）

4. 三足鉴（M2：1）

5. 瓿（M5：3）

6. 敛口碗（CM5：11）

东坡岭战国墓出土原始瓷器

1. 坑刀山部分标本照片

2. 所测试的泥釉标本

1. 四羊方尊
（引自《中国文明》171页）

2. 四羊方尊口沿修补
（裁自《中国青铜器全集》4卷图115）

4-1. 四羊方尊
（傅聚良先生惠供）

3-1. 四羊方尊口沿残片
（作者自拍）

3-2. 四羊方尊口沿残片
（作者自拍）

3-3. 四羊方尊残片纹饰局部
（吴世磊先生惠供）

4-2. 四羊方尊

1-1. 四羊方尊肩部圆雕龙首
（傅聚良先生惠供）

1-2. 四羊方尊肩部浮雕龙
（傅聚良先生惠供）

2 1. 四羊方尊羊首侧面
（傅聚良先生惠供）

2-2. 四羊方尊羊首正面
（引自 *The Great Bronze Age of China*, pp.148–149）

1-3. 四羊方尊肩部龙首

3-1. 四羊方尊修复的羊角
（傅聚良先生惠供）

3-2. 四羊方尊羊角残片
（作者自拍）

3-3. 四羊方尊羊角残片
（作者自拍）

4. 四羊方腹部纹饰
（引自 *The Great Bronze Age of China*, p.146）

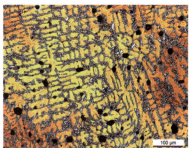

5-1. 四羊方尊口沿金相组织
（引自《湖南省博物馆馆刊》第13辑585页图4）

5-2. 四羊方尊羊角金相组织
（引自《湖南省博物馆馆刊》第13辑585页图6）

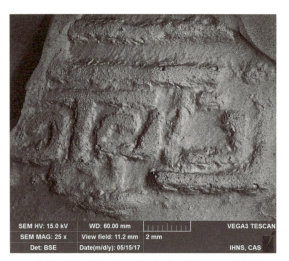

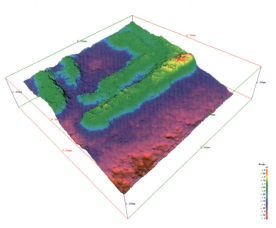

1. 四羊方尊口沿云雷纹硅胶模扫描电镜背散射像
（引自《湖南省博物馆馆刊》第13辑587页图8）

2. 四羊方尊口沿云雷纹硅胶模扫描电镜3D模型
（引自《湖南省博物馆馆刊》第13辑587页图10）

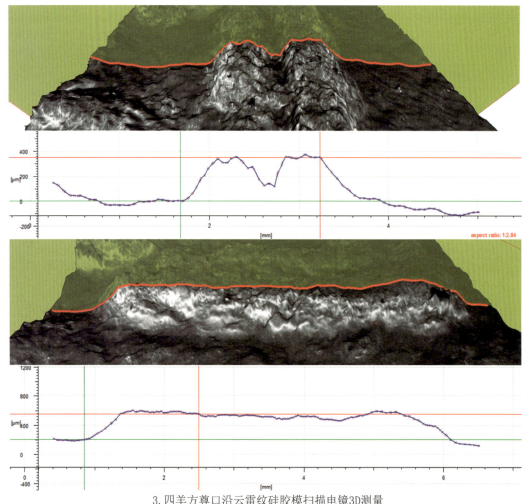

3. 四羊方尊口沿云雷纹硅胶模扫描电镜3D测量
（引自《湖南省博物馆馆刊》第13辑587页图11）

1-1. 常宁方尊
（作者自拍）

1-2. 常宁方尊
（作者自拍）

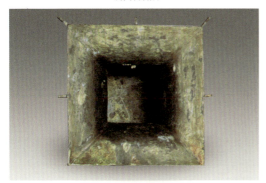

2-1. 常宁方尊口
（作者自拍）

2-2. 常宁方尊颈
（作者自拍）

2-3. 常宁方尊颈部蕉叶纹
（作者自拍）

2-4. 常宁方尊口下气孔
（作者自拍）

3. 常宁方尊肩部
（作者自拍）

4. 常宁方尊腹部
（作者自拍）

1-1. 常宁方尊外底
（作者自拍）

2-1. 常宁方尊扉棱铸造披缝
（作者自拍）

1-2. 常宁方尊圈足
（作者自拍）

2-2. 常宁方尊肩部牺首叠压痕迹
（作者自拍）

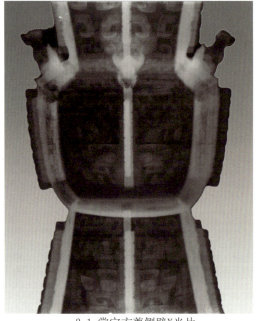

3-1. 常宁方尊侧壁X光片
（作者自拍）

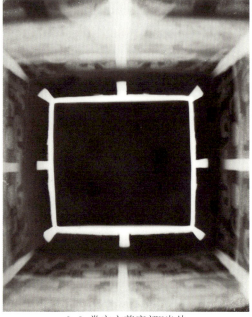

3-2. 常宁方尊底部X光片
（作者自拍）

1-1. 洋县张村尊
（引自《汉中出土商代青铜器》）

1-2. 望城高砂脊尊
（引自《中国出土青铜器全集（湖南卷）》71页）

2-1. 偃师塔压尊
（引自《中国青铜器全集》1卷图105）

2-2. 盘龙城杨家湾尊M7：6和YWH6：20
（张昌平先生惠供）

1-1. 郑州人民公园尊Y0861
（引自《中国青铜器全集》1卷图107）

1-2. 郑州向阳回族食品厂尊SH1：3
（引自《中国青铜器全集》1卷图106）

1-3. 郑州人民公园尊Y0890
（引自《中国青铜器全集》1卷图114）

2-1. 阜南月儿河龙虎尊
（引自《中国青铜器全集》1卷图117）

2-2. 阜南月儿河龙虎尊龙首
（引自《艺术史研究》第十九辑3页图2）

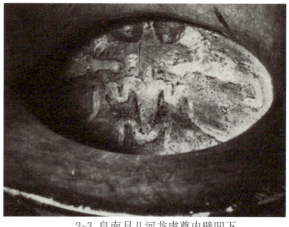

2-3. 阜南月儿河龙虎尊内壁凹下
（引自《商周铜器群综合研究》图版32.2）

1. 岳阳费家河尊
（作者自拍）

2. 岳阳费家河尊肩部鸟饰
（作者自拍）

4. 岳阳费家河尊内壁"铸铆"
（作者自拍）

3. 岳阳费家河尊肩部牺首
（作者自拍）

5. 岳阳费家河尊腹内壁下凹
（作者自拍）

1-1. 大英博物馆双羊尊
（引自《中国青铜器全集》4卷图133）

1-3. 大英博物馆双羊尊底部挂环
（引自《金玉交辉》261页图3）

2-1. 大英博物馆双羊尊口径
（引自《根津美術館紀要此君》第八号图17）

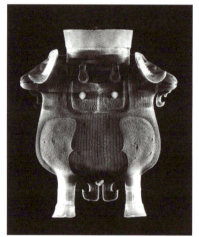

1-2. 大英博物馆双羊尊
（引自《根津美術館紀要此君》第八号图2-13

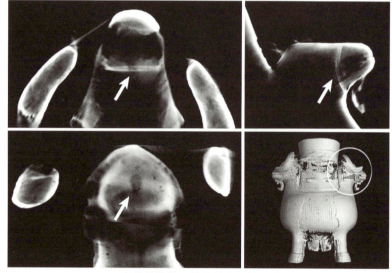

2-3. 大英博物馆双羊尊羊首隔板及其垫片
（引自《根津美術館紀要此君》第八号图2-15）

2-2. 大英博物馆双羊尊羊头
（引自《根津美術館紀要此君》第八号图8）

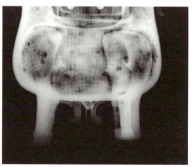

3-1. 大英博物馆腹部X光片
（王全玉博士惠寄）

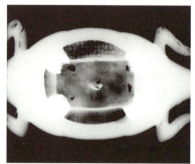

3-2. 大英博物馆底部X光片
（引自《根津美術館紀要此君》第八号图3.5）

1-3. 根津美术馆双羊尊底部
（引自《根津美術館紀要此君》第八号图16）

1-1. 根津美术馆双羊尊
（引自《中国青铜器全集》4卷图132）

1-2. 根津美术馆双羊尊羊首
（引自《根津美術館紀要此君》第八号图7）

1-4. 根津美术馆双羊尊上部CT图
（王全玉博士惠寄）

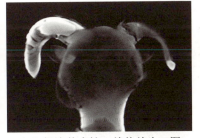

1-5. 根津美术馆双羊尊羊头CT图
（引自《根津美術館紀要此君》第八号图2-23）

1-6. 根津美术馆双羊尊羊头CT图
（引自《根津美術館紀要此君》第八号图2-26）

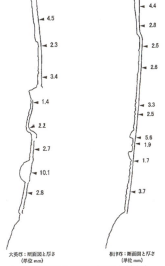

2-2. 两件双羊尊壁厚比较图
（引自《根津美術館紀要此君》第八号图4-12）

2-1. 根津美术馆双羊尊腹部铸造披缝
（引自《根津美術館紀要此君》第八号图4-5）

1-1. 妇好方尊
（引自《中国青铜器全集》3卷图108）

2-1. 新乡方尊
（引自《中国青铜器全集》4卷图116）

1-2. 后夽母癸方尊M5：868
（引自《中国青铜器全集》3卷图109）

2-2. 亚长方尊M54：84
（引自《殷墟新出土青铜器》156）

1-1. 泉屋博古馆方尊
（引自《泉屋博古》60页）

1-2. 藤田美术馆方尊
（引自《宗器宝绘——藤田美术馆藏中国古代艺术珍品》180页）

1-3. 出光方尊
（引自《悠久的美》81页）

1-4. 佣册亶尊
（引自《美国所藏中国铜器集录》A406）

2-1. 亚址方尊M160：152
（引自《殷墟新出土青铜器》250页）

2-2. 长子口铜方尊M1：125
（引自《鹿邑太清宫长子口墓》彩版46）

1. 亚醜诸妇方尊
（引自《故宫青铜器》109页）

3. 亚醜方尊A
（引自《故宫商代青铜礼器图录》522页）

2. 亚醜诸妇方尊
（引自《故宫商代青铜礼器图录》512页）

4. 亚醜方尊B
（引自《故宫商代青铜礼器图录》530页）

1. 亚𩵋方尊M1046：23
（引自《殷墟新出土青铜器》390页）

3. 荣子方尊
（引自《白鹤英华》页32）

2. 弗里尔艺术馆方尊
（引自 The Freer Chinese Bronzes, volume I, pl. 17）

4. 癸殳古方尊
（引自《中国青铜器全集》5卷图147）

2. 山东沂水纪崮春秋墓出土匜

1. 燕鋈匜

3. 绍兴出土附耳平盖鼎

4. 绍兴出土附耳平盖鼎

5. 铜陵谢垅窖藏出土附耳平盖鼎

2.江西靖安徐墓出土炉盘

3-1.故宫博物院藏河南新郑出土炉盘

1.诸暨出土炭炉

3-2.故宫博物院藏河南新郑出土漏铲

1. 牺首鼎

2. 岳庙牺首鼎

1. 越王句践剑
（湖北省博物馆藏）

2. 越王者旨於睗剑
（浙江省博物馆藏）

3. 越王不寿剑
（台湾台北龚氏藏）

4. 越王亓北剑
（海南省博物馆藏）

5. 越王州句剑
（浙江省博物馆藏）

6. 越王州句剑
（台湾台北龚氏藏）

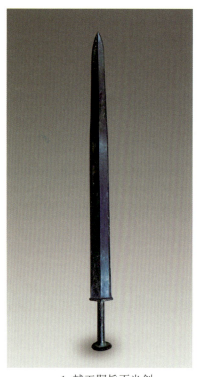

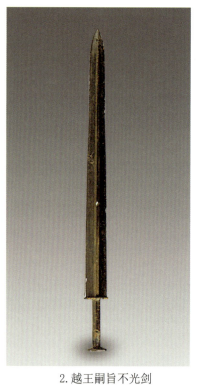

1. 越王嗣旨不光剑
（绍兴博物馆藏）

2. 越王嗣旨不光剑
（上海博物馆藏）

3. 越王旨殹剑
（浙江绍兴某氏藏）

4. 越王者旨不光剑
（绍兴博物馆藏）

5. 越王不光剑
（绍兴博物馆藏）

6. 越王不光剑
（上海博物馆藏）

7. 者差其余剑
（苏州博物馆藏）